A Dictionary of Nonprofit Terms and Concepts

非营利管理辞典

术语与概念

（英汉对照）

〔美　国〕大卫·霍顿·史密斯（David Horton Smith）
〔加拿大〕罗伯特·A. 斯特宾斯（Robert A. Stebbins）　著
〔美　国〕迈克尔·A. 多弗（Michael A. Dover）

吴新叶　译

著作权合同登记号　图字:01-2015-6077

图书在版编目(CIP)数据

非营利管理辞典:术语与概念:英汉对照/(美)大卫·霍顿·史密斯(David Horton Smith)等著;吴新叶译. —北京:北京大学出版社,2018.1

ISBN 978-7-301-28998-3

Ⅰ. ①非… Ⅱ. ①大… ②吴… Ⅲ. ①非营利组织—词典—英、汉 Ⅳ. ①C912.21-61

中国版本图书馆 CIP 数据核字(2017)第 303596 号

A DICTIONARY OF NONPROFIT TERMS AND CONCEPTS, by David Horton Smith, Robert A. Stebbins, and Michael A. Dover, Copyright © 2006 by Indiana University Press. Chinese Simplified-language translation rights licensed from the English-language publisher, Indiana University Press. All rights reserved.

书　　　名	非营利管理辞典:术语与概念(英汉对照) FEIYINGLI GUANLI CIDIAN
著作责任者	〔美　国〕大卫·霍顿·史密斯 〔加拿大〕罗伯特·A. 斯特宾斯　著 〔美　国〕迈克尔·A. 多弗 吴新叶　译
责任编辑	朱梅全
标准书号	ISBN 978-7-301-28998-3
出版发行	北京大学出版社
地　　　址	北京市海淀区成府路 205 号　100871
网　　　址	http://www.pup.cn
电子信箱	sdyy_2005@126.com
新浪微博	@北京大学出版社
电　　　话	邮购部 62752015　发行部 62750672　编辑部 021-62071998
印　刷　者	北京宏伟双华印刷有限公司
经　销　者	新华书店
	787 毫米×1092 毫米　16 开本　28.75 印张　499 千字 2018 年 1 月第 1 版　2018 年 1 月第 1 次印刷
定　　　价	128.00 元

未经许可,不得以任何方式复制或抄袭本书之部分或全部内容。

版权所有,侵权必究

举报电话:010-62752024　电子信箱:fd@pup.pku.edu.cn

图书如有印装质量问题,请与出版部联系,电话:010-62756370

目 录

凡例 I

中文版前言 III

前言 XIII

致谢 XVII

辞典说明 XIX

导论：如何定义非营利/志愿部门的术语与概念 001

辞典正文 015

参考文献 297

索引 397

译后记 433

凡 例

1. 条目按照英文版的字母顺序排列。

2. 条目一般为单义项,多义项的条目中间以"·"隔开。比如,"church"一词有三个义项,在中文版辞典中处理为**"教会·教派·教会团体"**。

3. 为了方便比较和检索英文文献,每一个条目中出现的作者姓名都不作翻译,英文文献亦保持原样。

4. 鉴于辞典中出现的交叉索引问题,译文以黑体字加"﹡"进行标识。比如,"非营利资产"条目的定义中有"非营利团体"的交叉索引,中文版辞典表述为:**"asset in nonprofits 非营利资产** 系指隶属于﹡**非营利团体**名下的财产。"

5. 为了方便中文读者检索,中文版辞典设拼音顺序检索页,读者可以根据检索表中的条目第一个字按照拼音进行查找。

I

中文版前言

大卫·霍顿·史密斯

我和合作者编撰的这部辞典由吴新叶博士译成中文,这或可视为非营利组织研究在中国的漫长征途中的里程碑或特殊纪念。"非营利组织"或"非政府组织"是西方惯用的术语,而在当代中国,以"社会组织"或"民间组织"(Chan et al. 2005：138)的表述更为常见。

为了让读者更好地理解本辞典的用意,有两个宏大的学术背景需要交代:其一是中国非营利组织/非政府组织学术研究的进展;其二是更广的全球性跨学科领域的发展,以及志愿学学科的兴起(D. Smith 2013，2016a)。在英文表述中,"志愿学"(Voluntaristics)是一个新词,是指对非营利组织、非政府组织、公益慈善、志愿活动、公民参与以及整个非营利或第三部门相关学术研究的统称(D. Smith 2013，2016a)。

在中国,非营利部门中的非营利组织/非政府组织开始以团体和组织(正式团体)形态出现的历史可以追溯至几千年前(Ross 1976：72—84；Simon 2013；D. Smith and Zhao 2016)。然而,几个世纪以来,对此的探索仅限于少数的历史研究,现代社会科学对非营利部门及其团体的关注是更为晚近的事。对会员制社团和慈善机构的研究大致可以追溯至19世纪晚期(A. Smith，1899),相关的研究到20世纪早期开始达到高峰状态(e. g.，Burgess 1928；Djordjevic 2010；Fewsmith 1985；Ma 2006：chap. 1；Maybon 1925；J. Smith 2009)。

改革开放前,由于国家控制着所有组织(e. g.，Fisher，1974),非政府组织或非营利组织总体上是弱小的。改革开放后,非营利组织/非政府组织在数量上快速增长,特别是1989年相关法规的出台使此类组织变得合法(D. Smith and Zhao 2016; M. Wang 2011; M. Wang and Sun 2010; S. Wang and He 2010)。虽然国家仍然掌握着最终的控制权,但这些组织在行动上享有很大的自由空间,在地方和基层尤其如此(Chan et al. 2005; Guo et al. 2012; Huang et al. 2013; D. Smith and Zhao 2016; Spires 2011; Teets 2014)。

随着非营利组织/非政府组织在过去二十多年的快速发展,研究人员对志愿活动、公民参与、公益慈善和公益捐赠等非营利部门诸现象的学术兴趣也与日俱增。目前,不少大学设立了研究中心,至少有三本专业刊物出现(王名教授主编的《中国非营利评论》、徐家良教授主编的《中国第三部门研究》和朱健刚教授主编的《公益研究》——译者注),还有大量相关书籍和期刊论文、若干大型研究项目,以及针对高校学生、实践工作者和政府官员的各类课程。这表明,作为学术研究领域的志愿学正在中国出现(D. Smith 2013,2016a; D. Smith and Sundblom 2014)。本辞典中文版由北京大学出版社出版,这是中国学者对志愿学充满浓厚学术兴趣的又一例证。本辞典收录的超1200个术语与概念将有助于中国在该领域的学术研究,为中国的志愿学研究与世界之间架起一座桥梁。

就全球性背景而言,本辞典的第一作者、"前言"部分的作者史密斯是全球性组织化的志愿学领域的创始人,他在1971年创立了非营利组织与志愿行动研究会(Association for Research on Nonprofit Organizations and Voluntary Action, ARNOVA)(D. Smith 1999,2003)。就世界范围而言,从地方到全球层面存在五十多个跨学科的、由志愿学研究人员组成的社团(D. Smith 2013)。史密斯(2016a; see also D. Smith and Sundblom 2014)在其最新创立和主编的学术刊物《志愿学评论》(由荷兰博睿学术出版社出版)中发表长文,详尽地描述了志愿学领域中全球性跨学科研究的发展。

史密斯认为,自1995年以来,志愿学在全球层面迅速发展是有原因的。一个可能的解释是,在过去几十年里,非营利部门的历史和非营利组织/非政府组织的类型(D. Smith 2015b,2015c)变得越来越清晰(e.g., Anderson 1971; Hall 2006; Hammack 1998; Harris and Bridgen 2007; Harri et al. 2016; Ross 1976; Simon 2013; D. Smith 1997b)。作为历史性分析的一部分,在任何民族、国家、地区和全球层面,现代化和经济的发展,促使非营利部门和诸多不同类型非营利组织/非政府组织发展起来,这已经形成共识(e.g., Boulding 1953; Schofer and Longhofer 2011; D. Smith 1972; D. Smith and Shen 2002)。

另外,以下一些因素也使学界愈加关注非营利部门和非营利组织/非政府组织:

其一,更好地界定和理解非营利部门及其构成要素(e.g., Anheier, Toepler, and List 2010; Frumkin and Imber 2004; Ott and Dicke 2011; Powell and Steinberg 2006; D. Smith 2015b, 2015c; D. Smith et al. 2016)。

其二,更好地对非营利部门诸现象进行概念化和理论研究(e.g., Anheier, Toepler, and List 2010; Salamon 1997; D. Smith 2014a, 2014b, 2015a, 2016b; D. Smith, Reddy, and Baldwin 1972; D. Smith, Stebbins, and Dover 2006; D. Smith and van Puyvelde 2016)。

其三,更好地对非营利部门诸现象的广度和深度进行探索(e.g., Anheier, Toepler, and List 2010; Cnaan and Milofsky 2008; Cnaan and Park 2016; Edwards 2013; Powell and Steinberg 2006; Salamon 2012; Salamon et al. 2004; D. Smith 1974, 1997c, 2000, 2014c; D. Smith et al. 2016)。

其四,更好地理解非营利部门和非营利组织/非政府组织的影响力(e.g., Diaz 2002; Fisher 1993; Gamson 1990; Giugni, McAdam, and Tilly 1999; Laumann and Knoke 1987; D. Smith 1966, 1997a, 2001, 2017)。

总之,本辞典不仅仅是志愿学领域研究人员的工具书,而且具有更广泛的智力上的启迪和价值。本辞典收录的词汇表明了在中国和全球层面志愿学领域已取得的积极进展。志愿学在过去的45年内逐渐形成了专门的学术术语与概念,这是一门学科发展的重要标志(Smith 2016a)。

参 考 文 献

Anderson, Robert T. 1971. "Voluntary Associations in History." *American Anthropologist* 73(1): 209—219.

Anheier, Helmut K., Stefan Toepler, and Regina List, eds. 2010. *International Encyclopedia of Civil Society*. New York: Springer.

Boulding, Kenneth. 1953. *The Organizational Revolution*. New York: Harper.

Burgess, John S. 1928. *The Guilds of Peking*. New York: Columbia University Press.

Chan, Kin-man, Haixiong Qiu, and Jiangang Zhu. 2005. "Chinese NGOs Strive to Survive." Pp. 131—159 in Yan-jie Bian, Kwok-bun, and Tak-sing

Cheung, eds., *Social Transformations in Chinese Societies*. Leiden, Netherlands: Brill.

Cnaan, Ram A., and Milofsky, Carl. 2008. *Handbook of Community Movements and Local Organizations*. New York: Springer.

Cnaan, Ram A., and Sohyun Park. (in press) 2016. "Civic Participation is Multifaceted: A Literature Review." *Voluntaristics Review: Brill Research Perspectives* 1(1).

Diaz, William. 2002. "For Whom and For What? The Contributions of the Nonprofit Sector." Pp. 517—535 in *The State of Nonprofit America*, edited by Lester M. Salamon. Washington, DC: Brookings Institution Press.

Djordjevic, Nenad. 2010. *Old Shanghai Clubs and Associations*, Hong Kong, China: Earnshaw Books.

Edwards, Michael. 2013. *The Oxford Handbook of Civil Society*. New York: Oxford University Press.

Fewsmith, Joseph. 1985. *Party, State, and Local Elites in Republican China: Merchant Organizations and Politics in Shanghai, 1890—1930*. Honolulu, HI: University of Hawaii Press.

Fisher, Allon. 1974. "Associational Life in the People's Republic of China." Pp. 3—14 in D. H. Smith, ed., *Voluntary Action Research: 1974. The Nature of Voluntary Action Around the World*. Lexington, MA: Lexington Books.

Fisher, Julie. 1993. *The Road from Rio: Sustainable Development and the Nongovernmental Movement in the Third World*. Westport, CT: Praeger.

Frumkin, Peter, and Jonathan B. Imber, eds. 2004. *In Search of the Nonprofit Sector*. New Brunswick, NJ: Transaction Publishers.

Gamson, William A. 1990. *The Strategy of Social Protest*. 2nd ed. Belmont, CA: Wadsworth.

Giugni, Marco, Doug McAdam, and Charles Tilly, eds. 1999. *How Social Movements Matter*. Minneapolis, MN: University of Minnesota Press.

Guo, Chao, Jun Xu, David H. Smith, and Zhibin Zhang. 2012. "Civil Society, Chinese Style: The Rise of the Nonprofit Sector in China." *Nonprofit Quarterly*, Fall: 20—27.

Hall, Peter D. 2006. "A Historical Overview of Philanthropy, Voluntary Associations, and Nonprofit Organizations in the United States, 1600—2000." Pp. 32—65 in *The Nonprofit Sector: A Research Handbook*, 2nd ed. New Haven, CT: Yale University Press.

Hammack, David C., ed. 1998. *Making the Nonprofit Sector in the United States: A Reader*. Bloomington, IN: Indiana University Press.

Harris, Bernard, and Paul Bridgen, eds. 2007. *Charity and Mutual Aid in Europe and North America Since 1800*. New York: Routledge.

Harris, Bernard, Andrew Morris, Richard S. Ascough, Grace L. Chikoto, Peter R. Elson, John Mc Loughlin, Martti Muukkonen, Tereza Pospíšilová, Krishna Roka, David H. Smith, Andri Soteri-Proctor, Anastasiya Tumanova, and Pengjie Yu. (in press) 2016. "History of Associations and Volunteering." Chapter 1 in *The Palgrave Handbook of Volunteering, Civic Participation, and Nonprofit Associations*, edited by D. H. Smith, R. A. Stebbins and J. Grotz. Basingstoke, UK: Palgrave Macmillan.

Huang, Chien-Chung, Guosheng Deng, Zhenyao Wang, and Richard L. Edwards, eds. 2013. *China's Nonprofit Sector: Progress and Challenges*. New Brunswick, NJ: Transaction.

Laumann, Edward O. and David Knoke. 1987. *The Organizational State: Social Choice in National Policy Domains*. Madison, WI: University of Wisconsin Press.

Ma, Qiusha. 2006. *Non-Governmental Organizations in Contemporary China: Paving the Way to Civil Society?* New York: Routledge.

Maybon, Pierre B. 1925. *Essai sur les Associations en Chine* [Essay on Associations in China]. Paris: Plon-Hourrit.

Ott, J. Steven, and Lisa Dicke, eds. 2011. *The Nature of the Nonprofit Sector*, 2nd ed. Boulder, CO: Westview Press.

Powell, Walter W., and Steinberg, Richard, eds. 2006. *The Nonprofit Sector: A Research Handbook*, 2nd ed. New Haven, CT: Yale University Press.

Ross, Jack C. 1976. *An Assembly of Good Fellows: Voluntary Associations in History*. Westport, CT: Greenwood.

Salamon, Lester M. 1997. *In Search of the Nonprofit Sector 1: The Question of Definitions*. Manchester, UK: University of Manchester Press.

Salamon, Lester M., ed. 2012. *The State of Nonprofit America*, 2nd ed. Washington, DC: Brookings Institution Press.

Salamon, Lester M., Sokolowski, S. Wojchiech, and Associates. 2004. *Global Civil Society: Dimensions of the Nonprofit Sector*. Vol. 2. Bloomfield, CT: Kumarian.

Schofer, Evan and Wesley Longhofer. 2011. "The Structural Sources of Association." *American Journal of Sociology* 117(2): 539—585.

Simon, Karla W. 2013. *Civil Society in China: The Legal Framework from Ancient Times to the "New Reform Era"*. New York: Oxford University Press.

Smith, Arthur H. 1899. *Village Life in China*. New York: Fleming H. Revell, Co.

Smith, David H. 1966. "The Importance of Formal Voluntary Organizations for Society," *Sociology and Social Research* 50: 483—92.

Smith, David H. 1972. "Modernization and the Emergence of Volunteer Organizations," *International Journal of Comparative Sociology* 13: 113—134.

Smith, David Horton, Richard D. Reddy, and Burt R. Baldwin, eds. 1972. *Voluntary Action Research 1972*. Lexington, MA: Lexington Books, D. C. Heath.

Smith, David H., ed. 1974. *Voluntary Action Research: 1974. The Nature of Voluntary Action Around the World*. Lexington, MA: Lexington Books.

Smith, David H. 1997a. "Grassroots Associations Are Important: Some Theory and a Review of the Impact Literature." *Nonprofit and Voluntary Sector Quarterly* 26(3): 269—306.

Smith, David H. 1997b. "The International History of Grassroots Associations." *International Journal of Comparative Sociology* 38（3—4）: 189—216.

Smith, David H. 1997c. "The Rest of the Nonprofit Sector: Grassroots

Associations as the Dark Matter Ignored in Prevailing 'Flat-Earth' Maps of the Sector." *Nonprofit and Voluntary Sector Quarterly* 26:114—131.

Smith, David H. 1999. "Researching Volunteer Associations and Other Nonprofits: An Emergent Interdisciplinary Field and Possible New Discipline." *The American Sociologist* 30 (4):5—35.

Smith, David H. 2000. *Grassroots Associations*. Thousand Oaks, CA: Sage Publications. Chinese translation edition by Prof. Jiangang ZHU is in press (2015).

Smith, David H. 2001. "The Impact of the Voluntary Sector on Society." Pp. 79—87 in *The Nature of the Nonprofit Sector*, edited by J. Steven Ott. Boulder, CO: Westview Press.

Smith, David H. and Ce Shen. 2002. "The Roots of Civil Society: A Model of Voluntary Association Prevalence Applied to Data on Larger Contemporary Nations." *International Journal of Comparative Sociology* 42(2): 93—133.

Smith, David H. 2003. "A History of ARNOVA" *Nonprofit and Voluntary Sector Quarterly* 32(3): 458—472.

Smith, David H., Robert A. Stebbins, and Michael Dover. 2006. *A Dictionary of Nonprofit Terms and Concepts*. Bloomington, IN: Indiana University Press.

Smith, David H. 2013. "Growth of Research Associations and Journals in the Emerging Discipline of Altruistics." *Nonprofit and Voluntary Sector Quarterly* 42(4): 638—656.

Smith, David H. 2014a. "An Interdisciplinary Theory of Individual Volunteering and Why So Few Researchers Have Tested It." *Civil Society in Russia and Beyond* (English translation of journal name, published in Russian) 5(2):35—42.

Smith, David H. 2014b. "S-Theory: Explaining Individual Human Behavior." [In Russian, in the Russian language journal] Институт языкознания РАН [*Journal of Psycholinguistics*] 22(4):139—157.

Smith, David H. 2014c. "The Current State of Civil Society and Volunteering in the World, the USA, and China." *China Nonprofit Review*

(English edition) 6(1): 137—150.

Smith, David H., and Dan Sundblom. 2014. "Growth of Research-Information Centers, University Departments, and Schools/Colleges in the Emerging Discipline of Voluntaristics-Altruistics." Paper presented at the Annual Conference of ARNOVA, Denver, CO, November 21—23. Submitted to a journal for editorial review.

Smith, David H. 2015a. "A Theory of Everyone: S-Theory as a Comprehensive, Interdisciplinary, Consilient, Quantitative New Paradigm for Explaining Human Individual Behavior Applied to Explaining Volunteering in Russia." Paper presented at Annual Conference of ARNOVA, Chicago, IL, November. Chestnut Hill, MA: Department of Sociology, Boston College, unpublished paper submitted for editorial review.

Smith, David H. 2015b. "Voluntary Associations, Sociology of." Pp. 252—260 in *International Encyclopedia of the Social & Behavioral Sciences*, 2nd ed.; Vol. 25. James D. Wright, Editor-in-Chief. Oxford, UK: Elsevier.

Smith, David H. 2015c. "Voluntary Organizations." Pp. 261—267 in *International Encyclopedia of the Social & Behavioral Sciences*, 2nd ed.; Vol. 25. James D. Wright, Editor-in-Chief. Oxford, UK: Elsevier.

Smith, David H. (in press) 2016a. "A Survey of Voluntaristics: Research on the Growth of the Global, Interdisciplinary, Socio-Behavioral Science Field and Emergent Inter-Discipline." *Voluntaristics Review: Brill Research Perspectives* 1(2).

Smith, David H. (forthcoming) 2016b. *S-Theory (Synanthrometrics) as a Theory of Everyone: A Proposed New Standard Human Science Model of Behavior*. Bradenton, FL: David Horton Smith International LLC.

Smith, David H., Robert A. Stebbins, and Jurgen Grotz, eds. (in press, 2016). *Palgrave Handbook of Volunteering, Civic Participation, and Nonprofit Associations*. Basingstoke, UK: Palgrave Macmillan.

Smith, David H., with Stijn Van Puyvelde. (in press) 2016. "Theories of Associations and Volunteering." Chapter 2 in *The Palgrave Handbook of Volunteering, Civic Participation, and Nonprofit Associations*, edited by D. H.

Smith, R. A. Stebbins and J. Grotz. Basingstoke, UK: Palgrave Macmillan.

Smith, David H. (forthcoming) 2017. "The Global, Historical, and Contemporary Impacts of Voluntary Membership Associations on Human Societies." *Voluntaristics Review: Brill Research Perspectives* 2(4—5).

Smith, Joanna H. 2009. *The Art of Doing Good: Charity in Late Ming China*. Berkeley, CA: University of California Press.

Spires, Anthony J. 2011. "Contingent Symbiosis and Civil Society in an Authoritarian State: Understanding the Survival of China's Grassroots NGOs." *American Journal of Sociology* 117:1—45.

Teets, Jessica C. 2014. *Civil Society Under Authoritarianism: The China Model*. Cambridge, UK: Cambridge University Press.

Wang, Ming, ed. 2011. *Emerging Civil Society in China, 1978—2008*. Leiden, Netherlands: Brill Academic Publishers.

Wang, Ming and Weilin Sun. 2010. "Trends and Characteristics in the Development of China's Social Organization." *China Nonprofit Review 2: 153—176*. [English journal version.]

Wang, Shaoguang, and Jianyu He. 2010. "Associational Revolution in China: Mapping the Landscapes." *Korea Observer* 35:485—533.

前　言

本辞典的编撰动因要追溯到三十多年前,主要作者史密斯组建并运营着一家国际性、跨专业、跨学科的协会组织,现命名为"非营利组织与志愿行动研究会"(ARNOVA)(see Smith 1999;Smith 2003)。很明显,他的部分任务就是将约三十个不同领域、学科与职业组合起来,形成一个新领域。协会将区分当前领域中最常见的术语,这些术语均为协会、志愿行动、非营利部门和志愿活动所接受。

为了达到这一目的,史密斯在《志愿活动研究》(*Journal of Voluntary Action Research*)第一期的首篇论文中列了一份术语与概念的清单,它们在约三十个领域中被广泛使用。他将同非营利和志愿活动研究相关的术语与概念作了区分,并列表呈现,但并未给出定义。《志愿活动研究》是 ARNOVA 主办的刊物《非营利与志愿部门季刊》(*Nonprofit and Voluntary Sector Quarterly*)的前身(Smith,1972c)。该清单中列举的很多术语都已经在本辞典中作出解释或界定,同时本辞典对其他数以百计的术语也给出了定义,很多为晚近以来出现的概念。

在 20 世纪 70 年代末,"志愿活动学者联合会"(Association of Voluntary Action Scholars,1990 年更名为"ARNOVA")的会员大部分来自于北美。史密斯想组建一个更具国际性的社团,专门从事非营利和志愿活动研究。在组建第二个社团"国际志愿活动与志愿组织研究会"(International Voluntary Action and Voluntary Organization Research Organization,简称"IVAR-VOIR",现已解散)(Smith 2003:470—471)的过程中,史密斯同其他国家的多位学者合作,开列了一个包括 75 个关于非营利组织与志愿活动的关键术语清单,均为美式英语的表述,其他语言中可能一定程度上也有类似表述。

尽管这份清单开列工作从未完成,但一篇以此为基础的论文(Smith et al. 1992)得以形成,并在1992年3月召开的"第三届志愿与非营利组织研究国际会议"上宣读。会议在美国印第安纳州的印第安纳波利斯市举办,主办方为印第安纳大学公益中心。会议使用的语言包括美式英语、英式英语、荷兰语、意大利语、法语和德语。论文的最后一部分是由39个术语组成的词汇表,下定义者就是史密斯——这可能是该项工作的第一次尝试,也是本辞典的启动之作。

史密斯(Smith 1996a)在最初筛选的75个核心术语与概念的基础上继续拓展,其著作《草根社团》(*Grassroots Associations*)(Smith 2000)中收录了超过200个有关非营利/志愿部门的术语。在上述会议上宣读的那篇论文并不适合作为学术文章,而要做成一本书,内容又太少,所以一直未能发表或出版。然而,在为史密斯于2000年出版的著作的参考文献开发文献引用数据库时,迈克尔·A.多弗同史密斯分享了他的两个词汇表,收录了近一千个术语(有不到一百个术语被收录到本辞典中)。当时,多弗的《地位与权力》一文投稿给《社会学》杂志,并经历初审环节;另一篇论文《老年志愿参与》也在《社会工作》杂志的初审之中。这两篇论文都是密歇根大学社会工作与社会科学博士项目的内容,多弗在编撰中做着前期准备。三位作者在本辞典编撰准备过程中曾达成了合作计划,这在2000年出版的《非营利与志愿部门研究中的概念与术语》一书中有记述。但是,撰写准备还是被多弗的博士论文写作延误了(Dover, 2003)。2003年,史密斯邀请罗伯特·A.斯特宾斯(卡尔加里大学)作为第二作者加入团队,完成辞典的编撰工作。撰写过程中,在史密斯(Smith 2000)的索引和其他资源基础上,又增加了一些术语。这些资源包括在多弗筛选的词汇基础上发展的一些条目,原先设想纳入大约350条,仅为现在的1/3。作者团队拟订了一个写作计划,并向好几个熟知非营利领域研究的出版商寄送了作品。最后,印第安纳大学出版社答应出版并签署了合同。在继续本辞典编撰的准备过程中,条目的数量增加了3倍,达到1212条(有另外555条交叉参考的单独条目)之多。史密斯和斯特宾斯负责接下来的编撰工作。

对于本辞典,斯特宾斯的主要贡献在于他在跨学科领域所做的大量工作。关于休闲问题的研究工作可以追溯到1973年,他从那时开始对艺术、科学与体育领域中的业余人员进行探索性研究(Stebbins, 1979)。一些受访对象被认为是有此爱好的业余人士,而其他人则是志愿者。斯特宾斯认为,尽管有相当多的共同点,但理论上这些活动可以分为三种不同类型。一个概念性的框架对深度休闲形式的异同作了区分,与此对应的是率性休闲活动。该成果于1982年出版(Stebbins, 1982)。认为志愿行动是深度休闲更具体的形式之研究成果之后也得以发表(Stebbins 1996c),而使用该框架的志愿行动研究成果随后连续出版面世(e. g., Stebbins 1998;Stebbins and Graham 2004)。我们在本辞典中所讨论的大多数的深度休闲和率性休闲活动,可以被视为非营利部门的有机组成部分。因此,休闲活动理应是志愿行动的一类。

史密斯撰写了本辞典的"导论"部分,并直接定义了六百多个基本术语与概念,少于其2000年出版的著作所收录的数目,在2004年最后一季度到2005年初尤甚,而2004年早期则没有触及。其间,斯特宾斯率先完成了本辞典的编撰工作,并在后期与多弗共同写作。特别需要说明的是,他为史密斯和多弗所列的清单增加了好几百个术语。这些术语在史密斯于2000年出版的著作中大多出现过,但较少被巴克(Barker 2003)编撰的社会工作字典中提及,在非营利部门的大多数文献中也不多见。多弗早在2000年出版的著作中就参与了参考文献的编撰工作,其中很多文献被史密斯使用并作为本辞典术语定义的一部分。在完成其博士论文,并获得现有学术职位一年之后,多弗再一次投身于参考文献研究中,这些都建立在他的词汇研究之上。同时,多弗协助完成了本辞典终稿的准备工作。总之,本辞典是团队努力的成果。

致　　谢

本辞典主要作者史密斯非常感谢凯瑟琳·克林顿·麦金太尔（Catherine Clinton McIntyre）在辞典编撰后期提供的文献帮助。史密斯同时感谢他的朋友们在其编撰本辞典的密集工作期间所给予的精神鼓励。最重要的是，他要对合作者斯特宾斯表达深深的谢意，没有他的加盟，这个特别的学术梦想永远都不可能变成现实。最后，三位作者还要感谢本辞典的编辑萨拉·布朗（Sarah Brown），她以最为严谨的工作态度校对书稿。另外，还要感谢密歇根大学社会工作专业硕士生埃米莉·托夫特（Emily Tofte），她协助多弗准备索引，并对最终引文和文献进行校对。正是在他们的努力下，本辞典有了重大改进。

辞 典 说 明

本辞典所收录的术语与概念,有时是以词汇或语句的方式出现的,而不仅仅是单词。另外,有些术语与概念具有多重含义,本辞典以数字标号的方式进行区分,比如义项一、义项二等。在大多数情况下,本辞典表述的意义同非营利部门相关。但是,如果有更为普遍的用法,我们会作出说明,主要是表述技术用法如何有别于普通含义。因此,这些术语与概念的解释语境更具广义的语言学背景。

我们确保每一个条目都至少有一个参考文献,有时会引用《牛津英语大词典(简编本)》(*Shorter Oxford English Dictionary*)或某网站的内容。另外,我们不仅引用更为广泛的参考文献,而且标识了引用的相关文献的页码。还有,很多被引用的著作有大量甚至全部是关于已经界定清晰的术语或概念,本辞典以"passim"(主题研究)加以注明,而不再一一注明页码。"ibid."(同上)系提醒读者参考前文引用的文献。"cf."(引自)是要读者去比较或参考其后引文。"*"表示该词汇或单词已经在本辞典的其他地方有单独的条目定义过。类似的参考文献以"see"(参见)和"see also"(同时参见)标注。

关于引注格式的技术问题,尤其是连字符的使用上,我们以《韦氏词典(第十一版)》(*Merriam-Webster's Collegiate Dictionary*)和《芝加哥手册(第十五版)》(*The Chicago Manual of Style*)为范例加以处理。字母拼写和标点符号采用的是标准美语。根据我们熟悉的其他社会科学辞典的做法,我们决定对每一个术语和概念不作名词、形容词等标识。就此可能产生混淆的术语和概念,需要根据适当的词类作出明晰的界定。

最后，我们一直试图提醒读者，某术语或概念何时是非正式或口语化的。当然，这也只是我们的判断。由于几乎所有单词都未被收进标准辞典中，因此需要借助其他辞典的帮助才能解决这一问题。事实上，大多数非营利部门的非正式语言都以首字母缩写的形式出现。本辞典的处理方式是：首先为首字母缩写，然后为全拼。

导论：如何定义非营利/志愿部门的术语与概念

关于非营利部门，我们需要一种通识性的理论。这是该领域研究的严重缺陷。解决这一重要问题的路径是：首先，要对术语与概念进行攻关，在过去的研究与理论中已经显示出其有用之处。然后，有必要给这些术语与概念作出清晰、一致的定义，途径是使用其他已经界定的术语和"初阶术语"，或者是意思已经被所使用的语言解释清楚的简单词汇。在此方面，Salamon 和 Anheier（1992）已经对与非营利/志愿部门相关的某些关键性术语作过定义。现在呈现的这本辞典也有他们的贡献。本辞典收录了超 1200 个相关术语与概念，以及数百个交叉参考。

我们在辞典中所理解的，是广为接受的、跨学科的、跨专业领域的定义，是借用常见的术语与概念内容所开展的非营利与志愿活动研究。本辞典所列条目反映出社团、志愿行动、公民参与、公益事业、志愿活动、非营利管理、志愿管理、休闲以及非营利政治活动等具有重要地位，对所有这些非营利部门的主要方面都有定义。但是，这些条目还反映出对理论和研究中有用的一般性概念更广泛的关注，这些概念对美国及其他国家和地区的非营利部门及其表现形式有影响。

尽管像一般词汇表和辞典的通行做法一样，本辞典也按照字母顺序对定义进行排列，但这些术语与概念还可以按照意义进行分类。第一类是基本概念，与该领域的研究人员有关，以下是 34 个代表性术语，精选的依据是我们对一般相关性的判断。鉴于其特殊的重要性，这些术语在参考文献中的引用率要比平常在辞典条目里多很多（至少 10 个，通常约 20 个或更多）。

- Altruism（利他主义）
- Association（社团）

- Association management(社团管理)
- Church(教会)
- Citizen participation(公民参与)
- Civil society(公民社会)
- Community organizing(社区组织方式)
- Denomination(教派)
- Deviant nonprofit group(越轨非营利团体)
- Foundation(基金会)
- Fund-raising(基金筹措)
- Grassroots association(草根社团)
- Interest group(利益集团)
- Leisure activity(休闲活动)
- New religion(新兴宗教)
- Nonprofit agency(非营利机构)
- Nonprofit group(非营利团体)
- Nonprofit management(非营利管理)
- Nonprofit organization(非营利组织)
- Nonprofit sector(非营利部门)
- Philanthropy(公益)
- Pluralism, political(多元主义,政治)
- Pluralism, religious(多元主义,宗教)
- Political party(政党)
- Sect(宗教分支)
- Self-help group(自助团体)
- Social movement(社会运动)
- Union(工会)
- Voluntarism(志愿主义)
- Voluntary action(志愿活动)
- Volunteer(志愿者)
- Volunteer administration(志愿管理)
- Volunteer program(志愿项目)
- Volunteerism(志愿服务)

第二类概念主要与非营利政治活动相关，以下是35个代表性术语，精选的依据是我们对特殊相关性的判断：

- Activist(行动主义者)
- Advocacy group(倡导团体)
- Agitator(鼓动家)
- *Animateur*(发起人)
- Citizen advisory board(公民咨询委员会)
- Citizen group(公民团体)
- Citizen involvement(公民参与)
- Citizen militia(公民民兵)
- Citizen participation(公民参与)
- Community organizer(社区组织者)
- Community organizing(社区组织方式)
- Corporatism(法团主义)
- Coup(政变)
- Demonstration(示威)
- Dissent(异议)
- Empowerment(自主)
- Freedom of dissent(提出异议的自由)
- Interest group(利益集团)
- Intergovernmental organization(政府间组织)
- Lobbying(游说活动)
- Mandated citizen participation(授权性公民参与)

- Neocorporatism(新法团主义)
- New social movement(新社会运动)
- Organizer(组织者)
- Political participation(政治参与)
- Political party(政党)
- Political pluralism(政治多元主义)
- Public interest group(公共利益集团)
- Rebellion(反抗)
- Revolution(革命)
- Riot(骚乱)
- Social movement(社会运动)
- Social movement group(社会运动团体)
- Social protest(社会抗议)
- Special interest group(特殊利益集团)

第三类涉及社团组织，以下是35个代表性术语，精选的依据是我们对特殊相关性的判断：

- Association(社团)
- Association management(社团管理)
- Associational activity(社团活动)
- Associational form of organization(社团组织形式)
- Associational volunteer(社团志愿者)
- Building association(大厦社团)
- Chapter(分会)
- Citizen group(公民团体)
- Club(俱乐部)
- Community group(社区团体)
- Common interest association(公共利益社团)
- Community involvement(社区参与)
- Dues(会费)
- Freedom of assembly(集会自由)
- Freedom of association(结社自由)
- Grassroots association(草根社团)
- member(会/成员)
- Member, analytic(成员,解析)
- Member benefit(会员利益)
- Member benefit nonprofit group(会员利益型非营利团体)
- Member benefit organization(会员利益型组织)
- Member eligibility(会员资格)
- Membership(会员身份)
- Monomorphic nonprofit group(单业态的非营利团体)
- Mutual aid group(互助团体)
- National association(全国性社团)
- Neighborhood association(邻里社团)
- Nonprofit leader(非营利领导者)
- Participation(参与)
- Polymorphic nonprofit group(多业态的非营利团体)
- Self-help group(自助团体)
- State association(州级社团)
- Transnational association(跨国社团)
- Volunteer group(志愿团体)
- Volunteer nonprofit group(志愿性非营利团体)

第四类概念以志愿者为中心,以下是 27 个代表性术语,精选的依据是我们对特殊相关性的判断:

- Association Volunteer(社团志愿者)
- Board volunteer(董事会志愿者)
- Episodic volunteer(短期志愿者)
- Imputed value of volunteer work(志愿工作估价)
- Informal service volunteer(非正式服务志愿者)
- Marginal volunteering(边缘性志愿行动)
- Program volunteer(项目志愿者)
- Quasi-volunteer(准志愿者)
- Service volunteer(服务型志愿者)
- Traditional service volunteer(传统服务型志愿者)
- Voluntary action(志愿活动)
- Volunteer(志愿者)
- Volunteer center(志愿者中心)
- Volunteer department(志愿者部)
- Volunteer exploitation(剥削志愿者)
- Volunteer, habitual(志愿者,习惯)
- Volunteer, key(志愿者,核心)
- Volunteer leadership(志愿者领导)
- Volunteer program(志愿者项目)
- Volunteer, pure(志愿者,纯粹)
- Volunteer role(志愿者角色)
- Volunteer satisfaction(志愿满意度)
- Volunteer time(志愿时间)
- Volunteer tourism(志愿旅行)
- Volunteer work(志愿工作)
- Volunteering(志愿行动)
- Volunteerism(志愿服务)

第五类术语与公益有关,以下是 31 个代表性术语,精选的依据是我们对特殊相关性的判断:

- Capital campaign(资本运动)
- Challenge grant(挑战基金)
- Charity(慈善)
- Company-sponsored foundation(企业基金会)
- Donated goods(捐赠商品)
- Donation(捐赠)
- Donor(捐助者)
- Donor fatigue(捐助疲劳)
- e-philanthropy(电子公益)
- Family foundation(家庭基金会)
- Flow-through funds(流动基金)
- Foundation(基金会)
- General operating support(一般运营性支撑)
- Gift(礼品)
- Giving(赠与)
- Grant(资助)
- Grant proposal(资助方案)
- Grantee financial report(资助对象资金报告)
- Independent foundation(独立基金会)

- In-kind contribution(实物捐助)
- Letter of inquiry(申请函件)
- Matching grant(匹配资助)
- Operating foundation(运作型基金会)
- Payout requirement(付款要求)
- Philanthropic foundation(公益基金会)
- Philanthropy(公益)
- Public foundation(公募基金会)
- Request for proposal(方案申请)
- Site visit(现场参观)
- Venture philanthropy(公益创投)
- Virtual foundation(虚拟基金会)

第六类事关非营利管理,以下是23个代表性术语,精选的依据是我们对特殊相关性的判断:

- Alliance of nonprofits(非营利联盟)
- Board of directors in nonprofits(非营利董事会)
- Career in nonprofits(非营利职业)
- Commercialization of nonprofits(非营利商业化)
- Communication in nonprofits(非营利沟通)
- Contracted service in nonprofits(非营利合同服务)
- Ethics in nonprofit management(非营利管理伦理)
- Executive director in nonprofits(非营利执行董事)
- Financial management in nonprofits(非营利财务管理)
- Formation of a nonprofit organization(非营利组织的组建)
- Fund-raising in nonprofits(非营利基金筹措)
- Innovation in nonprofits(非营利创新)
- Marketing in nonprofits(非营利的市场机制)
- Morale in nonprofits(非营利组织的士气)
- Nonprofit management(非营利管理)
- Nonprofit management profession(非营利管理职业)
- Power structure of nonprofits(非营利权力结构)
- Privatization(私有化)
- Professional/volunteer tension(专业人士/志愿者张力)
- Profits of nonprofit groups(非营利团体利润)
- Risk management in nonprofits(非营利风险管理)
- Strategic management in nonprofits(非营利战略管理)
- Strategic planning in nonprofits(非营利战略规划)

第七类涉及志愿者管理,以下是 18 个代表性术语,精选的依据是我们对特殊相关性的判断:

- Accountability of volunteers/members(志愿者/会员的问责)
- Building paid staff-volunteer/member relationships(付酬员工志愿者/会员关系建设)
- Development of volunteers/members(志愿者/会员发展)
- Formation of a volunteer program/association(志愿项目/社团的组建)
- Job creation for volunteers/members(志愿者/会员就业机会的创造)
- Motivating volunteers/ members(志愿者/会员激励)
- Orientation of volunteers/members(引领志愿者/会员)
- Personnel practice for volunteers/members(志愿者/会员人事实践)
- Placement of volunteers/members(志愿者/会员安置)
- Recognition of volunteers/members(志愿者/会员体认)
- Recruitment of volunteers/members(志愿者/会员招募)
- Retention of volunteers/members(志愿者/会员留守)
- Risk management and liability for volunteers/members(风险管理与志愿者/会员的责任)
- Screening of volunteers/members(志愿者/会员筛选)
- Supervision of volunteers/members(志愿者/会员监管)
- Training of volunteers/members(志愿者/会员培训)
- Volunteer administration(志愿管理)
- Volunteer administrator(志愿管理人员)

第八类与休闲有关,以下是 27 个代表性术语,精选的依据是我们对特殊相关性的判断:

- Amateur(业余人士)
- Amateur group(业余团体)
- Amateur league(业余联盟)
- Amateur team(业余团队)
- Casual leisure(率性休闲)
- Casual volunteering(率性的志愿行动)
- Formal leisure activity(正式休闲活动)
- Hobby(爱好)
- Hobby group(爱好团体)
- Hobbyist(爱好者)
- Informal cultural activity(非正式文化活动)
- Informal interpersonal activity(非正式人际交往活动)
- Informal leisure activity(非正式休闲活动)

- Informal mass media activity(非正式大众传媒活动)
- Informal resting inactivity(非正式休闲无为活动)
- Informal sports and outdoor recreational activity(非正式体育与户外娱乐活动)
- Leisure/leisure time(休闲/休闲时间)
- Leisure activity(休闲活动)
- Leisure class(休闲阶层)
- Leisure group(休闲团体)
- Leisure society(休闲社会)
- Project-based leisure(基于计划的休闲活动)
- Recreation/recreational activity(康乐/康乐活动)
- Recreational group(康乐团体)
- Serious leisure(深度休闲)
- Volunteering as leisure(休闲性志愿行动)
- Volunteering as unpaid work(不付酬的志愿工作)

第九类事关宗教问题,以下是31个代表性术语,精选的依据是我们对特殊相关性的判断:

- Church(教会)
- Church congregation(教会会众)
- Civil religion(公民宗教)
- Clergy(神职人员)
- Confraternity(友爱帮会)
- Convent(修道院)
- Conversion, religious(转信,宗教)
- Denomination(教派)
- Ecumenism(普世教会合一运动)
- Faith-based service(基于信仰的服务)
- Freedom of religion(宗教信仰自由)
- Fundamentalism, Christian(原教旨主义,基督教)
- Heresy(异端)
- Monastery(寺庙)
- Morality(伦理)
- Mosque(清真寺)
- New religion(新兴宗教)
- Priest(牧师)
- Proselytizing(传教)
- Religion(宗教)
- Religiosity(宗教笃信)
- Religious functionary(宗教职位)
- Religious nonprofit group(宗教性非营利团体)
- Religious order(宗教秩序)
- Religious philanthropy(宗教公益)
- Religious right(宗教右翼)
- Religious tolerance(宗教宽容)
- Ritual(仪式)
- Secularization(世俗化)
- Stewardship(管理工作)
- Synagogue(犹太教堂)

第十类与法律相关,以下是 31 个代表性术语,精选的依据是我们对特殊相关性的判断:

- Bequest(遗赠)
- By-law(规章制度)
- Charitable federal tax-exemption requirements(联邦税免除的慈善标准)
- Charitable remainder trust(慈善性剩余信托)
- Charitable solicitation regulation(慈善募捐法规)
- Charitable trust(慈善信托)
- Charity (sense 2)(慈善(义项二))
- Commerciality doctrine(商业性原则)
- Corporation, charitable(企业,慈善)
- Cy pres doctrine(近似原则)
- Dissolution and distribution of assets of a nonprofit organization(非营利组织的财产清算与分配)
- Donative intent(捐赠初衷)
- Donor intent(捐助人意愿)
- Excise tax(消费税)
- Expulsion of association member(开除社团会员)
- Grant-making foundation(资助型基金会)
- Fiduciary obligations of board of directors(董事会的信托义务)
- Freedom of association(结社自由)
- Involuntary dissolution of a nonprofit organization(非营利组织的强制解散)
- Law and nonprofits/charity(非营利/慈善组织与法制)
- Lawful purpose of nonprofit corporation(非营利法人的合法目标)
- Limitations on charity lobbying and political campaign activity(慈善游说与政治竞选的限制)
- Nondistribution constraint(非分配性限制条款)
- Nonprofit corporation(非营利法人)
- Operating foundation(运作型基金会)
- Private foundation(私人基金会)
- Qualified donee (for charitable contribution tax deduction)(合格受助者(慈善捐献扣税))
- State and local tax-exemption, charitable(州与地方的免税资格条件规定,慈善)
- Statute of Charitable Uses(慈善用途法)
- Tax-exempt organizations registered with the Internal Revenue Service (IRS)(国税局(IRS)登记的免税组织)
- Unrelated business income tax(非相关商业收入税)

可预期的是,这十类术语并不是相互排斥的。有些术语与概念可以在两个或更多的类别中找到位置,尤其是第一类和某个其他类型,因为第一类可以被"覆盖"到其他九类之上。具有不同学术兴趣的学者无疑能够在这些类别中加添更多的术语(在本辞典中,我们还没有穷尽可能适合每一个类别的术语),而且他们还可能加列一两个自己所作的分类。在未来再版本辞典时,我们欢迎学者们贡献一二。然而,需要注意的是,我们避免收录关于非营利会计的所有术语,因为好几位其他作者已经完成了这项工作(e.g., M. J. Gross, Richard F. Larkin, and John H. McCarthy, *Financial and Accounting Guide for Nonprofit Organizations*, 6th ed. 2000;R. Hussey[ed.], *A Dictionary of Accounting*, 2nd ed. 1999)。我们同时还省去了法律术语,这方面的作品也汗牛充栋了,而且在 Hopkins(1994)的《非营利法律辞典》(*Nonprofit Law Dictionary*)与《免税组织法》(*The Law of Tax-Exempt Organizations*, 8th ed., 2004)中已有收录。我们特意对三大相关的主要组织进行了定义:ARNOVA,ISTR 和 INDEPENDENT SECTOR。这是因为,它们与非营利研究和志愿部门具有特殊相关性。我们确信,本辞典是为了对术语与概念作出界定,而不是对组织的名称作出定义。本辞典条目＊**非营利部门,基础设施组织**中还提及其他相关组织。Abramson 和 McCarthy（2002）,Burlingame(2004),以及 Levy 和 Cherry(1996)对这些组织也作过描述。我们对与公益、基金筹措相关的很多术语作了定义,更多术语可以在 Burlingame（2004:533—541, passim) 以及 Levy 和 Cherry(1996)的著作中读到。另外,我们还对与宗教相关的术语进行了界定,但更多的术语在 Bowker (1997), Livingstone 和 Cross (1997), Taylor (1998)以及其他资料中才能读到。

至于词汇本身,我们一直试图将其限制在可控的规模之内,使之成为一个有用的手册,收录那些广义上具有交叉参考关系的同义词及相关联的术语。我们使用的方法与众不同,即使对于核心定义,也都是根据以前的文献进行界定的。比如,"非营利团体"被定义为正式和非正式两种。这有别于 Salamon 和 Anheie (1992a:135)的定义。无论是不是切中肯綮,非营利团体必然具有"某种制度化的现实因子",这可以"被召开定期会议、官员或议事规则或某种程度的组织持久性"等特征加以证实。对于我们而言,这种制度化的现实因子由被称为"团体"的社会实体来实现(Smith 1967)。仅就美国的而言,用此方法就可以将数百万个团体归为非营利团体,否则只能忽略(cf. Smith 1992a, 1994b, 2000;Wuthnow 1994)。

我们也将非营利团体与家庭和家族团体进行了区分,因为注意到非营利团体缺少对人的关注,而家庭/家族团体则具有此显著特征(Smith 1991)。我们对非营利团体的自我治理或自治的态度,较 Salamon 和 Anheier(1992a:135)有某种程度的缓和。这一立场建立在 Smith(1994b)的研究基础之上:地方分会(多业态)团体隶属于更高水平的非营利(通常为社团)组织,多视自己具有相当的自治权,这与其设想的官方结构地位并不相符。另外,我们强调"实质自治",而 Salamon 和 Anheier(1992a:135)则似乎追求完全自治("不被外部实体控制")。我们认为非营利同时具有公共(非会员)利益和私人会员利益的团体特征,这与 Salamon 和 Anheier(1992a:135)的观点似乎是一致的(尽管 Salamon(1992:7)在同年出版的作品中指出,非营利团体仅指公共利益)。我们还认为,非营利团体反映或彰显了"志愿精神"(O'Connell 1983)——鼓励非营利部门参与者的一种态度和价值观,现在是指几乎没有意识形态色彩的术语,比如"志愿利他主义"(Smith 2000:18—24)。

尽管有人会对我们所作定义中一些特殊的方面有不同意见,但它们的确既有优点也有缺点。其中,我们所作定义的主要优点是具有更大的包容性,囊括了非营利团体的类型以及附属于此类团体的特别合规性/激励奖励结构等。这个结构有助于解释为什么人们主要参与社会上的此类团体志愿活动,以及为什么付酬员工的工资普遍较低(cf. Smith 1994b;Steinberg 1990)等问题。本辞典中的非营利组织表述为"nonprofits",与"非营利团体"一词相比,在结构上更加正式化,在分类上更加狭窄。反过来,团体则比集体更具组织化,而集体又比社会范畴更具组织化。

相较于 Salamon 和 Anheier (1992a:130),我们在本辞典中对非营利部门的界定更为宽泛。第一,正如前文所述,非营利团体的定义更具包容性。第二,我们不仅将非营利团体(他们称之为"非营利组织")纳入非营利部门,而且将单一的个体志愿活动包括在内,如非正式服务志愿行动、政治参与、宗教活动以及非正式人际交往活动,因为这些活动通常是由志愿利他主义所激励的。可资证明的依据是,非正式服务志愿行动是非营利部门传统的组成部分(随之而来的还有团体语境下的志愿行动,以及项目志愿行动、社团活动、董事会志愿行动等)。

然而,如果我们严肃看待组织化与非正式服务志愿行动之间定义的平行性问题,正如有组织的志愿项目与非正式服务志愿行动那样,就应该一视同仁地接受非正式政治参与这种平行性,后者与有组织的政治性非营利组织是对应的。同样,我们还应当接受非正式宗教活动所对应的教会以及其他宗教团体,并接受非正式人际活动所对应的正式社会俱乐部和互助组。基于同样的理由,我们将三类其他形式的非正式活动归入个体志愿活动:非正式经济支持活动、非正式社会创新活动、非正式社会美学活动。然而,诸如康乐、文化活动、大众传媒曝光以及休憩/放松等非正式休闲活动未被拿来进行比较,因为它不属于前文列举的十个领域,而且缺乏志愿利他动机(cf. Quarrick 1989)。其他可能的活动也应当被排除在外。

但是,当我们把非营利部门局限于传统社会服务导向以及个体与团体发起的公益活动时(cf. Hodgkinson et al. 1992),遇到了排斥的问题。也就是说,这种缩小范畴的方法忽略了超过一亿的美国人在空闲时间基于各种理由,尤其是志愿利他主义,参与社团和包括教会在内的其他非营利组织活动的事实(cf. Smith 1994b,2000)。在接受会员利益型团体在非营利团体和非营利部门定义中的相关性的情况下,我们认为,有必要也收录一些非正式活动。这些活动与此类团体是相符的,彼此相似,它们不但主要由非服务性目标所激励,而且还有其他宽泛的社会目标作为激励动力,如公民身份、社会宗教利益、社会交往以及其他重要的社会核心价值观。这一定位同时还引导我们收录了大量来自休闲研究领域的相关概念,主要为率性/深度/基于计划的休闲活动等相关概念。

我们的观点是,公共服务是非营利部门最重要的价值。比如,在发展和维系公民社会的参与式民主上,政治性非营利组织同时也扮演着重要角色。没有它,非营利部门在服务层面不大可能有任何重要影响。我们承认,政治性非营利组织最终会改变服务性非营利组织,而不是相反(通过影响政府和更大型的政治体制)。另外,服务性非营利组织通常直接涉足政治性非营利社团事务(比如,医院、大学里的社团),这是利益集团为了其成员和顾客利益而争夺的领域。总之,忽略会员利益型非营利组织及其非正式志愿活动的并列形式,就是无视大多数的非营利部门(cf. Smith 1994b, 2000)。

概括起来,我们将非营利部门视为四个主要社会部门之一,重点关注:

1. 下列三种情境下的个体志愿活动:(1)由正式非营利团体实施(被宽泛地界定为社团型与服务型志愿行动);(2)非正式个体活动,比如非正式服务型志愿行动、单独政治参与、单独型个体宗教活动、非正式人际活动、经济支持型活动(但并非付酬工作)、社会美学活动以及社会创新活动;(3)以上两种都存在。

2. 非营利组织中受雇的个体所开展的活动。

3. 由非营利组织发起并以其财产或物品为支撑的团体志愿活动。

粗略地说,非营利部门是社会上所有非营利团体的所有方面,还包括人们基于志愿利他主义的非正式行动所实施的个体志愿活动。

就这一定义而言,不同于 Salamon 和 Anheier(1992a:130),我们首先将人们行动中的个体志愿活动纳入非营利部门。我们坚持认为,团体和组织在本质上毕竟是人的思想产物——所有所谓的团体或组织活动,说到底,不过是人们活动的总和,好像存在某团体或某组织,他们也似乎都是会员,因此都应当按照某种方式采取行动。无论如何,团体是"真实的",而且能够产生重要的结果。换句话说,一旦所有的一切都说过且做过,以团体方式行动的人就不那么明显有别于以个体方式行动的人。因此,我们应当避免这种情况的发生,即把个体单独志愿行动或帮助他人的行为不当一回事。

最后,我们所列的三个最重要的概念中,志愿活动是最富争议的。最初,Smith及其同事(1972)从个体视角将其定义为一个人的行动,既不是强迫的也不是领取报酬的活动。他们从根本上重述了Etzioni(1961)的观点,即规范的合规性结构说(主要将其应用于非营利组织研究),并将其概括为人们不在团体背景下单独实施的活动。我们今天的立场是,志愿活动应当被重新界定为团体活动(比如,人们以团体身份开展活动,或者是为了团体利益而开展活动),或是本质上作为志愿利他主义的一种表达方式的个体活动。在团体内部,此类志愿利他主义依然指的是团体规范的合规性结构(cf. Etzioni 1961)。该方法甚至还具有暗示个体系受志愿利他主义激励之意味。

当他们超越个人的、经常是自私的利益和目标,而按照服务、社交、公民身份、社会宗教、经济制度支撑、社会创新或社会美学价值观等一个或多个因素的综合而行为的时候,这种事情就会发生。这些价值观聚焦于人们的利益,而不是人自身(尽管也有利益回报;Smith 1981)或其家庭。在那些意义极为宽泛的术语中,"社会价值观"(在本辞典中,为"人类核心价值观")从民族文化、亚文化价值观衍生而来,有时兼而有之(Bellah et al. 1985)。在志愿利他主义和志愿活动中,存在各种差异,一些社会价值观有重叠之处或截然不同(Anheier 1987)。在诸多影响条件中,这种关切的表达受到一个国家的历史、法律制度和社会经济发展水平的约束(Salamon and Anheier 1992a;Smith and Shen 2002)。

那些运作商业和管理政府部门的人主要使用经济统计方法(实用的合规结构;Etzioni 1961),而一旦他们在非营利部门供职,一般主要使用社会价值观的方法。后者统计的内容是:服务、公民身份、社会宗教利益、社交以及其他必要条件,能够给人们带来好处,而不是为自己(或者也可能是为自己)谋利益。在家庭/家族部门,人们还倾向于使用社会价值观的方法,对此的一个狭义理解是:利他主义和其他社会价值观主要适用于其他家庭/家族成员,而不是本家庭/家族内部。有两个部门存在这种利他主义,即非营利和家庭/家族,尽管这两个部门的利他主义是相似的,但社会价值观的适用范围明显不同。范围上的差异导致有些观察人员认为这两个部门的社会价值观高度不同,而我们则倾向于在指出范围的明显差异的基础上强调其相似性。

本辞典所列举的术语与概念就是一个词汇库,旨在帮忙我们在非营利部门内以及跨越国家和语言的研究中形成获普遍认可的定义。除了少数例外,每一个条目都有至少一个相关的参考文献或者一个或多个网址,为的是探究该术语或概念的词源,或者是与之相关的解释理论、研究或实践。长期从事非营利和志愿活动研究并做出一定贡献的社会科学家对其中很多文献比较熟悉。至于这些定义本身,它们是我们自己的研究成果,其中有些定义与其他学者的定义类似,或者参考了其他学者的研究,反映了学界对于相关术语与概念之含义的共识。

A

absolute monarchy **绝对专制** 参见 **dictatorship**(独裁)；**monarchy**(专制)。

accommodation **适应** 在两个或两个以上的当事人之间针对争议 * 问题进行调停、调整与妥协的过程或结果。适应解决了 * 非营利团体内部或非营利团体之间的关键 * 冲突，因而能够确保冲突各方朝着他们共同追求的 * 目标前进。Simmel(1955:114—116)在书中"妥协"标题下对适应作了简短但很经典的论述。

accountability of volunteers /members **志愿者/会员的问责** 指 * 志愿者或 * 会员解释说明其志愿行动的能力。* 非营利团体和 * 志愿项目的主要行政管理职能之一，就是为志愿者的问责提供经常性的评估，如监督和审查工作报告。如果志愿者对整改意见充耳不闻，不对所做的 * 志愿工作作出适当的调整，为了志愿 * 项目或大型 * 组织计，可以终止该志愿者或成员的资格。Connors(1995:176—178)，Fisher 和 Cole(1993,chap. 8)，以及 McCurley 和 Vineyard(1997,passim)对志愿者的问责与评估提出了切实可行的建议。Battle(1988,chap. 6)简单讨论了社团的成员问责问题，认为问责在大多数情况下都是非正式的，且主要由 * 官员和 * 董事会来负责。Smith(2000:141)指出，在 * 草根社团中，通常是以自愿的方式终止成员资格，鲜有人因其行为不当或失败而违愿遭逐。

accounting in nonprofits 非营利组织会计 记录（当前多在计算机上记录）和分析非营利组织资金流的一种制度，包括各种渠道的收支状况（Anthony and Young 1994；Engstrom and Copley 2004；Garner 1991；Gross，Larkin，and McCarthy 2000；Ruppel 2002）。它在非营利管理，尤其是在管理者需要确定财务信息以便作出正确决策方面起着非常重要的作用（Anthony and Young 2004）。在大型的、支付薪水的非营利组织内，非营利组织会计可能极为复杂；而在一些小型的草根社团内，非营利组织会计则非常简单，仅仅限于查账。

action norm, distinctive 行动规范，特色 *非营利团体成员使用战略与策略实现*目标的共同期望。当一项行动规范体现了该团体的属性时，该规范就具备非营利团体的特色。Smith（2000：139）论述了*草根社团特有的行动规范研究。

action planning 行动规划 系指为了实现战略计划而设计工作方案或特别方法的过程。行动规划被认为是*战略规划的重要组成部分（Bryson 1994：154，173）。

action repertoire 行动项目表 通常指*非营利团体为了实现*目标所采取的战略与策略。Smith（2000：139）对*草根社团作过行动项目表的相关研究。Tilly（1978：151—166）早年关于社会运动的研究中使用过"行动项目表"概念。

action, social 行动，社会 参见 social action（社会活动）。

action, voluntary 行动，志愿 参见 voluntary action（志愿活动）。

active-effective character pattern 积极—有效的特色模式 更大的*一般活动模型的一部分，该模式表明：一旦某人具备这种积极—有效的特色模式所需要的特征与态度要素，那么*志愿者行动和其他社会文化所珍视的活动自由会更大。这些要素具体包括：更高的语言与社会智力能力、特定的人格特征（外向、自我强度、情感稳定度、亲密度、自信、效率等）、特定的价值观、特定的普遍态度、特定的具体态度、特定的期望、特定的意图、保留更多相关的信息以及有效发挥作用的心理过程（进一步的内容请参见 Smith 等人（1980：466—470）的作品）。Smith（1975：255—258；1994a：250—252，255）回顾了支持积极—有效的特色模式的研究依据。

active member 活跃成员 参见 **member**（成员）；**解析**（analytic）。

activism　行动主义・激进主义　1. 根据 Ellis 与 Noyes(1990：8)的观点，一种以改革为导向的＊志愿活动形式。2.＊社会运动团体中的个体行动方式之一，不论行动是否有偿。随着社会运动组织规模的壮大，此类行动正日益职业化（McCarthy and Zald 1977）。同时参见 checkbook activism(支票簿活动主义)；citizen volunteer(公民志愿者)。

activist　行动主义者・激进分子　在＊公民参与、＊政治参与、＊社会运动、社会抗争(＊活动，抗议)或社会变迁等一个或多个领域表现尤为活跃的人。Butler(2003，passim)在自传中，作为一名活动家、传播学专家，同时也是男同性恋和女同性恋社群的成员，试图说服他所在的市政当局加强对同性恋者的保护。Verba，Schlozman 和 Brady(1995，chaps. 4，5)通过使用美国抽样调查的样本，分析政治活动家(以及他们的对立面，政治上消极的普通民众)的行为动机，以及他们是如何被征募动员的。Lichterman (1996，passim)在书中指出，美国行动主义者的行动改造了＊社区。这与 Bellah 等人(1985，passim) 认为行动主义者带来了社区的衰落的否定性结论完全相反。Shaw(2001，passim)曾写过行动主义者实践手册或指南方面的书。

activity goal in program evaluation　项目评估的活动目标　＊非营利团体所开展的某一特定项目活动预期达成的结果，它通常是＊项目评估的重点内容。此类目标是具体的；只有组织成员有效实施了该项目，目标才能达成。在项目评估中，活动目标与更抽象的＊产出目标截然不同(Thomas 1994：347—348)。

activity level in nonprofits　非营利活动水平　以某一特定＊非营利团体或＊组织名义开展的活动的数量与比例。活动水平可能是低的、中等的或高的，也可能是表现稳定的或有起伏的 (Smith 2000：130)。

activity, protest　活动，抗议　指旨在反对现有或规划中有威胁性的或不公的社会政策或安排而发生的个体或集体行动。通常情况下，抗议活动者会采取一些非常规手段或设定一些非一般的目标，因此会激怒政府当局，也常会引起社会的公开谴责。相比较而言，＊政治志愿行动更具有传统特征，也更易为社会所接受(Gamson 1990，passim)。Frey，Dietz 和 Kalof(1992，passim)发现，抗议团体的人事任免与派别之争决定了抗议活动的成败。Power 等人(1997，passim)编纂了一部百科全书，内容包括抗议活动的各类事件、案例，以及＊非暴力行动的方方面面。同时参见 political voluntary action(政治志愿行动)。

activity theory 活动理论 主张活动本身与生活 *满意度之间长期存在一种正相关关系(Turner,1992:43—44)。更高水平的活动通常能够产生更大的生活满意度,而更低水平的活动则相反。因此,社会角色的缺失,不参与社会活动,降低了生活满意度。在系统介绍活动理论之初,我们可以发现,活动能够给参与者提供角色支撑,进而固化他们的自我意识概念。一个人要在活动中获得高满意度,必须具有积极的自我意识,通常 *志愿行动能够产生这种自我意识(Lemon, Bengtson, and Peterson,1972)。

activity timing in nonprofits 非营利活动的时间长度 指 *非营利团体或 *组织开展活动的时间跨度,可以天、周、月、年定时。在非营利团体中,*成员的 *需求利益通常决定着活动时间的长短(关于 *草根社团的活动时间长度问题,请参见 Smith(2000:127—128)的研究)。

adhocracy 委员会 行政组织的一种,管理层级和 *科层体系均最小,因而被认为在建立并实施项目中有更大的灵活性。一些 *草根社团和类似的社团设立临时委员会尤为普遍。Skrtic(1991,passim)提议,在针对残障儿童的教育中,可以考虑采用临时委员会这一组织形式,因为临时委员会强调协同与积极地解决问题。根据 Morgan(1986:57)的观点,这个术语是由 Warren Bennis 创设的,用来描述那些临时设置的、非常适合在动荡环境(*作为环境的动荡场域)中完成复杂、不确定任务的 *组织。Waterman(1990,passim)曾在一本书中力主实行特别委员会形式,仅限于商业背景(*非营利部门是一种极不重要的"扁平地球"范式的错觉)。

admission/exclusion of association member 社团成员的接纳/拒绝 在遵守社团正确的程序,并不与支持自由结社的公共政策相抵触的条件下,*社团通常有权选择何人可以成为其成员(Fisherand Schwarz 2000:941,966—998),但是法院禁止在成员选择上出现任何有悖于公共政策的性别和种族歧视现象(ibid.)。

adult learning theory of volunteering 学习型志愿行动理论 系指解释志愿者所进行的各种学习类型的一整套观点(Ilsley 1990)。比如,工具性的/教导性的、社会性的/表达性的、批判性反思的等。由于 *承诺对象是不同的,学习的兴趣可能存在差异。以志愿者为中心的志愿者倾向于选择社会性/表达性的学习方式,以组织为中心的志愿者热衷于工具性的/教导性的学习方式,而以客户为中心的志愿者偏好同客户一起开展反思性的学习方式。以社会视角为中心的志愿者珍视批判性反思的学习方式,并认为这能够提高他们的志愿意识。

advisor **顾问** 参见 **mentor**(指导顾问)。

advisory board **顾问委员会** 应 *社区或 *非营利团体请求,就社区或非营利团体的 *目标和 *项目提出各种意见、信息、建议等的一群专家。Barker(2003:11)观察发现,委员会的成员可能是被雇用、挑选或招募而成为 *志愿者的,他们既可以单独也可以团体的形式提供咨询意见。委员会中可以有一个或更多的 *非营利团体董事会的成员。Sterk(1999,passim)建议,顾问委员会可以加入到 *社区发展项目中去,以解决诸如妓女和吸毒者等难以接触到的人群的问题。

advocacy **倡导** 应一个人或一个团体的请托 *动因而进行的呼请、演讲或者调解。O'Neill(1989:109)坚信:*倡导团体是 *独立部门中最为反主流和最自由的。Checkoway(1995)认为,立法和行政方面的律师、倡导规划者和倡导团体在为那些相对无权者的利益进行倡导时,一直为社会所排斥的代表为自己的利益游说时,公共倡导是一种战略。有关倡导作为一种 *职业(社会工作)的历史,以及更多成熟的定义,请参见 Lester 和 Schneider(2001)所作的论述。

advocacy group **倡导团体** 系指从事 *倡导事业的一种 *政治非营利团体;也指通过 *政治志愿行动追求或抵制社会变革的一种团体。采用 *社会抗议方式的倡导团体是一种 *社会运动团体。Gamson 所说的"挑战团体"同此处的"倡导团体"是一个意思(Gamson 1990,chap. 2)。

advocacy in nonprofits **非营利倡导** *非营利团体为自己的政治利益和各级政府的公共议程进行 *倡导的过程,二者都需要借由草根倡导,或者借由 *游说活动,或者通过参加有关 *同盟或 *联盟,才能动员其成员和其他会员(Avner 2002;Smucker 2004;Wilbur 2000,chap. 9)。对于公益非营利组织所能进行的游说次数,法律上有限制(Smucker 2004:237);而对采取其他形式的游说活动,则限制较少。

advocate **倡导** 参见 **activist**(行动主义者·激进分子)。

affiliate of a nonprofit group **非营利团体分部** 参见 **nonprofit group affiliate**(非营利团体分部)。

affiliated volunteer 分支机构志愿者 参见 **disaster volunteer**（救灾志愿者）。

age-grading group 未成年团体 史前社会中由年龄相仿的年轻男性组成的 * 社团，他们在一起生活、工作和玩耍，有时会居住在特别的临时小屋或永久住所里，直到被社会接纳为成年人为止。它常被称为"年龄设定协会"或"未成年协会"（cf. Ross 1976:56—57，Ross 称这些协会是终身制组织）。关于这种社会组织形式的进一步讨论，请参见 Ember 和 Ember（2004:187—189）的论述。这种团体是史前社会的 * 联谊会 的一种形式。Stewart（1977）对史前社会的这种年龄—团体制度有过经典描述。

agency 机构 参见 **nonprofit agency**（非营利机构）。

agency, alternative service 机构，替代性服务 以一种新型和不同的方式提供与健康或福祉相关的特定服务的 * 非营利团体，目的是帮助特殊类型的客户群体（cf. Perlmutter 1988b, passim）。此类机构有扩大的趋势，由于传统机构不能或者不愿意提供这种服务，从而使得这类机构迅速成长。按照 Miller 和 Phillip（1983:779）的说法，这类机构最终促使社会工作准则和社会福利领域的变革和创新。

agency, governmental 机构，政府 参见 **governmental agency**（政府机构）。

agency, social service 机构，社会服务 提供 * 社会服务（义项二）（Chambers 1963, passim）的 * 机构。

agenda control in evaluation 评估议程控制 正在接受评估的组织所实施的一种操作战略或博弈。它试图引导 * 评估 以组织认为最重要的标准展开。Murray 和 Tassie（1994:316）观察发现，这些标准通常都很可能让评估得出肯定性结论。

age-set 年龄—设定 参见 **age-grading group**（未成年团体）。

agitator 鼓动家 * 行动主义者，所实施的活动尤其会激怒想维持现状的人。"鼓动家"一词具有贬义，Thorstein Veblen 在一战期间批判资本主义时就曾使用过（Capozzola 1999, passim）。

Alinsky-style nonprofit group participation 非营利团体参与的 Alinsky 模式 根据 Saul Alinsky 提出的原则，个人介入 * 志愿团体发挥作用的付费或自治社区的一种模式。比如，某 Alinsky 式团体从普通 * 成员的实际目标中确立行动方向，并将该团体作为描述和实现其目标的中介（Alinsky 1969:196）。在过去的半个多世纪里，借助 Alinsky 的产业区基金会(Alinsky's Industrial Areas Foundation,简称"IAF"),Alinsky 针对 *社区组织方式的对抗性方法一直是美国广为复制的成功模式。Alinsky 的基本思想是发展大众性政治组织(*社团),该组织扎根邻里,关怀基层诉求,并利用这些组织应对变革(Lancourt 1979,passim; Reitzes and Reitzes 1984,passim; Robinson and Hanna 1994,passim)。IAF 模式最初遭遇了多年的抵制,但最近数十年来一直得到协同推进,致力于建设有效的基层联合模式(Chrislip and Larson 1994:57)。

alliance of nonprofits　**非营利团体联盟**　两个或两个以上的非营利团体为实现一个或一个以上的共同 *目标而组成的 *团体组织,他们确信合作(*非营利团体合作)比竞争更利于实现目标(Arsenault 1998; Bailey and Koney 2000; McLaughlin 1998)。对于 *非营利团体而言,缔结联盟可能具有战略意义(see Yankey and Willen 2004),或者也可能只是因价值观接近而仅具有名义上的关系(比如,因为很多非营利组织都是 *独立部门组织的一员)。虽然这些非营利团体组织有时也包括 *政府机构或 *营利性组织,但通常情况下并不是。非营利团体联盟又被称为"*联盟"和"*联合会"。

all-volunteer group　**纯粹志愿者团体**　其 *成员在 *志愿行动上累计投入 95％以上时间的 *志愿者社团(Smith 2000:25)。

alternative community　**替代性社区**　参见 commune(公社)。

alternative federated fund　**替代型联合基金**　参见 federated fund, alternative(联合基金,替代型)。

alternative institution　**替代性制度**　参见 institution, alternative(制度,替代性)。

alternative service agency　**提供替代性服务的机构**　参见 agency, alternative service(机构,替代性服务)。

altruism　**利他主义**　个人或 *非营利团体为增进家庭成员之外的他人的 *福利(义项一),不求回报,给予金钱、*产品、时间或其他财产等的一种态度。利他主义通常表现为赠与者或 *捐助者的某种 *牺牲。简单地说,利他主义是一种态度,因为要关心他人的福利状况或 *满意度,或者二者兼有,从而让人有意于去帮助他人。*公益便是这种态度在行为上的表现。Gintis 及其同事(2003,passim)的实验证明,强大的 *互惠能够帮助预测人类活动中的利他主义行为,同时也能解释这种利他倾向。很多学者写书或发文章,从专业的视角讨论利他主义,包括心理学、社会学、人类学、神学、神经学、进化生物学、历史学等(e. g. Allahyari 2000;Batson 1991;Kohn 1990;Kottler 2000;Margolis 1982;Monroe 1996;Oliner,Oliner,and Baron 1992;Ozinga 1999;Post et al. 2002;Puka 1994;Seaton 1996;Wolfe 2001)。Titmuss(1971,passim)对此有一个经典阐释,他以赠送礼品的语境解释利他主义。Mauss(1925/1990)在更早的时候也是这么表述的。通过研究可以发现,通常情况下,利他主义还存在一种自我服务、自我帮助的意涵——这是 * 相对利他主义,所以纯粹的、服务他人的 * 纯利他主义并不多见(Smith 1981,passim;Kottler 2000,passim)。同时参见 **altruism, volunteer**(利他主义,志愿者);利他主义,志愿(altruism, voluntary);利他主义,非志愿(altruism, nonvoluntary);利他主义,准志愿者(altruism, quasi-volunteer);**亲社会行为**(prosocial behavior)。

altruism, absolute 利他主义,绝对　参见 **altruism, pure**(利他主义,纯粹)。

altruism, nonvoluntary 利他主义,非志愿　受自利目的所驱使,本质上已经改变的 * **利他主义**,它本身已经变成了图利的手段,而不再是那种绝对利他主义(* **纯粹利他主义**)。O'Neill 和 Young(1988:4)最早指出,这种利他主义常见于产业部门和政府机构中。Smith(2000:17)的观点也验证了这一点,他认为,利他主义存在于社会的全部四个部门中,而不单独存在于非营利部门中。

altruism, pure 利他主义,纯粹　这是一种理想型的 * **利他主义**,行为人全身心地帮助他人、* **团体**或其他 * **利益目标群体**,并努力使他们感到满意,而没有从利他行动中获得自我满足感(* **满意度**)。不过,由于人类自身的缺陷,很少有人能够实现纯粹利他主义目标。有时候,纯粹利他主义也被认为是"绝对利他主义"。正常情况下,利他者在帮助利益目标群体从利他行动中获得满足感(Smith 1981,passim;2000:16—18)的同时,自己也能从中收获某种满足感(比如,从事利他活动时感觉良好,可以作为全社会都珍视的品质/行动,以及享受那些受助者的满意感)。如此看来,利他主义常常是一种互惠的过程,能够给利他者(参见 * **自利**)与他/她的利益目标群体双方同时带来某种满足感。

altruism, quasi-volunteer 利他主义,准志愿者　两种 * **志愿利他主义**中的一种(另外一种是志愿者利他主义(* **利他主义**))。准志愿者利他主义可以表述为低报酬行动。行动究竟是低报酬的还是应当公平付酬,由劳动力市场上服务供给的价格决定。这一术语由 Smith(2000:24)创造。同时参见 **quasi-volun-**

teer(准志愿者);**quasi-volunteer action**(准志愿者活动)。

altruism, relative 利他主义,相对 为 *利他主义的常见形式。在相对利他主义中,利他者有明显的自利驱动,并能从利他行动中获得自我满足感(***满意度**);(1) 因为从事利他活动(全社会都珍视的品质)而感觉良好(满足);(2) 通过帮助个人、**团体**或其他 ***利益目标群体**而满足自己所体现出的相对利他主义(如果 ***受助者**对利他行动感到满意);有时是(3)利益目标群体或其代表表达的感激之情(如果利益目标群体是一个团体组织或集体)。因此,所有正常的利他主义都有满足他人的意图,同时也具有自我满足的成分(Smith 1981,passim;2000:16—18),这就是相对利他主义(Smith 2000:228),而不是纯粹利他主义。对于全社会和那些利他者来说,相对利他主义无论如何也比纯粹自私的(***自私**)行动要好得多,后者无意于帮助他人,且无视他人的满足感(Wolfe 2001,passim)。

altruism, secondary 利他主义,次等 参见 **altruism, nonvoluntary**(利他主义,非志愿)。

altruism, self-serving 利他主义,自我服务 两种 ***志愿利他主义**中的一种,另一种是服务他人的利他主义。Carr(1975:83)是最早研究此类利他主义者之一,他发现自我服务型利他主义永远不可能是真正纯粹的利他主义,而是更可能将自利和他利两个动机结合起来的利他主义。

altruism, voluntary 利他主义,志愿 参见 **voluntary altruism**(志愿利他主义)。

altruism, volunteer 利他主义,志愿者 两种 ***志愿利他主义**中的一种(另一种是 ***准志愿者利他主义**)。这种类型的志愿利他行为可以表述为非付酬的志愿活动。这个术语由 Smith(2000:24)创造。

altruistic organization 利他组织 一种 ***正式团体**,其目的和 ***目标**是试图使非成员的满意度达到最大化,但并不期待他们为了回馈组织或组织 ***成员**而被迫做出某种贡献。Smith(1981)不但研究了个人层面的这种 ***利他主义**,而且还在组织层面进行了考察。

altruistic paradox 利他主义悖论 即使是最典型的 ***利他组织**也具有组织维持功能和组织提升功能。另外,Smith(1981)还指出了如下悖论:一个组织比其 ***成员**更具有利他精神,反之亦然。

amateur **业余人士** 参与***深度休闲**的三类人之一,可作如下区分:(1)与同一活动中的专业人士和对活动感兴趣的***公众**(义项二)之间存在特殊关系;(2)一系列独特的态度,尤其是自信、坚毅、***守诺**、有准备以及有自我观念等。总体来说,在这些态度上,专业人士要比业余人士表现得更强烈,业余人士则比那些只是对活动本身不感兴趣的半吊子的态度更强烈(Stebbins 1992:38—46,48—55)。Stebbins(1979,passim)对业余人士有过经典论述。

amateur activity **业余人士活动** 以***业余人士**为主所开展的活动,如艺术、科学、运动与娱乐等。Stebbins(1979,passim)对有关戏剧、棒球与天文的业余人士活动进行过研究。与其他***休闲活动**一样,业余人士活动如果被视为*非营利部门的一部分,势必需要以*志愿利他主义的方式加以激励。同时**参见 formal leisure activity**(正式休闲活动);非正式休闲活动(informal leisure activity)。

amateur group **业余团体** 因在艺术、科学、运动与娱乐等领域的共同兴趣,由*业余人士结成的各种正式或非正式的*集体。以"集结号"为名的美国魔术协会地方分会就是一个业余团体,其*会员大多数都是业余人士(Stebbins 1993b:15—16)。

amateur league **业余联盟** 特定体育项目中由*业余团队组成的一种组织,目的是提升团队间的竞争力以争夺冠军。Guttmann(2000:253)指出,建立体育联盟,为的是促进合理竞争,并确认赛季中最好的队伍。

amateur team **业余团队** 在特定的体育项目中,就其所支持的比赛中的一方而聚集的一群业余人士(*业余团体)。在*业余联盟中,队伍之间可以相互竞争。Stebbins(1993a,passim)对两个加拿大业余足球队进行过考察,一个球队是初级水平,另一个则是大学球队的水平。

ambulance corps, volunteer **救护队,志愿者** 提供救护服务的*草根社团中的*志愿者,致力于从事救护服务。Perlstadt(1975)研究过密歇根州的志愿者救护队和非志愿者救护队。

American Judaism **美国犹太教** 美式的犹太教信仰(cf. Glazer 1972,passim;Sarna 2004,passim)。

American Protestantism **美国新教** 美式的基督教新教(cf. Balmer and Winner 2002,passim;Donald Miller 1997,passim)。

American religion 美国宗教 美国现存诸多宗教中的一种(cf. Finke and Stark 2005,passim; Gaustad and Schmidt 2002, passim; Marty 1980, passim; Mather and Nichols 1993, passim; Mead and Hill 1995, passim; Melton 1993, passim)。

American Roman Catholicism 美国罗马天主教 美式的罗马天主教信仰(cf. Gillis 1999, passim; Gleason 1987, passim)。

analytic member of a group 团体的解析成员 参见 **member, analytic**(成员,解析)。

analytic type classification of nonprofit group 非营利团体分类的解析类型 参见 **classification of nonprofit groups**(非营利团体分类)。

anarchy 无政府状态 在一个社会或较小地域里,法律不实施或没有有效领导者的一种*政府形式。在一定地域里,它是指完全没有*政府。无政府状态常常出现在*革命或*内战期间。在无政府状态下,*非营利组织一般很脆弱,其他类型的*组织也是如此。John Cage (2001,passim)是一位无政府主义拥护者,他以此为题写过一本小书。

angelic nonprofit groups flat-earth paradigm 扁平地球范式下的天使型非营利团体 一种*非营利部门模式,认为非营利部门仅仅由传统的、主流的、行为正常的组织构成。Smith (2000:5,138,229—330)对此有过研究。由于现实中诸如*越轨非营利团体等实体的存在,这种*范式的效力受到质疑。

animateur 发起人 用于非营利领域,*l'animateur* 是法语术语,用来代指那种组织或推动活动进程的人。虽然在英语里没有相对应的准确词汇,但是 Meister (1984)著作的译者就参加志愿团体使用过"animator"一词,并用引号标识。Bernard (1980,passim) 和 Poujol (1989,passim) 对 *animateur* 作过经典论述。

annual revenue 年度收入 参见 revenue(资金·收入·资金收入)。

anonymous group 匿名团体 参见 **twelve-step group**(十二步团体)。

antiauthoritarianism of grassroots associations 草根社团的反权威主义 *非营利团体,尤其是那些*草根社团所表现出来的政治倾向,即主张民主,拒绝独裁安排(Harrison 1960,passim; Smith 2000:170)。

anticipatory reciprocity　互惠预期　＊互惠的一种形式,即一个人为一个＊组织或＊动因进行＊赠与或＊志愿活动时,确信未来某个时候可能会获得某种直接或间接的个人＊利益。显然,互惠预期属于 Stebbins(2001:5)提出的六种边际志愿之一,即探索型边际志愿;进行志愿活动的人希望最终能在相同活动中找到付酬的雇佣岗位。同时参见 reciprocity(互惠);concurrent reciprocity(并发互惠);lateral reciprocity(侧面互惠);retrospective reciprocity(回馈式互惠);altruism, self-serving(利他主义,自我服务);altruism, relative(利他主义,相对)。

antihistoricism flat-earth paradigm　反历史相对论的扁平地球范式　系＊非营利部门模式的一种,认为非营利部门现象的历史本质上是缺乏时代性的,且对此现象的追溯太过遥远和有差异,在考察当下问题上很难有价值可言(Smith 2000:233—234)。

antivoluntary nonprofit sector flat-earth paradigm　反志愿性非营利部门的扁平地球范式　参见 nonprofit sector is unimportant flat-earth paradigm(非营利部门无足轻重的扁平地球范式)。

antivolunteerism　反志愿主义　＊付酬员工非营利组织的雇员(有些是＊专业人士)对＊志愿者所持有的态度。它通常表现在这样的评价中:志愿者应该仅被允许从事非营利组织中的低级别岗位,不管是什么岗位,他们所做的都是低级的工作,并且他们是靠不住的。Pearce(1993:152)在她的研究中对反志愿主义进行了细致观察,Ilsely 则在关于＊专业主义的社会工作方面对此进行了研究。这一态度对＊志愿者管理提出了人事管理上的难题。同时参见 volunteer unreliability(志愿的非可靠度);professionalization of volunteers and volunteerism(志愿者和志愿服务的专业化)。

apostasy　叛教　参见 deconversion, religious(转信,宗教)。

area planning council　地区规划理事会　一个当地跨部门的＊团体,试图对当地的住房和＊社会服务进行规划。该理事会可能是一个＊非营利团体,也可能是＊政府机构的＊志愿者部。Schmid(2001,passim)所描述的邻里自治团体可以被视为地区规划理事会,尽管他并没有使用这一术语。

ARNOVA　安诺瓦　参见 Association for Research on Nonprofit Organizations and Voluntary Action(非营利组织与志愿行动研究会)。

articles of incorporation 设立证书 参见 **articles of organization**(组织章程)。

articles of organization 组织章程 系指设立 * **非营利团体**的文件。(1) 在法人团体中,是指"公司章程"。(2) 在非法人团体中,如果有,是指"宪章"。(3) 在信托中,则是指"信托协议"或"信托声明"(Hopkins 2001:315)。

asset in nonprofits 非营利资产 系指隶属于 * **非营利团体**名下的财产。大多数此类团体的 * **总收入**中有资金性资产(通常并不高,Smith 2000:119),有些还有固定资产,不过相当少,包括土地、房产或大型机械等。同时参见 **resource**(资源)。

association 社团·协会 系指一种具有相对正式结构的 * **非营利团体**,主要依靠 * **志愿者** * **成员** * **参与**活动,目的是寻求 * **成员利益**,有时也会追求一些 * **公众利益**。此类协会通常被称为"志愿社团"(参见 Smith 与 Freedman 1972 年所作的经典讨论),是美国最常见的非营利组织(Smith 2000:41—42)。"共同利益协会"这个术语有时用来强调两个高度关联的事实:协会是因 * **成员**的共同 * **利益**而形成的,同时又主要服务于这些利益。Scott (1991, passim)在文章中就美国妇女协会的历史进行了深入研究。Knoke (1993, passim)在文章中选取了美国全国协会的一个样本进行了政治经济分析。Schwartz 和 Pharr (2003, passim)在书中对日本协会的状况作了分析与评述。Blair (1994, passim)在书中回顾了1890—1930年美国女性业余艺术协会的历史沿革。Ross (1976, passim)则在书中刻画了志愿社团自史前社会到现代社会的历史进步。另外,可参考大量有关其他类型协会的书籍或研究协会的一般著作,比如:Aldrich (1995), Barrett (1999), Carter (1961), Charles (1993), Clarke (1993), Couto (1999), Delgado (1986), Ferree 和 Martin (1995), Fisher (1994), Gamwell (1984), Halpern 和 Levin (1996), Jones (1999), Kaufman (2002), Kloppenborg 和 Wilson (1996), Krause (1996), Macleod (1983), McKenzie (1994), Ornstein (1913/1963), Pennock 和 Chapman (1969), Pugliese (1986), Putnam (2000), Rauch (1995), Robertson (1966), Rosenblum (1998), Ross 和 Wheeler (1971), Sanyal (1980), Scott (1991), Sills (1957), Smith 和 Freedman (1972), Smith (1973, 1974), Smith 和 Elkin (1981), Van Deth (1997),以及 Wuthnow (1994, 1998)。那些研究协会问题但忽略对其他类型的非营利团体进行研究的非营利组织专家们,表现出 * **志愿者**与成员的扁平地球范式的特征。同时参见 **national voluntary association**(全国性志愿社团);**state association**(州级社团);**grassroots association**(草根社团);**transnational association**(跨国社团)。

Association for Research on Nonprofit Organizations and Voluntary Action（ARNOVA） 非营利组织与志愿行动研究会（安诺瓦） 系指专门从事学术研究的一种独立的＊非营利组织,研究的领域涉及＊公益、＊非营利团体、＊公民参与以及＊志愿行动等。1971 年,David Horton Smith 倡导成立了该研究会,他本人也担任了研究会的第一任会长。近年,他还写了一篇有关该研究会历史沿革的文章(Smith 2003)。该研究会的网址是:http://www.arnova.org.

associational activity 结社活动 1. 个人参与＊社团;一种＊志愿行动的形式,相较于＊项目志愿者和其他＊传统服务志愿者而言(e.g., Smith 2000:51—52)。2. ＊社团或其下属机构如董事会、＊委员会等组织的集会或其他集体活动,社团＊官员和其他正式领导者在活动中发挥了正式代表的作用。Smith(2000:130)对＊草根社团的草根性与内部活动水平的影响力进行过相关研究。同时参见 **associational volunteering**(社团志愿者)。

associational form of organization 组织的结社形式 系指运作＊团体的方式,通常情况下,这一团体包含主要由＊志愿者构成的＊正式会员、一些被选出来的＊正式非营利团体的领导、具有＊政策控制能力的董事会、主要基于年度＊会费的资金支持(但也可能有一些＊收费和＊资助)、一个或更多承担＊领导职能的＊委员会,同时定期举行由＊正式会员和非正式参与者参加的面对面会议。这种形式常见于＊社团、＊跨国社团、＊全国性志愿社团、＊州级社团以及＊草根社团之中(Smith 2000, passim; Battle, 1988, passim; Flanagan 1984, passim)。

associational management 社团管理 1. 针对大型的、通常是全国性的＊付酬员工非营利＊社团的管理。美国社团管理者协会(The American Society of Association Executives, ASAE)每月出版《社团管理》杂志,还同其他出版商合作出版了有关此主题的各种书籍(e.g., ASAE 1988, 1994, 2001, 2002; Bethel 1993; Blanker and Liff 1999; Cox 1997; Dunlop 1989; Eadie and Daily 1994; Ernstthal and Jones 2001; Jacobs 2002; Kastner 1998; Schaw 2002; Shapiro 1987; Tecker and Fidler 1993)。2. 针对＊志愿非营利团体的管理。参见 **nonprofit management**(非营利管理); **volunteer nonprofit group management**(志愿性非营利团体管理)。

associational member 社团成员 参见 **member**(成员)。

associational network　社团网络　参见 network of groups(团体网络)。

associational officer　社团官员　参见 officer in nonprofits(非营利官员)。

associational subsector　社团的次级部门　参见 subsector, nonprofit(次级部门, 非营利)。

associational volunteer　社团志愿者　活跃的＊成员(＊解析成员), 或者＊社团的＊领导, 他们的＊目标可能是＊会员利益, 也可能是＊非会员利益。Smith(2000:48—53)引用的调查数据和外推逻辑显示：美国的此类＊志愿行动至少同＊项目志愿行动一样重要。同时参见 volunteer(志愿者·志愿军)。

associational volunteering　社团志愿活动　＊社团志愿者在他们各自的＊社团中和为了各自的＊社团所进行的活动(Smith 2000：48—53)。同时参见 volunteering(志愿行动)。

associationalism　结社主义　在＊公民社会中建立＊志愿社团的实践。托克维尔认为这是检验政府成长和反政治冷漠所必需的(Kaufman 1999)。

astrophysical dark matter metaphor　天体学的暗物质之喻　参见 metaphor, astrophysical dark matter(比喻, 宇宙暗物质)。

atheneum　雅典协会　一种科学或文学类的＊社团, 通常热衷于对古典文化的追求。这在19世纪和20世纪早期的美国较常出现, 现在则比较少见。Pratt(2001, passim)在修复后的楠塔基特图书馆(Nantucket Atheneum)的墙壁里面发现了一套小册子, 记载了19世纪早期的废奴运动(＊社会运动)。

authority　权威　制度化的权力, 或者同正式职位有关的权力(Hunter 1953:161)。＊官僚机构里的职位拥有一定程度的权威。同时参见 influence in nonprofits(非营利影响力)。

autocracy　专制　参见 dictatorship(独裁)。

autonomy　自治　指一个人或一个＊非营利团体独立活动的能力。有时, 自治是指"自我统治"(Martin 1998, passim), 是一个度的问题。拿团体来说, 它们的运作可能很少甚至根本不受纵向、横向方面的控制或束缚, 因此拥有最大程度的自治权；而那些非完全但广泛受控于其他团体的团体则拥有最少的自治权。一个团体通过避免接受外部授权组织的大量资助和开出的限制性条件, 也能获得一些自治权(Smith 2000:79—81)。同时参见 heteronomy(他治)。

B

background community 背景社区 系指本地和超越本地的 * 组织间领域, * 非营利团体可能扎根其中。此类非营利团体可能是一个大型 * 组织 * 网络的次级单元、某个组织间体系的一个网络单元,或者是某居民区内的子单元。本术语最早由 Milofsky 与 Hunter (1994:1) 发明并使用。

balance of informality and formalization 非正式与正式化的平衡 非营利团体中正式与非正式程序、结构在种类、数量与相互关系方面的问题。Harrison (1960:236) 认为,非正式与正式化的平衡问题是非营利团体特有的问题。同时参见 **formalization in nonprofits**(非营利正式化);**informal group style of operation**(非正式团体运作方式)。

balanced volunteer / paid-staff group 志愿者与付酬员工处于平衡状态的团体 系指在 * 非营利团体中,志愿者与付酬员工在活动类别与数量以及相互关系上如何处于最理想状态的问题(Smith 2000:244—245)。通常情况下,志愿者与付酬员工之间在投入团体的个人时间上大体一致的,就是实现两类人员平衡状态的团体(See also Dunlop 1989)。

balancing member and nonmember benefit goals 成员与非成员利益目标的平衡 系指在 * 非营利团体中的 * 成员与非成员之间,就服务与活动方面的利益配置进行优化的问题。Harris (1998a:148—149) 认为,可以根据试图平衡成员与非成员之间的利益目标以及活动的要求对非营利团体进行区分。同时参见

member benefit nonprofit group(会员利益型非营利团体);**nonmember benefit nonprofit group**(非会员利益型非营利团体)。

barn raising 帮助邻居建谷仓的聚会 由朋友与邻居组成非正式、临时性的 * **团体**,花费一两天的时间为社区中的某人建一个谷仓。这主要出现在 19 世纪以及更早时期的美国,当前像阿门教等教派还在这样做。Gougler(1972,passim)在文章中介绍了一场现代阿门教式的帮建谷仓活动。

barrier and limitation to voluntary action 志愿行动的障碍与局限 系指若干阻碍进行 * **志愿行动**因素中的两种。Maria Smith(1989)曾依据有关红十字会 * **志愿行动**的未来的海量研究,开列过志愿行动的障碍清单。这些障碍与局限包括:语言障碍、文化障碍、经济障碍(包括 * **志愿者**的隐性成本)、身体障碍、时间障碍以及其他诸如此类的问题。Israel(1988)将能适用于志愿者 * **参与**区域的、基于社区网络干预的障碍与局限分为以下几种:(1) 个人层面的障碍与局限;(2) 与网络相关的障碍与局限;(3) 与组织有关的障碍与局限;(4) 社会政治的障碍与局限。

benefactor 施惠者 参见 **donor**(捐助者)。

benefactory 施惠 组织化的社会关系 * **网络**,具有可靠的组织认同感与一群可识别的 * **受益人**。资助可以作三种类型的划分:内部资助(如 * **自助团体**与其他 * **会员利益型组织**的资助)、外部资助(受益人主要来自外部的 * **组织**)、混合资助(内外部资助相混合的组织,如最具有宗教性的 * **会众**资助)(Lohmann 2001:170—171)。

beneficiary 受益人 参见 **donee**(受助者);**target of benefits**(利益目标群体)。

benefit 好处·津贴·利益 1. 一种利益、* **好处**。2. 津贴,或者一个人作为 * **会员型非营利团体**(* **俱乐部**、社团)的 * **成员**,或者作为 * **公共利益定位的非营利团体**的 * **利益目标群体**,根据社会保险计划应该享有的其他利益。Jeannotte(2003,passim)根据对加拿大社会调查的数据分析总结指出,集体利益源于文化资本的投资,这些利益对社会凝聚力的形成有重大作用。同时参见 **service**(服务)。

benevolence 善举 1. 倾向于对人行善,并对人表现出友善、慷慨或仁慈的态度。2. 对某人或组织行善或者体现出友善、慷慨或仁慈的具体行为。Stonebraker(2003,passim)发现,在美国,给予相应的全国性基督教教会机构的总体善款比例正在下降。同时参见 altruism（利他主义）。

bequest 遗赠 基于 *捐助者死亡，通过遗嘱而获得的 *礼品。Pammer（2000，passim）通过一组遗嘱样本研究了18世纪中欧的遗产模式，结果发现：立遗嘱人通常会选择他们的配偶或者子女作为受遗赠人，但不是两者都选。

black church in America 美国的黑人教会 在美国的非裔美国人的教会及其宗教活动（cf. Frazier and Lincoln 1974, passim; Johnstone 1992, chap. 12; Lincoln and Mamiya 1990, passim; Raboteau 1995, passim）。

black power "黑人权力"运动 在20世纪六七十年代，相较于同期的其他民权 *运动，在 *目标和方式上更加激进的非裔美国人的 *社会运动（cf. Ture and Hamilton 1967）。在运动中，参与者祭旗，拒绝同白人进行整合与 *合作。Oppenheimer（2004, passim）在文章中剖析了"黑人权力"运动的内在殖民主义理论没能为少数族群揭示抵制（*抵制运动）策略的原因。

Black United Fund 黑人联合基金 解决美国黑人人口增长、应对变化与提供发展机会的公益机构（cf. Rabinowitz 1990, passim）。全国黑人联合基金（The National Black United Fund）为黑人组织筹措资金并提供技术援助，使其能够为美国黑人提供必要的服务。基金会的网址为 http://www.nbuf.org。同时参见 United Way（联合劝募）。

block association 街区社团 邻里 *团体或 *组织，其成立是为了加强邻里支持体系，促进政治技巧的运用以解决 *社区问题，进而提升当地生活环境的质量（Unger and Wandersman 1983: 291—292）。

board chair 董事会主席 *非营利团体 *董事会的首脑。一般来说，董事长是团体里第一或第二有权力的人（另外一位是 *执行主任，如果有）。Zander（1993: 53—63）在书中给董事会主席提了一系列建议，以便于董事会开展讨论。

board member 董事 董事会或 *信托管理委员会的 *成员。Bright（2001, passim）考察了董事的 *承诺同董事会的整体表现和组织的公民行为这两个与董事本身密切相关的结果变量之间的关系。

board of directors in nonprofits 非营利团体董事会 美国 *非营利团体中进行 *政策制定与管理的最高部门。据信，董事会对非营利组织的 *效能至为关键。Peter Hall（1997, passim）曾在文章中回顾了美国非营利团体董事会的历史。Conrad 和 Glenn（1983，passim）在书中提出了一种长期有效的解决方法，以提高 * 志愿者董事会的效能。对于如何提高董事会的效能问题，其他一些图书及著作中的相关章节进行过讨论——有些是基础性理论探讨，大多数为实证经验研究（e.g., Axelrod 1994；Carver 1990；Carver and Carver 1997；Chait，Ryan，and Taylor 2005；Duca 1996；Houle 1989；Howe 1995；Pointer and Orlikoff 2002；Scott 2000；Wilbur 2000，chap. 2；Wolf 1991，chap. 2；Wood 1996）。同时参见 **board volunteer**（董事会志愿者）。

board of trustees　信托管理委员会　负责咨询、管理与监督 * 信托（义项一）或 * 慈善类非营利组织的 * 董事会。这里所突出的是董事会对 **资产**的监管，尤其是涉及规模更大、资金充裕的 * 非营利团体时（如 * 基金会、大学）。要想进一步了解有关信托和信托管理委员会的观念，可参见 Hopkins（2001：16，316）的著作。同时参见 **board volunteer**（董事会志愿者）。

board volunteer　董事会志愿者　在 * 非营利团体 * 董事会中作为 * 志愿者 * 成员的人。董事会志愿者可以报销因董事会相关活动产生的旅费。这类志愿者在 * 非营利部门研究中常常会被忽略。Zander（1993，passim）研究过董事会志愿者的效率问题，并提出了精当的建议。

board volunteer activity　董事会志愿者活动　* 董事会志愿者开展的 * 志愿工作（cf. Conrad and Glenn 1983，passim）。

boycott　联合抵制　* 直接行动抗议的一种类型，如消费者和其他潜在的买家共同合作，通过不购买的 * 策略行动来影响同他们发生摩擦的 * 团体或商家。Garrow（1989，passim）编过一本论文集，写的是发生在 1955—1956 年的蒙哥马利公共汽车联合抵制运动。

brethren　弟兄会　由男性组成的 * 社团，通常具有宗教目的。它是 * 兄弟会的一种类型。Kraybill 和 Bowman（2001，passim）在书中分析了旧时阿米什派、哈特派、门诺派弟兄会的情况，以及在当代他们维系宗教的传统方式。

bridging goal in program evaluation　项目评估的桥接目标　将一个或多个 * 项目评估的活动目标与相应的 * 项目评估的结果目标 联系起来的一种 * 目标（Weiss 1972：48—49）。桥接目标并不是最终目标，而是实现结果目标的一种路径（Thomas 1994：348）。桥接目标也可能会成为 * 项目评估的焦点。

bright matter of the nonprofit sector 非营利部门的亮物质 系一个集合术语,多指 *非营利部门中那些公众所能看到的 *非营利团体,如 *付酬员工非营利(Smith 2000:12)。O'Neill(2002,passim)研究了美国付酬员工非营利的主要类型及其发展趋势。Pearce(1993,passim)在书中对英国的付酬员工非营利与志愿员工非营利进行了比较研究。

broad definition of nonprofit sector 广义的非营利部门 指所有的 *志愿利他主义、*志愿活动、*志愿者和 *志愿团体(即 *狭义的非营利部门),还包括所有的准志愿利他主义、*准志愿者活动、*准志愿者、*准志愿者团体(Smith 2000:27)。同时参见 **narrow definition of nonprofit sector**(狭义的非营利部门)。

broader nonprofit group 宽泛的非营利团体 参见 **nonprofit group**(非营利团体)。

brotherhood 兄弟会 基于宗教、经济(如在工会)、社会或其他目的,由男性组成的一种 *社团(近年来也有女性加入该组织)。兄弟会的传统习惯现在已经比较少见了。Summers(2003,passim)通过分析履历表指出,美国20世纪30年代的兄弟会为黑人移民中性别离散认同的形成提供了服务。同时参见 **brethren**(弟兄会)。

budget 预算 对 *非营利团体的收支情况所作的定期(通常为年度)预测,尤指那些同非营利团体 *项目和人员开支相关的收支情况;关于此类预测的解释或说明。Young(1994:472)指出,预算过程将非营利团体项目当作重中之重,而不是如何将资金用到非营利团体项目上。

building association /tenant organization /tenant association 大厦社团/租户组织/租户社团 由公寓租户建立的 *草根社团,为了公寓租户的利益,要求并在必要情况下向户主或公共住房管理当局施压,使其降低租金(或避免租金上涨)、改善生活条件以及提供特定服务等(Lawson 1983:372)。Lawson 研究指出,一旦租户们建立了一个社团,他们所作的抗争将会促使户主们接受他们的要求,即便不情愿。同时参见 **tenant management**(租户管理)。

building paid staff-volunteer /member relationships 付酬员工志愿者/会员关系建设 *非营利团体和 *志愿者项目中的主要行政管理功能,具体涉及在更大型 *组织的付酬员工与志愿者项目的参与者之间建立顺畅的工作关系,并使二者相互尊重。*付酬员工与 *志愿者之间很容易产生摩擦,需要通过 *志愿管理人员和更大型组织的管理积极地加以解决。Connors(1995, chap. 10),Fisher 和 Cole（1993,passim），以及 Scheier（1993,passim）对于如何建构健康的付酬员工—志愿者关系提供了指导意见。由于不存在付酬员工,大多数*草根社团中并没有出现建构付酬员工—志愿者关系问题（Smith 2000:108）。这一问题可能会出现在有一个或多个付酬员工的更大型*社团中,且需要社团*董事会及官员（*非营利官员）予以处理。

bureaucracy　官僚机构　Hall（1996:50）总结了 Weber（1947）关于官僚机构的定义,称其为一种包括诸如"***权威**等级、有限的权威、劳动分工、具专业技能的参与者、工作程序、职业规范以及差别化报酬"等要素的*组织。Weber（1958:196—244）最早对官僚机构概念作出了科学的定义与描述。根据 Hall（1996,chap. 3）的观察,官僚机构及其核心要素继续在当代的组织学研究中发挥着主要的概念性作用。

bureaucratization　官僚化　*非营利正式团体的管理环节转变为*官僚机构的过程。在官僚主义下,根据正式的特别职能,且在遵守既有规则和*权威等级的情况下,非营利组织会对其重要部分进行治理。Smith（2000:168）注意到,在*非营利团体中,官僚化一直以来是以等级层次的多寡衡量的。同时参见 **complexity**（复杂性）；**formalization in nonprofits**（非营利正式化）。

burnout　倦怠　由于*志愿者角色身上背负的长期压力、挫折及过重的*义务负担而导致的身心俱疲。Stebbins（1998:34）认为,在这些状况下,*志愿行动的休闲特征会发生重大改变,义务会超负荷,并且要承担类似工作质量的压力,这会让人变得很不快乐而无法像在以前的志愿活动中那样感受到愉悦或满足感。

business　商业　一种*以营利为目的的企业。通常情况下,它的主要形式有*以营利为目的的组织和*公司法人。Danes 和 Lee（2004,passim）以夫妇拥有商业农场为例,考察了因商业而引起的各种张力问题。

business association　商业协会　由企业主（通常为零售商）或经理人组成的*会员利益型社团,主要负责保护和促进商业在本社区或更大范围内的发展（O'Neill 2002:214）。商会（The Chamber of Commerce and Business）与职业女性协会（Professional Women's Association）就是这种协会在当地和美国全国层面很好的例子。*行业协会也属于此类协会,但它不局限于一地（可能跨州、全国性甚至跨国）,而且所涉行业通常包括制造业或批发业。参见 **trade**

association（行业协会）。

business sector **商业部门** 参见 sector of society（社会部门）。

business sector and nonprofits **商业部门与非营利** 商业部门与非营利这两种社会部门之间的广泛关系。除了将＊**非营利**与＊**营利团体**置于更直接、某种程度上说不公平的竞争之下的＊**非营利商业化**外（Bennett and DiLorenzo 1989；Peterson 1988），非营利团体还有其他一些方式同营利团体展开合作（Wymer and Samu 2003）。比如，设立各种社会企业、营造关联市场、确立赞助关系，诸如此类。另外，还可使用＊**社会经济**的方法。Hammack 和 Young（1993a）研究发现，在非营利的经济与商业关系方面存在好几种方式。

buying pool **买家群体** 相较于单个卖家来说，可以用更优惠的价格大量购买某一＊**商品**的买家＊**集体**。Hunt 和 Satterlee（1986, passim）在有关英国酒吧的研究中发现，为了保持低价，顾客会加入买家群体以购买啤酒和其他商品，他们认为这应该同这类顾客的社会阶级背景相关。同时参见 economic activity, informal（经济活动，非正式）。

buzz grouping **巴斯分组法** 通过将大团体分成足够小的单元以实现面对面的互动，进而激发所有个体参与的方法（Barker 2003:54）。具体来说，各个巴斯小组（有时也称为"簇拥小组"）会从组内选出一个人，当重新开会时，由其向更大的团体报告他们审议的结果。

by-law **规章制度** 为了管理＊**成员**和处理事务，由＊**非营利团体**所创设并遵守的规则。Hopkins（2001:15—16）在书中列举了通常会写入法人型＊**非营利团体**章程或所谓的"法规"中的一些一般规定。

C

capital, bonding　**资本,凝聚**　能够在 ***团体**,包括 ***非营利团体**内部产生团结效用的社会资本(***资本,社会**)。对于旁观者而言,这类资本往往是内生的和排他的。它常常强化排他的身份特征和团体同质性(Putnam 2000:22—24)。请比较 ***资本,桥接**(capital, bridging)。

capital, bridging　**资本,桥接**　能够在社区范围内在 ***团体**,包括 ***非营利团体**之间产生连接纽带的社会资本(***资本,社会**)。对于旁观者而言,这类资本往往是外生的和包容的。它常常强化广义的身份认同,并在一些普通社会部门产生互惠联系(Putnam 2000:22—24)。请比较 ***资本,凝聚**(capital, bonding)。

capital campaign　**资本运动**　由 ***非营利团体**为一幢大楼或类似的重大项目(如维修、捐赠)所进行的 ***基金筹措活动**。Walker (2005, passim)在书中为有效地组织和实施 ***非营利部门**的资本运动提供了有用的指导意见。

capital, cultural　**资本,文化**　通晓传统高雅文化形式(如音乐、艺术、舞蹈)可以作为社会上拥有很高地位的人的特定能力。Jeannotte (2003, passim)观察发现,文化资本的投资同 ***志愿者**要求和学习高雅文化的偏好存在相关性。该术语同 Pierre Bourdieu (1977)的研究有关。

capital, financial　**资本,财政**　参见 **resources**(资源)。

capital gain property donation　**资本收益财产捐赠**　***捐助者**按照 ***公益捐赠的百分比限制**,将其长期收益财产(如股票、房地产)捐给 ***合格受赠人**,即便该财产是以相当低的价格获得的,仍要扣除捐赠的公平市值(Fishman and Schwarz 2000:911)。这通常会使得人们为了节税而避免采取现金捐赠或非长期收益财产捐赠的方式。

capital, human 资本,人力 单个人或一组人的技术、知识与经验的集合及其对一个 * 组织或 * 社会的价值(cf. Samuelson and Nordhaus 1995:223)。Smith (2000:58)研究了人力资本理念的内涵,认为它最初是从应用于 * 非营利部门工作层面发展而来的。同时,他发现,活跃的 * 志愿者和 * 领导者乃是 * 非营利团体真正的人力资本。

capital, negative social 资本,消极的社会 * 越轨非营利团体用于谋利的 * 社会资本。进一步的讨论请参见 Putnam (2000:21—22)的著作。

capital, positive social 资本,积极的社会 积极社会资本的价值在于促进深度的、友好的人际互动与人际关系,同时有助于增强社群感与社会整合(Duck 1992:90—93)。

capital, psychosocial leadership 资本,社会心理领导 * 非营利团体 * 领导使 * 成员承诺并在具体行动中体现大家都坚持的一些重要信念和价值观的能力(Smith 2000:58)。

capital, social 资本,社会 在个体之间形成的各种联系,体现在社会网络、诚信、* 互惠规范驱动的行为等方面。类似于 * 人力资本与物质资本(如自然资源、* 资金)概念,它被用来强调,如果成员间保持紧密的联系,团体也会受益,并会提升其利益。Putnam (2000:18—24)在书中将社会资本同 * 非营利部门联系起来,对社会资本理念的历史作了介绍。Portes (1998, passim)也在文章中评述了社会资本理念的起源及应用。Putnam (1993, passim)在书中研究了社会资本是如何影响到意大利不同区域的 * 公民参与问题。在最近出版的书(Putnam 2000, passim)中,他把美国各州使用的社会资本指标与各种社会产出指标联系起来。

care 陪护 参见 **informal care**(非正式陪护)。

career in nonprofits 非营利职业 在 * 非营利团体中谋职或已经就职,多发生在 * 付酬员工非营利团体中。现在已经出版的很多著作描述了非营利职业的范围,以及从事非营利职业的方法,包括在 * 非营利管理或行政管理方面接受过合适的训练这一重要的先决条件(Cohen and Young 1989; King 2000; Lowell

2000；McAdam 1991；O'Neill and Fletcher 1998；Slesinger 2004）。Daniels（1988）在书中介绍了被忽视的女性职业，这些女性在许多＊**草根社团**中表现相当积极。同时参见 **career volunteering**（职业志愿行动）。

career volunteer **职业志愿者** 从事＊**职业志愿行动**的人（Stebbins 1992:15—17）。

career volunteering **职业志愿行动** 作为＊**深度休闲**的志愿行动（与＊**率性休闲**相对）。在职业志愿行动中，＊**职业志愿者**发现，当与志愿者角色相关时，（非工作）职业要求志愿者同时具备特殊技能、知识或培训中的两项或三项（Stebbins 1992:15—17）。

caregiver（carer） **护工（职业）** 照顾需要社会关爱、身体康复或情感照顾的受抚养儿童、失能的老年人等群体的＊**专业**或＊**非专业**人士。大多数非专业护工是被照顾者的亲属。因此，Ingersoll-Dayton 及其同事（2003，passim）在文章中对兄弟姐妹间如何分担陪护父母的责任作了描述。同时参见 **caring**（关爱·陪护）；**informal caring**（非正式陪护）；**caring society**（关爱型社会）；**compassion**（同情心）。

caring **关爱·陪护** 通过发现并响应他人需要以实现他人＊**福利**的过程。Oliner 和 Oliner（1995）曾经宽泛地界定这一概念，他们将人与自然环境都纳入定义中，认为关爱是一个社会过程，包括"加入"过程（连接、情感投入、陪护规范学习、承担个人责任）和"融入"过程（将那些有异于自己的人也纳入互动对象范围、建立关系网、解决冲突以及将本地与全球连接）。同时参见 **informal caring**（非正式陪护）；**caring society**（关爱型社会）；**caregiver**（护工）；**compassion**（同情心）。

caring society **关爱型社会** 历经变革而成的富有同情心的社会，在所有重要的社会机构中，包括家庭、学校、工作场所与教会，关爱是显而易见的（Oliner and Oliner 1995）。Oliner 和 Oliner 认为，关爱应该渗透到这些机构中去，而不是替代其他职能。同时参见 **informal care**（非正式陪护）；**caregiver**（护工）；**compassion**（同情心）。

casual leisure **率性休闲** 本身为即刻回报型、相对短暂的休闲活动，很少甚至根本不需要进行什么特殊培训就可以享有。这是一种基本的享乐方式，追求纯粹的快乐。该术语最早出现在 Robert A. Stebbins（1982:255）关于＊**深度休闲**的概念性陈述中，当时被描述成与"深度休闲"相对的概念。率性休闲类型

casual volunteering

包括＊率性的志愿行动，或者是帮助装信封、发传单、在大型停车场指挥交通等（Stebbins 2003c：45）。

casual volunteering　率性的志愿行动　以＊率性休闲为方式的＊志愿活动（Stebbins 2003d：541）。

caucus　决策委员会　1. 由政党＊成员组成的委员会，定期开会以决定＊政策、挑选候选人等。2. 由大型组织特定成员组成的一个团体或该团体举行的秘密会议。在这个义项上，"决策委员会"经常被作为贬义词使用。作为对义项二的说明，Devinatz（2001，passim）在文章中描述了新左派联盟的决策委员会即工人之声委员会的出现、政治见解和活动，该委员会是从 1970 年美国汽车工人联合会第 61 支会发展而来的。

causality in program evaluation　项目评估的因果关系　结果评估的目标之一，目的是确认是否存在有因果关系的证据。也就是说，待评估的项目是否产生了预期的变化（Thomas 1994：356）。

cause　动因　在＊非营利部门中，系指问题或争议的一个侧面，由个人、党派、＊社会运动、＊非营利团体引发。Roue（2003，passim）以魁北克省詹姆斯湾的克里族为例，考察了＊非政府组织在捍卫土著人的事业中所体会到的调停者与代言人两种身份的冲突。

cause-oriented organization　动因导向的组织　由＊动因激发而组建的＊非营利组织。Laville（2003，passim）研究了美国妇女协会，指出这些协会在二战后特别积极地参与美国政府组织的反对苏联的"和平攻势"行动。

centralization　集权　＊非营利团体决策制定的集中过程。Smith（2000：168）指出，当所有重大决策皆由非营利团体主席一人作出时，集权程度就比较高；而当团体的所有主要组织层级都能够对决策产生重大影响时，则集权程度就比较低。Gamson（1990，chap.7）以 53 个抗议团体为样本，研究了它们的权力集中程度，这通常在官僚制组织身上能找到。同时参见 **complexity**（复杂性）。

century of information/service society　信息化/服务类协会的世纪　在 20 世纪，服务部门得到快速增长（参见 **sector of society**（＊社会部门）），信息（就特定主题进行交流的事实、知识）更加易得，人们也变得更加离不开信息。Smith（2000：260）认为 21 世纪是志愿世纪（参见 **century, voluntary**（＊世纪，志愿））。

century of voluntary society　志愿社会世纪　参见 **century, voluntary**（世纪,志愿）。

century, voluntary　世纪,志愿　Smith（2000:260）预测,在 21 世纪,人们参与志愿行动要比此前任何时候都多得多,而非营利角色、非营利团体、非营利选择与非营利活动等则会传播到人们选择的非营利社群里。志愿行动会显著发展。Smith 进而坚信,在志愿世纪,志愿者会注意发展并保持他们的个性化。Beck（2000:150—155）在书中简述了出现在 ***义务劳动**增长过程中的类似转变。同时参见 **homo voluntas**（志愿者）。

challenge grant　挑战基金　***非营利团体**为从事其他 ***基金筹措活动**而给予的 ***资助**,可能是与基金等额的捐赠（***匹配资助**）,也可能根据其他比例设定。通常情况下,基金筹措活动必须在指定的时间内完成。其目标是激励非营利团体募集额外的基金。Peters（1988, passim）描绘了 *Zygon* 杂志是如何将来自人类精神改善基金（the Fund for the Enhancement of the Human Spirit）的礼品订购挑战基金变成一个稳固的资金基础的。

change agent　变革实施者　***专业**或 ***非专业**的个人或团体,试图影响或实际影响到了 ***非营利团体**的变革,或者更具体地说,影响到了团体的目标、项目、做法等。Buchanan 和 Bedham（1999, passim）在文章中以五个主要负责实施变革的高级经理人的视角描绘了组织政治的真实体验。

channeling of volunteering　志愿服务通道　参见 **volunteering, channeling of**（志愿服务,通道）。

chapter　分会　一个 ***社团**的本地 ***团体**,该社团通常具有较大地缘性,服务所及范围也较广,如 ***区域性社团**或 ***全国性社团**。Reger（2004, passim）通过对全国妇女组织（the National Organization for Women）纽约分会的案例分析,研究了情绪在 ***社会运动**中所起的作用。她发现,分会的意识增强会导致个人情感转换为集体性设定的正义感,并强化分会的 ***激进主义**情感。

charismatic incentive　魅力型激励　***激励类型**中的一种,根源于 ***非营利团体**的 ***魅力型领导者**对 ***成员**的号召力。Melton（1986:29—30）在书中描述过耶稣基督后期圣徒教会（the Church of Jesus Christ of Latter Day Saints,即摩门教）的创建者 Joseph Smith, Jr. 的魅力品质。同时参见 **incentive type in nonprofits**（非营利激励类型）。

charismatic leader 魅力型领导者 用于社会科学研究,指被追随者视为拥有超凡(甚至是超乎常人或超自然)的能力和特长,能够激发其献身精神与热情的人。大多数有关魅力型领导者的研究长期关注能够推动 * **社会运动团体**发展的人(e.g.,Burwell 1995)。

charitable choice 慈善选择 美国联邦政府一个条款的名称,允许提供 * **社会服务**的宗教机构(* **宗教组织**)申请公共 * **基金**以帮助大众。Ebaugh 及其同事(2003,passim)在对宗教机构和世俗机构进行调查后发现,前者中有 80% 在机构的公开文件中使用了某种形式的宗教印记。

charitable contribution tax deduction 慈善捐献扣税 如果一项 * **捐赠**体现出给予 * **合格受助者**的 * **捐赠初衷**,只要捐助者在年度联邦所得税返还方面开列了扣税清单,该项捐赠通常享有税收扣除的权利(Fishman and Schwarz 2000:867)。这一扣税措施始于美国 1917 年的所得税制度(Fishman and Schwarz 2000:849)。

charitable donation 慈善捐赠 参见 **donation**(捐赠)。

charitable exchange 慈善交换 参见 **exchange, philanthropic**(交换,公益)。

charitable federal tax-exemption requirements 联邦税免除的慈善标准 一个组织要想成为《国内税收法》第 501(c)(3)条规定的享受税收免除的慈善非营利组织,必须通过的一系列测试。具体来说,这些测试包括:(1)须为 * **非营利团体**、组织或公司;(2)须有慈善目的;(3)须有 * **不分配限制**;(4)不得从事实质游说活动(私人基金组织丝毫不得染指游说活动);(5)不参与竞选公职的候选人的任何政治竞选活动;(6)须遵守既有的公共政策且不得有非法行为(cf. Fishman and Schwarz 2000:351—356,383—384)。

charitable foundation 慈善基金会 参见 **foundation**(基金会)。

charitable gambling 慈善博彩 系指有组织的、合法的赌博(如猜格子、抽彩、赌场游戏),按照获利的一定比例捐献于教育、宗教、文化或其他具有慈善 * **动因**的领域之中。这些博彩项目通常是由一个或多个 * **慈善类非营利组织**实施的。G. Smith (1994,passim)对加拿大的博彩慈善业进行过研究,该国依法禁止私人企业经营博彩业。

charitable gift 慈善礼品 参见 **philanthropy**(公益)。

charitable giving 慈善赠与 参见 **philanthropy**(公益)。

charitable immunity and liability 慈善豁免与慈善责任　系指 * 非营利团体所应具有的法律地位,非营利团体对由其造成的损害可免于追究法律责任。在美国,传统的非营利组织慈善豁免事实上早在 20 世纪 40 年代就已经不存在了,取而代之的是一种有限 * 责任的形式,各州可能不完全一致(Tremper 1994:488)。另外,鉴于 2001 年"9·11"恐怖事件影响,现在的非营利团体需要为责任保险支付极高的费用(想了解加拿大的情况,可浏览志愿部门论坛(the Voluntary Sector Forum)报告,网址为 http://www.vsf-fsbc.ca/eng)。同时参见 **risk management**(风险管理);**risk management and liability for volunteers/member**(风险管理与志愿者/会员的责任);**risk management in nonprofits**(非营利风险管理)。

charitable mission 慈善使命　* 非营利团体所应承担的主要任务,实施完成能够带来公共 * 礼品或其他 * 商品。Rose-Ackerman(1990,passim)对非营利团体放弃慈善使命的一些条件进行过研究。

charitable nonprofit 慈善类非营利组织　参见 **charity**(慈善)。

charitable purpose of nonprofit organization 非营利组织的慈善目的　* 非营利组织采用不违反法律和公共政策的方式提升大众福利和 * 公共利益的目的(cf. Hopkins 1998:5.1—5.3;Fishman and Schwarz 2000:87—105)。

charitable remainder trust 慈善性剩余信托　与一种简单的 * 遗赠相伴的慈善基金形式,在 * 计划内赠与项目中较为常见;涉及 * 捐助者以资产信托的方式向 * 合格受赠者进行 * 捐赠,捐赠者会保留一部分利益以支付他/她自己或其他受益者的生活费用,或一段时间的生活费用(Fishman and Schwarz 2000:929—930)。

charitable sector 慈善部门　参见 **nonprofit sector**(非营利部门);**philanthropic sector**(公益部门)。

charitable solicitation regulation 慈善募捐法规　关于慈善募捐,州法要求强制披露资金和运营信息,同时禁止欺诈募捐,并试图控制募捐与管理支出比例,但鲜有成功的经验(Fishman and Schwarz 2000:278—279)。

charitable tax-exempt nonprofit 慈善类免税非营利组织　列入《国内税收法》第 501(c)(3)条规定的免税类别中的免税非营利组织(参见 * **在国税局登记的免税非营利组织**);这些免税组织须服务于 * 公共利益(Fishman and Schwarz

charitable transfer　慈善转移　参见 exchange, philanthropic(交换,公益)。

charitable trust　慈善信托　一种法律与资金的安排,为了慈善受益人的利益考虑,且为了实现所得税或房产税的扣除,个人将 *慈善礼品交给 *慈善组织或 *基金会使用(Hopkins 1998, passim)。Barker(2003:65)注意到,*捐助者死亡之前一般保留对该慈善礼品的特定权利。与私人信托不同,慈善信托有助于 *公共利益的提升,而不仅仅是为了私人的利益(Fishman and Schwarz 2000:62)。

charity　慈善·仁爱·慈善组织　1. 为他人着想,包括考虑到他人的想法与行动,并宽容他人的缺陷。2. 正式的 *非营利团体,在提供 *公众利益的同时,也可以获得数量不菲的 *捐赠 *收入。在美国,它通常可以在国税局(Internal Revenue Service)登记为《国内税收法》第 501(c)(3)条规定的免税非营利组织,且符合《国内税收法》第 509(a)条对"私人基金会"的定义;它也是 *公共慈善机构,可以接受能减免课税的慈善 *礼品。Bowen 及其同事(1994, passim)在书中就公共慈善机构进行过详细的讨论。同时参见 economy, philanthropic(经济,公益);philanthropy(公益);nonprofit sector(非营利部门)。

charter　特许执照·特许权　1. 由权威部门或立法机构颁发的,授予特权、承认权利,或者设立如 *非营利团体或公司一类组织实体的书面文件。它常常等同于 *组织章程。2. 公开承认的权利或许可,以及通常以颁发许可证的形式授予的特权。这两个义项都摘自《牛津英语大词典(简编本)》(*Shorter Oxford English Dictionary*, 5th ed. 2002:384)。

checkbook activism　支票簿活动主义　*捐助者只向 *非营利团体捐钱,而没有尽心尽力地从事志愿工作,因为他没时间、机会,或不想与非营利团体有太过密切的关系(Barker 2003:65)。

Christian base community　基督教基层团体　在拉美由普通罗马天主教教会成立的 *非营利团体,以巴西最为典型,教徒会定期聚会以加深 *成员对福音知识的理解,研究社区的需要并提供解决方法,传播上帝之道,在享受圣餐时庆祝胜利并分担失败的困扰(Hewitt 1986:17)。在葡萄牙语中,这类团体被称为"*communidades eclesiais de base*"(CEBs)。

church 教会·教派·教会团体 1. 通常是指结构非常正规的本地 * **非营利团体**,旨在从事某种被所在社会广泛接受的 * **宗教**活动(如伊斯兰教、基督教、犹太教)(cf. Harris 1998:214); * **教会会众**。2. 一种教派。3. 一种在国际范围内活动的正规的 * **非营利团体**,旨在从事某种为所在的社会广泛接受的宗教活动(如伊斯兰教、基督教、犹太教)。在 Ernest Troeltsch 著名的类型学基础上,Yinger(1970:256—280)把这种教会(义项三)命名为"全球教会"(想要了解更为详细的州教会的定义,请参见 Johnstone 1992:86)。当前,以"教会"(包括州教会)为题的著作数量已经举不胜举(e.g., Armstrong 2002;Chadwick 1993;Dominguez 1994b;Kitagawa 1989;Liebman and Don-Yiha 1983;Lopez 2001;Peters 2004;Prusak 2004;Reat 1994;Ware 1993)。美国甚至出版了一本关于基督教教会的词典(Livingstone and Cross 1997),还有一本有关宗教研究关键术语的书籍(Taylor 1998),填补了对本书所界定的同教会有关的很多术语的需要。同时参见 **sect**(宗教分支);**new religion**(新兴宗教)。

church attendance 做礼拜 一种常见的 * **宗教活动**形式,即人们参与在 * **教会**或类似的地方举行的礼拜形式。Blau,Land 与 Redding(1992,passim)指出,在美国由于信教的人越来越多,做礼拜的人数也不断增加。

church congregation 教会会众 由信徒(一套 * **解析成员**人马)组成的实体,如非营利教堂、犹太教堂、清真寺或其他宗教实体。更确切地说,教会会众可能是短暂的宗教性群体聚会,如举行宗教仪式,也可能是一个永久的宗教团体,如一个 * **非营利团体**。Jeavons 和 Cnaan(1997,passim)考察了这些团体的转型过程,研究它们是如何成为独立发展、自我维系的社团的。《非营利与志愿部门季刊》(*Nonprofit and Voluntary Sector Quarterly*, Vol. 26,1997)出版了一期特别增刊,发表了好几篇专题文章,研究有关非营利组织的 * **教会会众**问题。Harris(1998b,passim)以四个案例为样本,考察了英国的教会与犹太教堂的会众问题。Queen(2000,passim)写了一本有关教会会众和其他 * **宗教非营利团体**提供的服务活动的手册。Cnaan 和 Boddie(2002,passim)出版了一部类似的关于会众的专著。Wilson(1983)则在书中讨论了如何动员教会志愿者。Chaves(2004,passim)在书中对美国教会会众进行了广泛的实证研究。那些未将教会会众纳入研究范围的非营利团体研究者与在其有关 * **非营利部门**的研究中提及 * **涉教非营利团体**,反映了 * **扁平地球范式下的世俗主义视角**,这种研究过去曾经颇有影响(Smith 1984,passim)。

church, local 教会,本地　本地宗教 * 会众或加入有更大地缘基础或服务区域的 * 教会或 * 宗教组织的 * 团体。Stonebraker（2003，passim）对全国性教会（ * 教会,全国性）和本地教会在 * 会众人数衰减及由此带来的可得资金的减少所产生的影响进行了研究。他发现,近来本地教会对全国性教会支援的钱财越来越少。

church membership 教会成员　参见 **membership**（会员身份·会员）。

church, national 教会,全国性　吸纳了两个或两个以上州或省的 * 本地教会的 * 宗教组织。Stonebraker（2003，passim）对全国性教会和本地教会（ * 教会,本地）在 * 会众人数衰减及由此带来的可得资金的减少所产生的影响进行了研究。他发现,近来本地教会对全国性教会支援的钱财越来越少。

church-related nonprofit group 涉教非营利团体　基本是以加入 * 教会的意念组建成的 * 非营利团体。典型的例子有：夫妻俱乐部、《圣经》研究团体以及致力于维护妇女和青年利益的团体（Smith 2000：93）。

church school 教会学校　由 * 教会或其他 * 宗教组织（如 * 宗教秩序）所经营管理的 * 非营利学校。Francis 和 Brown（1991，passim）在对英国利物浦青少年的研究中发现,在使青少年养成个人祈祷习惯方面, * 做礼拜比上教会学校重要得多。

church volunteer 教会志愿者　为教会工作的 * 志愿者,通常为教会会众提供服务。教会志愿者一般可以充当教会引领员、唱诗班歌者、主日学教师、服务助理以及食品供给服务人员等。Cionca（1999）在书中描述了招募教会志愿者的情形,Wilson（1983）对此也作过研究。

citizen action 公民行动　参见 **citizen participation**（公民参与）。[①]

citizen advisory board 公民咨询委员会·公民顾问志愿团体　1. 由本地居民组成的 * 团体,通常立志成为本社区内的一个跨部门组织,功能上类似于 * 政府机构、某项目或某大型 * 非营利组织的 * 志愿部门。2. 尤指以顾问身份加入美国模范城市项目（the U. S. Model Cities Program）的本地 * 志愿团体。

citizen advocacy group 公民倡导团体　参见 **advocacy group**（倡导团体）。

[①] "citizen"和"civil""civic"等虽在语义上存在差异,但在词源上是相似的。为了照顾中文表达习惯,本辞典除了词汇解释之外,以"citizen"开头的条目统一译成"公民",内容部分有区分,下同。——译者注

citizen engagement 公民参与 参见 civic engagement（公民参与）。

citizen group 公民团体 本地的 * 草根性 * 非营利团体，试图在本地、本区域或全国层面影响政治性、经济性或其他方面的行动。它有时也指所有的 * 草根社团。Livojevic 和 Cornelius（1998，passim）对一个小型公民团体开展过 18 个月的 * 效能研究，该组织试图影响当地一项事关青少年拘留问题的 * 社会政策。

citizen involvement 公民参与 参见 citizen participation（公民参与）。

citizen militia 公民民兵 通常是一个小地理区域内的 * 准军事团体，起到武装的公民 * 草根社团的作用，并准备为他们的 * 公民自由权或者其他自由和 * 权利而战斗。在当代美国，公民民兵常被视为政治保守的反政府力量，* 思想（* 意识形态）上倾向于 * 无政府状态。公民民兵的 * 使命通常是准备武装保卫其所在的地理区域，防止特定的敌人（如共产主义者、某一族群、具侵入性的 * 政府）攻击，或者使大家能幸免于热核战争。Zellner（1995：47—75）对数个完全不同的求生训练组织开展过研究。关于公民民兵的更多评述，可以参见 Corcoran（1995，passim），Halpern 和 Levin（1996，passim），以及 Karl（1995）的著作。Snow（1999，passim）则把今天的公民民兵看成一种恐怖主义威胁。同时参见 militia（民兵组织）。

citizen participation 公民参与 个人 * 参与 * 公民团体或者其他地方性 * 政治志愿活动，该活动可能是团体组织的，也可能是个人安排的，可能是常规性的，也可能是临时起意的。总体上，公民参与多为地方性 * 政治参与。Conway（1991，passim）对美国的政治参与进行过研究。Checkoway（1995）关于公民参与的研究视角非常特别，可以在公民正式参与政府 * 组织时作为参考。关于公民参与的研究，20 世纪七八十年代出版过大量著作，近年来相关研究也是数量可观。Spiegel（1968，passim）曾主编过一部著作，系早期有关美国公民参与的重要评论性作品。Boyte（1980，passim）写过一本关于 20 世纪 70 年代晚期公民倡导（* 公民参与）的书，认为这种参与行动具有广泛的积极影响。Gittell（1980，passim）对政府 * 授权性公民参与项目和社区组织（义项三）结果进行过研究，他的结论同 Moynihan（1970，passim）更早期的观点是一致的，即公民参与的这些办法运作得并不好。Hutcheson 和 Steggart（1979，passim）回顾了有关联邦授权和公民自发两类公民组织公民参与的文献和案例研究资料（see also Buchbinder 1974；Cole 1974；Desario and Langton 1987）。有关崇尚意志论的公民团体和公民参与的较新著作发现,公民参与具有广泛的积极影响(e.g., Beierle and Cayford 2002; Berry, Portney, and Thomson 1993; Couto 1999; Herring et al. 1998; Lappé and DuBois 1994, pt. 3; Rimmerman 2001; Naples 1998; Sanoff 2000; Simonsen and Robbins 2000),研究对象有新公民资格问题、新公民权力、城市民主的再生等。公民参与的范围比 ***公民参与**(civic engagement)更为宽泛,它并不严格聚焦于义务和责任。然而,公民参与的范围比 ***社区参与**要窄,后者也是指非政治行动,但并不限于与义务或责任相关的问题。

citizen volunteer 公民志愿者 ***志愿行动**的早期概念,主张在志愿行动中发挥公民的更大作用。过去做志愿者被视为 ***公民参与**的一种形式。Moise S. Cahn(给 Cohen 的书(1960:Vii)写序)认为,那些自愿履行公民义务且不计报酬的人,包括做 ***服务志愿者**、决策志愿者(如公共与非营利董事会和委员会的成员)、社会行动志愿者,都可以被界定为公民志愿者。

citizenship 公民身份 个人政治地位,它根源于一系列普遍的权利,可执行国家赔偿制度;从历史上看,它建立在资本主义社会及其政府的合法需要的基础之上(Somers 1993:588)。公民身份的核心体现在 ***会员身份**、***参与**、***社团**、包容/排斥、国家认同、法治等方面(Somers 1993:594)。

civic association 公民社团 ***志愿社团**的一种形式,对 ***社区**或市府共同关切的问题进行非政党性质的教育与 ***倡导**(有别于 ***公民服务**的非营利团体)。然而,Kaufman(1999)指出,组建公民社团,常常是以符合组建社团所期望达到的经济利益的方式影响公共政策。

civic engagement 公民参与 采用社会可接受的方法,履行改进 ***社区**关怀的公民义务或责任(参见 **civic obligation/responsibility**(公民义务/责任))的行动或结果。从词源学上看,名词"参与(engagement)"同法语动词"*engager*"有关,为"建立联系"或"从事"之意。为此,像"公民参与"(civic participation)和"社区参与"(community participation)两个术语,从词源学上讲,不能被当作"公民参与"(civic engagement)的同义词。① 但是,术语"公众参与"(citizen

---

① "engagement"意为吸引而加入进去,"participation"意为加入而成为一分子。所以,作者从词源学角度区分了两个"参与"的语义学之别。另外,本辞典中还会出现"involvement"一词。一般情况下,这三个词都可以笼统地翻译为"参与"。——译者注

engagement)和"民事参与"(civil engagement)在本质上与"公民参与"(civic engagement)是同义词。① Norris(2001,passim)从国际范围审视了信息匮乏对公民参与产生了怎样的影响,同时也分析了在这种情况下互联网的作用。Putnam(1993)对意大利的公民参与情况进行研究,写出了一部重要的实证研究书籍。同时参见 **community involvement**(社区参与);**citizen participation**(公民参与)。

civic engagement value 公民参与价值 参见 **humane core value**(人文核心价值观)。

civic involvement 公民参与 参见 **community involvement**(社区参与)。

civic obligation/responsibility 公民义务/责任 在 *公民社会,公民通过某种 *公民参与或 *义务劳动所感受的责任或 *义务。Kerber(1997,passim)认为,在国家层面,涉及公民义务的、活跃的、非排他的 *公民资格是最为有效的形式。Verba,Schlozman 和 Brady(1995:117—120)探讨了与不同形式的政治活动(*政治志愿活动)相关的公民责任和公民满意度,这些政治活动具体包括抗议活动、*非营利团体参与活动。

civic participation 公民参与 参见 **citizen participation**(公民参与);**political participation**(政治参与)。

civic renewal movement 城市更新运动 20世纪90年代发生在美国的 *社会运动,其初衷是遏制城市公民发起的 *政治志愿活动。他们通过自力更生、共同的问题解决方案、民主自治,尝试使城市更好地为 *公共需要服务(Siriani and Friedland 2001,chap.6)。

civic responsibility 公民责任 参见 **civic obligation**(公民义务/责任)。

civic service 公民服务 在规定期间内的实质参与,给本地、全国或国际性 *社区带来被认可的和有价值的贡献。尽管 ***参与者**获得的金钱补偿极少,但公民服务是一种 ***正式志愿行动**(McBride and Sherraden 2004:3S)。同时参见 **civic service nonprofit group**(公民服务非营利团体)。

civic service nonprofit group 公民服务非营利团体 以提供公共产品或公共服务为 ***使命**的 ***非营利团体**。大多数的当地服务俱乐部(如国际狮子会、国际扶

---

① "civic"意为生活在城市的市民,同农民相对;"civil"意为民政事务,同宗教等事务相对;"citizen"意为合法居住在特定地域内的公众/公民,同罪犯相对,法律权利的特征比较突出。从语义学角度看,本辞典涉及"参与"一词时,统一将"civic""civil""citizen"翻译成"公民"。——译者注

轮社)提供一个或一个以上的 *公民服务项目,有些男性、女性 *看守屋俱乐部也是这么做的。此类团体的成立不仅仅是为了提供服务,还有其他理由,包括 *成员社交、商业联系以及诸如寿险等额外福利(Smith 2000:101)。

civic society **公民社会** 参见 civil society(公民社会·非营利部门)。

civil disobedience **公民不服从**① 一种 *政治志愿行动,公民认为某法律或规则不公正而不予遵守,其目的是要修订该法律或规则。Henry David Thoreau(1849/1960)是这一 *策略的早期倡导者。

civil engagement **公民参与** 参见 civic engagement(公民参与)。

civil involvement **公民参与** 参见 community involvement(社区参与)。

civil labor **义务劳动** 人类活动的领域,为非付酬劳动的更新形式,也是 *社会资本拓展的结果(Rojek 2002:21)。Beck(2000:125)指出,义务劳动包括做家务、家族事务、俱乐部工作以及 *志愿工作。作为一个非常宽泛的概念,义务劳动包括许多被认为属于家族/家庭和第三部门范畴的活动(参见 sector of society(社会部门))。Rojek(2002:26—27)认为,大多数情况下,义务劳动是 *业余人士、*爱好者、*职业志愿者的 *深度休闲活动。同时参见 civil society(公民社会·非营利部门);community involvement(社区参与);civic engagement(公民参与)。

civil liberty **公民自由权** 一种受法律保护的基本人权,允许公民从事 *公民社会发展所必需的重要活动。有时,公民自由权指"公民权利"。具体来说,公民自由权既包括集会、结社、异议和言论的自由,也包括诸如正当程序权和隐私权等权利。"公民权利",与"公民自由权"近乎同义,只是它更强调平等问题。Aliabadi(2000,passim)考察了公民自由权概念在当代伊朗社会的现实意义。很多作者写过关于公民自由权的著作,其中关于美国公民自由权的尤为丰富(e.g.,Abraham and Perry 1998;Barth and Clayton 1983;Irons 2005;Leone 2003;McWhirter 1994)。

civil participation **公民参与** 参见 citizen participation(公民参与);political participation(政治参与)。

---

① 本辞典以"civil"开头的条目统一翻译成"公民",但内容上保留差别化表述,下同。——译者注

civil religion　**公民宗教**　宗教的公共性,包括国家的信仰、符号以及仪式(该术语由 Bellah 创造(1975,passim))。Demerath 和 Williams (1985:154) 进一步将公民宗教描述为一个国家的宗教、一种无宗派的信仰,是政体与国家历史的表征。

civil right　**公民权利**　参见 **civil liberty**(公民自由权)。

civil rights organization　**公民权利组织**　特定的公民群体(如非洲裔美国人、拉丁裔美国人)所组建的 ＊ **非营利团体**,以为他们获得所在社会的 ＊ **公民自由权**确立正常的路径。美国的公民权利团体包括全国有色人种协进会(the National Association for the Advancement of Colored People)、美国盲人理事会(American Council of the Blind)和美国公民自由联盟(American Civil Liberties Union)。Bullard (1993,passim)写过一本关于美国民权运动史的著作。

civil society　**公民社会·非营利部门**　1. 一种全国性的社会形态,＊ **非营利部门**发育良好、种类多样、自由,并能积极地发挥作用,能够对政府和商业部门产生制衡作用(参见 sector of society(社会部门))。公民社会是 ＊ **独裁**的对立面,具有民主性,涉及广泛的 ＊ **公民参与**(O'Connell 1999:5)。另外,正如 Beck (2000:3—5) 所言,公民社会,有时也被称为"志愿社会",类似于一个国家的工作社会。2. 非营利部门的另一个称谓(see Naidoo and Tanson 1999:2),尤其强调志愿社团的作用以及结社自由对于养成健康的公共生活(＊ **公共利益**)方式的助益。"非营利部门"被视为一个政治概念(ibid.:8)。一个强大而健康的公民社会拥有密集而多样的社团生活(有时使用"制度化多元主义"这一术语)(Ibid.:10),在本地、区域和全国不同层面展现出结构和功能上的专业化和差异化(ibid.),拥有强化公民准则、价值观、民主实践和社会资本的规范性或价值尺度(Ibid.:11)。在最近的 10 年到 20 年间,"公民社会"已经成为一个非常流行的概念,很多著作都详尽地研究这一主题,所使用的"公民社会"术语涵盖了上述一个或多个义项(e.g., C. Armstrong 2002;Eberly 2000;Eberly and Streeter 2002;Edwards 2004;Fullinwider 1999;Gellner 1994;Ginsberg 2003; Hann 1996;Howard 2003;Hudock 1999;Kaldor 2003;Keane 2003;Ndegwa 1996;Oxhorn, Tulchin, and Seles 2004;Sajoo 2002;Salamon et al. 1999; Schuler and Day 2004;Schwartz and Pharr 2003;Seligman 1992;Van Til 2000;Wiarda 1993)。"公民社会"术语的起源可以追溯到几个世纪前的哲学家,如 Thomas Hobbes,John Locke 与 Jean Jacques Rousseau(Tester 1992, passim)。同时参见 **participatory democracy**(参与式民主);**civil labor**(义务劳动);**civic obligation**(公民义务)。

civil society sector 公民社会部门 参见 **nonprofit sector**(非营利部门)。

civil war 内战 发生在一个国家的两个地缘区域或两个政治派别之间的战争。Moran 和 Pitcher(2004,passim)研究了利比里亚和莫桑比克发生的内乱,以及两个国家的妇女群体影响战争与和平、战后援助分配的不同方式。

classification of nonprofit groups 非营利团体分类 系统整理或安排 * 非营利团体的种类或类型。Smith(2000:232—233)在非营利团体和志愿行动领域确定了两种分类方案:(1)目的分类法,为目前两种分类方案中更为常见的一种,非营利组织的类别与它们所在社会设置的部门或机构(如健康、教育、环境)相对应。这一分类方法反映了 * 扁平地球范式的目的类型分类方式。(2)分析型分类法,比较起来,这一分类有所进步,它建立在一个或一个以上的重要理论维度或重要理论概念之上,比如员工是否付酬,或者团体是否属于* 草根社团等。

clergy 神职人员·宗教职员 1. 基督徒的 * 宗教工作者,比如神父、牧师(cf. Harris 1998b:214)。2. 不太常见的用法,指任何宗教中的工作人员。

client 客户 参见 **target of benefits**(利益目标群体)。

closed shop union 封闭型工会 本地工会的一种,公司某类职员都需加入工会,以此作为雇佣条件。Hanson(1982,passim)和 Haggard(1977,passim)对美国和欧洲的封闭型工会作过研究。同时参见 **open shop union**(开放型工会)。

club 俱乐部·协会组织 1. 非营利协会(* 非营利团体),其主要 * 目标是培育社会关系和 * 社交能力,同时也追求其他重要目标,如 * 服务或 * 休闲。它有时也被称为"服务俱乐部"。Charles(1993,passim)研究了美国的一些有代表性的俱乐部,如国际扶轮社、工商业人士的基瓦尼俱乐部、国际狮子会等。2. 一种 * 社团,通常以本地为基础,以增进社会性(团体友情和友好的社会关系)为首要目的。这是一种社会俱乐部。很多 * 社团的成立看起来具有其他目的(如退伍老兵协会、公共服务俱乐部、爱好或园艺俱乐部、民族或族群协会),但事实上主要为社会俱乐部(义项二)。早期研究英国俱乐部的专家可以追溯到 Timbs(1865,passim),而有关"俱乐部"这一概念则可以溯源到数个世纪之前的更早时候(Ross 1976,chaps. 4 and 5)。

club good　俱乐部产品　参见 **good, club**（产品,俱乐部）。

coalition　同盟　在一段时期内,两个或两个以上的 *团体就一个或一个以上的共同 *目标所开展的一系列正式合作（*合作）。Harcourt 和 Waal（1992, passim）曾经主编过一本论文集,主题为人类与其他动物所结成的同盟和联盟关系。同时参见 **collaboration in nonprofits**（非营利团体合作）。

coercive economy　强制性经济　参见 **economy, coercive**（经济,强制）。

coercive exchange　强制性交易　参见 **exchange, coercive**（交换,强制）。

coercive isomorphism　强制性同构　参见 **isomorphism, coercive**（同构,强制）。

coercive transfer　强制性转移　参见 **exchange, coercive**（交换,强制）。

co-housing　共有房产　参见 **intentional community**（理想社区）。

collaboration in nonprofits　非营利团体合作　一组 *非营利团体为了提高它们结成的 *同盟的工作效率所进行的共同合作。通过观察,Kaplan（1986, passim）指出,在这些团体中会出现各种程度的合作。高度合作需要大量的双边和多边关系,而在另一端,那些孤立团体之间则在工作上毫无联系。横向合作是与同一区域的其他团体合作,而纵向合作则是与上级或下级区域的其他团体合作。那些研究非营利团体却没有考虑其合作活动的专家们,反映了 ***孤立非营利团体的扁平地球范式**。Hula（1999）介绍了 ***利益集团**就事关共同利益的事务合作开展 ***游说活动**的现象——这是一种越来越常见的施加 ***影响**的方式。近来其他研究非营利合作的著作有 Bailey 和 Koney（2000）,Linden（2002）,Warren（1997）,以及 Wymer 和 Samu（2003）的作品。同时参见 **cooperation**（合作）。

collective　集体·集体活动　1.（名词）公社或其他集体组织。2.（形容词）属于或关于 *团体、***集体**或类似团体的活动,个体被动或主动共同参与其间（摘自《牛津英语大词典（简编本）》,2002:448）。

collective action　集体行动　在 ***社会群体**内,有目的地动员人采用既有的解决问题和 ***决策**机制,去实施某项规划。集体行动被视为 ***基于社区的举措**六个步骤中的第四步,常见于旅行活动之中（Eng 1988:46）。集体行动也被 Checkoway（1991）视为一种或多种 ***基于社区的举措**的集合体。

collective behavior　集体行为　社会学术语,系指一种处于变革、失序、暴力或其他非常规行动中的 ***集体状态**,如 ***暴动**、***骚乱**、***反抗**等。1. 就基本形式而言,集体行为是一种自发的、情绪化的行为,那些参与的人在思想和行为上多多少少有些紊乱,在某些情形下甚至是冲动的(Lofland 1990,chap. 14)。Miller (1985:5)认为,"集体行为"概念可以追溯到 Gustave Le Bon 于 1895 年出版的《乌合之众》(*The Crowd*)一书,Robert Park 和 Ernest Burgess 于 1921 年出版的《社会学科学导论》(*Introduction to the Science of Sociology*)中就使用了"集体行为"一词。2. 作为 *社会运动的集体行为,更多体现为井然有序、更具有集体性(Zurcher and Snow 1990,chap. 15)。

collective good **集体产品** 参见 **good**(产品)。

collective settlement **集体定居点** 参见 **intentional community**(理想社区)。

collectiveness index **集体指数** 用来测量 *非营利团体提供产品与服务水平的工具,向公众提供产品与服务,集体指数就高;若只向非营利团体成员提供,集体指数就低。集体指数也被称为"公共指数"。这两个称谓均由 Weisbrod (1988:75—76)创造,他认为集体指数可以用作:(1)描述非营利团体类型的一种方法;(2)非营利团体提供更多利益的 *社会政策的制定基础。

collectivist organization **集体组织** 拥有诸如 *志愿利他主义等社会价值观的 *非营利团体,不追求功利主义或强制性(该术语由 Rothschild-Whitt 创造,1979,passim)。*草根社团要比付酬员工的非营利组织具备更强的集体属性,作为工作组织,后者表现得更官僚化和功利性(Smith 2000:78)。

collectivity **集体** 两个或更多的有集体认同感并能进行有效互动的个人组成的群体。就基本形式而言,一个简单的集体是一种松散的社会单元,距离成为一个团体尚有一步之遥,因为它缺乏激励结社的规范力量这一共同目标(Smith 2000:77)。然而,集体要比单纯的 *社会范畴更有凝聚力,因为参与者之间具有更为重要的互动关系。有些集体带有额外的结构性特征(参见本辞典的相关定义),也可以成为 *团体、组织、*社会运动、社团等。一群人、暴民或者社区都是一个简单的集体。同时参见 **group**(团体);**informal group**(非正式团体);**social category**(社会范畴);**primary group**(初始团体);**secondary group**(二级团体)。

co-member service incentive **共同会员服务激励** *服务激励的类型之一,涉及为自己所在 *社团或其他 *非营利团体的其他 *会员(共同会员)提供服务而获得的 *满意度。这类 *服务激励普遍存在于 *会员利益型非营利团体中

(Smith:98—99)。同时参见 **incentive type in nonprofits**(非营利激励类型)。

commercial purpose of nonprofit organization **非营利组织的商业目的** 一个 *非营利组织可以经营商业化的、追逐利润的企业(不免税;参见 **unrelated business income tax**(非相关商业性收入税)),但不可将所得利润用于私人分配(***不分配限制**)(Fishman and Schwarz 2000:78—83)。

commerciality doctrine **商业性原则** 这是一项法律原则,是指《国内税收法》第501(c)(3)条规定的慈善组织并不会因涉足商业活动而失去免税资格,除非其已以营利为目的(Fisherman and Schwarz 2000:463—464)。

commercialization of nonprofits **非营利商业化** 通过提供产品或服务获得财务收益的过程。根据 Starkweather (1993)的说法,这在 ***非营利团体**实践中正成为一种趋势。Crimmins 与 Kei (1983,passim)早期就"非营利部门中的企业"作过概述。Weisbrod(1998,passim)发表过大量论文讨论非营利部门的商业转型问题。Bennett 和 DiLorenzo (1989,passim) 认为,非营利团体"谋利"是与以营利为目的的组织进行不正当竞争。Brody (1996,passim) 则认为,非营利商业化是非营利与以营利为目的的组织形式的经济融和。Tuckman (1996,passim) 研究了非营利组织之间、非营利组织与以营利为目的的组织之间的竞争问题。Massarsky (2004,passim)认为,***付酬员工的非营利组织**实施逐利的企业战略具有实际意义。Hammack 和 Young (1993b,passim)为非营利组织中存在的商业化和其他经济问题提出了治理对策建议。Kluger, Baker 和 Garval (1998,passim)则对如何促进非营利组织商业化进行了研究。参见 **contracted service in nonprofits**(非营利合同服务)。

commitment **承诺** 持续 *参与某项活动并为此付出不懈努力的态度或动机,不计活动的短期成本和收益(Mannell 1993:128),也不管此类活动是否具有志愿性质。然而,这并不是说依承诺参与就不存在长期利益。比如,Mannell (1993:129) 的研究表明,参与休闲活动能够产生地位体认,并消弭因失业、退休以及工作不甚满意对幸福生活造成的不利影响。Kanter (1972,chap. 3)大篇幅地研究了公社背景下的承诺与承诺形成机制问题。

committee **委员会** ***非营利团体**(通常是 ***社团**)内的小型次级团体,职责是 ***规划**或执行非营利活动(Connors 1988a)。委员会对发挥非营利团体的 ***效能**至关重要。R. Khari Brown 和 Ronald E. Brown (2003,passim)研究

发现,黑人参与***教会**委员会,对他们培养公民技能有很大的帮助。

common good (the) 公共产品(特定) 参见 **public interest (the)**(公共利益(特定),义项一)。

common interest association 公共利益社团 参见 **association**(社团)。

common pool resources 公共资源 1. 拥有各类所有权的自然***资源**与人造***资源**系统,排除使用者花费的成本高昂("难以排除"),有人使用该资源,其他人的使用量就会减少("减少量")(Ostrom et al. 1999:278)。2. 一种资源类型,市场化的资源配置无法确保个人使用者承受任何负外部性产生的全部成本,无法确保个人使用者因带来了正外部性而获得足够的回报(Stiglitz 1986:88)。

commons (the) 公地·公共空间·共有权(特定) 1. 对所有人开放的牧场,过度放牧会带来"公地悲剧"的可能后果,而圈住牧场则会侵犯既有的自由(Hardin 1968)。共有权的概念化会使人们之间的***合作**预期落空,***公共资源**要么加以集中规制,要么实行私有化;同时,近年来,乐观论者认为保护共有权的新方法是存在的(Ostrom et al. 1999)。2. 在家庭、市场与政府之外的社会、政治与经济空间,能提供内在与外在的***利益**关联的团队或组织(***施惠**),具有***联合**的五个先决条件特性(Lohmann 2001:170—171)。3. 空间既定的公共部门,通常具有多种用途,所举办的企业、社区、政治、宗教、民间、教育与娱乐等各种类型的活动,有助于创造社会互动的机会(Blau 2000)。4. 包含政府、教育、文化、卫生、音乐、体育、娱乐、消遣、宗教与其他设施等公共、非营利与宗教财产的后工业化地区(Dover 2003:21),可能会产生经济聚集效应,类似于(Marshall)就工业化地区所作的推论(Marshall 1930:287)。

communal house 公社房屋 *****公社**内的大型建筑,为公社大多数甚至所有成员提供住房。Endres(2001, passim)观察发现,越南北部村庄的当地公共房屋(*dinh*),在革命前是男性权力中心,也是当地地位等级仪式性生成的地方。因为革命的缘故,公共房屋变成了社会主义者进行仪式改革的主要对象。

communal settlement 公社定居点 参见 **commune**(公社)。

communal society 公社社会 参见 **commune**(公社)。

communal utopia 乌托邦公社 参见 **commune**(公社)。

commune **公社** 居住性的 * **非营利团体**,成员们生活、工作在一起,并对公共生活有着同样的 * **意识形态**,通常是改良主义或乌托邦式的;通常实行财产共享,土地和建筑共有。公社有时又被称为"志愿社区"(cf. Smith, Reddy, and Baldwin 1972:177)。至少在公社内实行任务共担,职责可能也会共担。因为很多公社具有宗教属性, * **成员**可能要一起做礼拜。Sosis 和 Bressler (2003, passim)对 19 世纪的美国公社进行过研究,以检验关于 * **仪式**与禁忌能够提升群体之间的 * **合作**这一假说。Kanter (1972, passim)曾写过有关 19 世纪美国公社的承诺机制的经典著作,书中也有一些篇幅是讨论当代公社问题的。Zablocki (1981, passim)主要研究了 20 世纪六七十年代的公社问题,而 Roberts (1971, passim)则分析了 20 世纪 60 年代美国公社的不同类型。Pitzer (1997, passim)在其主编的书中,收录了好几位作者撰写的有关美国历史上不同时期的公社问题的内容,同时列了一份 1965 年以前成立的"乌托邦公社"清单,还收录了非常有用的参考文献。

communication in nonprofits **非营利沟通** 为了进一步深化 * **非营利团体**的 * **使命**,将现场接收的和从其他渠道获得的资讯和情感信息进行分享的过程。这种信息的分享不限于非营利团体内部(Bonk, Griggs, and Tynes 1999;Radtke 1998;Salzman 1998)。内部沟通极可能通过 * **会议**的形式进行,也可能借助于信息技术实现(Wilbur 2000, chap. 11)。以非成员为对象的沟通通常属于公共关系类——就非营利团体的使命与活动而言,以公共关系方式沟通所涉及的对象更为宽泛(Wilbur 2000, chap. 8)。近年来,公共关系这一沟通方式越来越被视为非营利(* **非营利的市场机制**)整体市场战略的组成部分。

communitarian movement **社群运动·公社运动** 1. 社会运动的一种,在 19 世纪的美国尤为流行,促进了 * **公社**、 * **乌托邦**、 * **理想社区**的形成(cf. Kanter 1972, especially chap. 2)。2. 一种松散的 * **公社**形式。Lehman (2000, passim)曾主编了一本跨学科的论文集,批判性地审视了 20 世纪 60 年代社群主义思想的学术价值。当时的社群主义思潮主要是反思对个体权利的强调和减少社会责任。

communitarianism **社群主义** 1. 提升居住在 * **公社**或其他 * **理想社区**的信念与价值体系。2. Etzioni (2004, passim)认为,全球化催生了"柔性社群主义",它结合了西方对个体权利、政治平等的关切与东方对社会秩序、威权主义的关切(cf. also Etzioni 1993, chap. 1)。他以东方社会的几个案例为研究对象,发现这些社群在慢慢地接纳西方政治传统的某些内容。

community 社会群体·社区 1. 一般在特定地理范围内的圈子、***组织**与***小团体**中进行互动的人的***集体**，日常所做的大多数活动会让他们有一种集体归属感。2. 对于那些未能满足地理标准但***成员**仍视之为一种实体的集体，Cohen（1985：118）认为具有"象征性"。Bellah 等人（1985）注意到，美国近年来的社区（两种社区意义）感正在消失，取而代之的是对个人主义的高度重视。

community action 社区行动 由贫困社区发起的，试图利用手中的社会与经济资源谋求发展，寻找战胜导致持续贫困的力量之替代方案。社区行动是***社区参与**的一种方式。美国联邦政府通过实施社区行动计划（Community Action Program）以帮助培育社区行动，该计划于 1965 年创建，是经济发展机会办公室（the Office of Economic Opportunity）计划的一部分（Barker 2003：83—84）。

community action group 社区行动团体 参见 **citizen group**（公民团体）。

community agency 社区机构 参见 **nonprofit agency**（非营利机构）。

community association 社区联合会 参见 **community organization**（社区组织）；**neighborhood nonprofit group**（邻里型非营利团体）。

community associational structure 社区社团的结构 社区***社团**的要素集合，如权力、声望、服务、经济与社团的其他关系等。Warner 和 Lunt（1941，passim）是第一批勾勒出社区社团结构大致轮廓的研究者。Stebbins（1994，chap. 6）在书中介绍了加拿大卡尔加里法语社区的社团结构，在一个以英语为母语的城市里，该社区属于语言上的少数派。

community-based initiative 基于社区的首创活动 采取行动或设计正式结构，帮助人们投身***集体行动**，旨在使以改善特定社会条件为目的的***政策**、***项目**、规划与***服务**得以制定、提供的过程（Checkoway 1988a）。Checkoway 阐述了此类举措的五种模式：社区***规划**、社区***倡导**、***社区行动**、社区教育与社区服务发展（Checkoway 1988b）。

community-based organization（CBO） 以社区为基础的组织（CBO） 这是新近出现的术语，系指同本地***社区**有深入联系的***非营利团体**，它在很大程度上只服务于本社区，其***董事会**成员中通常有好几位社区代表。Moctezuma（2001，passim）在文章中介绍了墨西哥城作为 CBO 的***非营利团体**是如何与学生、*专业人士合作，在参与式*规划的有限时间内落实大量事关健康、文化和教育的新项目。

community center 社区中心 一种建筑，也指一种组织，都致力于提供社区的休闲或*社会服务，或者二者兼有。社区中心可能会由*非营利机构或*政府机构经营。Sterne（2000，passim）通过对罗得岛州首府普罗维登斯的教会教区的研究发现，作为社区中心，该教区覆盖三个最大的天主教工人阶层社区，早在19世纪之初就已经发挥作用。

Community Chest 社区福利基金会 美国本地*联合劝募基金组织的早期形式，为*非营利*基金筹措中介组织，每年进行全社区的基金筹措活动，所得收益大部分用于社区慈善。Brilliant（1990，chap.2）追溯了社区福利基金会的起源（p.23），探究了在美国该基金会是如何转变为联合劝募基金组织的。有关信息可以登录联合劝募基金网站查询：http://www.national.unitedway.org。同时参见 **United Way**（联合劝募）；**fund-raising intermediary**（基金筹措中介组织）。

community club 社区俱乐部 参见 **community association**（社区联合会）。

community competence 社区能力 社区的一种品质，其特点是增加社区居民间应对风险的能力，由此试图降低他们在该区域的社会脱节程度（Eng 1988：46）。社区能力被视为一个*基于社区的首创活动可能针对的结果目标（Eng 1988：46），而不是针对致力于解决一个特定的社会问题却没有把社区纳入解决方案的各种努力。

community control 社区控制 本地跨部门社区的一种状态，通常通过*非营利或*志愿部门，对特定的*政府机构或影响社区的*非营利项目产生重大影响作用。Spiegel（1974，passim）在书里转载了许多有关不同服务领域社区控制的经典论述。Wellock（1997，passim）作了一个案例研究，在该案例中，一个有着广泛基础、跨意识形态的公民联盟在一个加州小镇附近兴建核电站问题上充分影响了专家和政府决策。

community development 社区发展 1. 通过提供新的工作和商业机会、政府新基金、新房或翻新的房屋，以及引入新成立的或重焕生机的*邻里型非营利团体，修复衰败或没落的城市社区的过程与结果（Von Hoffman 2003，passim）。在美国，它通常会涉及社区发展公司（Community Development Corporation） community embeddedness

以及/或社区发展融资机构（Community Development Financial Institution, CDFI）的建立与成功运营（See Burlingame 2004:90）。根据 Green 和 Haines（2002,Part II）的研究，社区发展包含 *人力资本、*社会资本、有形资本、金融资本与环境资本的发展，以使社区可持续发展。在创造新的社区社会纽带意义上所进行的成功的社区建设可以推进这一发展进程（Mattessich and Monsey 1997,passim）。2. 在农村地区或欠发达国家（*第三世界国家）开展的改善生活条件和提高生活质量的活动。Fisher（1993,passim）的研究报告显示，由 *草根社团和草根支持组织发起的社区发展活动，在第三世界国家取得了成功。在农村地区的社区发展进程中，需要加入前述义项一中 Green 与 Haines（2002，Part II）述及的所有要素。社区发展中的那些专业人士通常属于社区发展协会（the Community Development Society）的成员（http://www.comm-dev.org/）。

community embeddedness 社区嵌入 参见 **embededdness of nonprofit groups in communities**（非营利团体的社区嵌入）。

community engagement 社区参与 参见 **civic engagement**（公民参与）。

community foundation 社区基金会 本地的 *非营利组织，其成立的目的是拨款给他人，通常是本地或区域性的提供服务的 *非营利团体（O'Neill 1989: 139—140）。社区基金会常常缺少实质性的大额赠款，但可以通过 *捐赠和 *资助的方式筹措资金。社区基金会为那些不想为成立独立 *基金会而操心的 *捐助者提供服务。Walkenhorst 等人（2001,passim）和 Magat（1989a, passim）对社区基金会的业态与运作进行过研究。Wittstock 和 Williams（1998,passim）对 20 家社区基金会所作的不同努力进行过评估。Loomis（1962,passim）回顾了早期社区基金会即芝加哥社区信托基金会（the Chicago Community Trust）的历史。同时参见 **foundation**（基金会）。

community fund 社区基金 组织化的年度基金筹措 *项目,利用从公众处筹集的 *基金来支持本地的 *非营利机构。Goodman（1996,passim）建议成立社区基金以保障英国利物浦的犹太人 *社区的基础结构稳定，该犹太社区在 20 世纪 90 年代中期曾遭受人口减少之痛。同时参见 **Community Chest**（社区福利基金会）；**United Way**（联合劝募）。

community group 社区团体 参见 **nonprofit group**（非营利团体）；**neighborhood nonprofit group**(邻里型非营利团体)。

community involvement 社区参与 本地 * **社区** * **成员**共同参与 * **非营利团体**或其他社区活动中开展的 * **志愿行动**。这里，社区参与的 * **目标**通常是改进社区生活。"社区参与"这一概念同"civic involvement（公民参与）""civil involvement（公民参与）""citizen involvement（公民参与）""grassroots involvement（草根参与）"相似，比" * **citizen participation**（公民参与）"的外延要广，因为社区参与包括当地的 * **政治志愿活动**和非政治志愿活动两个方面。Sullivan（2004，passim）研究了美国青年出狱后再犯罪问题，他发现增加社区参与对此问题的解决有帮助。Herring 等人（1998，passim）在书中介绍了社区参与引起的 * **赋权**（义项一）问题。同时参见 **civic engagement**（公民参与）；**公民参与**（citizen participation）；**political participation**（政治参与）；**community action**（社区行动）；**social action**（社会活动）。

community leadership 社区领导 社区（族群、邻里、城市）中被认为有能力领导社区居民开展活动和进行意见表达的那些人。对于有些 * **领导者**而言，这种能力在根本上来源于他们在社区中拥有的特殊权力和影响力（Rose 1967：298—355）。同时参见 **insider，societal**（局内人，社会）。

community meeting 社区会议 偶尔会向全体社区居民开放，常常聚焦于社区内的 * **事务**、决策、* **问题**等议题的 * **会议**。Kim（1990，passim）建议，通过更大程度地增进会议参与各方间的理解和体谅，社区会议这种形式有助于缓解不同种族之间的矛盾。

community organization 社区组织 1. 小型的、志愿性质的、组织松散的且强调民主的 * **非营利团体**，代表某个城市、小镇或是农村地区特定区域居民的利益。Milofsky（1988：3）认为，这类团体可能是某街区的一家 * **俱乐部**、免费学校、合作社、民族文化 * **社团**，也可能是其他人组成的残障人士权利游说团体（* **游说**）。2. * **团体**与 * **组织**所形成的 * **网络**，并非必须具有非营利性质，但一定要位于特定 * **社区**内。3. 经政府授权成立的本地非营利团体，根据正式的政府规章或法律规定，可为政府 * **机构**或政府 * **项目**提供建议（Gittell 1980，passim）。

community organizational structure　**社区组织结构**　社区内的＊**组织**（政府组织、＊**营利组织**、＊**非营利组织**）的组合方式，这种结构涉及权力、声望、服务、经济与其他关系。Vidich 与 Bensman（1968，chap. 1）对纽约上州的一个名为"斯普林代尔"（化名）的小镇进行过研究，他们考察了小镇的组织结构，以探究其与大规模的城市社会之间的关系。

community organizer　**社区组织者**　领导和管理＊**社区组织方式**，发展当地＊**非营利团体**，组织当地人＊**参与**非营利团体的人，目的是推动社会变革与倡导社区进步，他/她既可以是全职工作人员，也可以是领取报酬的兼职人员。Ecklein（1984，passim）在书中介绍了许多关于社区组织者开展工作的案例。Mondros 和 Wilson（1994，chap. 2）在书中讨论了社区组织方式中的组织者。Stroecker（1999，passim）对一位从事参与研究的学者充当社区组织者的作用进行了深入的分析。Sen 和 Klein（2003，passim）在书中为社区组织者提供了一套实践指南。

community organizing　**社区组织方式**　激励＊**公民参与**本地事务的一套方法，通常＊**社区组织者**需要成立＊**草根社团**或＊**非营利机构**来承担＊**倡导**工作。此类＊**倡导团体**可以投身抗议活动（Delgado 1986，passim），但近数十年来常常在＊**非营利**＊**联盟**中从事合作性的工作，采用更加随和的、传统的＊**政治志愿行动方式**（＊**共识组织方式**）。Siriani 与 Friedland（2001，passim）研究的对象是美国更为新式的社区组织方式。美国在 20 世纪六七十年代的政府＊**授权性公民参与**和社区组织方式是不成功的（Gittell 1980，passim），不过同期独立的社区组织方式却取得了些许成功（Boyte 1980，passim），尤其是那些基于＊**非营利团体参与的 Alinsky 模式**的组织方式（Reitzes and Reitzes 1984，passim）。Staples（1984，passim）就社区组织方式写过一本手册。研究社区组织方式的著作甚多，如 Couto（2000）、Fisher（1994）、Fisher 和 Kling（1993）、Gittell 和 Vidal（1998）、Lichterman（1996）、Mondros 和 Wilson（1994）、Naples（1998）、Sen 和 Klein（2003），以及 Smock（2004）等人都出版过相关作品。同时参见 **neighborhood nonprofit group**（邻里型非营利团体）。

community participation　**社区参与**　参见 **citizen participation**（公民参与）；**political participation**（政治参与）。

community patrol 社区巡逻队 通过内部的定期行动和对社区内物理环境加以观察(尤其是天黑时),为社区提供保护和服务的 * **社团**或大型 * **组织**的 * **志愿部门**,可以是社区居民个人进行巡逻,也可以是社区居民组成的小 * **团体**进行巡逻。有些情况下,社区巡逻队被视为等同于社区治安队或社区警力。Reisig 和 Parks(2004,passim)发现,社区治安队在小镇警力和毫无优势的邻里组织之间架起了沟通的桥梁,因为后者常常与前者脱节。

community policing/police force 社区治安队/警力 参见 **community patrol**(社区巡逻队)。

community service 社区服务 经由 * **正式非营利组织**或 * **草根社团**动员,人们有组织地为他人、为家庭、为社区共同提供服务与实实在在的帮助,或者为维系或改善自然环境或人造环境所作出的各种努力。这一术语早前在使用上,与提供广泛 * **社会服务**的 * **社会机构**有关(如纽约市社区服务协会(the Community Service Society in New York City))。然而,最近数十年来,"社区服务"已经成为 * **社区服务处罚**或 * **强制社区服务**措施的代名词,非志愿和半志愿地提供一定时间的社区服务。不同等级的学校在开展 * **服务学习**计划时,可能会需要进行志愿社区服务或按要求进行社区服务。按照这一较近的定义,McLellan 和 Youniss(2003,passim)通过对两所高中进行比较研究后发现,相较于将是否进行社区服务留给个人选择的学校学生而言,把社区服务融入课程设置的学校学生在之后的社区服务社区中会投入感情与认知。同时参见 **service learning**(服务学习)。

community service sentence 社区服务处罚 法院作出的强制性惩戒措施,要求已定罪的罪犯承担一定时间的 * **社区服务**,以替代被监禁。一些罪犯要完成一定的任务之后才视为履行了社区服务处罚,这与 * **志愿者**进行社区服务时所做的不同。这种处罚的背后逻辑是补偿性的,是补偿给社区或受害者造成的损害(Griffiths and Verdun-Jones 1994:541)。同时参见 **marginal volunteering**(边缘性志愿行动);**mandatory community service**(强制社区服务·受托社区服务)。

community social work 社区社会工作 参见 **community work**(社区工作)。

community work 社区工作 专业社会工作或 * **志愿服务**的实践形式,包括帮助 * **社区**里的人们了解和认识 * **社区组织方式**,或者做一些 * **社会服务**,后者已不太常见。Taylor 和 Roberts（1985,passim）就社区工作主题出版过一本教科书。

company-sponsored foundation　企业基金会　公司性 * 非营利组织，其成立目的是提供资金给那些与 * 基金会及其母公司利益一致的 * 非营利团体（O'Neill 1989:140—143）。基金会的 * 基金来自于其母公司。同时参见 foundation（基金会）。

compassion　同情心　一种怜悯心，源于对他人遭受的苦痛有切身感受，进而显示出怜悯，或者愿意给其提供帮助。Wuthnow（1991a,passim）考察了同情心是如何在 * 关爱行为和 * 关爱型社会中发挥作用的。

compensation　补偿　* 非营利团体付给其受薪员工的具有金钱价值的东西，主要包括工资、福利以及奖励（* 非营利激励）。Day（1994:557—590）对非营利领域的补偿和福利项目的设计与管理进行过研究。

compensatory theory of volunteering　志愿补偿理论　认为人们选择诸如 * 志愿行动这一活动的初衷是它能够补偿其在其他活动中失去的东西的观点。因此，如果一项志愿任务涉及体力活动或社会活动，而这些恰恰是一个人在生活中的其他方面所缺失的，那么补偿理论就有助于解释人们为什么会选择进行志愿活动。对于人们会选择什么样的休闲形式，以及为什么会选择志愿行动，Henderson（1984）使用了三大理论加以解释。其中之一就是补偿理论，另两个分别是 * 志愿相通理论、社会共同体理论。

complexity　复杂性　一个有着复杂内部结构的 * 非营利团体所表现出来的特性，即内部组织部门众多，具实权的 * 官僚机构也相对较多。根据内部结构复杂程度的不同，非营利团体之间存在很大的差别，从结构上最不正式（参见 informal groups（* 非正式团体））和最简单到高度正式（参见 formal groups（* 正式团体））和高度复杂，不一而足（Smith 2000:20）。同时参见 bureaucratization（官僚化）；formalization in nonprofits（非营利正式化）。

compliance structure　服从结构　有关 * 非营利团体的 * 解析成员为什么留在团体内并遵守活动规则的所有理由（Etzioni 1975:8—14）。服从结构同时存在于商业、政府、家庭/家族团体之中。Etzioni（1975:14）区分了三种主要服从结构的类型——规范服从（多见于 * 非营利团体，尤其是 * 非营利志愿团体）、功利服从（多见于商业与政府机构）、强制性服从（多见于监狱、看守所、集中营）。

compromise 妥协　参见 **accomodation**(调解)。

concurrent reciprocity 并发互惠　*互惠的一种形式,系指一个人为某*组织的利益或基于某*动因而进行*赠与或*志愿行动,部分是因为这个人最近从该组织或动因中收到了某些直接或间接的*好处。并发互惠显然是 Stebbins's(2001:4—5)所指的六类边际志愿行动之一:被奖励时间货币信用的志愿行动,可用来"购买"其他人的志愿服务。在这些"时间—金钱计划"中,金钱并未易手。同时参见 **reciprocity**(互惠);**anticipatory reciprocity**(互惠预期);**lateral reciprocity**(侧面互惠);**retrospective reciprocity**(回馈式互惠);**altruism, self-serving**(自我服务型利他主义);**altruism, relative**(利他主义,相对)。

confederation 结盟　参见 **federation in nonprofit sector**(非营利联合会)。

conference 大会　*非营利团体某个特定分支机构举行的大型会议,通常为年度会议或每两年召开一次(Union of International Associations 1994a,passim)。

conflict 冲突　*非营利部门中两个或两个以上对立的个人、团体或派别就*目标、原则、战略、*资源等发生的纷争。Charles Cooley(1965,passim)在书中就社会冲突作过经典评述。

conflict induction 冲突诱因　有争议的事件或价值的对立,激发积极的辩论、对立与缔结盟友等行为。*非营利团体要避免冲突和由此可能带来的不快,尤其是在达致危害团体*目标的情况下,冲突诱因即告形成(Barker 2003:90)。

confraternity 友爱帮会　通常指具有公益目的的、正式的(被教会认可)罗马天主教*社团组织,成员多为男性平信徒。哥伦布骑士会(the Knights of Columbus)是当下知名的一家帮会,但帮会的历史可以追溯到中世纪时代(Barnes 1991,passim;Henderson 1997,passim)。

congregation 会众　参见 **church congregation**(教会会众)。

congress 全体大会　*跨国社团组织的大型*会议(Union of International Associations 1994a,passim)。

consensus 共识　一个集体或*非营利团体或各派别之间,就特定主张、证据、观点等所达成的一致意见(摘自《牛津英语大词典(简编本)》,2002:491)。

consensus organizing 共识组织方式　指近数十年来用在*社区组织方式上的一种方法,强调在*团体之间建立*联盟与*协同关系,而不是产生对抗和抗议活动。Gittell 和 Vidal(1998:2)在书中介绍了三个城区使用这种社区组织方法的国家级示范＊项目。同传统的＊非营利团体参与的 Alinsky 模式相比，共识组织方式具有对抗性（Lancourt 1979），尽管 Alinsky 创立的工业区基金会（the Industrial Areas Foundation）近年来一直朝着更有共识基础的组织方向改革。

conspiracy　阴谋集团　从事秘密谋划活动，以期达到非法＊目标的非正式＊团体或＊非营利组织。所有种类的大型＊组织中都有可能存在阴谋集团，它也可能从任何此类大型组织中独立出来。阴谋集团是一种＊越轨团体。Pipes（1999，passim）探讨了偏执型阴谋集团的本质与起源。

constitution　宪章　参见 articles of organization（组织章程）。

constitutional monarchy　君主立宪制　参见 monarchy（专制）。

consultant use by nonprofits　非营利顾问　当内部发生特殊＊问题或＊事务，内部专家不在场或不可用时，＊非营利团体寻找和使用外部顾问或咨询公司的过程（Wilbur 2000，chap.15）。在实践中，通常那些大型的＊付酬员工非营利组织会使用外部顾问，因为只有它们能够聘得起顾问；＊草根社团则几乎不会聘用顾问，之所以如此，除了缺乏资金＊资源支持之外（Smith 2000:119—122），还因为此类组织的领导者多崇尚低度＊专业主义（Smith 2000:153—154），事实上很多领导者"以非专业为自豪"。

consumer cooperative　消费合作社　＊合作社的一种，其＊成员的主要＊目标是消费特定类型的商品（如新鲜果蔬、鲜肉、一般杂货）或服务（如儿童照看、婴儿陪护）。同常规企业相比，合作社大多提供质优价廉的商品或服务。合作社通常可通过很多方式发挥作用，比如普通的＊社团途径，尽管有些社团具备消费性目的。Sommer，Hess 和 Nelson（1985，passim）对一家葬礼服务合作社的成员进行研究后发现，他们加入该合作社，是为了享有廉价的葬礼服务并减轻生者的责任，当然，还有其他原因。Neptune（1977，passim）梳理了 1935 年以来加州消费合作社的发展史。

consumer group　消费者团体　关心消费者权益、待遇和服务的人们所组建的＊非营利团体，同时/或者还关注特定领域所消费的商品的价格与质量。Anderson 和 Engledow（1977，passim）对美国消费者联盟（Consumers Union）和德国商品检验基金会（Stiftung Warentest）的成员进行了比较研究，他们都购买了一种耐用产品。作者想要知道，他们在决定购买时使用了什么信息，结果发现，在大多数情况下,他们使用的信息几乎是相同的。

contingency approach to leadership 领导权变方法 参见 **leadership, contingency approach to**(领导,权变方法)。

continuous-service volunteer 持续服务志愿者 长时间从事志愿工作的 * 志愿者,时间一般为半年到一年或更长(Macduff 1995:188)。与之相对的是 * 短期志愿者,他们只愿意从事更为短期的志愿工作。同时参见 **regular volunteer**(定期志愿者);**volunteer, habitual**(志愿者,习惯)。

contract 合同 就金钱、* 商品或其他财产分配所达成的正式协议。通常,政府 * 机构或商业公司(很少是非营利组织)向 * 非营利团体提供金钱等,非营利团体及其分支组织(* 非营利团体分部)以服务作为回报。Kramer 及其同事(1993, passim)经研究发现,合同在民营化和"购买服务"方面发挥着至关重要的作用。

contracted service in nonprofits 非营利合同服务 * 非营利团体根据 * 合同提供的 * 服务,合同另一方通常是政府 * 机构,有时也会是 * 基金会、其他非营利组织或者商业公司(Bernstein 1991)。非营利组织提供的此类合同服务需要进行特别管理(Smith 2005),通常被认为是政府服务 * 民营化的结果(Smith-and Lipsky 1993)。

contract failure theory 合同失灵理论 有关 * 非营利团体纠正特定服务的消费者和提供者(如美国消费者联盟)之间信息不对称问题的一系列主张(cf. Hansmann 1980)。同时参见 **public goods theory**(公共产品理论);**voluntary failure theory**(志愿失灵理论)。

contradictory formal position of volunteers 志愿者正式地位矛盾 * 志愿者对他们与 * 组织的关系存在不确定的感觉,这种看法来源于隐性角色与显性角色的多元性(Pearce 1993)。如果志愿者同时是非营利组织的 * 成员,他们会有一种组织的主人翁的感觉。但是,作为直接服务的志愿者,他们同时也是非营利组织的工作人员,要接受监督。志愿者可能还是同一非营利组织的顾客或前顾客。从志愿者不是正式顾客这个意义上而言,志愿者最终可能成为非直接顾客,但他们的服务参与却能够满足组织内在的和无形的需要。根据 Pearce 的观点,这些组织角色具有独特的行为期望。志愿者通常以特殊的方式联合起来,或降低彼此的重要性。要想缓解此类矛盾,可以采取的方式包括坦诚的讨论、提高那些有此矛盾角色的志愿者的敏感度、对角色进行积极的冲突管理。正如组织成功能够制度化解决付酬员工和管理之间的冲突一样，志愿者也需要一个属于他们的"工会"(Dover 1997)。

contribution 奉献 参见 **gift**(礼品)；**giving**(赠与)。

convent 修道院 1. 为女性 * 宗教组织提供居住、宗教活动与工作的建筑。2. 女性宗教 * 公社所在地，如一栋建筑(群)。Eckenstein (1963, passim)，Monson (1995)，以及 N. Warren (2001, passim) 对早期修道院作过研究。O'Brien (2003, passim) 研究发现，在爱尔兰，由于女同学的社会阶层和性别身份不同，她们上修道院(义项二)中学的情感经历也不尽相同。

convention 会议 与 * **大会**同义，但特别强调会议的非定期性和广义特征。* **全国性社团**和 * **跨国社团**常常召开年度会议或 * **全体大会**(Union of International Associations 1994b, passim)。

conventional nonprofit group 传统非营利团体 非营利团体的一种，其 * **领导**和 * **成员**都尊重团体所属社会的规范(Smith 2000:86—87)。典型的例子有本地麋鹿俱乐部、本地圣公会教堂以及邻里社团组织等。传统非营利团体基本上不会有偏离常轨的行为(* **越轨非营利团体**)。

conventional political voluntary action 传统政治志愿行动 参见 **political voluntary action**(政治志愿行动)。

conversion from a nonprofit to for-profit entity 从非营利到营利实体的转变 非营利组织(通常是经纪商较为成功的非营利组织，如医院、保健组织、蓝十字/蓝盾组织等)放弃了 * **不分配限制**，可以合法地转变为营利法人(Fishman and Schwarz 2000:134—141)。这种转换的方式多种多样，不一而足(ibid.)。

conversion, religious 转信，宗教 一个人从一种宗教信仰体系转换到另外不同的宗教信仰体系。这种转变可能是突然发生的，也可能是逐步进行的(Johnstone 1992:72—78; Richardson 1978, passim)。

convert, religious 皈依者，宗教 经历过宗教信仰转变的人(cf. Richardson 1978, passim)。

convocation 正式集会 一种相对大型的会议，通常主题严肃，即商议某事或者庆祝某事件。Bergsträsser (1950, passim) 研究过早年纪念歌德的一次国际性集会，而 Maltoni 和 Selikoff (1990, passim) 则对近期召开的一次科学集会进行了研究。Philipose(1996,passim)对前南斯拉夫战犯法庭集会进行了研究,这次会议决定把强奸纳入"反人类罪"中。然而,这一条款的适用范围十分狭窄,这一行为的很多表现都在司法考量范围之外。

cooperation 合作 1. 为了同一个 * **目标** 或同一项任务而共同工作的行动。2. 很多人合作(* **合作**)从事一项经济活动,以便所有人都可以分享共同努力的 * **好处**。正如 Boris 和 Krehely(2002:313)所指出的那样,团体之间也可以进行合作(义项一),如 * **非营利组织** 同 * **营利组织** 的合作。

cooperation among nonprofits 非营利合作 参见 **collaboration in nonprofits**(非营利团体合作)。

cooperative 合作社 致力于 * **合作**(义项二)的 * **集体**。在合作社里,大家作为消费者或生产者共同工作,以实现共同的经济 * **目标**,包括通过广泛地参与决策、平等分享财富和其他报酬,尽可能多地挣钱和存钱。有些合作社(通常是消费类型的合作社)被认为就是 * **非营利团体**,但很多合作社(通常是生产类型的合作社)介于商业部门与 * **非营利部门** 之间。Pestoff(1991,passim)对瑞典的合作社进行过研究。Brown(1944,passim)则对截至 1944 年长达一个世纪之久的英国合作社历史进行了梳理分析。同时参见 **consumer cooperative**(消费合作社);**producer cooperative**(生产合作社)。

cooperative community 合作社区 参见 **commune**(公社)。

core/periphery volunteer 核心/边缘志愿者 这是由 Michels(1915/1957)创造的概念,Pearce(1993:10,47—50)将其应用于 * **志愿行动** 研究中。Pearce 将在付酬员工非营利团体中服务的 * **志愿者** 分为以下两类:积极的核心志愿者,他们承担了志愿活动的大多数协调与管理工作;非积极的边缘志愿者,接受来自于核心志愿者的指导。Pearce 论述到,在 * **人手不足的志愿者环境** 下, * **组织** 常常不得不按照这些分界线对志愿者作出区分。同时参见 **volunteer, key**(志愿者,核心)。

core vs. peripheral association 核心社团 vs. 边缘社团 1. 核心社团主要定位于考虑经济事务。2. 边缘社团专注于内部或 * **社区** 事务。McPherson 和 Smith-Lovin(1982,passim)经研究发现,核心社团,同时也是大型社团组织,容易获得男性的倾向性加盟;而女性则倾向于加盟边缘社团。

corporate foundation 企业基金会 参见 **company-sponsored foundation**(企业基金会)。

corporate giving program 企业赠与项目 参见 **philanthropy, corporate**(公益,公司)。

corporate philanthropy 企业公益事业 参见 **philanthropy, corporate**(公益,公司)。

corporate structure of nonprofits 非营利法人治理结构 大型 * 非营利团体的组织形式,其最高权力集中于顶层管理者手中,下设分支机构和管理部门(Sills 1957:3—4)。同时参见 **centralization**(集权)。

corporate (employee) volunteer program 企业(员工)志愿项目 一种 * 工作组织 * 项目,旨在允许并鼓励员工在特定的 * 非营利团体内做 * 志愿者。Thompson(1997,passim)提出了一个问题,即 * 基于雇佣关系的志愿行动,也就是她所称的企业志愿项目活动,是不是一种 * 休闲或其他类似的活动。对应于工作场所员工志愿项目,Vineyard(1996,passim)开列了一个"最佳实践"的清单。参见 **volunteer**(志愿者);**volunteer program**(志愿项目)。

corporation, charitable 企业,慈善 企业的一种特殊形式,在一州依 * 慈善目的组成的 * 非营利法人。正是因为如此,企业常能根据《国内税收法》第501(c)(3)条的规定,对用于慈善或其他可免税项目的捐款获准减免税(Phelan 2000,passim)。Hall(1994,chap.1)在其文章中专辟一章讨论 * 非营利组织的历史,其中有很多段落讨论了慈善企业的发展问题。

corporation, ecclesiastical 企业,教会 州特许的一种特殊形式的 * 非营利法人,正式 * 目标就是从事宗教活动。此类企业获得的 * 特许权通常明确规定,只要与 * 公共礼拜相关联,其拥有所有权的不动产可以免税。Mancuso(2004,passim)写过一本手册,已经再版多次,讲述了宗教团体与其他团体如何在美国50个州里组建成非营利法人。

corporation, nonprofit 企业,非营利 参见 **nonprofit corporation**(非营利法人)。

corporatism 法团主义 一般是指替代美国 * 铁三角结构关系的欧洲组织形式,即有组织的商业公司(* 利益集团)、有组织的劳工与全国性政府 * 官僚机构之间存在着相互协同作用。这些组织相互作用,通过正式的政府理事会和委员会实现相互适应(Hrebenar 1997:265;Bianchi 1989,passim;Harrison 1980,passim;Schmitter and Lehmbruch 1979,passim;Wiarda 1997,passim)。这种法团主义有时在非洲(Nyang'Oro and Shaw 1989,passim)和拉丁美洲(Wiarda 2004)的组织中也能看得到。法团主义可能含有一种自由主义(* 新法团主义)或法西斯主义的特征(* 法西斯法团主义)。

cost-benefit analysis　成本—收益分析　*非营利团体评估的一种方式,涉及计划或项目的成本同各种收益的比较(cf. Thompson 1980,passim)。

cost of volunteer participation　志愿者的参与成本　与志愿者 * 参与相关的一种个人损失,它可能是物质上的(付出时间、精力,抛开家庭活动与其他活动,以及经济上的牺牲等)、连带的(由于人际冲突、消极的社会支持,以及担心他人参与不足,如 * 搭便车,而产生的成本),也可能是意图上的,如对参与相关的 * 组织的活动和 * 目标的演化不满、对日程安排和沟通的失败不满(Prestby et al. 1990,passim)。Stebbins (1996c:217—218)认为,承诺 * 深度休闲参与者,包括特定类型的 * 志愿者,都发现他们的深度休闲参与活动的回报远远地超过了这些成本。

counterculture　反主流文化·反主流文化的群体　一种 * 社会运动,或者是指一群发展出同更大社会层面的主流文化相对立的次文化的 * 越轨非营利团体(Zellner 1995:vii)。它同"越轨非营利"这一概念的意思大致相同,但更强调文化层面以及与主流文化相反的那些特征。Braunstein 和 Doyle (2002,passim)与 Hamilton (1997,passim)都讨论过20世纪六七十年代的反主流文化现象,Roszak(1969,passim)对此概念也有过经典论述。

counter-terrorism　反恐　政府机构在领土范围内采取的行动,旨在阻止 * 恐怖活动,逮捕或击毙涉事的 * 恐怖分子。Holms 和 Burke (1994:212—246)讨论过反恐的不同方面,如发现与侦破、预防技术以及对敌作战。Netanyahu (1995,passim)对新近的恐怖分子历史进行过研究,提出了如何打败恐怖分子的措施。

coup(coup d'état)　政变　针对政府实施的暴力或非法的改变,由相当数量的人组织发起,这些人可以简单地被视为 * 政治志愿活动的 * 志愿者。他们对人民、财产或二者同时使用武力或武力威胁,以取代现政府的最高 * 领导。政变并非总是能够成功。同时,政变通常都很短命,只持续几天或几个礼拜。Farcau (1994,passim)写过一部关于政变的长篇分析著作。Malaparte (1932)在其著作中将政变描绘成一种革命,这是早期有关政变较为经典的论述。

court-appointed special advocate(CASA)　法院指定的特别辩护(CASA)　这是很多州级法院推行的项目,即使用合格的 * 志愿者为个人(通常是年轻人)进行

craft union **橡皮艇工会** 参见 union（工会）。

craze **狂热** 一种不寻常的有意行为短时间内就在社会上或更小区域内频繁发生。Lofland（1990：441—442）认为狂热（还有流行和时尚）是一种大众娱乐，进一步佐证了 *集体行动并不总是可怕和具有破坏性的。Smelser（1962，passim）对狂热进行了入理分析。

cross-national volunteering **跨国志愿行动** *志愿行动的一种，即 *志愿者从一国到另一国旅行并在该国开展 *志愿工作（Smith, Ellis, and Brewis 2005：64）。同时参见 volunteer tourism（志愿者旅行）。

crowding-out hypotheses **挤出效应假说** 系指一系列重要假说，主张一个 *社会部门的成长或社会 *参与的方式，一般会将另一个部门或参与形式排挤出去。借用 Charles Henderson 有关公共部门和志愿部门的优势可能是循环往复的理论（Henderson 1895），Angell 观察发现，新式的 *服务型俱乐部将早期的共济会组织排挤了出去（Angell 1941）。Lynd 和 Lynd 研究发现，互助团体的优势（参见 mutual benefit group（互益型团体））转移到了世俗的、非会员制的社会 *机构之中，他们认为这些机构也排挤了 *志愿行动（Lynd and Lynd 1929）。近来还有假设认为，政府对社会福利与教育部门投入的增加，可能会减少对志愿参与的资金投入（Menchik and Weisbrod 1987）。David Horton Smith（1997a）对正式 *项目志愿行动的增长表示忧虑，认为这可能会抑制 *草根志愿社团的活动。

crusade **改革运动·十字军东征** 1. 一场密集的 *集体行动战役，常常表现为集中消除一些东西，实现社会法律变革，或者传播宗教福音。Wilson（2002, passim）考察过美国进步时代（the Progressive Era）旨在控制"社会匮乏"的优生学改革运动，是为了吸取将现代人类基因组计划（Human Genome Project）研究应用于实践的教训。2. 由欧洲基督徒于 1096—1271 年发起的远征行动，目的是从穆斯林手里夺回对圣地（Holy Land）的控制权（cf. Oldenbourg 1966, passim；Riley-Smith 1995, passim）。

cult 异教 参见 **new religion**(新兴宗教)。

cultural pluralism 文化多元主义 参见 **pluralism, ethnic**(多元主义,民族)。

cutback 削减 由于需求下降、投入减少或者合格人才不易找到,导致 * **基金**、* **服务**或 * **资源**减少。Sink(1992,passim)总结过美国 * **非营利机构**是如何应对 20 世纪 80 年代和 90 年代早期发生的联邦基金削减问题的。同时参见 **retrenchment in nonprofit groups**(非营利团体紧缩)。

cy pres **doctrine** 近似原则 这是一种法律原则,指当慈善信托无法完成其慈善目标时,法庭会为该慈善信托基金替换另一个尽可能接近(法语表述为"*si près possible*")原先目标的慈善目标(Fishman and Schwarz 2000:116—117)。

D

damned nonprofit groups flat-earth paradigm 扁平地球范式下的恶性非营利团体 非营利部门的一种模式,即 * 非营利部门主要由越轨、腐败、自私或毫无价值的 * 非营利团体构成。Smith(2000:230—231)的研究表明,这种"揭丑"视角过度强调且大肆渲染了一些非营利团体的消极方面,而忽视了许多其他团体的积极方面。

dark matter astrophysical metaphor 天体物理学的暗物质之喻 参见 **metaphor, astrophysical dark matter**(比喻,宇宙暗物质)。

dark matter of the nonprofit sector 暗物质类非营利部门 一般不会作为研究对象或被计入官方统计中的各类 * 非营利团体(尤指 * 草根社团)。通常,* 付酬员工非营利组织会当然地成为研究对象并被计入官方统计中(Smith 1997c,passim)。Smith(2000:34—35)估计,在美国,暗物质类团体与付酬员工团体的比例可能超过十比一。

dark side of the nonprofit sector 涉黑非营利部门 (某些国家)* 非营利部门中由 * 非营利团体所实施的社会越轨行为的总数。在这些非营利团体中,正式领导、其他 **解析成员**以非营利团体的名义并为了团体的利益实施这些越轨行为。Smith(2000:229—230)认为,在 * **扁平地球范式下的天使型非营利团体**语境下,涉黑志愿主义忽略了存在于非营利组织中的越轨问题与由非营利组织实施的越轨行为,特别是无视诸如政治激进主义团体、非法飞车党、三 K

党、极端主义邪教等 * **彻底越轨非营利团体**所进行的活动。Smith（1995b：100）是最早指出涉黑志愿主义是一般现象的学者之一。同时参见 **deviant nonprofit groups**（越轨非营利团体）。

dark side of voluntarism 涉黑志愿主义 参见 **dark side of the nonprofit sector**（涉黑非营利部门）。

dark territories of the nonprofit sector 非营利部门盲区 一种比喻的说法，指 * 非营利部门的正常扁平地球概念和经验图中所缺失的部分。具体来说，这些缺失的部分是对 * 草根社团、* 社团志愿者及其在 * 非营利部门中所处地位的关注与分析。

decentralization 去中心化 创造"接近草根组织、有能力作出涉及政策与/或者管理活动的决策，为拓宽公民参与基础提供机会的操作单元"的集体努力或过程（Spiegel 1974：4）。去中心化有两种类型——行政权力下放和政治授权。"行政权力下放通常是指将中央机关的部分管理职能下放到下级机关、办公部门，或者转给体制内更广泛的机关工作人员"（ibid：5）。"去中心化政治……通常是指将权力分享给、授予、移交给体制外或司法管辖权之外的主体（个体或机构）或为他们确立权力"（ibid：5）。近来，大量 * **非营利团体**已经从第二类的政治去中心化中获益。去中心化是连续统一体的一部分，其另一极是集权，它在参与方式中可能有正式参与和非正式参与之分（ibid：9）。在一定范围内，政治去中心化程度越高，* **公民参与**程度也越高。Spiegel（1974，passim）主编过一卷有关去中心化的作品，书中的很多章节对去中心化的不同方面进行了研究，比如在示范城市计划、学校、工作以及邻里等方面的去中心化问题。在 Oxhorn 等人（2004，passim）主编的书中，有多位作者在不同的章节中谈论了第三世界国家的去中心化问题。Meyer（1998，passim）在书中回顾了近年来有关去中心化的研究成果并提出了一些批判性观点。同时参见 **privatization**（民营化）。

decision making 决策 * **非营利团体**确定活动优先顺序、决定采取何种措施的过程。Zander（1993：38—43）对非营利组织 * **董事会**的有效决策进行过专题研究。同时参见 **leader**（领导者）；**leadership**（领导）。

deconversion, religious 转信，宗教 突然或逐渐拒绝某宗教信仰体系及其社会生活（cf. Jacobs 1987，passim；Richardson 1978，passim；Johnstone 1992：78—

82)。"转信他教"系叛教的中性术语,后者将转信他教者视为宗教叛徒或异教徒(cf. Bromley 1988)。

deferred giving **延期捐款** 参见 **planned giving**(有计划的捐赠)。

delinquent gang **青少年犯罪团伙** 青年人(通常是青少年)组成的 * **草根** * **团体**,成立的目的是追求 * **休闲**、* **社交**和相互保护。Covey,Menard 和 Franzese(1992,passim)详尽地研究过青少年 * **团伙**问题。Asbury(1927,passim)的书是研究纽约帮派的早期著作,包括 19 世纪的犯罪团伙问题。Bellamy(1973,passim)对中世纪英国的犯罪团伙进行过研究,这些犯罪团伙的主要目标是获取物质利益。

demagogue **煽动者** * **领袖**,通常也是演说家,为了获得个人利益,激起大众的恐惧、欲望或偏见。Darsey(1995,passim)以幻想文学的写作手法,试图解释 Joe McCarthy[①]的煽动行为。同时参见 **charismatic leader**(魅力型领导者)。

democracy **民主** 社会或其他领域或团体中的 * **政府**或管理机构的作用形式,其中根据法律规定和具体实践,公民/成员能够对重要决策的制定产生重大影响力,享有 * **公民权利**和 * **公民自由权**,如法律面前人人平等。主要决策按照简单多数决原则作出,有时采用的是绝对多数决原则(如须达到全部投票者的 2/3)。Lipset(1995)在《民主百科全书》(*The Encyclopedia of Democracy*)一书中讨论过民主的广泛内容和不同侧面,包括民主的发展历史等。在直接民主制中,主要决策由那些被治理者直接作出,比如新英格兰的市政会议。在代议民主制中,主要决策由那些被治理者选出的代表作出。 * **非营利组织**,尤其是那些 * **社团**组织,正是得益于民主制才能繁荣发展。Barber(1984;148,150—155)在书中探讨了不同类型的民主,倡导"强势民主",即参与式的、带有民粹主义的制度偏见、价值活动,以及具有积极的公民中心立场和去政府中心立场。Lipset 等人(1956,passim)以橡皮艇工会为例,较早地研究了在非营利组织中推进民主的因素。

democracy in nonprofit groups **非营利团体民主** 由 * **会员制团体**的会员所组成的权威政府,可以直接行使权力,也可以借由其选出的代表行使权力。Smith

---

[①] McCarthy 为美国二战后的反共产主义政客,其演说和煽动能力极强。由他主导的参议员调查委员会大举侦查美国所谓"亲共人士",以清理共产党在美国的影响,受迫害的包括爱因斯坦、卓别林等。1954 年,参议院以 65 票对 22 票决定了对 McCarthy 的谴责,称其"有使参议院陷入耻辱和背负恶名的趋势"。——译者注

(2000:112—113)经研究注意到, *非营利团体,尤其是 *草根社团组织中的民主,包括参与决策、*领导更迭频繁(因而鲜有 *寡头出现),以及较稳定的层级制。

democratic personality 民主人格 在民主社会中有助于推动 *志愿行动、*结社活动、*政治参与以及其他形式的 *个体志愿活动的一系列人格特质。民主人格也是 *非营利部门活动的部分结果。这一人格类型的最核心特质有:自信(自我强度)、效能感(感觉有效或内控)。其他重要的特质包括:会交际(外部性)、权变(低度权威主义)、乐观(低度犬儒主义/异化)、有魄力以及稳定的情绪(Lasswell 1951, passim; Smith 1995a, passim)。同时参见 **psychological factor in volunteering**(志愿行动的心理因素)。

demonstration 示威 一种 *象征性抗议,或者是一种 *直接抗议行动,通常会有很多人走上街头,有时则在屋内,表达对某个人、某团体、某形势、某 *政策或某 *事务的反对之意(Carter 1973, passim; Sharp 1973, passim)。Missingham(2002, passim)对 1997 年泰国贫民联盟(the Assembly of the Poor)示威中对空间和现场建筑物的利用策略问题进行了研究。Etzioni(1970)的著作对示威活动作过经典论述与实证研究。

demonstration grant 示范资助 *资助一个 *非营利团体,用来检验一项新 *计划、*项目或方法,如果成功,可以为其他非营利组织所复制。一个典型的例子可以在伊利诺伊州环境保护局(the Illinois Environmental Protection Agency)网站上查到,网址为 http://www.epa.state.il.us/green-illinois/green-couumunties。

denomination 教派·宗教组织 1. 一种 *宗教。2. 一种稳固成形的非营利宗教组织(*非营利组织),在一个多元宗教社会里,其 *会员身份很明确(cf. Mead and Hill 1995, passim)。教派在一国内是介于 *教会(义项三)和 *宗教分支之间的中间概念。Prelinger(1992, passim)对美国主流教派之一的圣公会中的女性地位进行过专题研究。Niebuhr(1929/1957, passim)对美国的 *教派主义社会资源作了经典解释(cf. Richey 1977, passim)。Johnstone(1992, chap.13)讨论了美国教派社会问题,而 Finke 与 Stark(2005, passim)则研究了教派的历史问题(see also Littell 1962, passim; Williams 2002, passim)。与此同时,Greeley(1972, passim)出版了第一本名为《教派社会》(*The* denominationalism

Denominational Society)的著作。Lincoln 和 Mamiya（1990，passim）考察了非洲裔美国人教派与美国黑人教会的状况。Goldstein（2002，passim）在书中描绘了美国新出现的佛教教派。Morris（1997，passim）则对作为一种教派来说的天主教在美国的发展史进行了研究。Stark 和 Bainbridge（1985，chap. 4）在书中描绘了美国主要教派的分布图，Marty（1980，passim）也对此分布问题作过研究。同时参见 **pluralism, religious**（多元主义，宗教）。

denominationalism 教派主义 一种社会结构，如在美国，*教派呈现出多样化，所有教派的地位大体相当，也不存在国家教会（*教会，义项三）之别（Greeley 1972，passim；Johnstone 1992，chap. 13；Richey 1977）。

designated fund 指定基金 *限制性基金的一种类型，基金*受益人由*捐助者特别指定（克利夫兰基金会词汇大全（The Cleveland Foundation Glossary），网址为 http://www.clevelandfoundation.org/page1691.cfm）。

developed world flat-earth paradigm 扁平地球范式下的发达世界 全世界的*非营利团体模式大同小异——都同工业化世界类似——同其经济社会发达程度没有关系（Smith 2000：162—163）。在大多数情况下，该范式是无效的。

developmental incentive 发展激励 根植于*非营利团体*会员个人成长中的利益的激励类型。Wuthnow（1994：84）在他针对小型社会支持团体的研究中发现，激励是人们入会最为常见的理由。同时参见 **incentive type in nonprofits**（非营利激励类型）。

development of volunteers/members 志愿者/会员发展 1. *非营利团体和*志愿项目的重要管理职能，为志愿者提供个人发展的机会，这是其*志愿工作与志愿经历的一部分。2. 自我发展的过程。3. 自我发展的事实。义项二和义项三通常说的是有益于个人的发展，这实际上有时也是为其他付酬性的工作储备了*志愿者（*外生满意度），由此增加了他们的*人力资本。Connors（1995：99—100），Fisher 和 Cole（1993，chap. 6），以及 Ilsley（1990，passim）等人都研究过志愿者的发展问题。Battle（1988：64—66）在书中讨论了*社团*成员的自我提升问题，这是发展的一种形式。同时参见 **self-fulfillment**（自我实现）；**satisfaction**（满意度）。

deviance in nonprofit groups 非营利团体的越轨 以*非营利团体名义实施的、违反了团体所在社会的一个或多个道德规范（Stebbins 1996b：3）的行为。

Smith（2000：87）指出，非营利团体可能是"部分越轨"，比如团体领导暂时拒绝遵循一项与团体目标或手段有关的道德规范；也可能是"严重越轨"，比如某非营利团体的成立目的就是追求越轨目标或使用越轨手段来追求传统目标。同时参见 **deviant group**（越轨团体）；**deviant nonprofit group**（越轨非营利团体）；**moral standard**（道德标准）。

deviant association **越轨社团组织** 参见 **deviant group**（越轨团体）。

deviant collective action **集体越轨行动** 由具有社会越轨 * 目标或手段的 * 集体发起的行动。根据 Hartnagel（2004：127）的破坏论，越轨 * 集体努力使其个人 * 成员维持独立性并提高成员在彼此心目中的自信心，就是一种功利性犯罪形式。

deviant group **越轨团体** 任何部门（商业部门、政府部门、家庭/家族部门、非营利部门）都存在的 * 团体，至少拥有一个内部规范，团体内至少一半的 * 解析成员都表示接受，规定成员偏离了一个或多个社会道德规范。Best 和 Luckenbill（1982，passim）是第一批对越轨团体开列处置对策的专家。Stewart 和 Spille（1988，passim）调查了那些"文凭工厂"，也就是所谓的不用上课或者无须学习、只贩卖毫无价值的学位的高等教育机构。Balsamo 和 Carpozi（1999，passim）在书中讲述了美国黑手党在第一个百年中的故事："有组织犯罪"（see also Davis 1993）问题。在 Ermann 和 Lundman（2002，passim）编纂的著作中，由不同作者撰写的几章内容都涉及公司和政府越轨的问题（see also Simon 2002；Tonry and Reiss 1997）。Rummel（1994，passim）审查了政府行为造成死亡的证据，如希特勒及其他独裁者统治下的大屠杀与大清洗。Daniels（1993，passim）写过一本书，讲述了二战期间美国与加拿大集中营的事，那里关押了在美国境内的日本裔人士，他们中大多数已是美国公民，并没有犯罪。Constantine 和 Constantine（1973，passim）的研究报告是关于当代群婚生活中的家庭越轨现象，而 Hollenbach（2004，passim）则花费一生的时间研究群婚公社的问题。* **越轨非营利团体**也是比比皆是。同时参见 **deviant nonprofit group**（越轨非营利团体）；**fundamentally deviant group**（彻底越轨团体）。

deviant nonprofit group **越轨非营利团体** 在社会道德规范方面出现严重越轨现象的 * **非营利团体**。在早期的经典研究著作中，Sagarin（1969，passim）探讨了美国的越轨 * **社团组织**，包括形形色色的 * **十二步团体**、同性恋团体以及小人物团体等。Bennett 和 DiLorenzo（1994，passim）研究了美国的欺诈性 ***慈善组织**问题。人类学家 Daniel Wolf（1991，passim）在书中研究了加拿大埃德蒙顿市的一个摩托车帮派——反抗者组织（the Rebel），这是一个越轨非营利团体。Zack（2003，passim）考察了 ***付酬员工非营利团体**中的资金欺诈与滥用问题。其他一些人也在著作中对不同类型的越轨非营利组织进行了研究，如 Adam（1995），Adler（1986），Alexander 等（2001），Appel（1983），Breault 和 King（1993），Dawley（1982），George 和 Wilcox（1996），Golden 和 McConnell（1986），Holmes 和 Burke（1994），Kamen（1998），Kaplan 和 Marshall（1996），Karl（1995），Lambert（1992），Lavigne（1993），McAdam（1982），McCaghy 等（2002），Moore（1977/1994），Partridge（2004），Reavis（1995），Robbins（2004），Scarboro 等（1994），Sims（1997），Singer（1995），Spergel（1995），Tucker（1991），Wolf（1991），以及 Zakin（1995）。

deviant voluntary group　越轨志愿团体　参见 **deviant nonprofit group**（越轨非营利团体）。

devolution　授权　为"演进"的反义词，指 ***权威**转移或授权给其他人或团体，尤其是那些一开始没什么权威的个人或团体。Slyke 和 Roch（2004，passim）指出，政府将提供 ***服务**的权力转移给同其签订合同的 ***非营利团体**，让很多公民质疑这些非营利团体是否有责任感。他们的研究显示，当公民对他们享受的服务不甚满意时，他们更可能误认为非营利服务供给者（参见 ***服务**）就是 ***政府机构**。同时参见 **privatization**（民营化）；**decentralization**（去中心化）。

devotional activity　信仰活动　一种 ***宗教**实践，通常表现为非正式的或私下的活动，比如私下祷告、宗教经文阅读（如查经）、非正式唱诗、宗教冥想等（cf. Johnstone 1992:67；Stark and Glock 1968:15 and chap.5）。

dictatorship　独裁　***政府**的一种运作形式，即在一个社会或其他领域里，一个人（或家族）具有实质上的绝对权力和无限权威；专制政府。君主 ***专制政体**或君权神授是传统的独裁形式。在独裁制下，独裁者及其在 ***政府**中的追随者通常会阻挠 ***非营利组织**发挥作用，或者不让其存在，或者对其加以控制。关于独裁的历史和理论研究，可参看 Cobban（1971，passim）写的书。Lipset（1995）的《民主百科全书》一书中包含独裁、专制以及相关主题的条目。同时参见 **monarchy**（专制）。

diffuseness vs. specificity of goal　目标的分散化 vs. 专一性　驱动 * 非营利团体发展的目标数量与广度的一种表述方式。Smith（2000：85）经观察发现，在早期历史中，此类团体的目标往往很宽泛（高度分散化），而近来则趋向于发展专一性任务（高度专一性）。Simpson 和 Gulley（1962, passim）较早对社团的目标分散与专一性问题进行了研究。

dimensions of grassroots associations, basic/analytic　草根社团的维度，基础/解析　界定 * 草根社团的标准。Smith（2000：107—108）列举了三项标准：所在区域较小（如都市区域或更小范围）、主要开展 * 志愿工作以及进行有效的自治。

direct action protest　直接抗议行动　针对掌权者所在的地方采取的激进的、非常规的 * 政治志愿行动，它属于 * 社会抗议的方式。直接抗议行动通常发生在工厂或办公大楼，也可能发生在其他地方，如 * 教会（祈祷抗议）、食肆（* 静坐抗议）或者学校与大学（* 抗议宣讲会）等。直接抗议行动主观上是要进行非暴力抵抗，但有可能升级为暴力行动，特别是遭遇警察或其他权力机关暴力执法时。Heunks（1991, passim）将三个国家其他类型的社会抗议同直接抗议行动进行过比较，以确定 * 激进分子和发起人具有什么样的特征。

direct giving　直接赠与　不借助组织中介，* 捐助者直接给其家庭以外有需要的人士提供金钱或其他帮助。在 1995 年的调查中，美国有 53.8% 的成人给不与其住在一起但有需要的亲戚或朋友提供过类似的帮助（INDEPENDENT SECTOR 1996：4—102）。

direct mail fund-raising　直邮募款　通过邮寄请求书（通常会包含宣传册和一个回邮信封）为 * 非营利组织筹集资金。这是一种有效的募款策略，已经有很长的历史（cf. Cutlip 1965：4），近数十年来日渐完善（cf. Lister 2001）。

director　主任　参见 board member（董事）。

direct/primary satisfaction　直接/基本满意度　* 满意度（义项一和义项二）的一种表现形式，直接来自于特定实践，但它并不一定会提升其他人的满意度（Smith 2000：20）。同时参见 indirect satisfaction（间接满意度）；psychic benefit（心理收益）。

disaster volunteer　救灾志愿者　属于灾难救助型 * 非营利团体（如红十字会）的志愿者，他们受过专业训练，在第一时间内就能够做好奔赴救灾现场的准备。

discretionary activity

Britton（1991，passim）在一篇文章中论述了常设救灾志愿者的作用问题。

discretionary activity **可自由支配的活动** 参见 **leisure activity**（休闲活动）。

discretionary time **可自由支配的时间** 参见 **leisure/leisure time**（休闲/休闲时间）。

discretionary time activity **可自由支配时间的活动** 参见 **leisure activity**（休闲活动）。

dissent **异议** 可能是未被言明的分歧，也可能是个别表达的分歧，或者通过公共舆论的方式表现出来的不同意见。有时异议会出现在 *非营利团体中，但它至少在直面特定 *政策 *事务的政府层面是可能被察觉到的。特定政策事务是 *政治志愿行动的一种形式。宗教异议是历史上一种重要的异议形式，通常被主流教会称为"异端"（Moore 1977/1994，passim）。有关宗教异议的另类看法是，它是所有 *新兴宗教和 *宗教分支产生的肇因，如果往前追溯得足够久远，还能发现不满还是所有 *教派甚至是全国性 *教会（义项三）产生的源头。Moser（2003，passim）认为，剧院是一种草根表达不满的创新的、"积极的"场所。Woliver（1993，passim）研究过 *草根社团表达异议的几种实例。Commager（1959，passim）在书中讨论了一般意义上的异议问题，而 Keniston（1971，passim）研究的则是 20 世纪六七十年代的异议与青年问题。Streitmatter（2001，passim）在书中讨论了美国持不同意见的媒体问题。同时参见 **activity，protest**（活动，抗议）；**social movement**（社会运动）。

dissolution and distribution of assets of a nonprofit organization **非营利组织的财产清算与分配** 在破产清算或依据董事会决议主动进行清算的情况下，*互益型组织可以将其财产分配给其成员，但是 *公共慈善机构必须将其财产用于慈善事业（Fishman and Schwarz 2000：113）。为了满足《国内税收法》第 501(c)(3)条的条件要求，*非营利组织在清算时必须为按 *公共利益考虑分配其财产作好必要的安排（ibid.）。同时参见 **involuntary dissolution of a nonprofit organization**（非营利组织的强制解散）。

distinctive action norms **明确的行为规范** 参见 **action norm，distinctive**（行为规范，特色）。

distinctive nationalist focus flat-earth paradigm **扁平地球范式下独特的国家主义立场** 描述一种非营利部门模式，即特定国家的 *非营利团体之活动本质上是独一无二的，与其他国家的类似活动明显不同（Smith 2000：163）。这一范式总体上是无效的。

divine right monarchy 君权神授 参见 **monarchy**(专制)。

do-gooder 行善者 口语,系指试图帮助他人的人(比如,＊志愿者、社工),当别人认为这种行为是不切实际的或爱管闲事的时候,行善者会被人嘲讽。在 Schevitz(1967,passim)关于行善者为地位而奋斗的研究中,很容易就会发现"嘲讽"一词。

dominant status model 优势地位模型 ＊社团志愿活动或＊项目志愿行动的预测模型(同时参见 **participation**(参与)),最初由 Lemon 等人(1972,passim)提出。该术语解释了产生更高参与率的社会人口预测变量的关系走向。Smith(1983:86)将该模型加以拓展,即"对于那些处于更具优势的(社会文化系统价值的/首选的)社会地位和角色的个体而言,其参与率总体上也更高,不论该地位和角色是事先设定的还是努力获得的"。优势地位的例子包括:"男性、中年……已婚,有(多个)合法子女,主要在五到十五岁年龄段,有多位男女友人……数个＊正式志愿团体的会员、健康、非残疾……长期居民……收入与财富颇丰……有领薪水的工作……职业声望很高,(以及)正规教育水平很高。"(Smith 1983:86—87)这些显示关系的优势地位变量很多已经在一些研究成果中得到了验证(e.g., Smith 1975:254, 1994a:246—250, 254, 256; Kirsch et al. 1999:106,121, and passim)。那些仅仅研究志愿行动的社会人口预测因子的非营利组织学者,考虑到了＊扁平地球范式下的社会人口参与预测因子,但忽略了也在＊积极—有效的特色模式中出现的动态变量。

donated goods 捐赠商品 属于＊礼品或＊捐赠类别的物品或商品,通常都是捐赠给＊非营利团体的。

donation 捐赠·捐赠物 由个体或团体捐给＊非营利团体的金钱形式的＊礼品、＊商品或者其他财产(如土地、画作、身体器官),未期望即刻获取直接的经济利益。捐赠——应用于作为＊利益目标群体的非营利组织的＊公益——是＊慈善事业＊资金的主要来源。严格说来,捐赠是一种非劳动奉献,也就是说,＊志愿时间不属于捐赠范畴。很多捐赠都符合＊慈善捐献扣税的条件。Caille(2001)探讨了礼品与捐赠物之间哲学上的异同。

donative intent 捐赠初衷 在未作充分考虑,也无意从＊受助者那里获得回报的情况下作出＊捐赠的动机。捐赠物必须超过作为回报的物品或服务在公平市场上的价值(Fishman and Schwarz 2000:881)。当前,＊捐助者都希望慈善组织告知其捐赠部分的税收减免比例(Fishman and Schwarz 2000:900)。

donee 受助者 *捐赠的接受者。Kutner (1970, passim) 提出了一个受助人接受人体器官移植的正当程序，涉及受助人的知情同意态度、对潜在医疗 *利益的风险概率认识。同时参见 target of benefits (利益目标群体)。

donor 捐助者 作出 *捐赠的人或团体。在接受捐助者的眼里，捐助者就是恩人。Howell (2002, passim) 在文章中介绍了捐助 *机构是如何开始利用 *公民社会的概念来促进经济发展模式的，这一想法一度被认为是通向民主化的路径。Dowie (1988, passim) 曾写过有关器官捐赠的著作，而 Magat (1989b, passim) 则在书中讨论了一般意义上的公益捐助者。

donor constituency 捐助拥护者 给 *非营利团体提供资金和其他资源的捐献者的统称。对于非营利团体的 *目标、*价值、*项目，个体和团体捐献者可能会试图施加直接或间接的影响 (Barker 2003:128)。

donor fatigue 捐助疲劳 *捐助者因为捐助出现过度的资金需求，也可能是因为其他一些原因，造成其对捐助的兴趣减弱，从而不愿意捐款给 *慈善机构。这类捐助者此前已经捐过一次或一次以上，现在已经触碰到了其资金的极限。Eisemon 和 Davis (1997, passim) 研究发现，捐助疲劳是导致肯尼亚研究生训练和研究质量和数量下降的若干因素之一。捐助疲劳不同于 *志愿者 *倦怠。

donor intent 捐助人意愿 1. *捐助者个人的倾向性偏好，即希望 *非营利组织如何使用特定 *礼品或 *捐赠。2. 由捐助者在捐赠时作出的具有法律意义的使用限定说明，要求非营利组织将礼品或捐赠品用于某个限定的范围。Bork 和 Nielsen (1993, passim) 就捐赠意愿出版过一部经典著作。

donor renewal 捐助更新 募捐者吸引捐赠回头客的一种做法。同吸引新的捐助者相比，捐助更新付出的努力要少得多 (Nichols 2001:345)。

doubly dark continent of the nonprofit sector 非营利部门的双重暗域 更深层次的比喻说法，系指 *非营利部门 (*非营利部门地图) 使用一般扁平地球概念和实践过程中所忽略的成分。扁平地球范式不仅对 *草根社团及其在非营利部门中的地位缺乏关注和分析，而且对 *越轨非营利团体也缺乏关注和分析 (Smith 2000:230)。

drop-by/occasional volunteering 非正式/偶尔志愿行动 在积极寻求 * **志愿者**的环境下所开展的志愿活动,志愿者不需要承诺从事志愿活动的具体数量、次数、时间等。Fischer,Mueller 和 Cooper(1991)在文章中比较了定期志愿行动(涉及时段承诺)与偶尔志愿行动。近年来的趋势是,在类似芝加哥陪护协会(Chicago Cares)这类团体中开展非正式 * **志愿服务**,推动年轻职业群体提供志愿服务。同时参见 **episodic volunteer**(短期志愿者)。

dues 会费 通常指每年支付给 * **非营利团体**(一般是 * **社团**)的费用,以保有 * **会员**的权利。会费是 * **全国性社团**(尤其是 * **草根社团**)的 * **收入**来源(Smith 2000:58)。

E

ecology group 生态团体 参见 environmental group(环境团体)。

economic activity, informal 经济活动,非正式 该概念通常并无确切定义,名称各异(如灰色经济、*非正式经济、地下经济、平行经济),在经济学上既指正式的*志愿与*交换又指非正式的志愿与交换,既指合法的志愿与交换又指非法的志愿与交换。Carson(1984,passim)在文章中对何为地下经济作了概述。Smith(2000:45)指出,非正式经济活动可能是团体或个人自行进行的。同时参见 buying pool(买家群体)。

economic goal 经济目标 参见 goal(目标)。

economic incentive 经济激励 参见 utilitarian incentive(功利性激励)。

economic measure of nonprofit groups 非营利团体的经济手段 参见 measure, economic(途径,经济)。

economic nonprofit group 经济性非营利团体 参见 economic support system(经济支持体系)。

economic resource 经济资源 系用来泛指财力与人力资源的总称(Smith 2000:119)。经济资源可以宽泛地被视为一类经济(短缺)*商品(cf. Samuelson and Nordhaus 1995:4)。同时参见 resource(资源)。

economic scale of nonprofit group 非营利团体的经济规模 指*非营利团体运营所需要的货币支出水平。一个团体的经济规模或低或高,雇用付酬员工将会推高支出水平(Smith 2000:76)。

economic support system　经济支持体系　为特定选区或较大经济体提供财力支持的 * 非营利团体。Smith(2000:100)认为,此类团体包括工会、专业协会、企业家团体等。

economic support system value　经济支持体系的价值观　参见 value, humane core(价值观,人文核心)。

economic transfer　经济转移　指金钱、* 商品或其他财产与 * 服务向另一个人或团体的配置过程,这种配置直接且极有可能会发生金钱、商品或其他财产与服务的相互(* 互惠)转移(* 交换)现象。这种交换的结果是,无论是个人还是团体,交换双方的净值总额鲜有或没有变化。经济转移的事例包括租赁、投资、贷款、购买、销售以及雇佣等(Boulding 1973, passim)。同时参见 **grant transfer**(资助转移);**coercive transfer**(强制性转移)。

economic utility model　经济效用模型　系对单个 * 志愿行动所达到的边际效用水平加以评估的方法。Smith(1981:26)引用了使用该模型的研究,发现志愿者的 * 满意度来源于"内部奖励(其中一些可能是利他的)和外部奖励(毫无利他性)"。参见 **utilitarian incentive**(功利性激励)。

***économie sociale*　社会经济**　参见 **economy, social**(经济,社会)。

economy, coercive　经济,强制　建立在商品或服务价值不平等基础之上的经济转移活动,弱势一方会认为交易受到强迫,甚至可能是被威胁的(Boulding 1973:107)。征税和盗窃是典型例子。

economy, market　经济,市场　基于商品与服务等同价值的经济转移活动,交易双方都认为交易未受到强迫(Boulding 1973:107)。

economy, philanthropic　经济,公益　一种"爱"的经济,基于慈善转移价值不对等的 * 商品或 * 服务, * 捐助者或赠与人会在受惠者或 * 受助者获得物质财富时失去物质财富(Boulding 1973:107)。Smith(2000:11)扩大了公益经济的范畴,把赠送 * 非营利部门中的志愿时间纳入在内。

economy, social　经济,社会　在美国,社会经济是指能够使商业部门更加清楚地认识到 * 公共服务、* 公益以及 * 利他主义的各种方式、途径,包括像工作场所 * 民主实践、员工持股、* 合作、社会意识投资、工人 * 参与、信用社团组织/信用社等商业行为。在法国,社会经济叫作"*économie sociale*"。Bruyn

(1977,passim)是最早就这一概念进行专题分析的专家之一。

ecumenism **普世教会合一运动** 在20世纪,不同基督教教派,甚至是世界上不同宗教之间,为了更好地合作与理解,希望合并,最终实现世界宗教一体化,或者至少是实现基督教一体化的过程和运动(Johnstone 1992:212—216)。关于普世教会合一运动的著作可谓汗牛充栋(e.g., Kung 1969;Lambert 1967;Rusch 1985;Wainwright 1997)。

educational incentive **教育激励** 参见 **informational incentive**(非正式激励)。

educational program in nonprofits **非营利组织的教育项目** 尽管有些*非营利团体本身就把教育当作中心任务(如非营利学校和大学),但是几乎每一个非营利组织都时常需要某种类型的教育*项目或*计划(Wilbur 2000, chap. 6)。其中一个经常性的教育项目需要是培训新进的*付酬员工;另一个是有关于非营利组织的*使命和成就,以及非营利组织致力于解决的社会上的大*问题或*事务(如全球变暖、无家可归、虐待儿童、吸毒)的公共教育。此外,还有一个可能的教育需求,是对付酬员工应对未来组织变革的培训。同时参见 **training of volunteers/members**(志愿者/会员培训)。

effectiveness **效能** *非营利团体在多大程度上达到其借助自身结构与运作方式想要产生的影响(Smith 2000:195)。Weiss(1972,passim)出版过一部研究项目效能评估的著作。

effectiveness evaluation **效能评估** 通过使用各种方法进行的调查活动,旨在衡量*非营利团体的*效能水平。Murray 和 Tassie(1994:306—309)总结了*组织效能评估的一些常见模型。

efficiency **效率** 参见 **effectiveness**(效能)。

elected leadership **当选领导** 参见 **leadership**(领导)。

eleemosynary **施舍** 作为形容词的"公益"(charitable)的同义词;同公益相关或由公益支撑的事情。有文献综述揭示,该术语现在已经过时了。人们必须至少回到20世纪70年代,才能在专业期刊上发现其踪影(e.g., Herbst 1972, passim)。

elite **精英** 参见 **insider, societal**(局内人,社会)。

embeddedness of nonprofit groups in communities **非营利团体的社区嵌入** *非营利团体与所在*社区的其他*团体和*组织之间的纵向与横向关系状况,

(Milofsky and Hunter 1994, passim)。同时参见 **polymorphic nonprofit group vs. monomorphic nonprofit group**(多业态的非营利团体 vs. 单业态非营利团体)。

employee in nonprofit group　**非营利团体雇员**　从 * **非营利团体**领取薪水的全职或兼职工作人员。在 * **非营利部门**中,雇员只是 * **付酬员工**的一部分。Hodgkinson 和 Weitzman(1996:44)的研究报告显示,1994 年,美国的 * **非营利部门**雇用了 1030 万全职或兼职工作人员。同时参见 **full-time equivalent of paid-staff work**(付酬员工的全职工作当量)。

employee matching grant　**雇员匹配资助**　雇员向 * **非营利团体** * **捐赠**后,其雇主会拿出相匹配的金额捐赠给该非营利团体。此类案例可以参见 IBM 雇员匹配资助网站(http://www.ibm.com/ibmgives/grant/giving/match.shtml)。同时参见 **matching grant**(匹配资助)。

employee volunteer program　**雇员志愿项目**　参见 **corporate volunteer program**(企业志愿项目)。

employment-based volunteering　**基于雇佣关系的志愿行动**　应 * **志愿者**雇主的要求所进行的 * **志愿行动**。对于志愿者而言,这可能是一次愉快的经历(像一次 * **休闲体验**),也可能是一次糟糕的行动(像履行了一项令人厌恶的 * **义务**)(Thompson 1997, passim)。基于雇佣关系的志愿行动是六种 * **边缘性志愿行动**之一。同时参见 **corporate (employee) volunteer program**(企业(员工)志愿项目)。

empowerment　**自主·赋权**　1. 帮助居民或公民对自己的生活、* **组织**或 * **社区**进行控制和负责,通常由 * **社区组织者**和政府项目提供外部帮助(e.g., Herring et al. 1998, passim)。2. 心理赋权作为一种感觉、信仰等,使人们能够在自己的社区和更大的社会空间里有所作为或产生影响,尤其是在行使 * **非营利团体**权力的情况下(Ahlbrandt 1984, passim; Zimmerman 1995, passim)。因此,赋权是一种多层面的过程(Prestby et al. 1990; Checkoway 1995; Minkler 1998):可以是个体层面、组织层面的赋权,还可以是基于社区层面的赋权。在个体层面,Kiefer(1984)将赋权视为一种发展的过程,从毫无权力的疏离状态转向一个更有洞察力和政治力的参与能力状态。Zimmerman(1995)则指出了 * **心理赋权**的影响。在组织赋权层面,Zimmerman(1995)区分了赋权组织与被赋权组织。前者为其成员提供了组织环境,有助于人们

empowerment metaphor

获得掌控自己生活的能力。后者能有效调动资源,影响 * **社会政策**和提供 * **社会服务**。Zimmerman(1995)将被赋权社区定义为一个积极致力于加强 * **社区能力**、提高生活质量以及为 * **公民参与**社区提供重要机会的社区。"赋权"这一术语在 20 世纪 70 年代早期被广泛使用(Solomon 1976)。Smith (2000:201)将心理赋权视为 * **草根社团**的一种内在 * **影响**。

empowerment metaphor 赋权之喻　系对 * **志愿行动**的 * **组织环境**的比喻(与 * **工作场所之喻**相反):志愿者的管理者意识到,他们可以通过将控制权让与志愿者,并允许志愿者在塑造志愿环境方面实现自给自足,从而达到他们的目标(Ilsley 1990:112)。

encounter group 交友团体　一类小型 * **团体**,旨在使 * **成员**变得更加敏锐,他们在情感上易受其他成员伤害,最终目的是使其能公开、坦率地谈论自己对其他人的感受与态度。Back(1988,passim)对交友团体的解释是,这是一种创新型的 * **社会运动**,具有科学内容。同过去相比,今天它已经很少使用,当前以情感需要的方式表现出来。

endogenous phenomena 内生品·内生现象　1. 产生于实体之内的事物(Barker 2003:143)。2. 在 * **非营利团体**内部存在或发生的,具有内在原因或渊源的团体、过程、情形等。

endowment in nonprofits 非营利捐赠款　包括由 * **捐助者**捐给 * **非营利团体**的款项,捐助者通常希望能长期持有基金本金,基金的投资收益将用于支付的运营费用(Anthony and Young 1994:408),包括赠款管理费用。捐赠款(不包括本金)通常以某种方式,有时是以非常严格的方式,投资到那些有助于实现 * **组织**更长远的 * **使命**的领域(Schumacher 2003)。捐赠款是一个相对可靠的基金来源,它大大有助于实现非营利组织获得充足资金的财政 * **规划**。在 * **独立基金会**和非营利大学中,这种捐赠款非常普遍,但在大型 * **付酬员工非营利组织**中却不多见,几乎在所有 * **草根社团**中都不存在。捐赠款是非营利组织最受青睐的收入来源。同时参见 **restricted fund**(限制性基金)。

entitlement 津贴·福利基金·福利权益　1. 为特殊团体或特殊类型的组织 * **成员**提供 * **利益**的政府 * **项目**。2. 各种支撑此类项目的基金形式。3. 享有这些利益的权利,特别是由法律或合同规定的利益。Salamon(1994:86—87)指出,在紧缩时期,美国政府扩大了可享受福利的贫困人口范围,将大部分中产阶级也纳入其内。

environment affecting nonprofits　影响非营利组织的环境　﹡非营利团体的组织环境(﹡环境,组织)。像其他﹡组织和﹡团体一样,﹡非营利团体也被嵌入社会与物质环境之中,并深受其影响,但是成功的﹡非营利管理还是需要谨慎地关注团体环境的变化(参见 **environment, organizational**(环境,组织)),因为环境可能会影响到非营利的规划或运作(O'Leary et al. 1999)。﹡付酬员工非营利组织的环境通常比﹡草根社团(GAs)的环境要重要得多(Smith 2000：163—164),尤其是因为前者同企业、政府﹡机构和其他非营利组织有着千丝万缕的关系。但是,即便是草根社团组织,也存在各种环境依赖因素(ibid.)。

environment, organizational　环境,组织　在﹡非营利团体边界以外形成的一系列实际影响因素。社会上的任何机构都可能影响某一特定组织的运作。"组织环境"这一理念由 Lawrence 和 Lorsch(1967,passim)初创。同时参见 **inter-organizational field**(组织间领域);**population ecology of organizations approach**(种群生态学的组织方法)。

environmental clean-up campaign　环境清理运动　旨在努力清理特定区域或部分环境的﹡团体行为,通常情况下由﹡非营利机构或﹡政府机构资助实施。Sylves(1998,passim)在文章中描述了美国埃克森公司"瓦尔迪兹"号邮轮在阿拉斯加漏油事件中如何引发了一系列工业与政府控制方法的采用,从而成就了"美国环境清理运动的海洋之翼"的美名。

environmental group　环境团体　主要关注维持、保护或改善特定区域或部分环境的﹡非营利团体,有时也特别关注该地区的动植物状况。通常情况下,环境团体被视为更大规模环境(﹡社会)运动的一部分(cf. Burlingame 2004：132—138)。Driedger 和 Eyles(2001,passim)通过研究绿色和平组织及其对手的﹡目标和索赔事项,探讨了使用氯化物同乳腺癌之间存在关联的科学证据。

e-philanthropy　电子公益　互联网推进的﹡公益,即由网站代表﹡慈善组织接受﹡捐赠,以及提供﹡非营利团体或集团范围内的信息(cf. Johnston 1999,passim)。有些电子商务网站会将其部分利润捐给﹡慈善组织。关于电子公益,电子公益基金会(ePhilanthropy Foundation)网站(http://www.ephilanthropy.org)有更为详细的讨论。该基金会致力于提升安全、私人和伦理的公益在线服务。

episodic volunteer　短期志愿者　＊志愿者承诺只工作一小段时间，通常为数天或数周，而不是要工作六个月到一年或更长时间（Macduff 1991，1995：188）。短期志愿者可能是每年定期地做一段时间的短期志愿工作，也可能只做一次。相比较而言，＊持续性服务志愿者往往会承诺做六个月到一年或更长时间的志愿工作。同时参见 sporadic volunteer（零星志愿者）。

erosion of social trust　社会信任的侵蚀　系指人与人之间＊信任程度的下降。Putnam（1995）认为，随着社团组织和家庭生活以及邻里互动的减少，社会信任一直处于受侵蚀状态，他担忧这可能会导致公众＊参与度的下降、＊民主的衰落和＊宽容度的减弱（cf. also Putnam 2000，chap. 8）。Putnam 把社会信任视为＊社会资本的重要组成部分。他援引的相关研究表明，有 35 个国家的社会信任水平和＊公民参与程度高度相关。

essence of nonprofit sector　非营利部门的实质　参见 voluntary altruism（志愿利他主义）。

established federated fund　建制化联合基金　参见 federated fund, established（联合基金，建制）。

established sect　建制化宗教分支　参见 sect, established（宗教分支，建制）。

ethical investing　伦理投资　参见 socially responsible investing（社会责任投入）。

ethic of care　陪护伦理　指女性由于广泛地从事陪护工作，对志愿者的激励起着非常独特的作用。鉴于从事陪护工作的女性人数相当多，且男性在市场、家庭、生育与陪护等方面的影响都超过女性，前述命题貌似是成立的（Orloff 1993）。然而，Gallagher（1994）在研究老年男女及其陪护与志愿活动后发现，性别因素在塑造帮助老年人从事正式志愿活动模式中的作用微乎其微，对于旨在帮助亲朋好友以外有需要的人方面的正式志愿活动甚至一点作用也没有。他还发现，男性和女性志愿者的陪护伦理并无差异。

ethics　伦理　同＊非营利部门有关的、指导＊志愿者和＊付酬员工开展活动的道德准则。具体来说，就是那些被某个特定＊非营利团体认可的行为规范（INDEPENDENT SECTOR 1991，passim；Jeavons 1994：187）。同时参见 moral standards（道德标准）。

ethics in nonprofit management　非营利管理伦理　系指一整套指导＊非营利管理的道德准则（＊伦理）。在＊非营利团体和＊非营利管理，尤其是公益类非营利组织(＊**慈善组织**)中,伦理行为(不仅仅是指道德规范和道德说教)能够发挥关键作用。相较于诸如追求＊**成员利益**的＊**草根社团**组织而言,公益类非营利组织对道德水平的要求更高。根据 Jeavons(2004:206—207)的说法,信任和诚信被要求且只能存在于下列组织文化中:"主要道德理想和道德期望都被纳入＊**组织**的'核心价值观'之中……并渗透于组织运作的全过程",同时"组织中关键人物行为的核心价值观已被模型化,并且通过组织结构与奖励制度强化这些价值观。"

ethnic pluralism　民族多元主义　参见 **pluralism, ethnic**(多元主义,民族)。

evaluation of nonprofit associations　非营利社团评估　评估(通常是定期评估)＊**非营利社团**的＊**效能**(效率)、＊**影响**(产出结果)或者活动的过程与结果。＊**草根社团**很少作正式的自我评估,尽管社会科学家们一直对草根社团组织给予关注,研究其内部影响与外部影响问题(参见 Smith(1997a, 2000, chap. 9)所作的文献综述)。那些规模较大的、以付酬员工为基础的社团组织会开展正式评估,类似于其他非营利组织所作的评估。同时参见 **program evaluation**(项目评估);**volunteer evaluation**(志愿评估)。

evaluation of nonprofit groups /volunteer programs　非营利团体评估/志愿项目评估　评估(通常是定期评估)＊**非营利团体**或＊**志愿项目**的＊**效能**(效率)、＊**影响**(产出结果)或者活动的过程与结果。这些评估可能通过广泛的研究与探索,以正式或更为科学的方式完成,也可能以如下方式完成:(1)由诸如＊**董事会**、＊**项目评估师**或者＊**执行董事**等一些＊**解析成员**来完成评估;(2)由外部专家顾问或评估研究组织来完成评估(Flynn and Hodgkinson 2002;Murray 2004;Poister 2003;Schmaedick 1993;Thomas 2004;Wolf 1999, chap. 11);(3)以上两种办法的协作加总。Patton(1986,passim)认为,"效用定位的评估"往往不太强调科学目标的客观性,而更加强调定性和定量方法的平衡,上述第三种评估也是如此。评估可以各种形式完成,但在其他方式的评估中应特别包括＊**过程评估**(结构形成性评估)和＊**结果评估**(总结评估)(Thomas 1994:346, 362—364)。非营利组织或志愿项目规模越大、资金越充裕,越倾向于采取更为广泛和科学的评估方式,尽管大多数非营利组织和志愿项目从来没作过任何科学评估(理由包括评估的成本开支问题)。Connors (1995:81, passim),Fisher 和 Cole(1993, chap. 8),Vineyard(1988, passim),以及 McCurley 和 Vineyard(1997, passim),都对志愿项目评估作过相关研究。同时参见 **volunteer evaluation**(志愿评估)。

e-volunteering 网络志愿行动 参见 **virtual volunteering**(虚拟志愿行动)。

excess revenue 超额收入 对于﹡非营利团体来说,这是一笔被商业公司称为"利润(或损失)"的资金。大体上,这笔资金是某一特定时期(通常是一个会计年度)在扣除所有免税(﹡礼品、﹡收费、﹡会费、﹡资助、投资收入等)金额后的全部总收入与此类总支出之间的差额部分(Connors 1988b:414;Smith 2000:231)。同时参见 **revenue**(资金·收入·资金收入)。

exchange 交换 指﹡商品或﹡服务的相互赠与和接收行为。Boulding(1973:107)对这种发生在﹡非营利部门中的交换行为作过类型学区分。

exchange, charitable 交换,慈善 参见 **exchange, philanthropic**(交换,公益)。

exchange, coercive 交换,强制 指﹡商品(包括金钱)或﹡服务的不等价转移,处于劣势的一方会认为这种转移是被迫的,甚至可能受到了威胁(Boulding 1973:107)。被强制分配一方的净资产会显著减少,而接受方的净资产则会增加。抢劫与纳税就是典型例子。同时参见 **economic transfer**(经济转移);**grant transfer**(资助转移)。

exchange, market 交换,市场 指﹡商品(包括金钱)或﹡服务的等价转移,双方都认为在此过程中没有发生强制现象(Boulding 1973:107)。

exchange, philanthropic 交换,公益 指基于慈善所进行的﹡商品(包括金钱)或﹡服务的不等价转移,其中﹡捐助者或赠与人不再享有该物质财富,而接受者或﹡受助人则拥有了该物质财富(Boulding 1973:107)。﹡捐助者通常是受到﹡志愿利他主义的深刻影响而做出公益行为。Smith(2000:11)对公益交换概念进行了拓展,将赠送﹡非营利部门中的志愿服务时间也包含在内。

excise tax 消费税 1. 独立﹡基金会向美国国税局支付的净投资收益为每年 1%或 2%的税(视技术情况而定;Fishman and Schwarz 2000:627—629,672—674)(cf. Burlingame 2004:154)。2. 对商品的制造、消费或销售所征收的国内税。Gould(1996,passim)发现,征收此类税引起了人民的抵制,最终导致 1874 年宾夕法尼亚州西部发生威士忌暴动(Whiskey Rebellion)。

exclusion/inclusion 排斥/包容 参见 **inclusion/exclusion**(包容/排斥)。

exclusion of association member 会员排斥 参见 **admission/exclusion of association member**(社团成员的接纳/拒绝)。

executive committee 执行委员会 *非营利团体*董事会下设的正式委员会,服务于董事会会议,负责制定和执行*政策(cf. Connors 1988:10.2;Wilbur 2000:41—42)。执行*委员会在较大规模董事会(如拥有15位或以上的董事)中比较常见。Siciliano (1997,passim) 发现,那些运转良好的董事会往往将*规划权授予*战略规划委员会而不是执行委员会或外部顾问。

executive director in nonprofits 非营利组织执行董事 大型*非营利团体,尤其是*付酬员工非营利组织的主要管理人员。执行董事通常都是领取薪酬的管理者,由*董事会任命,并对董事会负责。执行董事协助董事会制定*政策,实施董事会通过的*政策,同时负责管理*非营利团体的日常事务和活动。该职位在*社团组织,尤其是*草根社团组织中并不多见,它们认为不需要该职位,事实上也负担不起设置该职位所产生的相关开支。Herman 和 Heimovics(1991,passim)对非营利组织中执行*领导的作用与行为过程进行过研究。Carlson (2003),Herman 和 Heimovics(2004)分别就执行董事的作用作过分析。

exempt organization 免税组织 1. 美国国税局免征所得税的一类合格*非营利团体。之所以免征税,部分是因为私人利益相关者或个体成员并没有从这些团体的净收入和团体服务获得的*公共利益中得到任何*好处(*额外收入)。免税组织包括《国内税收法》第501(c)条第1—21款、第501(d)—(f)条、第501(k)条、第501(n)条、第521条、第527—529条规定的组织类型(O'Neill 2002:4—5)。O'Neill观察到,免税地位是界定*第三部门最常用的方式。特定类型的非营利组织,尤其是那些在《国内税收法》第501(c)(3)条中被列为*公共慈善机构的非营利组织,享有双重免税权利,即捐助者对非营利组织所作捐赠可以免税。2. 从更为宽泛的层面看,是指所有的*非营利组织,不论是否已在国税局注册,只要其运作大体上符合既有的公共政策和法律,遵守*非分配性限制条款,并服务于*公共利益或*会员利益。同时参见 **tax-exempt status of nonprofits**(非营利免税地位)。

ex-officio member 当然成员 指某人凭借在*非营利团体或次级团体中所拥有的职位,自然成为该非营利团体或次级团体的*会/成员(Barker 2003:149)。

比如，某团体的负责人可能是该团体志愿者征募委员会的当然成员。

exogenous phenomena 外源性现象 1. 系指源自于身体之外的事物，却能够对一个人的情绪或身体产生影响(Barker 2003:150)。2. 在 *非营利团体之外存在或发生的群体、过程、情况等，且有外部原因或来源。

expense reimbursement of volunteers /members 志愿者/会员的费用报销 1. 在 *非营利团体和 *志愿项目中偶尔发生的管理费用报销问题，涉及支付某些人(如穷人)或者所有 *志愿者的差旅费，或者在 *志愿工作地点的停车费(Connors 1995:66, 78)，或者是给参加 *董事会的外地志愿者董事支付差旅费。2. 用于报销所支付的费用。

experiential knowledge 经验知识 参见 **knowledge**(知识)。

experimental community 实验社区 参见 **intentional community**(理想社区)。

expressive goal /group 表达性目标/团体 *非营利团体的 *目标或者活动聚焦于内生性回报("圆满完成")，而不是旨在实现某个外生性目标("任务工具")。这是一个早期使用的术语，现在其内涵主要归入 *会员利益目标/团体(e.g., Smith 1993, passim)。同时参见 **instrumental goal/group**(工具性目标/团体)。

expressive management 表达性管理 参见 **management**(管理)。

expressive structure 表达性结构 参见 **structural forms of nonprofit groups**(非营利团体结构形式)。

expressive vs. instrumental nonprofit group 表达性 vs. 工具性非营利团体 参见 **expressive goal/group**(表达性目标/团体)；**instrumental goal/group**(工具性目标/团体)。

expulsion of association member 开除社团会员 所有类型的 *社团基本上都拥有开除 *会/成员的权利，但需按程序上正确的方式进行，遵循组织 *章程、*设立证书以及其他要求和规则(Fishman and Schwarz, 2000:949—965)

external environment 外部环境 参见 **environment, organizational**(环境，组织)。

external funding 外部基金 参见 **funding in nonprofits**(非营利资金)。

external impact 外部影响 参见 **impact of nonprofits**(非营利影响力)。

external linkage 外部联系 参见 **linkage of nonprofit groups**(非营利团体的联系途径)。

external power **外部权力** 参见 **power of nonprofit groups**(非营利团体权力)。

extraordinary group **特别团体** 指非同寻常或非传统型的 * **团体**；* **越轨非营利团体**。Kephart 和 Zellner（1994,passim）对美国社会中一系列的特别团体进行过分析。George 和 Wilcox（1996,passim）研究过更为极端和越轨类型的 * **非营利团体**。

extrinsic satisfaction **外在满意度** 活动本身之外的事物产生的 * **满意度**。它本来是测量工作满意度的一个指标，如关注于工资、工作条件、监管质量等，当然也能够用于对 * **志愿活动**和 * **准志愿活动**进行分析（Lawler 1973,passim）。Aryee 和 Debrah（1997,passim）在关于新加坡的 * **工会**参与研究中发现，外在满意度水平同参与呈负相关关系。同时参见 **intrinsic satisfaction**(内在满意度); **fulfillment**(实现); **direct satisfaction**(直接满意度); **indirect satisfaction**(间接满意度); **psychic benefit**(心理收益)。

F

failure of nonprofits　非营利失灵　*非营利团体(因为未能达到*目标)倒闭或停止运转,这通常是*领导不力造成的(Wolf 1999,chap. 10)。Block(2004,passim)描述并分析了各种阻碍非营利组织成功与持续运转的因素,如"基金恐惧症"与"创建者综合征"(参见 **founder choice**(创建者选择))。非营利失灵还可能表现为,未能成功游说政府,无法满足市场需求(Smith 2000:72),或者没有招募到足够多的新*解析成员。与非正式*草根社团组织(Smith 2000,passim)相比较而言,每千个正式*非营利组织的"死亡率"(Bowen et al. 1994,passim)总体上要低一些。

faith-based organization　宗教组织　参见 **religious nonprofit group**(宗教性非营利团体)。

faith-based service　基于信仰的服务　通常是指由*宗教性非营利团体(或者是作为*服务志愿者的单个宗教人士)所提供的服务,目的是满足人们的需求并服务于*公共利益(cf. Jeavons 1994,passim;Queen 2000,passim;Solomon 2003,passim;Wuthnow 2004,passim)。

fallacy of disaggregation　非集成误判　一些研究专家、分析人员和*社区*领导未能认清*草根社团的本质和意义,以及以集体方式累积完成的事务,而将其孤立地视为小众的、贫困的和弱者的团体(Smith 2000:35)。

fallacy of small group size 小规模团体误判 由于﹡会/成员人数较少,一些研究专家、分析人员和﹡社区﹡领导未能认识到小型﹡草根社团的集体重要性(Smith 2000:35)。

familiarity theory of volunteering 志愿相通理论 一种解释﹡志愿行动的理论,用以证明此类志愿行动同一个人的其他行动是一致的,或者同其他行动并行不悖(Henderson 1984)。因此,以非正式方式提供帮助的人也可能试图涉足正式助人的领域;那些作为﹡准志愿者从事付酬工作的人,也可能会从事纯粹的﹡志愿行动等。与志愿相通理论相对的是﹡志愿补偿理论,除了这两种理论外,Henderson(1984)还提到了第三种理论,即﹡社会共同体理论。

family foundation 家庭基金会 ﹡基金来自某个家庭成员的﹡基金会,通常至少有一个家庭成员为基金会﹡董事会或﹡信托管理委员会的成员,并在管理基金会方面发挥重要作用。在美国,这是最为常见的基金会形式。在形形色色的美国家庭基金会中,有亨利·J.凯泽家庭基金会(http://www.kff.org)、洛克菲勒基金会(http://www.rockfound.org)等。

family sector 家庭部门 参见 sector of society(社会部门)。

farm laborers' association 农场劳工联合会 旨在为农场工人服务的﹡会员利益型社团组织。农场工人联盟(the United Farm Workers)同时以﹡农场劳工联盟和农场劳工联合会两个名义开展工作。就后者而言,它能够提供养老金计划、信用支持和健康福利项目等服务(http://www.ufw.org)。

farm labor union 农场劳工联盟 为保护农场劳工权益而成立的﹡联盟组织(如美国农场工人联盟)。Majka 和 Majka(1992,passim)就20世纪80年代加州农场劳工运动(﹡社会运动)的衰落进行过研究,认为衰落的原因之一就是农场工人联盟在组织内部出现了危机。

farmers' association 农场主联合会 旨在为农场主,尤其是小型农场主和家庭农场主提供服务的﹡会员利益型社团组织。这种组织在美国典型的有农民协进会(the Grange)和美国农场局联合会(the American Farm Bureau),它们在地方和全国两个层面都有机构设置。Heinze 和 Voelzkow(1993,passim)研究指出,由于德国农场主联合会(the German Farmers Association,DBV)抵制调整消费者利益结构和增加对环境保护的需求,最终导致小农场主在经济上陷入困境。

fascist corporatism 法西斯法团主义 "企业国家"(corporate state)将管理者和工人都整合到政府的管理过程中的经济手段(Heywood 2002:80),就像 20 世纪三四十年代处于 * **独裁**统治时期的意大利法西斯一样。法西斯社团主义(ibid.:189)"建立在将商业与劳工从肉体和精神上绑定起来,使之成为一个整体的信念之上"。

feasibility study of nonprofits 非营利可行性研究 就对于一个或多个 * **非营利团体**成功至关重要的 * **事务**问题进行的正式、系统分析。之所以要进行这种分析,是为了了解非营利团体是否能够在其负责人所要求的水平上取得成功(Massarsky 1994:394)。

federated fund 联合基金 参见 **federated fund, alternative**(联合基金,替代型);**federated fund, established**(联合基金,建制型)。

federated fund, alternative 联合基金,替代型 非营利性 * **基金筹措中介组织**,试图替代(尤其是通过扣除工资进行慈善捐赠;cf. National Committee for Responsive Philanthropy 1987)那种更大规模的、完善的联合基金筹措中介组织,如 * **联合劝募**、美国天主教慈善会(Catholic Charities USA)以及联邦联合行动(the Combined Federal Campaign)。替代型联合基金具有独特性,聚焦于一系列作为钱款筹措最终接收方的 * **慈善组织**和 * **非营利团体**,如健康慈善机构、国际援助/发展慈善机构、女性非营利组织、非洲裔美国人非营利组织(如由非洲裔美国人出资成立的 * **黑人联合基金**和黑人非营利组织等)、环保类非营利组织等(Perlmutter 1988a,passim)。许多替代型联合基金是面向社会变革的(cf. Rabinowitz 1990)。Brilliant(1990,passim,尤其是第 89—99 页)详尽地讨论了"基金替代运动"。"美国联合之路"劝募组织强烈抵制替代型联合基金通过公司或政府的工资扣除方式争夺慈善捐赠(Brilliant 1990,passim;Smith 1978,passim)。

federated fund, established 联合基金,建制型 已经存在很长时间、主流的非营利性 * **基金筹措中介组织**,如 * **联合劝募**、联邦联合行动或美国天主教慈善会,它们基本上是在有关赠与的标准设定范围内为传统 * **非营利机构**提供基金支持,至于如何支出这些资金,则由这些传统非营利组织根据其设定的常规标准发放救助金(比如,就美国天主教慈善会而言,是指涉宗教信仰标准位于第三层次)。在美国和加拿大,联合劝募组织(Brilliant 1990,passim)是最有广泛影响力的联盟合基金组织,其集体筹措的基金比例占据了所有联合盟基金组织筹集的年度*基金总额的大多数——大约是其他联合基金组织筹集数额的 18 倍(Burlingame 2004:152)。一直以来,建制型联合基金的一些*政策和*领导方式受到了严厉的批评(Brilliant 1990, passim; Smith 1978, passim)。

federated fund-raising **联合基金筹措** 利用区域性或全国性的基金筹措组织组成的联合会,为*慈善机构或*非营利团体筹措资金(如*联合劝募、社区福利基金会、*黑人联合基金)(cf. Burlingame 2004:149—153)。Smith(2000:131)注意到,*草根社团不大可能获得来自于联合基金提供的资金,联合基金通常会支持*付酬员工非营利。

federation in nonprofit sector **非营利联合会** 由相对比较独立的*非营利团体所组成的一种正式的、持久的*联盟,其建立的目的是实现协调活动、发展集体战略、共享设施或*资源分享的优势(Smith 2000:143)。联合会本身就是一种*组织,有明确的*会员身份、*领导结构以及独特的名称。为了实现更大的集体抱负,有些联合会吸收了之前并无隶属关系的非营利组织,代价是给予这些组织在当地的自主权。Andrews(1991,passim)和 Matson(1990,passim)在书中对美国的两个联合会即美国劳工联合会(the American Federation of Labor)和盲人有组织运动(*社会运动)分别进行了研究。同时参见 **collaboration in nonprofits**(非营利团体合作);**alliance**(联盟)。

fee **收费** 由*利益目标群体或者受益的个人或团体的代理或代表付给*非营利团体的服务费用。Chetkovich 和 Frumkin(2003,passim)提出了一个*非营利部门应对竞争的框架,可以帮助非营利部门满足组织的*需要,且能迎合*公民的诉求,涉及收费与获得*捐赠两方面内容。

fellowship **弟兄关系·团队伙伴·奖学金** 1. 一种常常但并不必然具有宗教*目标的*团体(Balmer and Winner 2002, passim; Washington 1986, passim)。2. 存在于*团体尤其是*草根社团之间的那种积极的、非正式的人际关系。本术语同性别无涉。3. 为某一特定目的(通常涉及某种研究)而向个人所作的赠款(cf. Princenthal and Dowley 2001, passim)。

feminist-style nonprofit group participation **女权主义式非营利团体参与** 参与自治的、由女性主导的*非营利团体的行动,相较于其他安排,这类团体强调的是低层次的、协商一致所作的 * 决策(Iannello 1992)。

fiduciary obligations of board of directors　董事会的信托义务　* 非营利 * 董事会负有的组织信托责任,如基金联系、组织目标以及组织资源等。此类信托义务还包括照看或诚实的勤勉义务(Fishman and Schwarz 2000:152—155)、忠诚或不损害组织的义务(pp.190—193)、遵守社团条例的义务(pp.230—232)、为投资负责的义务(pp.232—233)、高管薪酬合理化的义务(pp.246—248)等。董事会信托义务的履行要记录备案并填写报告,由州总检察长、信托人/董事、捐助者、会/成员、受益者和特殊利益者(pp.252—272)等加以落实。

financial management in nonprofits　非营利财务管理　对 * 非营利团体的收入与支出进行 * 管理,以期以最佳 * 效能和影响力完成其 * 使命(Anthony and Young 2004;Bryce 2000;Blazek 1996;Garner 1991;Gronbjerg 1993;Gross et al. 2000;Hankin et al. 1998;Mayers 2004;McKinney 2004;McLaughlin 1985;Dropkin and Hayden 2001;Randall and Palmer 2002;Shim and Siegel 1997;Wilbur 2000,chap.12)。财务管理在大型的 * 付酬员工非营利组织中是一件复杂的事务,而在 * 草根社团中则极为简单,因为草根社团很少有大量的钱财需要管理(Battle 1988,chap.7;Smith 2000:119—122)。

financial resource　资金资源　参见 **resource**(资源)。

firm　公司　参见 **for-profit enterprise**(以营利为目的的企业)。

501(c)(3)　第501(c)(3)条　美国《国内税收法》规定非营利性、慈善 * 免税组织的内容。所谓第501(c)(3)条 * 组织,就是 * 公共慈善机构、私人 * 运作型基金会、私人 * 独立基金会(非运作类)(摘自基金会中心词典(the Foundation Center Glossary),网址是 http://www.fdncenter.org/learn/ufg/glossary.html)。

509(a)　第509(a)条　美国《国内税收法》规定 * 公共慈善机构(通过了 * 公共支持测试)的内容。相比较而言, * 私人基金会以及其他第501(c)(3)条组织都未能通过公共支持测试。

five-sector model of society　社会五部门模型　参见 **model of society**(社会模式)。

fixed asset　固定资产　参见 **asset**(资产)。

flat-earth map of nonprofit sector　非营利部门扁平地球路线图　参见 **map of nonprofit sector**(非营利部门地图)。

flat-earth nonprofit sector metaphor　非营利部门的扁平地球之喻　参见 **metaphor, flat-earth nonprofit sector**(比喻,扁平地球非营利部门)。

Flat-Earth Research Society International(**International Flat-Earth Society**)　国际地平说考证学会(国际地平说学会)　一家世界性组织,其使命是"仔细观察、自由思考、重新发现被遗忘的事实、反对教条式理论假设。帮助美国……在这个扁平的地球上立足。以理智……替代科学与宗教"(原文有省略)(内容摘自学会网站:http://www.skepticfiles.org/aj/flaterth/htm)。

flow-through funds　流动基金　给 * **基金会**(尤其是 * **企业基金会**或某个 * **社区基金会**)的各种 * **捐赠**,目的是将其直接 * **资助**给 * **非营利团体**,而不是设立赠款基金会。在卡尔加里基金(http://www.thecalgaryfoundation.org)里,当年接受的流动基金主要用于分配给已注册的 * **慈善组织**。流动基金对于那些想获得即时影响力的 * **捐助者**非常有吸引力。

Form 990 /Form 990PF　990 表格 /990-PF 表格　由 * **公共慈善机构/** * **私人基金会**每年提交的国家税务局(IRS)申报表,内容涉及其资产、年收入、开支等。私人基金会要在申报表上填写本年度的捐赠款信息。国家税务局可以根据这些数据确定上述机构是否遵守了法律规定,研究人员则可以使用这些数据研究规模较大的已注册的非营利组织的情况。只有年收入在 2.5 万美元以上的非营利组织才被要求填写这些表格(Hopkins 1998,passim)。

formal group　正式团体　系指这么一类 * **团体**(通常为 * **组织**的一类),它有合适且专有的名称、明确的边界(不断更新的、完整的 * **解析成员**名单)、清晰的 * **领导**结构(可以保证团体决策能够广为接受的方式)(cf. Smith 1972a,passim)。法人化社团不是 * **非营利部门**正式化的要件,但是符合国家税务局清单规定。Salamon 和 Anheier(1992:130)也不认为法人化社团是定义非营利部门的必然要件。类似 Salamon 和 Anheier 的非营利研究专家们都过分强调正式非营利团体,而忽略了 * **非正式团体**及 * **集体**,尤其是 * **草根社团**的作用,这些专家的立场是 * **扁平地球范式的正式化团体**。同时参见 **complexity**(复杂性);**informal group**(非正式团体)。

formal leisure activity　正式休闲活动　系指在 * **自由时间**所参与的公益活动,从事一种正式的休闲公益 * **项目**,或者从事以休闲 * **服务**为名的公益活动,发起者为已经成立且能够提供此类服务的 * **正式团体**。Stebbins(2002:47—62)

103

研究了 * 志愿者与休闲服务团体的属性与类型。同时参见 **informal leisure activity**（非正式休闲活动）。

formal member 正式会员 参见 **official member**（正式会员）；**member eligibility**（会员资格）。

formal nonprofit group 正式的非营利团体 系指具有非营利结构（* **非营利团体的结构形式**）与 * 使命的 * 正式团体或 * 组织（Smith, Reddy, and Baldwin 1972:176）。

formal nonprofit organization 正式的非营利组织 参见 **formal nonprofit group**（正式的非营利团体）。

formal social innovation activity 正式的社会创新活动 参见 **social innovation activity**（社会创新活动）。

formal voluntary action 正式的志愿活动 系指由 * 正式的非营利团体或组织所发起、组织实施的 * 志愿活动（cf. Smith 2000:24）。

formal voluntary group 正式的志愿团体 参见 **formal nonprofit group**（正式的非营利团体）。

formal volunteer 正式志愿者 指服务于正式 * 非营利团体或者资助或指导个体 * 志愿者活动的 * 志愿者部的 * 志愿者（Smith 2000:25）。此类正式志愿者包括 * 志愿项目或 * 社团中的志愿者。

formal volunteer group 正式的志愿者团体 参见 **volunteer nonprofit group**（志愿性非营利团体）。

formal volunteer time 正式的志愿时间 参见 **volunteer time**（志愿时间）。

formal volunteering 正式的志愿行动 系指由 * 正式志愿者所发起或参与的活动（Smith 2000:25）。

formalization in nonprofits 非营利正式化 非营利 * **非正式团体**转换为 * **正式团体**的过程，具体通过创设如权利与义务以及被明确阐述且成文的 * **目标**、规则与规章来实现。Tsouderos（1955, passim）曾作过一项著名的实证研究，针对的就是非营利组织（主要是社团组织）的正式化问题。正如 Smith（2000:20）所指出的那样，* **非营利团体**提供的服务因其正式化程度的不同而存在差异，从高度非正式化到高度正式化，各有分别。同时参见 **complexity**（复杂性）。

formalized groups flat-earth paradigm　扁平地球范式的正式化团体　指非营利部门的一种模式,其中只有 * 正式的非营利团体才应当作为 * 非营利部门的一部分加以研究(正如 Smith(2000:234—235)所描述的)。这是一种无效的方法。

formation of a nonprofit organization　非营利组织的组建　系指在一个州或一个省组织和筹建正式 * 非营利组织的初始过程,在美国通常包括从国税局(IRS)(其他国家则从与美国国税局相同等级的机构)寻求适当的 * 非营利免税地位(Hopkins 2001;Hummel 1996;Mancuso 2004)。比起组建 * 草根社团,这一过程更加复杂,法律程度更高,成本更高昂(Smith 2000,chap. 3)。同时参见 **formation of a volunteer program/association**(志愿项目/社团的组建)。

formation of a volunteer program/association　志愿项目/社团的组建　指组织和启动 * 志愿项目或者 * 社团的初始过程(Connors 1995,chap. 3;Fisher and Cole 1993,pt. 1)。Smith(2000,chap. 3)评述了 * 草根社团创建者在筹建一个新社团时需要作出的选择。Battle(1988,chap. 3)讨论了已成立社团的 * 规划,他的观点对于设立一个新社团也是适合的。

formative evaluation　形成性评估　参见 **process evaluation**(过程评估)。

for-profit　营利组织·追逐利润　1.(名词)以营利为 * 目标的企业。James(2003,passim)认为,鉴于 * 付酬员工非营利组织中日益增长的商业化现象,区分非营利组织与营利组织的边界也变得模糊起来。然而,这种营利现象很少发生在 * 草根社团中(Smith 2000:57—58),它们的活动几乎没有商业化因素。2.(形容词)追求利润的。同时参见 **for-profit enterprise**(营利企业);**for-profit group**(营利团体);**for-profit organization**(营利组织)。

for-profit enterprise　营利企业　在特定活动中以追求利润为主要目的的个体或 * 团体,经济学家通常称之为"公司"(cf. Samuelson and Nordhaus 1995:101)。Van Til(1988:138—141)研究了当前区分 * 非营利法人和营利企业的模糊边界问题,提出了辨识 * 商业和 * 志愿行动之间经常纠缠不清的问题的一些方法。

for-profit group　营利团体　涉及团体的一种 * 营利企业,通常是一种合伙型或法人型的团体。James(2003,passim)认为,鉴于 * 非营利团体中日益增长的商业化现象,区分营利与非营利的边界正变得日益模糊起来。营利团体和"不以营利为目的(not-for-profit)"团体在经济学用语上存在差异(see Keating and Keating 1980,passim)。"不以营利为目的"尽管与"非营利"(nonprofit)为同义词,但却被该领域的有些专家认为是更为精确的表述。然而,它只是偶尔出现在大型的当代文献中,最常见于会计和经济学领域。同时参见 **for-profit organization**(营利组织)。

for-profit in disguise 伪装营利 *非营利团体的外显特征,其 *运营目标是追求经理人或*董事会私人的,通常是经济的、营利性的*利益。在可能的情况下,经理人和董事会的利益都要兼顾。伪装的营利可以被视为 *越轨非营利的一种形式。James(2003,passim)认为,鉴于非营利组织中日益增长的商业化现象,区分*营利团体与非营利团体的边界正在变得日益模糊。Hammack 和 Young(1993b,passim)曾出版一部著作,探讨了非营利与营利活动之间的关系。

for-profit organization 营利组织 一种大型的、具有正式结构的、通常是法人型的*营利团体,以追求利润为其核心*目标。Van Til(1988:138—141)对当前区分*非营利法人与营利组织的模糊边界进行了研究,提出了辨识*商业与*志愿活动之间经常纠缠不清的问题的一些方法。

foundation 基金会 1. 通常有大量赠款的*非营利团体。在美国,根据国税局第501(c)(3)条而非第509(a)条之类别,私人基金会如向个人或/和非营利组织进行公益(*公益)*资助,将具有特殊的税收地位(cf. Freeman 1991,passim)。在美国(e.g., Kiger 2000;Sealander 1997)和其他国家(Cizakca 2000;Stromberg 1968),独立的、非经营性的或者资助型的私人基金会都具有悠久的历史,很多国家(Anheierand Toepler 1995;Lagemann 1999)都存在这类基金会。现在有一些研究以大型基金会(e.g., Nielsen 1972)与特定的(如大额捐款)的基金会(e.g., Isaacs and Knickman 1997)为对象。Ostrander(1995)的研究对象是社会变迁中的基金会问题。此外,还有一些实践类指导基金会管理的研究成果(e.g., Ellsworth and Lumarda 2003;Freeman 1981)。Lenkowsky(2002,chap.11)考察了美国的基金会和公司的公益行为。2. 属于*运作型基金会的*非营利团体类型,年开支的85%以上用于公益项目(Fishman and Schwarz 2000:326)。3. 筹措资金并向个人或/和非营利团体进行公益*资助的非营利团体,像*社区基金会所做的那样(cf. Magat 1989a)。4. 指*企业基金会。Freeman(1991,passim)出版过一本关于各种类型私人基金会的经典著作。同时参见 **independent foundation**(独立基金会)；**company-sponsored foundation**(企业基金会)；**community foundation**(社区基金会)；**operating foundation**(运作型基金会)。

foundation giving 基金会捐赠 指 * **基金会**向 * **慈善机构**捐款的过程。Anheier 和 Cunningham(1994:107—108)对美国和加拿大的国际基金会捐赠的性质和范围作过研究。

foundation payout 基金会支出 指特定财政年度 * **私人基金会**用于捐赠和相关行政管理的支出。根据美国现行《国内税收法》的规定,净(平均)投资额的至少 5% 留作基金会支出(Hopkins 1998,chap.11)。

founder attitude 创建者态度 指 * **非营利团体**创建者对可能想到的社团的各个方面(如规模、* **目标**、性质、结构等)所持有的固定思考或感受方式。因此,Sidjanski(1974:118—121)指出,在瑞士,非营利团体创建者可能会避免从事抗议活动。因为在瑞士,抗议通常是受到嘲讽的。

founder choice 创建者选择 为创建 * **非营利团体**,一个或多个创建者最早所作的决策,包括采用什么结构(* **非营利团体结构**),根据什么程序进行运作等(Smith 2000,chap.3)。

founder of nonprofit group 非营利团体创建者 建立或帮助建立 * **非营利团体**的人(Rock 1988,passim)。

four-sector model of society 社会四部门模型 参见 **model of society**(社会模式)。

fourth sector 第四部门 指 * **非营利部门**在历史上正确的部门次序标签(Smith 2000:222)。同时参见 **nonprofit sector**(非营利部门)。

Fourth World 第四世界 1.指 * **第三世界**中发展较弱的部门——有必要区分这一事实,即在通常所称的 * **第三世界**中,有些国家同其他国家相比处于事实上的欠发展状态(cf. Ebata and Neufeld 2000,passim;Smith 2000:244)。2.指在较大国家内的那些被随意处置或被剥夺权利的少数族群,这有时是由少数族群的语言消亡造成的(Rigsby 1987,passim)。

franchise nonprofit group 特许非营利团体 被许可使用其所属的覆盖多个区域(通常是全国性)的 * **社团**的名称、标志、商标的本地 * **非营利团体**。Young(1989,passim)大概是第一位研究特许非营利团体的专家。

fraternal association 联谊会 一种 * 会员利益型社团组织,其主要目标是在 * 成员中开展社交活动和巩固 * 团队伙伴关系,并公开承认这些目标是主要的。早前此类社团提供的服务涉及健康保险、意外保险、失业保险和人寿保险,从某种程度上说,现在也是如此。Ross(1976,chap.4)讨论了数世纪以前作为英国社团的联谊会的宗教起源。Picardie(1988,passim)揭示了英国一家有着悠久历史的秘密会社——共济会(the Oddfellows)的运作状况。Beito(2000,passim)探讨了美国1890—1967年的联谊性 * 社团是如何创新 * 社会服务方式的问题(See also Kaufman 2002,passim)。同时参见 **confraternity**(友爱帮会)。

fraternal group 联谊性团体 参见 **fraternal association**(联谊会)。

fraternity 联谊 指由男性组成的社会性 * 俱乐部组织,通常是专为学院或大学的本科生设立的组织。在美国,联谊一般以三个希腊字母命名。Scott(1965,passim)曾就大学男生联谊会和女生联谊会作过经典的实证研究。Drout 和 Corsoro(2003,passim)研究发现,对于在联谊中被欺负的感受,希腊(男生联谊会)学生和非希腊学生之间存在差别。

free clinic 免费诊所 由 * 非营利团体经营的医疗或牙科诊所,不对病人收费。这在20世纪六七十年代的美国相当常见。事实上,Kaseman(1995,passim)的分析使她确信,那个时期的此类诊所都比较成功,而更多的主流保健中心却是失败的。

free rider 搭便车 指因 * 非营利团体的 * 会员身份和服务受益,或者成为 * 会员,无须付出通常意义上的花费或努力。Olson(1965,passim)曾就非营利中存在的搭便车问题作过早期理论探讨。Kilbane 和 Beck(1990,passim)研究发现,相较于小规模非营利组织而言,在大型非营利组织中存在更多的搭便车现象。

free school 免费学校 由 * 非营利团体经营且不向学生收费的学校。免费学校在20世纪六七十年代的美国相当普遍(cf. Graubard 1972,passim)。Walter(1996,passim)指出,让-雅克·卢梭的教育论名著《爱弥儿》(*Emile*),尽管常被视为学校改革和免费学校运动(* 社会运动)的基石,其中所述事实上却比当代免费学校的实践更为保守。

free time 自由时间 工作已经做完,其他非休闲的 * 义务也已经履行完后剩下的时间。有些学者把"自由时间"视为 * 休闲时间的同义词。然而,其他学者则将其与休闲时间作了区分,指出前者可能会出现无聊现象,而后者则绝对不会出现(Stebbins 2003a,passim)。Szalai(1972,passim)和同事就很多国家的时间利用发表过一篇经典报告,其中也涉及自由时间内所开展的活动。同时参见 leisure time(休闲时间)。

free university　免费大学　1. 由 * **非营利团体**经营且不向学生收费的小型学院或。它在 20 世纪六七十年代的美国相当普遍(cf. Kerr 1967,passim)。2. 通过维护学术自由,试图遏制当前执政意识形态影响的大学。Rhoads 和 Mina(2001,passim)研究了 1999 年一所免费大学——墨西哥国立自治大学(the National Autonomous University of Mexico)学生罢课的影响。当时那些持不同政见的大学生试图进行文化变革,有时没有考虑到学生中的各类边缘性群体。

free will　自由意志　在 * **非营利部门**中,人们可以自由选择,不考虑酬劳或未受到胁迫,是建立在其他可能的活动之上的 * **志愿行动**。虽然自由意志一直以来都是哲学领域一个常说常新的辩题(e.g., Mele 2003,chap.6),但在心理学领域鲜有研究者关注。

freedom of assembly　集会自由　法律保护的基本 * **公民自由权**,容许社会上的任何一群人在公开场合(室内或室外),以一种和平的方式聚会和交谈,不受当局的干扰。King(1997)和 McWhirter(1994)论述了集会自由及其对于 * **公民社会**(义项二)的重要意义。

freedom of association　结社自由　法律保护的基本 * **公民自由权**,容许社会上的人们有广泛的机会自由地参与、组织或解散自己选择的 * **社团**,可以自由地加入该社团,也可以自由地离开。Bresler(2004,passim)和 Gutman(1998,passim)探讨了结社自由及其对于 * **公民社会**(义项二)的重要意义。

freedom of dissent　提出异议的自由　法律保护的基本 * **公民自由权**,容许社会上的人们有广泛的机会,针对各级政府制定的 * **政策**或实践活动,以和平的方式提出 * **异议**或进行 * **社会抗议**(技术上叫作"向政府请愿申冤")。Sherr(1989),Gora 和 Master(1991)探讨了提出异议或抗议的自由,以及它对 * **公民社会**(义项二)的重要意义。

freedom of protest　抗议的自由　参见 **freedom of dissent**(提出异议的自由)。

freedom of religion　**宗教自由**　一种基本的＊**公民自由权**，在＊**民主**社会较为常见，人们可以选择自己的＊**宗教**或＊**教派**，或者根本不信教。宗教自由是＊**结社自由**的基础性自由，因为＊**教会**本身就是一种广义的＊**社团**。Hammond（1998），Lynn 等人（1995）对宗教自由进行过研究，指出它对＊**宗教多元主义**和＊**公民社会**（义项二）具有重要意义。

freedom of speech　**言论自由**　法律保护的基本＊**公民自由权**，允许社会上的人们有广泛的机会陈述意见或者表达自己的思想与言论，只要不对其他人造成明显且现实的威胁。对于自由社会的＊**非营利团体**而言，言论自由是吸引包括人才在内的各种＊**资源**的基本方式。Eastland（2000），McWhirter（1994）对言论自由及其对＊**公民社会**（义项一）的重要性作过评估。

friendly society　**友好协会**　一种互益型社团，在欧洲，尤其是 19 世纪比较常见，在会员及其家庭因疾病、失业、退休或家庭支柱死亡而遭遇困难时提供资金帮助。该社团有点类似于美国的＊**联谊会**（see Beito 2000，passim）。Gosden（1961，passim）写过一本有关 19 世纪英国友好协会的经典著作。

FTE　**全职工作当量**　参见 **full-time equivalent of paid-staff work**（付酬员工的全职工作当量）。

fulfillment /self-fulfillment　**实现 /自我实现**　1. 正在或已经充分发挥自己的天赋、品格和潜力。2. 对特定需求和短缺予以解决之后的满意感（参见＊**满意度**，义项一）。Stebbins（2004a，passim）探讨了＊**深度休闲**和"捐助者职业"作为工作与休闲领域具有共同基础的一部分的实现性。

full-time equivalent of paid-staff work（FTE）　**付酬员工的全职工作当量（FTE）**　在＊**非营利部门**中，＊**志愿者**在与＊**非营利团体**的＊**付酬员工**全职工作价值相当的情况下所投入的志愿服务小时数。Weitzman 及其同事（2002：73，table 3.12）的报告显示，除了＊**非正式志愿行动**之外，美国 1998 年全职工作等值雇佣的志愿者有 930 万人。一个年度的 FTE 通常相当于 1700 小时的工作（ibid.）。

function of nonprofits　**非营利功能**　参见 **impact of nonprofit**（非营利影响力）。

functional analysis　**功能分析**　对与＊**志愿行动**相关的个体行为和信仰促发的社会和个人动机满意度、目标达成度、诉求满足度以及功能实现度所作的评估。Clary，Snyder 和 Ridge（1992：333）曾作过功能分析，这也帮他们设计了＊**志愿功能清单**。

fund **基金** 参见 **resource**(资源)。

fundamentalism, Christian **原教旨主义,基督教** 美国基督教保守主义者所秉持的立场与发起的运动,从 19 世纪晚期开始,他们依据一些基本要道,反对 * **世俗化**、自由主义神学、社会(服务)福音(Gasper 1963;Johnstone 1992:144—145)。这些基本要道中最主要的是,《圣经》是无误的,耶稣基督是神,耶稣基督在人世间具有重要地位,以及相信耶稣再来(ibid.)。基督教原教旨主义运动在 20 世纪起起伏伏,近来在新 * **宗教权利**运动中有所复兴(Brown 2002, passim;Johnstone 1992:146—153)。

fundamentally deviant group **彻底越轨团体** 指在社会任一 * **部门**中,设立的目的就是追求越轨 * **目标**,或使用越轨手段实现传统目标的 * **团体**(正如 Davis(1993,passim)在书中所描述的甘比诺黑手党犯罪家族(the Gambino Mafia crime family)一样)。Stebbins(1996b:1—2)研究发现,个体和群体的越轨行为在人类历史上一直存在,越轨的人会触犯当地道德规范。Smith(1996b)针对公开出版物中的越轨团体设计了一个大学课程。

fundamentally deviant nonprofit group **彻底越轨非营利团体** 为追求越轨 * **目标**而设立或者使用越轨手段实现传统目标的 * **非营利团体**。当今世界的彻底越轨非营利团体包括邪教、裸体胜地、女巫会、犯罪帮派等。

funding in nonprofits **对非营利的资助** 在特定时间段内为 * **非营利团体**提供特定数额的资金,以实施其 * **项目**的行为(Barker 2003:171)。内部资金系指从会员处筹集的 * **会费**、* **捐赠**、* **收费**等诸如此类的资金。外部资金则是指通过 * **资助**、* **合同**、非会员捐赠和缴纳的费用,以及非会员作为 * **捐助者**和购买方参与的 * **基金筹措活动**等途径所得到的资金。

fund-raising event **基金筹措活动** 在 * **非营利部门**进行的一项特别的、有计划的活动,比如通过举办拍卖会、音乐会、抽奖或烘焙义卖等,以实现为 * **慈善组织**筹款的 * **目标**。Shaw 和 Taylor(1995,passim),Burlingame 和 Hulse(1991,passim)对基金筹措的复杂状况作过研究。同时参见 **special events funding-raising**(基金筹措特别活动)。

fund-raising event monopoly **基金筹措活动独享权** 通常,地方安排一家 * **非营利团体**独享对某一特定 * **基金筹措活动**的主办权,比如一个手工艺展、煎饼早餐会,甚至是类似直接从工资里扣除的 * **捐赠**之类的特别程序性筹款活动(如联

fund-raising in nonprofits

合劝募组织)。Smith(2000:132,185)把这些活动命名为"标志性"基金筹措活动。同时参见 **fund-raising in nonprofits**(非营利基金筹措)。

fund-raising in nonprofits 非营利基金筹措 指使用一种或多种方式筹措＊**资金**,或为＊**非营利团体**提供＊**资金**支持。具体方式包括:号召＊**捐赠**、＊**收费**/收取＊**会费**、举办＊**基金筹措活动**、从工资里扣除捐赠款项,以及各种致力于寻求＊**资助**或签订＊**契约**的行动。非营利研究人员和实务从业人员都非常重视基金筹措活动,而忽略了＊**志愿利他主义**和＊**志愿行动**,这反映出＊"**金钱万能**"**的扁平地球范式**。许多学者都探讨了非营利基金筹措的复杂性,证明基金筹措在＊**非营利管理**和非营利运作中具有重要地位,对于＊**付酬员工非营利组织**而言更是如此(e.g., Armstrong 2001;Burlingame and Hulse 1991;Dove 2000,2001;Fine 1992;Flanagan 2002;Freedman and Feldman 1998;Fogel 2004;Gilpatrick 1989;Greenfield 2001;Herron 1997;Klein 1988;Lauffer 1997;McLeish 1995;Mixer 1993;Nichols 1999;Robinson 2002;Rosso 1991;Schaff and Schaff 1999;Shaw and Taylor 1995;Sturtevant 1998;Warwick and Hitchcock 2002;Warwick et al. 2002;Weeden 1998;Wendroff 2004;Wilbur 2000,chaps. 4,5;Young et al. 2002)。同时参见 **fund-raising event monopoly**(基金筹措活动独享权);**grant seeking by nonprofits**(非营利组织寻求资助);**fund-raising intermediary**(基金筹措中介组织);**funding in nonprofits**(对非营利的资助)。

fund-raising intermediary 基金筹措中介组织 专门从＊**公众**(义项一)那里筹措基金(＊**资源**)以向其他非营利组织进行公益(＊**公益**)＊**资助**的＊**非营利团体**。这类组织包括＊**联合劝募**、联邦政府慈善活动(Combined Federal Campaign,又称为"联邦联合行动")、美国天主教慈善会、＊**另类基金**等。Brilliant (1990,passim)在书中用大篇幅概述了联合劝募的兴起与当代运作方式。同时参见 **intermediary**(中介)。

future of nonprofit sector/associations/volunteering 非营利部门/社团/志愿行动的未来 针对＊**非营利部门**及其组成部门的未来所作的预测、预言、展望或推断。有些预言对于＊**非营利团体**和＊**志愿项目**的正确＊**规划**至关重要(Kluger et al. 1998)。Hodgkinson 和 Lyman (1989,passim)编辑过有关非营利部门未来研究的论文集。英国沃尔芬登委员会(the Wolfenden Committee)在1978年发布过一份报告《志愿组织的未来》(The Future of Voluntary

Organizations)。Naisbitt(1982,passim)预测了在 20 世纪 80 年代及之后的发展趋势,包括会有更多的***志愿行动**出现,如自助、***去中心化**以及参与民主(***公民社会**)现象将会越来越多。后来,Naisbitt 和 Aburdene(1990,passim)也对 20 世纪 90 年代作了预测,认为超越宗教的复兴(***教会**、***宗教性非营利团体**)和个人的胜利,人们能够"建设社区,建设自由的个人社团组织"(p.324)。Vineyard(1993,passim)对***志愿服务**和***志愿项目**的未来进行了预测,Allen(1981,passim)也对此开展过研究。R. Herman(2005)讨论了非营利管理的未来。Weisbrod(1997,passim)认为,非营利部门未来将在更大程度上涉足商业和政府部门。Smith(2000:254—259)预测,可供选择的志愿主体将会增多,包括更多的***草根社团**和其他此类组织。他还预测(pp.259—261),伴随着***志愿者**的崛起,21 世纪会成为"志愿世纪",也将成为"志愿者千禧年"的开始。

G

gang 青少年犯罪团伙·帮派·团伙 ＊社团组织的一种,通常规模较小,＊**目标**或达成目标的手段具有越轨性或非法性。1. 犯罪团伙或青年帮派是主要由青少年组成的＊**社团**,这些青少年从事一项或一项以上的非法活动,通常以＊**团体**方式进行,并一起消磨＊**休闲时间**(e.g., Covey et al. 1997, passim; Dawley 1992, passim; Spergel 1995, passim)。2. 摩托车团伙或俱乐部是由有时被称作"飞车族"或"不法分子"的人结成的＊**社团**,他们在休闲时间享受共同骑行摩托车的快感,通常会从事一项或一项以上的非法活动,多表现为＊**越轨团体**(e.g., Wolf 1991, passim; Lavigne 1993, passim)。3. 犯罪团伙是一群罪犯拉帮结派,实施违法活动并从中获得更多利益。由于人们普遍认为这类团伙的活动目标是营利,因而不认为其是＊**非营利团体**。与大多数青年帮派和摩托车团伙不同,这类团体更像是商业性组织。研究犯罪团伙的专家包括 Balsamo 和 Carpozi (1991, passim), Davis (1993, passim) 研究黑手党犯罪团伙, English (1990, passim) 则研究纽约市的爱尔兰流民(帮派)。另外,美国和加拿大的某些摩托车帮派已经变成了犯罪团伙。

gatekeeper 守门人 系指促进或阻碍团体之间沟通或人员流动的人。Barker (2003:174) 指出,守门人是＊**社区**内典型的天生＊**领导者**,他们有能力控制外部人士与目标人群的接触。

general activity model 一般活动模式 系指社会文化视角下 *休闲活动的理解模式,包括 *志愿行动,其前提假设是,"以社会文化视角理解在 *可自由支配的时间里所从事的 *志愿参与活动,同友谊、邻里关系、政治活动与 *消遣等"为数不多的主要活动类型之间存在积极(正)相关性。该模型还假设了 *积极—有效的特色模式的预测价值。尽管相关的直接研究成果不多(但可以参见 Smith 1969;2001),但有大量的研究证据支持该模式所建议的对可自由支配的活动的归类合并(e.g., Kirsch et al. 1999:121;Smith 1975:260—261, 1994:255, 257;Smith and Macauley 1980, chap. 19 and passim;Smith and Theberge 1987,passim)。

general activity pattern 一般活动模型 个体在 *休闲时间所体现的诸角色、地位与社会 *参与的积极关系(Smith 1980a:21—29;Smith 1980b:462)。该模型随着时间的推移而不断发展,其组成部分(角色、活动等)往往具有积极和显著的相关性,即使这种相关性受到个人参与在数量和深度上的各种限制。

general long-term welfare 一般长期福利 参见 **welfare**(福利,义项二)。

general operating support (fund) 一般运营性支撑(基金) 系指给予 *非营利团体的 *资助,以支持组织的正常运营(*运营费用),而不能用在特定 *项目或其他目的上。美国福音路德教会(the Evangelical Lutheran Church in America)(http://www.elca.org)指出,如果将所有核算的收入和积蓄都计算在内,除了严格的 *礼品和支出之外,一般运营性基金能够支持所有 *会众开展的业务活动。

general welfare 一般福利 参见 **public interest**(公共利益)。

gift 礼品 系指在 *赠与某个体或 *团体过程中所给予的某物品。在 *非营利部门中,主要有两种类型的礼品,即 *捐赠和 *志愿工作。作为 *志愿利他主义或想要提供公共 *利益的表现,两者都是要捐钱、捐物或者捐时间。Van Loo (1990,passim)考察了"礼品交换"(*交换,公益)的过程问题。Mauss (1925/1990,passim), Titmuss (1971,passim) 就礼品关系出版过很经典的著作。Jas (2000, passim) 探讨了慈善赠与中的礼品关系问题。同时参见 **exchange, philanthropic**(交换,公益);**philanthropy**(公益)。

gift in-kind, business 实物礼品,商业 由商业公司或其他商业企业向 *慈善机构捐赠的非金钱形式的 *礼品。典型的实物礼品包括 *商品或有价值的物

gift matching by a corporation 公司礼品当值 指由公司给 *慈善机构*捐赠的一笔款项（*礼品）与其员工捐给同一慈善机构的款项数额相等或相近。在美国 1998 年的公益捐赠中，由公司捐赠的善款额占该年度所有 *基金会捐赠比例的 3.4%，这一捐赠数字包括公司用于奖学金的捐赠和员工捐赠相当的礼品（Weitzman et al. 2002:84，table 3.17）。

gild 行会 参见 **guild**（行会）（标准拼写）。

giving 赠与 将钱财、*商品、其他财产或 *服务（时间）划给个人或 *团体，不期望任何直接、高概率地互惠交换（*交换，公益）金钱、商品、其他财产或服务作为回报的过程。在赠与中，赠与者（*捐助者）的资产净值会（至少暂时是）减少，而受助者（*利益目标群体）的资产净值会增加。在同一个家庭内部的赠与行为不属于公益（*公益）行为，而如果对外赠与具有 *利他主义或者公共 *服务的 *目标，则可以算作公益行为（cf. Magat 1989b, passim）。Smith, Shue 和 Villarreal（1992, passim）对亚裔和西班牙裔美国人的公益赠与行为进行过研究。Bremner（1996, passim）则回顾了慈善赠与的历史发展问题。Kirsch 等人（1999, passim）发布过一份有关全美赠与行为大调查的研究报告。

goal 目标 在 *非营利部门中，*非营利团体和利他导向（*利他主义）的个人所试图达到的目的，如要实现社会一定程度的变革、实现特定的 *会员利益或为目标客户提供特定 *服务等。举例而言，此类目标可能具有政治性、经济性或者家庭性（家族/家庭）等。Smith（1991, passim）发现，一家非营利组织可能的 *运营目标是让 *会员或者非会员，或者二者都受益。同时参见 **goal, official**（目标，官方）；**goal, operative**（目标，运作）；**goal, unofficial**（目标，非官方）。

goal achievement model of organizational effectiveness evaluation 组织效能评估的目标达成模型 基于 *组织达成自己设定 *目标程度的评估方式。该模型的缺点在于，组织的目标是或应当是什么存在着相当大的分歧（Murray and Tassie 1994:307）。

goal diffuseness vs. specificity 目标分散 vs. 专一性 参见 **diffuseness vs. specificity of goals**（目标的分散化 vs. 专业化）。

goal displacement in nonprofits 非营利目标置换　随着时间的推移，*非营利团体偏离其官方目标(*目标，官方)，以追求维系非营利结构(*非营利团体结构)、人事、程序等非官方目标(*目标，非官方)。Perrow (1961, passim) 出版过关于这一过程的著作。同时参见 **goal displacement**(目标置换)。

goal limitations in nonprofits 非营利目标局限性　系指*非营利团体极难实现，但尚不至于不可能实现的*目标。此类团体有能力寻求甚至能够达成许多目标，但存在极大的例外性。比如，大多数(尤其是*草根社团)非营利组织在资金筹措方面举步维艰，而且没有组织能够征税(Smith 2000：85)。

goal, official 目标，官方　*非营利团体在正式的或官方的声明中所宣称的*目标(如*组织章程)(Perrow 1961, passim; Smith 2000：74)。同时参见 **goal, operative**(目标，运行); **goal, unofficial**(目标，非官方)。

goal, operative 目标，运行　*非营利团体在日常运作中所实际追求的*目标(Perrow 1961, passim; Smith 2000：74)。同时参见 **goal, official**(目标，官方); **goal, unofficial**(目标，非官方)。

goal succession 目标更迭　有时由于初始目标已经达成或因环境的变化而变得无关紧要，*非营利团体的一个或多个基本目标(cf. Sills 1957：254—264)发生改变。Smith (2000：186)注意到，团体存在的年限越长，越有可能发生目标更迭。同时参见 **goal displacement**(目标置换)。

goal, unofficial 目标，非官方　非营利团体中那种未明确说明的秘密的或隐藏的*目标，尽管它属于团体实际运作政策所隐含的运作性目标(*目标，运行)。通常情况下，非正式目标只有通过对组织内部人员的访谈，或者对诸如时间和金钱等*资源的消耗进行推断所开展的社会科学研究才能明确(Smith 2000：74)。关于非正式目标问题，Perrow (1961, passim)曾经出版过一部经典的分析性著作。同时参见 **goal, official**(目标，官方); **goal displacement in nonprofits**(非营利目标置换)。

goal-appropriateness 目标恰当　系指*非营利团体的*目标与*意识形态具有逻辑的连贯性，或指其更大型的上级社团的目标和意识形态具有连贯性。因此，Woycke (2003：251—264)总结认为，加拿大裸体主义意识形态的改变表现为，与这些改变合拍的新群体出现了。

good **产品·商品** 能促进*社区福祉与繁荣,并能为人们共同消费的东西;它可以是一种"集体产品"或"公共产品"(如洁净的空气、国防;cf. Samuelson and Nordhaus 1995:347)。2. 缺乏个人经济效用或难以满足经济需求的东西;经济利益。这类好处无法为人们所共享,它是一种个体单独消费的"私人产品"或"个人物品"(cf. Samuelson and Nordhaus 1995:347)。3. 能让*非营利团体会员受利的东西,是一种"俱乐部产品"(Cornes and Sandler 1996,pt. 4; Smith 2000:98)。按照经济学家的看法,第一、第三个义项中的"产品"——"集体产品"或"俱乐部产品"——通常是在政府和企业未能提供的情况下,由*非营利团体创造的(cf. Weisbrod 1988,passim)。同时参见 **benefit**(利益)。

good, collective **产品,集体** 参见 **good**(产品)。

good, private **产品,私人** 参见 **good**(产品)。

good, public **产品,公共** 参见 **good**(产品)。

good work **善工** 参见 **charitable act**(慈善行为)。

governance group **治理团队** 通常设在居住场所(如监狱、精神病院、寄宿学校)的团队,其目的是让居民参与机构的日常运作(Barker 2003:182)。此类治理团队有助于促进机构顺利运作,同时也有助于调解可能出现的群体间的冲突。

governance of nonprofits **非营利治理** 参见 **nonprofit governance**(非营利治理)。

governing board **治理理事会** 参见 **board of directors in nonprofits**(非营利团体董事会)。

governing committee **治理委员会** 参见 **board of directors in nonprofits**(非营利团体董事会)。

governing instrument in nonprofits **非营利治理工具** 作为管理*非营利团体指南的正式法律文件。非营利团体的*组织章程就是治理工具(Hopkins 2001:315),其*规章制度也是。

government **政府** 系指掌管某地区政治行政部门的人或*团体。通常情况下,政府具有对他人的征税权和警察权。关于政府作为社会政治组织形式的概述,请参见 McFall(2002,passim)的著作。阿斯彭研究所(The Aspen Institute,美国著名的非营利智库——译者注)(2002,passim)阐明了政府与*非营利部门之间的关系。

government and nonprofit relations　政府与非营利的事务往来　指＊非营利团体，尤其是＊付酬员工非营利组织同某地区层级或其他层级的政府之间的互动关系。这使得＊非营利团体获得税收豁免权、提供给政府的＊非营利合同服务，同时试图借助＊游说的方式和基层公众教育的方式影响政治过程，举不胜举（Smith 2000:164）。近年来，有不少专家研究了政府与付酬员工非营利组织之间的相互作用关系（e.g., Banting and Brock 2002; Berry and Arons 2003; Brock 2003; Burlingame 2004:199—204; Gidron et al. 1992; Glenn 2000; Salamon 1995）。相比之下，＊草根社团较少受到与政府间关系的影响（Smith 2000:163—164）。同时参见 **environment affecting nonprofits**（影响非营利组织的环境）。

government mandated citizen participation　政府授权的公民参与　指按照法律或政府规章要求，＊公民参与特定的＊政府机构或＊项目（如参与20世纪60年代的"反贫困模范城市项目"）。Gittell（1980, passim）总结指出，政府授权的公民参与方式作用不大，因为这一过程通常由政府领导人主导。Moynihan（1970, passim）也发现，这种授权性的参与方式效果不大。同时参见 **mandated nonprofit group participation**（授权非营利团体参与）。

governmental agency　政府机构　系指隶属于＊政府的次级小组织（cf. Millspaugh 1949, passim）。Jones-Johnson 和 Johnson（1992, passim）研究过主观就业不足对公用事业政府机构工作人员的心理社会应激的影响问题。他们发现，上级支持，尽管不是社会支持，与这种心理压力呈正相关关系。

governmental failure　政府失灵　这是＊非营利团体得以存在的一个原因，即政府未能提供社会中人们需要或想要的所有公共＊产品。非营利组织的出现，正好填补了这一空缺。这一过程有时也被称为"政府市场失灵"（e.g., Salamon 1987, passim）。同时参见 **private-market failure**（私人—市场失灵）。

governmental organization　政府组织　1. 系指作为＊政府或＊政府机构运转的＊组织类型（cf. Gilbert 1983）。2. 政府被组织起来的方式（cf. Blondel 1982; Millspaugh 1949）。

governmental sector　政府部门　参见 **sector of society**（社会部门）。

governmental volunteer program　政府志愿者项目　由政府＊机构组织和实施，旨在实施政府内部工作的志愿者＊项目。Brudney（1990, passim）对这些项目作过深度分析。

grant 资助 指 *捐助者将金钱、*产品或其他财产(但不包括 *服务、劳动或时间)配置给个体或团体(通常情况下为 *非营利团体),但并不期待任何直接的、高概率的、互惠的回报,且资助是在非强制情况下作出的,通常只有基金会或政府机构才会被强制要求给予资助(cf. Orosz 2000,passim;Weaver 1967,passim)。基于利他动机(*利他主义)或公共服务目的而进行的资助被称为"公益捐赠"(*公益)。提供资助给 *资助对象的过程被称为"赠款",这一过程比较复杂,催生了一家为 *资助者服务的 *组织即有效组织亲和团体的资助者(Grantmakers for Effective Organizations Affinity Group)(Abramson and McCarthy 2002:347)。同时参见 **matching grant**(匹配资助)。

grant application 资助申请 参见 **grant proposal**(资助方案)。

grant economy 资助经济 社会经济的一部分,从广义上说,涉及 *资助、*赠与以及捐款行为的转换(cf. Boulding 1973,passim)。Galaskiewicz(1985,passim)对城市资助经济的社会组织作过研究。

grantee 资助对象 系指 *资助者所 *资助的个人或 *非营利团体。O'Brien 及其同事(1995,passim)发现,作为服务于流动的、处境危难的人口的典范资助模式,美国东海岸移民领先项目(the East Coast Migrant Head Start Project)是为东部各州的移民家庭提供高质量的一流(Head Start)服务的联邦资助对象。联邦政府是资助者。

grantee financial report 资助对象资金报告 由 *资助对象介绍所有 *资助基金被给定的 *非营利团体如何使用的报告,通常包括非营利一般会计/资金报告。资助对象资金报告的部分资料可以在以下网站上查询:http://www.writewinningproposals.com。

grant-making 赠款 系指向 *资助对象进行 *资助的过程;通常由基金会或政府机构向非营利机构或私人做出此类资助行为(see Council on Foundations 1986,passim;Orosz 2000,passim)。

grant-making foundation 资助型基金会 参见 **foundation**(基金会,义项一)。

grantor 资助者 系指向 *资助对象进行 *资助的个人或 *组织。关于资助者—资助对象关系的研究说明,请参照 **grantee**(资助对象)。

grant proposal 资助方案 由 *非营利团体或个人向 *基金会、*政府机构或 *企业公益事业项目寻求 *资助的广义上的申请书。一般情况下,资助者都会对 **申请函件**作出积极回应。Danis 和 Burke (1996, passim), Garris 和 Lettner (1996, passim)详细阐述了撰写这些方案的艺术。

grant seeking 寻求资助 通常是指 *非营利组织,有时是私人个体,向 *基金会或 *政府机构寻求获得 *资助的可能的过程,后期常常需要使用 *资助方案(see Brown and Brown 2001, passim; Golden 1997, passim)。

grant seeking by nonprofits 非营利组织寻求资助 *非营利团体试图通过与 *基金会、*政府机构或某种公司接洽,以获得 *资助,帮助实现集体 *目标。对于较大规模的 *付酬员工非营利组织而言,这是一项重要的收入来源(Gilpatrick 1989; Golden 1997; Lauffer 1997)。与此形成对比的是 *草根社团,它们几乎得不到或不去寻求资助(Smith 2000, p. 131)。事实上,Smith (ibid.: 251)建议,基金会无须向此类社团提供运作性基金资助,因为健康的草根社团借助 *会费、*收费或 *捐赠就能够维持组织的运作。

grant transfer 资助转移 系指向 *资助对象给予 *资助的行为。转移可以由 *公益基金会作出。Boulding (1973:1—5)强调了给予资助的单向性质,与此形成对比的是 *交换的双向性,或者是经济学家对社会上的 *产品和 *服务的配置方式所作的传统解释。

grass roots 草根 系指在 *非营利部门中代表某类基本观点的普通人,或者更特别的是政治上某一选区的选民。因此,Kenney (2003, passim)认为,要弄清楚规范如何改变与妇女有关的 *问题,女性主义学者必须拓展其研究视野,不能仅从政治精英(*局内人,社会)和 *利益集团的角度去思考,而应考虑 *社会运动及新政治化的草根 *行动主义者等因素。同时参见 **grassroots association/group**(草根社团/团体)。

grassroots action 草根行动 参见 **community involvement**(社区参与); **civic engagement**(公民参与); **citizen participation**(公民参与)。

grassroots association/group 草根社团/团体 系指建立在当地的、高度自治的、由志愿者运作的 *正式的非营利团体或 *非正式的非营利团体,表现出深刻的 *志愿利他主义团体特征,以及使用 *组织的结社形式。因此,草根社团的正式志愿者 *会员通常做/实施了这些非营利组织中的大多数乃至所有的工作/活动(Smith 2000:8)。此类团体可能是超地方性*社团,如*州级社团或*全国性社团设在本地的分会或分支组织。在这种情况下,草根社团可以说是*多业态的非营利团体。草根社团也可能本质上是独一无二的,独立于任何超地方性社团。在这种情况下,草根社团可以说是*单业态的非营利团体(Smith 2000:80—81)。无论是现在还是更早时期,美国的草根社团通过会员以及参与其中的大多数社区和居民区,形成了一个社会关系网(Von Hoffman 1994,chap. 5)。在发达国家(Smith 2000:44)和发展中国家(Fisher 1993, 1998),也会经常发现草根社团。Smith(2000,pt. 2)对草根社团及其区别于*付酬员工非营利组织的本质作过简要介绍。Smith(1997c,passim)认为,大多数主流非营利研究学者都忽略了草根社团在非营利部门中的"暗物质"角色。Putnam(2000,passim)在书中评述了美国近几十年来传统草根社团会员人数呈下降趋势的数据。Clifton 和 Dahms(1993)的著作为研究草根社团提供了资料。目前已有很多研究针对不同类型的草根社团进行,包括:Alexander 等(2001),Berry 等(1993),Bestor(1985),Blair(1994),Charles(1993),Clarke(1993),Dawley(1982),Esman 和 Uphoff(1984),Ferree 和 Martin(1995),J. Fisher(1993,1998),R. Fisher(1994),Gora 和 Nemerowicz(1985),Kaplan 和 Marshall(1996),Karl(1995),Kaufman(2002),Lane(1976),McGerr(1986/2000),McKenzie(1994),Osigweh(1983),Pearce(1993),Scarboro 等(1994),Scott(1992),Siriani 和 Friedland(2001),Stepan-Norris 和 Zeitlin(1996),Von Hoffman(1994),Wellman(1995),以及 Wuthnow(1998)。一般来说,Smith 和 Freedman(1972,passim)的著作是有关志愿社团的经典文献研究综述。同时参见 **grass roots**(草根)。

grassroots association, participation in 草根社团,参与 系指成为一个或多个***草根社团**的***正式会员**,尤其是成为一名活跃会员(***成员,解析**)的过程。技术上,也包括仅支付年度***会费**的***档案会员**(Smith 2000:7, 49, 181)。研究草根社团***参与**的预测变量的学者有很多,包括:Curtis 等(1992),Hirschman(1970),Hausknecht(1962),Palisi 和 Korn(1989),Pearce(1993, pt. 2),Ross 和 Wheeler(1981),Smith(1975,1994a),Smith 和 Van Til(1983, pt. 3),Verba 等(1978;1995, chap. 3, pt. 2 and 3),Verba 和 Nie(1972, pt. 1)。同时参见 **general activity pattern**(一般活动模型);**active-effective character pattern**(积极—有效的特色模式);**sociodemographic participation predictors flat-earth paradigm**(扁平地球范式下的社会人口参与预测因子)。

grassroots association, social movement　草根社团,社会运动　系指致力于实现*社会运动目标的*草根社团。社会运动的独特*目标和*价值给草根社团的*会员身份赋予了特殊意义,因为会员身份总是伴有特殊标识,该标识是以共享"我们"和"群团"为基础,继而才参与进来的(Beaford, Gongaware, and Valadez 2000:2721)。同时参见 **grass roots**(草根)。

grassroots fund-raising　草根基金筹措　通常是指从非营利团体所在的当地*社区的普通*公众那里筹措基金,尤指从该非营利组织的分支机构或成员处筹措基金。有一本电子月刊《草根基金筹措研究电子动态》(*Grassroots Fundraising Journal E-newslette*),专门讨论这一主题。

grassroots lobbying　草根游说　参见 **lobbying**(游说)。

grassroots mobilization　草根动员　参见 **community involvement**(社区参与);**civic engagement**(公民参与);**citizen participation**(公民参与)。

grassroots organizing　组织草根工作　指带领和指导人们参与*草根社团的活动和*项目的过程。Kahn(1982, passim)为草根组织人员写过一本指南性质的书。同时参见 **grass roots**(草根);**community organizing**(社区组织方式)。

grassroots participation　草根参与　参见 **community involvement**(社区参与);**civic engagement**(公民参与);**citizen participation**(公民参与)。

"great man" theory of leadership　"伟人"领导理论　指成为*团体*领导的特质的初始含义,强调有出众领导特质和领导艺术(如高智商、强大的魄力、高度社交能力/交友能力、高度自信等)的"伟人"对于领导好一个团体是十分必要的,尤其是在创立一个团体组织时更为必要(cf. Bryson 1996, passim;Stogdill 1948, passim)。温斯顿·丘吉尔很好地诠释了"伟人"领导理论(有关丘吉尔的文学描写,可参见 Payne 1974, passim)。

group　团体　指由两个或两个以上的个体聚集而成的组织,他们以结社的规范力量共同享有一个或多个*目标,拥有一种区别于其他团体和人群的共同身份感,并通过各种规则和角色定位建立起一种相对严密的组织沟通协调结构(cf. Smith 1967, passim)。在社会科学中,团体组织唯有"小"才称为"团体",因为此时所有的*成员才能彼此至少熟悉。大型团体组织无法做到这一点,正如我们在一些*社团和*组织中所看到的那样。团体,无论是小还是大,是正式的还是非正式的,构成了*非营利部门的主要部分(Smith 2000:25—

group action

26）。同时参见 **formal group**（正式团体）；**informal group**（非正式团体）；**primary group**（初始团体）；**secondary group**（二级团体）；**volunteer nonprofit group**（志愿性非营利团体）；**group subculture**（团体亚文化）；**collectivity**（集体）。

group action　团体行动　指本质上由一个*团体或代表该团体集体所实施的行动，如*会议、委员会会议、*基金筹措活动、*大会、*计划或者*项目等。Greenfield 和 Connor（2001，passim）出版过一本关于基金筹措的指导手册，其中有多个章节讨论了如何在*非营利团体中实施基金筹措的计划和活动。

group, formal　团体, 正式　参见 **formal group**（正式团体）。

group, informal　团体, 非正式　参见 **informal group**（非正式团体）。

group marriage　团体联姻　指一种非正式的联姻关系，涉及三个或三个以上个体参与行为；它有时发生在公社里。Constantine 和 Constantine（1973，passim）分析认为，当代团体联姻是家庭的一种越轨现象。

group subculture　团体亚文化　指对价值观、规范、信仰、器物、行为方式等的独特配置，共同对*团体*成员的生活产生特别形塑作用。Fine（1998：169—179）在书中描述了他所研究的业余真菌学会的组织亚文化方面的几个问题。

group voluntary action　团体志愿行动　本质上是指由*非营利团体集体实施的*志愿活动；*团体行动的一种形式。同时参见 **group action**（团体行动）。

group, volunteer　团体, 志愿者　参见 **volunteer nonprofit group**（志愿性非营利团体）。

guidance system in nonprofits　非营利导引系统　指*非营利*团体亚文化中的一些方面，以能够被该团体接受和悦纳的方式指导*成员的思想、动机、感情和行动（Smith 2000：91）。导引系统由两个部分组成：团体的意识形态和团体的激励系统（cf. Knoke 1990，chaps. 6 and 7；Smith 2000，chap. 4；Wilson 1974，chap. 3）。

guild　行会　为互助和保护会员，或者是为提升会员的相关利益和追求而结成的社团；也特指中世纪的商人与手工业者为前述目的所成立的组织（cf. Gross，1890，passim；Hartson 1911，passim）。比如，Ross（1976：106）指出，行会通常向已去世的*会员的配偶提供丧葬费用。Epstein（1991，passim）对中世纪欧洲的行会与工薪劳工的关系进行过深入研究。

H

habitual volunteer　**习惯性的志愿者**　参见 **volunteer, habitual**（志愿者，习惯）。

halfway house　**重返社会训练所**　通常以＊**非营利目的运营**，或者作为大型＊**非营利团体**的一个＊**项目**，为戒酒者、瘾君子、刑满释放人员、精神病康复者等设置的房屋或居住性建筑（cf. Golomb and Kocsis 1988, passim；Raush and Raush 1968, passim）。这种训练所在为前述人员成为社会正常一分子的制度化和满足所应具备的条件之间多少提供了一些庇护环境。这其中可能涉及一些特殊规范或活动，旨在处理参与者在制度化以前就存在的问题。Jensen（2001, passim）比较了罪犯和工作人员对两个社区矫正项目的看法和态度：一个是采取治疗性社区方法的社区矫正设施，另一个采取的是传统的重返社会训练所方法。研究结论表明，居民和工作人员能够创造不同的矫治环境，因此产生的结果也是有差异的。

hate group　**怨恨团体**　通常为小型且非正式的＊**非营利团体**，其＊**使命**是散布（常常）意在从心理上伤害目标团体或＊**社会范畴**类的组织的书面或视觉材料；有时，这类团体也会出于怨恨实施犯罪和暴力行为。Hamm（1994, passim）通过对美国"光头党"的研究，首次提出了有组织怨恨犯罪暴力活动的犯罪学分析范式。Donelan（2004, passim）则研究了南达科他州的网络怨恨团体和＊**公民民兵**的网站，她发现，这些网站首先集中关注种族或公民身份问题，或二者兼而有之，其次关注诸如宪法的严格解释、原教旨主义宗教信仰、

*政府保护等。

helpee 受助者 参见 **target of benefits**(利益目标群体)。

helper-therapy principle 助人者—疗法原理 指建立在 * **自助团体**，以及在较小程度上建立在其他 * **支持团体**基础之上的治疗原理，即那些经历了特定难题、挑战和沉迷状态的人，常常最能够帮助具有类似经历的其他人，而且在帮助过程中，助人者自己也受到了不同治疗方式的深入救助（比如，被清晰地提醒未经处理时、恢复前和早期恢复阶段相关问题的起因和影响）。Gartner 和 Riessman（1977:99）指出，该理论概括起来就是"那些帮助他人的人也是最大的受助者"。* **十二步团体**将帮助其他经历特定困难、挑战和沉迷状态而未予解决或正摆脱上述状况的受害者作为其第十二步(e.g., Rudy 1986:40—42)。

helping /helping behavior 帮助/帮助行为 指个人向他人或团体赠送时间、* **商品**、金钱或者其他财产的行为。帮助行为通常是 * **利他主义**激励的结果(Batson 1991, passim)。同时参见 **prosocial behavior**（亲社会行为）。

helping network 帮助网络 由以下要素组成的 * **网络**：个人、* **团体**、* **组织**（政府组织、非政府组织）、社会服务机构（* **非营利机构**）等。这些要素单独或者以联合的方式运作，以向个人提供解决特定 * **问题**或满足特定 * **需求**所需的支持、信息、资源和其他手段。Vinton（1992）在针对佛罗里达老年帮助网络的一项研究中发现，在25家受虐妇女救护站样本中，只有2家为老年群体提供过服务。也就是说，佛罗里达老年妇女一般情况下无法在她们的帮助网络中享受到此类庇护服务。

heresy 异端·新兴宗教 1. 一种宗教信仰，同主流教会或国家 * **教会**（义项三）的正统（已被接受的）信仰相反。Brown（1998, passim）对天主教会历史上的异端和正统信仰作过系统梳理。2. 培育一种新形式或新视角的宗教信仰与实践（* **新兴宗教**；* **宗教分支**）的一群人（通常具有非营利性）。Moore（1977/1994, passim）讨论了此类异端在中世纪晚期的欧洲的发展史，Lambert（1992, passim）也作过此类研究。

heteronomy 他治 Martin（1998, passim）将之界定为"来自于他人的统治"，或者是借用外在于个体或 * **非营利团体**的资源所进行的统治；其反义词是 * **自治**。Martin考察了他治在古典社会学思想中的作用。

hierarchy of volunteer role engagement **志愿参与的等级制** 各种不同形式的志愿活动以不同结合方式所形成的层级形态。Perlmutter 和 Cnaan(1993)认为,基于 * **志愿者角色**的不同类型,公共服务组织中存在此类等级制。他们以此识别不同等级,并将之发展为一种古特曼量表①。在 Lauffer 和 Gorodezky(1977)开创的类型学研究的基础上,Perlmutter 和 Cnaan 研发了一个联合八种角色的量表工具。(在古特曼量表中)最频繁出现的有:直接实践和行政管理支持(24%);直接实践、行政管理以及倡导(35%);直接实践、行政管理、倡导以及政策(36%)。教育的高水平与教育在这一等级中的地位较高是相关的,在不止一家公共服务组织中的志愿行动也是如此。性别、年龄、民族、宗教、婚姻状况以及收入等因素呈不相关关系。

hiring paid-staff for nonprofits **非营利付酬员工的雇佣** 参见 **recruitment of nonprofit group paid-staff**(招募非营利团体付酬员工);**staffing**(人员配备)。

history of philanthropy **公益历史** 指从古代算起,公益事业与公共服务提供的长期发展史(比如,可以参见 Burlingame 2004:234—243;Cavallo 1995;Constantelos 1991;Kiger 2000;Weaver 1967)。

history of volunteering/nonprofits **志愿/非营利历史** 指 * **非营利团体**和 * **志愿行动**兴起的长期发展状况。Smith(1997b,passim)在一篇文献性的论文中追溯了非营利团体尤其是 * **草根社团**的国际发展史,涉及这些组织从大约2.7万年前(Anderson 1973:10)的初始形式一直到今天的发展状况。Ross(1976,passim)从 * **社团**的起源讲起,回顾了社团的历史发展过程。Ellis 和 Noyes(1990)简述了美国人担当 * **志愿者**的非正式历史,Hall(1987)则从学术研究的角度概览了美国的非营利组织发展史。Hammack(1998,passim)主编了一部研究美国 * **非营利部门**形成问题的历史著作。O'Neill(1989,passim)更是对美国非营利团体五花八门的旨趣类型作过历史溯源研究。目前关于特定 * **非营利团体**历史的研究成果非常多(e.g., Smith 2003,passim),分析其他国家非营利团体类型的成果也不少(比如,Pelling(1963,passim)研究的是英国的 * **工会**;Finke 和 Stark(2005)研究的是美国的教会问题)。正如 Smith(1997b)所指出的,关于包括社团在内的非营利组织发展史的研究文献,在全球范围内可谓是汗牛充栋,这里显示的只是其中很少一部

---

① 古特曼量表是用来测量心理态度和质量的一种工具。——译者注

分;而关于*志愿者和志愿行动本身的历史研究则要少得多。尽管有大量的关于志愿行动和非营利组织的历史文献,但大多数非营利研究专家对这一历史的无知,反映出其*反历史相对论的扁平地球范式的思维方式(Smith 2000:233—234)。

hobby（hobbyist activity） 爱好(爱好活动) 一种系统性的、长期追求的合理参与且专业化的自由活动,无须专业对口(Stebbins 2003c,passim)。通过此类*休闲活动,可获得实质的技能、知识或经历,或者三者共同获得。尽管*爱好者缺乏专业参照物,使其同*业余人士有差别,但他们有时等同于商业意义上的业余人士,不过通常只有少部分公众(义项二)对他们所做的事情感兴趣。许多爱好都是单独追求的,尽管在各种规模的*非营利团体中似乎有很多人喜欢。同其他*休闲活动一样,爱好如果被视为*非营利部门的一部分,就必须出于*志愿利他主义的动机。Gelber(1999,passim)对美国的爱好活动进行过极为深入的研究。同时参见 **formal leisure activity**(正式休闲活动); **informal leisure activity**(非正式休闲活动)。

hobby group 爱好团体 *草根社团的一种,其主要目的是实践与分享一种爱好,如缝纫、玩皮划艇、集币、收集铁路模型等。Stebbins(1996a,passim)研究过加拿大卡尔加里市理发店的四重唱歌手,这些男男女女被组织起来进行四重唱或大合唱。这些爱好团体成为研究对象在休闲生活中的主要兴趣点。

hobbyist 爱好者 指那些追求*爱好的人。King(2001,passim)在对得克萨斯州的缝纫爱好者的研究中发现,有些人是自娱自乐,但很多人都加入到当地的*俱乐部中。

home church 家庭教会 参见 **house church**(家庭教会)。

homeowners association 业主委员会 为*会员利益型社团的一种,其*会员在特定社区的住宅区或者公寓/合作社拥有房产,其主要职责是保护、服务和改善房屋及其所在的*社区。通常情况下,业主委员会会对其*会员的财产行为加以限制。McKenzie(1994,passim)对近数十年来日渐上升的共有产权住宅区进行过研究,并且描述了管理社团的功能和影响,他称之为"居民的私人政府"。在1992年,大约有15万个此类业主委员会(ibid.;11),对超过3000万的美国居民生活产生了影响。

homo faber　匠人　为译自拉丁文的术语,指一种人,所擅长的是制造工具,或者大体上可叫作"懂制造的人"(Tilgher 1977,passim)。

homo ludens　游戏者　为译自拉丁文的术语,指一种人,所擅长的是玩耍,或者按照 Huizinga(1955:ix)的说法,叫作"懂游戏的人"。

homo voluntas　志愿者　为译自拉丁文的术语,指被视为志愿者的一类人,或者按照 Smith(2000:260)的说法,叫作"做志愿者的人"。

homogeneity, sociodemographic　同质性,社会人口学　指按照年龄、性别、教育程度、种族/民族、婚姻状况等人口变量所显示出的相似性。McPherson 和 Rotolo(1996,passim)发现,有些 ＊非营利团体(尤其是 ＊社团组织)显示出相当程度的社会人口学上的同质性趋势。

horizontal collaboration in nonprofits　非营利横向协同　参见 **collaboration in nonprofits**(非营利团体合作)。

hospice　临终关怀　指针对身患绝症的人实施的身体与情感上的姑息治疗设施或 ＊项目,这些病人已不再需要进一步的医疗性药物治疗。很多临终关怀是由一些小型 ＊付酬员工非营利团体组织实施的,尽管这些组织具有 ＊正式团体结构,但却倾向于避免官僚作风(＊官僚机构)(Gummer 1988,passim)。

hotline　热线　每周七天、每天二十四小时待机的电话线路和电话号码,为打进电话的人就某些特殊 ＊事务或者 ＊问题提供信息或帮助。热线通常由 ＊非营利团体运作,但有时也由 ＊政府机构负责运营。有一些热线的好范例,比如预防自杀热线、艾滋病热线、反虐待热线等。Cuadrado(1999,passim)经对佛罗里达问题赌徒热线的研究发现,该热线根据白人和非白人的热线使用率和统计量比较,以确定二者的差异性与相似性。

house church　家庭教会　少量的 ＊会众相聚在某人的住所或家里(Hadaway et al. 1987,passim)。通常情况下,家庭教会都是非正式聚会,强调参加礼拜者的 ＊弟兄关系,分享 ＊领导责任。Banks(1980,passim)对早期基督教的家庭教会问题进行过讨论。McDaniel(2002,passim)则探讨了参与家庭教会的人如何尝试创造精神上的 ＊社区,以及如何处理非传统宗教环境下的日常难题。

household/family goal　家族/家庭目标　参见 **goal**(目标)。

household/family sector　家族/家庭部门　参见 **sector of society**(社会部门)。

human capital　人力资本　参见 **capital, human**(资本,人力)。

human resource effectiveness model of organizational effectiveness evaluation 组织效能评估的人力资源效率模型 指评估特定 * 组织的员工信念、态度和绩效，包括所有形成这些标准的组织 * 政策与实践（Murray and Tassie 1994：308）。

human resource management in nonprofits 非营利人力资源管理 指针对 * 非营利团体 * 付酬员工和 * 志愿者成员或工作人员的 * 管理，目的是出色地达成团体的 * 使命（Pynes 1997；Wilbur 2000，chap. 13；Wolf 1999，chap. 4）。非营利人力资源管理涉及的领域有非营利团体 * 付酬员工的 * 招募，首先是招募 * 志愿者，可能的情况下还要招募 * 会员。此类管理还要求在积极的工作环境下，依据团体颁行的人事管理 * 政策与程序，对工作人员进行适当的监督，从而促使每一位工作者做出最佳贡献。

human right 人权 参见 **civil liberty**（公民自由权）。

human services 公共服务 参见 **social services**（社会服务）。

humane caring for others 对他人施以人文关怀 参见 **caring**（关爱·陪护）。

humane core value 人文核心价值观 参见 **value, humane core**（价值观，人文核心）。

hybrid nonprofit 混合型非营利组织 可归入五个 * 社会部门中的两个或两个以上部门的 * 非营利团体。有些混合型非营利组织是由政府组建并主要由政府资助的（比如，兰德公司（the RAND Corporation）——B. Smith, 1966, passim；城市研究院（the Urban Institute）），有些是由商业部门组建和资助的（比如，行业协会、公司基金会、企业发展联合公司等组织），有些则是由家族组建和资助的（比如，各类 * 公社组织——Kanter 1972, passim）。然而，Hyde（2000, passim）在对混合型非营利组织的研究中，提出了不同的定义。她对六类女性 * 社会运动组织进行了分析，其根据是它们在两种类型的 * 非营利组织——官办的和草根性的——的连续统一体中的位置。她得出的结论是，这些团体组织是"混合型"非营利组织，它们介于官办和草根两极之间。

hybrid organization 混合型组织 参见 **hybrid nonprofit**（混合型非营利组织）。

I

ICNPO 非营利组织国际分类法 参见 international classification of nonprofit organizations(非营利组织国际分类法)。

idealistic community 理想社区 参见 intentional community(理想社区)。

ideology 意识形态 一种逻辑上松散的理念与*价值体系,使人可以正当地使用权力以实现特殊*利益。Smith(2000:92)认为,大多数*非营利团体都以某种意识形态作指导,尽管有些意识形态并非是精心设计的。

IGO 政府间组织 参见 intergovernmental organization(政府间组织)。

immigrant grassroots association 移民型草根社团 为了服务特定类型移民*利益而成立的*草根社团。这些利益可能是社会利益,也可能是实际利益,还可能是二者兼而有之。同时,此类社团可能吸纳并不是移民身份的*会员。Owusu(2000,passim)对加拿大多伦多的加纳移民社团进行过研究,考察了社团的功能情况。Soysal(1994,chap. 6)对欧洲的地方性和全国性移民社团进行过研究。

immunity,charitable 豁免权,慈善 参见 charitable immunity and liability(慈善豁免与慈善责任)。

impact of nonprofits/nonprofit sector 非营利/非营利部门影响力 指*非营利团体活动对*解析成员、*利益目标群体与更大规模的社团的一种累积性后果。其中,对*解析成员的影响被标记为内部影响,而对非属解析成员的*利益目标群体和更大规模的社团的影响则被标记为外部影响。Smith（1997a，2000：196—206）对 * 草根社团的内部和外部影响的研究文献进行过系统梳理。在更早时期的研究中，在 Clotfelter（1992，passim）主编的书中，众多专家研究了谁受益于 * 非营利部门的问题。Smith（1973/2001）概述了志愿行动、* 非营利部门对社会的影响，Diaz（2002）也作过此类概述。Flynn 和 Hodgkinson（2002）对衡量非营利部门的影响力作过更为广泛的研究。同时参见 **effectiveness**（效能）。

imputed value of donated goods　捐赠商品估价　对给予 * 非营利团体的 * 捐赠商品货币价值的估算。估价通常建立在公平市场价值的基础之上，并要考虑商品的具体情况（如是新货还是二手货，或者是还能正常发挥功能的货品）。救世军（The Salvation Army）经常接收各类捐赠财产，他们聘请专家，有时则同那些 * 捐助者联手，鉴定 * 礼品或 * 捐赠的货币价值（参见救世军网站，可以点击特定国家浏览：http://www.salvationarmy.org）。

imputed value of volunteer time　志愿时间估价　参见 **imputed value of volunteer work**（志愿工作估价）。

imputed value of volunteer work　志愿工作估价　指 * 志愿工作时数的货币价值，以此更好地估算志愿工作的经济意义。Wolozin（1975）是第一批研究这种估价的学者之一。这种估价的基础包括最低工资、平均服务工资以及每一位 * 志愿者先前的工资水平等。Weisbrod（1988，chap. 7）进一步讨论了 * 志愿工作的货币价值估算问题。

incentive in nonprofits　非营利激励　指多种诱因或混合诱因体系中的单一诱因，能够激活 * 志愿行动。Smith（1981）和 Tomeh（1981）引用 Clark 和 Wilson（1961）的类型论断，将激励分成团结性激励（无形的、已然完成、同组织目标无关，也被称为 * 社交激励）、物质性激励（有形的、具体的、功利性回报，也被称为 * 功利性激励）、* 目的性激励（无形的但同设定目的有联系）。Smith（2000，chap. 4）回顾了 * 草根社团的九种激励方式，这些激励对所有非营利组织都适用。Smith 认为，最为重要的激励是团结性激励、目的性激励以及服务性激励，而功利性激励则要弱得多。对于 * 付酬员工非营利组织中的 * 准志愿者而言，后者要更强大。Prestby 等人（1990）认为，组织应该认识到，混合激励比单一激励更可能吸引更多的人参与，并且更可能引发关注那些被认为是激励对立面的东西,即 * **志愿者的参与成本**。同时参见 **charistmatic incentive**(魅力型激励);**co-member service incentive**(合作—成员服务激励);**developmental incentive**(发展激励);**economic incentive**(经济激励);**incentive system in nonprofits**(非营利激励制度);**incentive type in nonprofits**(非营利激励类型);**informational incentive**(非正式信息激励);**lobbying incentive**(游说激励);**material incentive**(物质激励);**motivation**(激励状态);**nonmember service incentive**(非会员服务激励);**normative incentive in nonprofit groups**(非营利团体规范激励);**personal growth incentive**(个人成长激励);**prestige incentive**(声望激励);**purposive incentive**(目的性激励);**service incentive**(服务激励);**sociatalbility incentive**(社交激励);**solitary incentive**(团结性激励);**utilitarian incentive**(功利性激励)。

incentive system in nonprofits 非营利激励制度 指 * **非营利团体**针对 * **会员**的一系列奖励与惩罚规定,通过能够接受的组织手段达成 * **目标**,由团体组织负责操作实施(Knoke 1990:55;Smith 2000:91)。

incentive type in nonprofits 非营利激励类型 指 * **非营利团体**所使用的激励措施的分类。Smith(2000:96—102)提出了九种激发非营利组织 * **会员**的激励类型:* **社交激励**、* **目的性激励**、* **服务激励**、* **信息激励**、* **发展激励**、* **功利性激励**、* **魅力型激励**、* **游说激励**以及 * **声望激励**。作出上述分类,是吸收了 Clark 和 Wilson (1961,passim),Knoke(1990,chaps. 6 and 7)的研究成果。

incidence of nonprofits 非营利组建率 参见 **nonprofit group incidence**(非营利团体组建率)。

inclusion/exclusion 包容/排斥 是指在 * **非营利团体**中,有意或无意地对一类或多类人所采取的欢迎(包容)或阻止(排斥)行为。所有团体至少有最低程度的排斥性,最起码 * **会员**要宣称对组织的 * **使命**与 * **目标**感兴趣。当人们因性别、年龄、种族、职业等标准被拒加入某团体时,排斥可能是有问题的。Shokeid(2001,passim)研究了女性试图在此前由男性主导的男/女同性恋犹太教会堂担任 * **领导**职务时所面临的组织权力被排斥的问题。

incorporation of a nonprofit corporation 非营利公司的法人化 系指 * **非营利团体**在特定国家作为法人实体获得法律认可的过程,其董事/高级管理人员承担的是有限责任(Fishman and Schwarz 2000:66—67)。这一过程的实现需要公司具有设立证书和规章制度,并举行了成立大会(ibid.)。

independent foundation 独立基金会 系指私人、非运作型、资助型 *基金会。在美国,就数量、资产规模与 *资助支出而言,此类基金会在所有基金会中所占比例最大(Weitzman et al. 2002:75)。

independent sector 独立部门 1. 通常是 *非营利部门的同义词。2. *独立部门组织尚未对这一术语作相对更狭义的界定,仅限于国税局指定为《国内税收法》第 501(c)(3)条和第 501(c)(4)条规定的正式团体,不包括其他类型的免税组织和未经注册的非营利组织(cf. Hodgkinson et al. 1992:15)。参见 **nonprofit sector**(非营利部门)。

INDEPENDENT SECTOR 独立部门组织 系指一个全国性的 *组织 *联盟,组织承诺维护和拓展 *志愿行动、*公益,以及为 *公共产品所作的私人倡议的其他方面(O'Connell 1997,book jacket)。该组织成立于 1980 年,John W. Gardner 为创始主席,Brian O'Connell 为创始总裁,它是美国 *非营利部门中主要的基础性 *非营利组织之一(O'Connell 1997,passim)。该组织还对美国非营利部门进行了实用性研究,但过分强调 *项目志愿者、*项目志愿行动、*公益赠与、*付酬员工非营利的作用,忽视了 *草根社团、一般性 *社团志愿者、*社会运动以及 *越轨非营利团体的作用等。之所以会出现这种忽视,似乎是因为该组织基本认可 *付酬员工型非营利组织扁平地球范式、*扁平地球范式下的现状/建制、*传统非会员制服务的扁平地球范式、*扁平地球范式下的天使型非营利团体、*扁平地球范式下的正式化团体(Smith 2000, chap.10)下的组织。独立部门组织还试图就重要的部门问题进行 *游说,并且每两年召开一次学术会议(网址为 http://www.independentsector.org)。

indigenous group 本土团体 系指隶属于特定社会或特定区域的本地 *团体(cf. Anheier 1987,passim)。同时参见 **indigenous nonprofit group**(本土非营利团体)。

indigenous nonprofit group 本土非营利团体 一种 *本土团体,其非营利组织的结构(*非营利团体结构)具有特定国家的本地传统文化和社会结构特征。这类团体不是近期从另一个国家引进的,不是另一个国家强加的,也不是主要在另一个国家基础上形成的(如处理跨国救济或发展援助事务的非营利组织)。

Anheier（1987,passim）考察了非洲本土 * 非营利社团和 * 志愿社团如何影响当地发展的问题。同时参见 **Third World development/aid nonprofit**（第三世界发展/援助非营利）。

indirect/secondary satisfaction 间接/次要满意度 系指间接从经验中获得的 * 满意度（义项一、二），比如 * 志愿行动经验，号称帮助别人能够提升受助者和 * 志愿者的双重满意度（Smith 2000:20）。同时参见 **direct satisfaction**（直接满意度）；**psychic benefit**（心理收益）。

individual voluntary action 个体志愿活动 系指由个人实施的 * 志愿活动，包括 * 志愿者活动和 * 准志愿者活动。除了由个人在正式 * 非营利团体背景下所发起的活动（Smith 2000:22—23）之外，它还包括一些在非正式（非团体组织）背景下由 * 志愿利他主义所激发的特定活动（比如，* 非正式服务型志愿行动、* 非正式经济制度支撑活动、* 非正式人际交往活动、* 非正式政治参与、* 非正式宗教活动、* 非正式社会创新活动以及 * 非正式社会美学活动等）。个体志愿活动不包括 * 非正式大众传媒活动、* 非正式体育与户外娱乐活动、* 非正式学习活动、* 非正式文化活动、非正式 * 爱好活动以及 * 非正式休闲无为活动，因为这些活动同 * 人文核心价值观和志愿利他主义的关系明显不相关。Smith,Reddy 和 Baldwin（1972:160—165）对个体志愿行动作了一个早期定义，此后又有所修订，把非利他主义行动排除出该定义范畴。

industrial union 产业工会 参见 **union**（工会）。

inertia and organizational transformation 惯性与组织转型 指 * 非营利团体稳定不变的发展趋势，因而阻止了组织在诸如投资其有形工厂、队伍等方面的转型（Perlmutter and Gummer 1994:235—236）。

influence in nonprofits 非营利影响力 1.系指个体间接引起他人或 * 非营利团体的行为，或者实体运作条件改变的能力。2.展现前述能力的行为。当处于政府环境状态中时，影响力（两个义项都）是政治性的。Hunter（1953:161—162）在关于 * 社区权力的经典研究中对（政治）影响力和 * 权威作了区分。同时参见 **nonprofit leader**（非营利领导者）。

informal action by board 董事会非正式活动 指由 * 非营利团体的 * 董事会一致同意（* 共识）所作出的一个或多个决策，但没有经过团体的正式化程序（参见 **formalization in nonprofits**（非营利正式化））。Smith（1992）经对 59 个主要半正式＊**草根社团**的研究发现，非正式董事会行动不但普遍，而且能够被接受。

informal amateur activity 业余活动 参见 **informal leisure activity**（非正式休闲活动）。

informal care 非正式陪护 指＊**服务类型**的陪护，因为它包括以一种＊**非正式志愿行动**的方式陪护他人与陪护家中（但不一定住在一起）某人(cf. Whittaker and Garbarino 1983, passim)。与保健陪护不同，非正式陪护不是＊**专业人士**提供的陪护服务。与专业人士的陪护相比，非正式陪护还表现为更具情感、更具表现力地对待＊**利益目标群体**。Linsk 及其同事(1992, passim)致力于研究家庭照顾老人的＊**补偿**问题（参见 **imputed value of volunteer work**（志愿工作估价））。同时参见 **informal volunteering**（非正式志愿行动）；**informal service volunteering**（非正式服务志愿行动）。

informal cultural activity 非正式文化活动 系指观看、聆听以及其他作为＊**休闲**消费各种文化产品的活动（比如，看电视、阅读杂志、听音乐会、看球赛、参观艺术馆）。非正式文化活动可以单独完成，也可以＊**集体**实现。但是，与＊**非正式体育与户外娱乐活动**相比，非正式文化活动具有被动性。我们应当看到，非正式文化活动比＊**非正式大众传媒活动**的范围更广，因为非正式文化活动还包括非大众"高雅文化"(Gans 1974, passim)。此类文化活动不是＊**个体志愿活动**的一部分，因为正常情况下它不是出于＊**志愿利他主义**而实施的。Rojek (2000, passim)批判性地审视过休闲活动与文化之间的关系问题。

informal economic activity 非正式经济活动 参见 **economic activity, informal**（经济活动，非正式）。

informal economic system support activity 非正式经济制度支撑活动 系指支撑社会经济制度的单独或＊**非正式团体**的活动。此类活动还是按照符合社会经济制度支撑＊**价值**实施的，如向朋友咨询工作的可能性，同身为工会会员的邻居讨论罢工问题，以及告诉一个熟人如何把自己的生意搞得蒸蒸日上。此类活动是＊**非营利部门**的一部分，不过它也能够对私人商业部门（＊**社会部门**）提供支撑。在本地＊**合作社**＊**会议**上就商业战略提出建议也应该被归类为＊**志愿活动**。在每一个例子中，社会价值（＊**价值观，人文核心**）总是至高无上的，那些崇尚赚钱或获利的价值观则不是。

informal economy　非正式经济　指在某社会或区域传统经济机构(银行、企业、商店等)和国家税收制度(如美国的国税局制度)之外,以非正式的方式运作的整个现金—易货交易的经济形态。有时,非正式经济还被称为"地下经济"(Carson 1984,passim)。Smith(2000:45)认为,非正式经济活动可以按照团体组织或个人的方式加以导引。同时参见 **economic activity, informal**(经济活动,非正式)。

informal eligibility criteria　非正式资格标准　参见 **member eligibility**(会员资格)。

informal grassroots association　非正式草根社团　参见 **informal nonprofit group**(非正式非营利组织)。

informal group　非正式团体　系指缺乏作为 * **正式团体**所规定的最低财产限度的 * **团体**(Smith, Reddy, and Baldwin 1972:175)。

informal group style of operation　非正式团体运作方式　系指 * **非营利团体**的日常运作方式,其主要特征是,在履行团体角色——通常有些模糊——的过程中,彼此相熟的 * **会员**之间要频繁地面对面互动(cf. Smith 2000:77—79)。正如 Kanter 和 Zurcher, Jr. (1973:387—388)所指出的那样,非正式团体运作方式尤其适用于小型 * **集体**,有非常大的用武之地。Ianello(1992, passim)描绘了非正式团体运作的重要领域:通过修改 * **共识** * **决策**,而不是通过层级制 * **领导**方式。

informal hobby activity　非正式爱好活动　参见 **informal leisure activity**(非正式休闲活动)。

informal interpersonal activity　非正式人际交往活动　系指由一个人与自己家庭之外的另一个或多个人(如与朋友、邻居、工友、教友)进行的 * **社交**或 * **关爱**行为,或者是二者兼而有之。这类人际交往活动可能发生在组织世界之外。个体在非正式人际交往活动中根据社交价值观(* **价值观,人文核心**),有意识地为自己和他人提供 * **内在满意度**和 * **心理收益**。简而言之,正如 Salamon 和 Anheier(1992:135)所总结的那样,非正式人际交往活动是一种 * **志愿活动**,因而是 * **非正式部门**的一部分。

informal interpersonal relations　非正式人际关系　参见 **informal interpersonal activity**(非正式人际交往活动)。

informal leader　非正式领导者　参见 **leader, informal**(领导者,非正式)。

informal leisure activity　非正式休闲活动　系指不是 * 正式团体安排的 * 自由时间内进行的活动,可以单独进行,也可以短暂地以 * 集体或 * 非正式团体为单位进行。其中,有些 * 爱好可以通过非正式的方式实现,如徒步、阅读、手工(如烘焙食品、制作家具)。非正式休闲活动与一些 * 业余活动类似,也包括写诗、演奏室内音乐以及打曲棍球等。非正式 * 自助团体实施的 * 志愿行动属于非正式休闲活动(Stebbins 2002:45),就像在自留地上进行园艺活动一样(Crouch and Ward 1988, passim)。与其对立的是 * 正式休闲活动。同时参见 **leisure activity**(休闲活动)。

informal mass media activity　非正式大众传媒活动　系指个体暴露给诸如大众或者公共传播媒介(Gans 1974, passim)的活动,如广播、电视、电影、录像、其他翻录媒体、因特网、报纸、杂志、新闻通讯等,能够在第一时间就抓住注意力,可以是以单独方式做出的活动,也可能是以 * 集体方式做出,还可能是以 * 非正式团体方式做出。非正式大众传媒活动不属于 * 个体志愿活动,因为它缺少 * 志愿利他主义特征。同时参见 **informal cultural activity**(非正式文化活动)。

informal member　非正式会员　参见 **member**(会/成员)。

informal nonprofit group　非正式的非营利组织　* 非营利组织的一种,但缺少 * 正式非营利组织的一个或多个特征,如独一无二的名称、明确的团体组织边界(* 解析成员的正式清单)以及明确的 * 领导结构(常规化的 * 决策程序)(Smith, Reddy, and Baldwin 1972:175)等。

informal organization　非正式组织　指在一个 * 组织内,权力、声望、友谊等所形成的非正式关系模式(cf. Blau and Scott 1962, chap. 4)。它通常比组织的正式权威或权力结构更为重要,且在 * 非营利团体、* 营利组织和 * 政府组织中都存在。Blau 和 Meyer(1987:51—54)对大型组织中的非正式组织性质和作用作过非常细致的研究。Davis(1953, passim)很早就写过有关公司非正式组织情况的研究报告。Smith(2000:109—112)对草根社团中的非正式组织发展趋势作过专题讨论。

informal political participation　非正式政治参与　指单独或通过 * 非正式团体实施的 * 政治参与,以实现符合相关政治 * 价值的 * 心理收益和 * 内在满意度。比如,投票、政治讨论、给编辑写信以及向候选人捐款(cf. Verba and Nie 1972:31)等。有些专家将非正式政治参与视为 * 志愿活动,因而属于 * 非营利部门的一部分。其他专家则将其视为 * 非正式部门的一部分(e.g., Salamon and Anheier 1992:135),其中一些人认为这种政治参与不过是更具政治性,因而同非营利部门少有相关性。

informal recruitment 非正式招募 参见 **recruitment of volunteers/members**(志愿者/会员招募)。

informal religious activity 非正式宗教活动 单独或以非正式团体的方式实施的 * **宗教活动**,主要是为了实现 * **内在满意度**和 * **心理收益**并保持同宗教 * **价值**相一致(如个人祈祷、独自阅读宗教读物、观看宗教电视节目;cf. Stark and Glock 1968,passim)。有些专家将非正式宗教活动视为 * **志愿活动**,因而属于 * **非营利部门**的一部分。其他专家则将其视为 * **非正式部门**的一部分(e.g., Salamon and Anheier 1992:135),其中一些人认为这种活动不过是更具 * **宗教性**,因而同非营利部门几乎没有关系。同时参见 **devotional activity**(信仰活动)。

informal resting inactivity 非正式休闲无为活动 指个人打盹、熟睡、小睡、休息、闲逛等行为。它是个人独自进行的一种 * **休闲活动**(cf. Chambré 1987:86)。非正式休闲无为活动不属于 * **个人志愿活动**,因为它不是出于 * **志愿利他主义**所为。Kleiber(2000,passim)在其文章中以"放松"为题作了分析。

informal sector 非正式部门 * **家族/家庭部门**的广义说法,包括友情、邻里、同事关系,以及其他 * **非正式人际交往活动**,多发生在小圈子、邻里群体、同事群体之中。非正式部门概念还包括 * **非正式休闲活动**,但仅限于后者与其他人一起开展的活动。然而,该概念是存在问题的,因为它把家族和家庭活动领域视作为非正式人际交往活动领域更为广义的一部分,理论家们往往模糊了前者的重要性(Van Til 1988:141—143)。

informal service volunteer 非正式服务志愿者 指在一个 * **正式团体**环境之外的 * **志愿者**类型,他们通过提供 * **服务**、劳务、时间等方式帮助其他人。受助者与志愿者家庭毫无关系,他们这么做的首要目的是保持同服务 * **价值**相一致的 * **内在满意度**和 * **心理收益**。* **非正式服务志愿者**的理想标签就是"非正式志愿者"(cf. smith 2000:25)。有些专家将非正式服务志愿行动视为广义上的 * **志愿活动**,因而属于 * **非营利部门**。其他专家则视其为 * **非正式部门**的一部分(e.g., Salamon and Anheier 1992:135),其中一些人认为这种行动

不过是更具 *休闲特征,因而同 *非营利部门并没有关系。Weitzman 等人(2002:75)的报告指出,美国的 *非正式志愿行动在 1987 年占所有 *志愿行动的比例为 18.8%,而到了 1998 年则上升到 24.4%。

informal service volunteering 非正式服务志愿行动 由 *非正式服务志愿者实施的活动。其首选的称谓是"非正式志愿行动"。有些专家将其视为广义上的 *志愿活动,因而属于 *非营利部门的一部分。其他专家则将其视作 *非正式部门的一部分,其中一些人认为这种行动不过是更具 *休闲特征,因而同非营利部门没有关系(Van Til 1988:141)。

informal social esthetics activity 非正式社会美学活动 指在正式的组织环境(*组织)之外由个体实施的活动,主要围绕创造、展示或保留特定的刺激,以使特定 *公众(义项二)能够期待获得内在的满足感。此类活动主要为自我和他人 *满意度(义项一、二)的实现而展开(cf. Stebbins 2004a:1),而不是为了艺术家的报酬。例如,在派对上为人们演奏音乐、给同事讲故事、制作并放映家庭录像、同他人一起跳舞与唱歌以及展示自己的玩偶收藏品等。这些从根本上说是社交活动,即使早期的创新通常带有强烈的个人性和非社交性。

informal social innovation activity 非正式社会创新活动 旨在改革或改变社会制度或/和政治制度的 *政治参与,可以按照社会创新 *价值要求在任何层级的政府中实施。此类创新活动——也被称为 *社会政治创新——可能以正式的方式发生,也可能以非正式的方式实施。因此,一个人可能以 *会员的身份正式地对 *社会运动团体做出贡献,或者以非会员的身份非正式地做出贡献。一个人也可能会在一个公共集会上以公民个人的身份非正式地发表针对改革基本观点的演说,或者正式地担任 *会议主席,鼓励出席的人表达自己的观点。换句话说,非正式社会创新活动是对应于正式组织的社会创新活动的一种方式,它们都属于 *非营利部门的活动范畴。Rohracher (2003, passim) 研究了用户、生产者与中介处理彼此间采用两种新型环境技术问题时正式和非正式社会创新的交汇关系。

informal socialization 非正式社会化 参见 **socialization**(社会化)。

informal sports and outdoor recreational activity 非正式体育与户外娱乐活动 指单独、在 *集体中或在 *非正式团体中进行的个人活动,涉及体育与竞技领域,或者是涉及如徒步、慢跑、游泳、打猎、钓鱼、园艺(为娱乐计)等其他户外活

动。非正式体育与户外活动不是 ＊ **个体志愿活动**的一部分,因为这不是出于
＊ **志愿利他主义**而实施的活动。Major(2001,关于慢跑的主题研究),Bryan
(1977,关于钓鳟鱼的主题研究),以及 Crouch 和 Ward(1994,关于自留地园
艺的主题研究)等,都仔细观察过此类活动。

informal study activity **非正式学习活动** 指单独、在 ＊ **集体**中或在 ＊ **非正式团体**
中进行的个人活动,集中关注学习、研究、信息吸收、教育以及获取知识等 ＊ **目
标**。非正式学习活动不是 ＊ **个体志愿活动**的一部分,因为这不是出于 ＊ **志愿
利他主义**而实施的活动,而且有些活动甚至带有强制性特征(如家庭作业)。
Stebbins(1993c:130)把这种非正式学习活动放在"目标导向的孤独"标题下
进行讨论,认为这是一种针对复杂项目的学习或工作的有效方式,人们可以暂
时将自己隔离开来。

informal tax-exempt status of nonprofits **非正式免税地位的非营利组织** 参见
tax-exempt status of nonprofits(非营利免税地位)。

informal voluntary action **非正式志愿行动** 参见 **individual voluntary action**(个体
志愿活动)。

informal voluntary group **非正式志愿团体** 参见 **informal nonprofit group**(非正式
非营利组织)。

informal volunteer **非正式志愿者** 参见 **informal service volunteering**(非正式服务
志愿行动)。

informal volunteering **非正式志愿行动** 参见 **informal service volunteering**(非正
式服务志愿行动)。

informal volunteer time **非正式志愿时间** 参见 **volunteer time**(志愿时间)。

informal work group **非正式工作团队** 参见 **work group**(工作团队)。

informational incentive **信息激励** ＊ **激励**的一种,指参与 ＊ **非营利团体**过程中形
成的根植于学习新信息和新 ＊ **知识**的渴望(cf. Knoke 1990:115;Smith 2000:
99)。同时参见 **incentive type in nonprofits**(非营利激励类型)。

infrastructure organization of nonprofit sector **非营利部门的基础设施组织** 参见
nonprofit sector, infrastructure organization of(非营利部门,基础设施组织)。

in-kind contribution **实物捐助** 以实物商品或物理空间/设施(有时也可以是特殊
服务)向 ＊ **非营利团体**所作的捐助(＊ **捐赠**)。Connors 和 Wise(1988:35-12

in-kind matching

to 35-13)列举了企业可能向非营利团体所作的各种实物捐助,包括各种类型的空间和设施,以及各种类型的产品与服务。实物捐助一般是同金钱捐助相对应的方式,但有时也包括(常常是专门的、短期的)*服务型志愿行动。

in-kind matching **实物匹配** 指实物性的商业礼物(***实物礼品,商业**),在价值上或多或少地等同于*非营利团体从其他渠道接收的捐赠。由于此类*礼品不被计入慈善捐助报告,因此很难系统性收集此方面的数据(Weitzman et al. 2002:83—84)。

innovation in nonprofits **非营利创新** 指改变*非营利团体计划的实施过程,以便于该团体能更好地达成其***使命**,这种变革通常建立在对以前团体的***效能**和***影响力**(参见 impact of nonprofits/nonprofit sector(非营利/非营利部门影响力))的评估(*非营利团体评估)基础之上(Eadie 1997)。成功的非营利组织,尤其是*付酬员工非营利组织,往往会不断地自我更新并主动作出改变,以应对组织环境的变化、客户群的变化和员工个性的变化(cf. Light 1998,passim)。

inquiry letter **申请函** 参见 letter of inquiry(申请函件)。

in-service training in nonprofits **非营利在职培训** 指由雇佣方(如*付酬员工非营利组织)提供的同工作相关的教育项目。培训可能由主管或专业人士进行,目的是提高特定雇员的工作角色效能(cf. Macduff 2005,passim)。此类培训是以工作为导向的,培训期较短,培训内容为受训者职业领域内最新的行政管理、科学或技术革新等。Reilly 和 Petersen(1997,passim)介绍了内华达州为儿童福利工作者提供的在职培训。同时参见 staff development(职员发展)。

insider, societal **局内人,社会** 系指精英人物,或者是已经具有一定社会地位的人。针对特定制度化部门而言,通常也指社会上那些最具权势和影响力的人物。C. Wright Mills(1956,passim)研究了在美国社会作为局内人的有权势的精英人物问题。

insider vs. outsider orientation of nonprofit **非营利局内人定位 vs.局外人定位** 1.(局内人定位)指*非营利团体倾向于直接将利益配置给精英和组织所在的社会上具有地位的人。2.(局外人定位)指*非营利团体倾向于直接将利益分配给更为贫困的人和组织所在的社会上权力较少的会员。这里使用的术语"局外人"(其反义词为"局内人"),已经在 Becker(1963,passim)的研究上有所拓展。历史地看,非营利团体往往是局内人定位的组织,而局外人定位在大约19世纪以后是比较常见的(Smith 2000:88)。

institution, alternative　制度,替代性　一种完全不同的认识、展现、体验＊**工作**、＊**休闲**、＊**宗教**、家庭、政治、教育以及其他基本关系和生活中的活动等现象的方式,社会上只有少数人支持。通过质疑西方生活中的操作假设,并提出新的＊**价值复杂体系**,替代性制度挑战了既存制度(Kanter and Zurcher 1973:138)。

institutional isomorphism　组织同构　指在面临同样的环境条件时,迫使某＊**组织**,包括＊**非营利**组织,接受其他组织特征的过程。当所有组织竞争政治权力,以及谋取它们所处社会的合法性时,这一同构过程便会启动(DiMaggio and Powell 1983:149)。

institutionalized sect　组织化宗教分支　参见 **sect, established**(宗教分支,建制)。

instrumental goal/group　工具性目标/团体　以围绕某种条件或环境所取得的成就为中心的＊**目标**或者＊**非营利团体**,这些条件或环境同参与的个体并无关联,比如＊**帮助**局外人或引起政治变革等。工具性目标和团体同＊**表达性目标/团体**不同,这里关注的首要问题是非营利＊**团体的解析成员**的关切、他们的需求和他们的情感(Gordon and Babchuk 1959, passim)。大多数情况下,这两个概念现在已经过时了,很大程度上分别被包容于非会员利益(＊**公共利益**)和 ＊**会员利益**这两个孪生概念之中(e.g., Smith 1993, passim; 2000:115)。同时参见 **expressive goal/group**(表达性目标/团体)。

insurrection　暴动　参见 **rebellion**(反抗)。

intensity of participation　参与的强度　指参与的程度,它是理性的或/和充满激情的,而不是墨守成规的或/和例行公事的(Kasperson and Breithart 1974:4)。

intensity of volunteer activity　志愿活动的强度　指概念化衡量＊**参与的强度**的难度——因为这与志愿活动有关——远不是仅仅计算志愿工作的时间(Harootyan and Vorek 1994)。

intentional community　理想社区　指那些选择住得极为接近或住在同一栋大楼的＊**非营利团体**,它们共享一种日常生活的意识形态,通常为改革主义的或乌托邦式的,且以一种特殊的合作(＊**合作**)关系聚集在一起(cf. Bouvard 1975, passim)。在理想社区中,有些组织分享它们的工作,并共同拥有钱财、土地和建筑物。尽管这些具有*公社的特征,但美国的大多数理想社区并不是严格意义上的公社。有些匿名(2000,passim)的学术成果就是直接以美国的理想社区为研究对象的。McCamant 等人(1994,passim),Hanson(1996,passim)都写过关于共同房产(指居住在紧密毗邻的大楼之内)的著作,他们认为共同房产是理想社区的一条实现路径。Schehr(1997,passim)将美国近来理想社区的兴起视为一种*新社会运动。

Interdisciplinary Sequential Specificity Time Allocation Lifespan (ISSTAL) model 跨学科下的特殊连续时间配置终身(ISSTAL)模型　Smith 等人(1980,chap. 18,especially pp. 408—409)设计的一种模型,用以解释个体的*休闲活动,包括个体的*志愿行动和*个体志愿活动。该模型通过*时间—预算/时间日志方法,重点关注每天分配各种活动的时间,以一种动态的生命周期或纵向的视角研究人类行为。该模式还认为,休闲活动最能以结合了不同预测变量的跨学科的角度加以解释,从更一般的历史和社会背景变量开始,然后通过中间层次的社会人口统计学变量,再到更为具体的人格、知识能力、态度和保留信息变量,下到最具体的情境变量(Smith et al. 1980:414—415,441)。增加预测变量特异性的后一种模型被称为"连续特异性方法"(sequential specificity approach)。关于社会和政治活动(Smith and Macauley,1980,chap. 18 and passim)、户外娱乐活动(Smith and Theberge 1987,passim)和*志愿行动(Smith 1994:256)的研究基本上都能够以这个模型来解释。对于解释不同预测类型分析的多面相应用,这个模型的支持度更强(Smith 1975:260;1994:256)。

interest　利益关系・利益　这个概念有三种不同定义,都同*非营利部门直接相关,均摘自《牛津英语大词典(简编本)》(2002:1400):1. 指一种事实或关系,系对财产、权利或所有权等事物的享有、关注等所形成的。2. 指一种*利益表现。3. 指对个体或*非营利团体具有重要意义的事物。最后一种定义是三种定义中最具有一般性的。"利益"在非营利部门的研究文献中是被广泛使用的常见术语,却从未被仔细地研究和阐释,因而已经变成了一个科学的概念。

interest group　利益集团　*非营利团体的一种,旨在通过传统*政治志愿活动影响政治过程和*决策过程。尽管不同于社会*抗议,但此类团体可能仍然会通过*中介性非营利组织,尤其是商业*社团组织来开展抗争活动。尽管明显不属于*非营利部门,商业公司有时却以利益集团的方式单独开展活动。Wilson(1990,passim)对利益集团的复杂性问题进行过概论性研究,其他研究专家还有 Berry(1997,passim),Cigler 和 Loomis(2002),Clawson 等(1992),Goldstein(1999),Hrebenar(1997),Hula(1999),Lowery 和 Brasher(2004),McCaghy 等(2002),Richardson(1993),Thomas(2004),Van Deth(1997),以及 Wright 和 Oppenheimer(2003)。Thomas 和 Hrebenar(1996,passim)对美国州一级的利益集团开展过研究。同时参见 **public interest group**(公共利益集团);**special interest group**(特殊利益集团);**self-interest**(自利)。

intergovernmental association 政府间社团 1. 某一区域层面和另一个区域层面的*政府性*社团(如东南密歇根政府理事会(Southeastern Michigan Council of Governments,SEMCOG))。2. 一种*国际政府组织,或者*政府间组织(IGO),即由两个或两个以上不同国家的政府代表所组成的一种政府间社团(Feld et al. 1994,passim)。

intergovernmental organization(IGO) 政府间组织(IGO) 指国家*政府所结成的*非营利*联盟,比如联合国组织(及联合国的很多机构)、美洲国家组织、北大西洋公约组织(the North Atlantic Treaty Organization,NATO)(Iriye 2002,passim;Feld et al. 1994;Hawdon 1996,passim;Jordan and Feld 2001;Muldoon 2004;Van de Fliert 1994,passim)。欧盟是一种政府间组织,现已变成了一个区域性政府联合会,在组织上有时类似于美利坚合众国。

intergroup relations 团体间关系·多元文化关系 1. 系指代表两个或两个以上*团体的个体间的互动关系,互动通常以特定关切或由这些团体所享有的*利益为中心。Falomir-Pichastor 及其同事(2004,passim)分析了团体内部威胁在团体间歧视中的作用以及团体内规范对这种歧视的影响。2. 系关于民族间或种族间关系的术语,现在通常指多元文化关系(Banks and McGee 1995,passim;Fromkin and Sherwood 1976,passim;Rose 1965,passim)。

intermediary 中介 指将*捐助者的金钱和时间同需要的*非营利团体联系起来的人或组织(Van Til 1994:58)。另外,咨询师、培训师、律师、项目管理人员都可作为*非营利部门的中介提供服务。他们经营自己的*中介性非营利组织性质的公司,或者服务于*基金会、支持中心、*基金筹措公司等。同时参见 **fund-raising intermediary**(基金筹措中介组织);**nonprofit sector, infrastructure organization of**(非营利部门,基础设施组织)。

intermediary nonprofit organization　中介性非营利组织　参见 **intermediary**(中介); **intermediary organization**(中介组织)。

intermediary organization　中介组织　一个通用的术语,用来指 * 非营利团体,尤其是 * 社团组织,居中处理公民与政府或者其他团体之间或 * 社会部门之间的问题(Van Deth 1997:2)。Berger 和 Neuhaus(1977,passim)就他们所称的"中介结构"的作用作过经典评述,该结构在公共社会领域赋予人们以权力。

intern as volunteer　实习志愿者　系指实习 * 项目中的一种岗位,实习生事实上就是 * 志愿者,或者应当被视为志愿者。在 Energize 网(http://www.energizeinc.com)2004 年 11 月发布的加强志愿管理动态中,Ellis 讨论过这种岗位的利与弊。同时参见 **marginal volunteering**(边缘性志愿行动)。

internal activity level　内部活动水平　参见 **activity level in nonprofits**(非营利活动水平)。

internal democracy　内部民主　参见 **democracy in nonprofit groups**(非营利团体民主)。

internal dynamics of nonprofits　非营利组织内部动力　参见 **process of nonprofit groups**(非营利团体过程)。

internal funding　内部资金　参见 **funding in nonprofits**(对非营利的资助)。

internal guidance system　内部导引体系　参见 **guidance system in nonprofits**(非营利导引系统)。

internal impact　内部影响　参见 **impact of nonprofit**(非营利影响力)。

internal organizational health　内部组织健康状况　参见 **organizational health**(组织健康状况)。

internal process　内部进程　参见 **process of nonprofit groups**(非营利团体过程)。

Internal Revenue Service (IRS) registration of nonprofits　美国国税局(IRS)关于非营利组织登记规定　系指根据美国《国内税收法》第 501(c)(1)—(21)、501(d)—(f)、501(k)、501(n)、521、527—529 条规定,* 非营利团体享有免税待遇的正式程序(O'Neill 2002:4—5)。这涵盖了很多不同类型的 * 非营利组织,包括所有的 * 基金会、大多数 * 付酬员工非营利组织,而现有的 * 草根社团享有免税资格的比例则非常小(Smith 2000:36;Toepler 2003)。

internal structure　内部结构　参见 **structure of nonprofit group**(非营利团体结构)。

international association　国际社团　参见 **transnational association/transnational nonprofit**(跨国社团/跨国非营利)。

international classification of nonprofit organizations(ICNPO)　非营利组织国际分类法(ICNPO)　指以经济活动为基础,将 * 非营利组织分为 12 个大类 24 个小类的分类方式。Salamon 和 Anheier(1992b,passim)发展了 ICNPO 分类方式,发现它在以下 5 个关键性评估标准上得分较高:显著性、经济性、严谨性、组织力量、丰富性。一项对 ICNPO 的部分测试结果显示,在区分不同类型非营利机构的能力上,它要优于其他竞争者。Smith(1996a)对 ICNPO 提出了几项改进建议。

international governmental organization　国际政府组织　参见 **intergovernmental organization**(政府间组织)。

international nongovernmental organization(INGO)　国际非政府组织(INGO)　参见 **transnational association/transnational nonprofit**(跨国社团/跨国非营利); **intergovernmental association**(政府间社团)。

international nonprofit　国际非营利组织　参见 **transnational association/transnational nonprofit**(跨国社团/跨国非营利)。

International Society for Third Sector Research(ISTR)　国际第三部门研究协会(ISTR)　为旨在推动 * 公益事业、* 公民社会和 * 非营利部门领域的研究和教育而成立的国际性社团组织。该协会尤为强调对发展中国家(第三世界)和中东欧国家的 * 第三部门的研究。ISTR 成立于 1992 年,设在马里兰州巴尔的摩市(网址为 http://www.istr.org)。

international volunteering　国际志愿行动　参见 **cross-national volunteering**(跨国志愿行动)。

Internet activism　互联网行动主义　指借助互联网实施的 * 行动主义。此类行动主义可能在范围上是国际化的,Kahn 和 Kellner(2004)关于"西雅图的战斗"(Battle of Seattle)和使用网络日志的论文就是例证。同时参见 **virtual volunteering**(虚拟志愿行动)。

Internet group　互联网团体　系结构松散的一种组织,通常为 * 非正式团体或 * 集体,通过聊天室、BBS 和互动网站在互联网上互动,而不是面对面地交往。

Rheingold（1993，passim）出版了研究网络团体现象的第一本大部头，书名为《虚拟社区》(*The Virtual Community*)。近来，Brainard 和 Brinkerhoff（2004）讲述了两个关注阿富汗 * 问题的互联网团体（称为"网络草根组织"）的故事。他们认为，此类团体是一种新型的、非空间限制的 * **草根社团**组织形式。在另一项研究中，Van Aelst 和 Walgrave（2002，passim）描绘了在形塑反全球化运动（* **社会运动**）中的互联网团体及其作用。Schuler 和 Day（2004，passim）讨论了网络空间公民社会的新作用。同时参见 **online support group**（在线支持团体）。

interorganizational field　组织间领域　系指本地和超本地组织背景下的 * **非营利团体**，它们在组织生活中形成了一种公认的领域（DiMaggio and Powell 1983：148）。因此，组织间领域包括居住社区、组织间系统、网络组织，因为它们影响着团体组织的结构和运作过程。这个概念是由 Warren（1967，passim）提出的。同时参见 **environment，organizational**（环境，组织）；**population ecology of organizations approach**（种群生态学的组织方法）。

interorganizational relations（IOR）　组织间关系（IOR）　系指发生在两个或两个以上 * **组织**之间的一整套关系，涉及从相互体认到积极伙伴关系，乃至形成联合会甚至是组织的合并（cf. Klonglan and Yep 1972，passim）。Nicholls（2003，passim）研究了为洛杉矶进步 * **社区**建立新的组织基础设施的 * **问题**。他指出了好几种机制问题，这些机制滋养了这个社区中的组织间关系，并为集体行动创造了可能性。

intrinsic satisfaction　内在满意度　指活动实施者从活动自身获得的 * **满意度**（义项一）（如工作、* **志愿行动**、其他 * **志愿活动**）（Kelly 1996：23；Lawler 1973，passim）。这同 * **外在满意度**不同，后者是通过活动的外部条件获得的。志愿行动被认为要比大多数付酬工作能够带来更多的内在满意度，很大程度上是因为大多数人都会为了报酬做第二份工作，而第一份工作的报酬少而又少或无报酬（cf. Stebbins 2004a，chap. 6）。同时参见 **fulfillment**（实现）。

introverted nonprofit group　封闭型非营利团体　参见 **isolated nonprofit group**（孤立的非营利团体）。

inurement prohibition　禁止性条款的适用　指美国财政部法规禁止国税局根据《国内税收法》第 501（c）（3）条所认定的慈善组织将自己的净收入（* **超额收**

入)用于局内人支出,比如不得支付给资助人、董事和高级管理人员,尽管这只是宽松的规定(Fishman and Schwarz 2000:494—495)。

investment by nonprofits 非营利组织投资 1. 指 * **非营利团体**的基金(***资源**)在不是迫切用于运营需要的情况下,转移为投资工具,比如计息银行账户、货币市场基金、定期存款、债券、股票、共同基金以及其他投资途径,所有这些投资都是为了提升闲置资金的价值。2. 指在义项一提及的投资工具中,不是迫切需要用于运营支出的资金的处置方式,或者是那些不宜用在运营支出上的资金的处置方式(如严格限制支出范围的捐款)。在非营利组织具有捐赠款时,投资通常是最低限度的。但是,不管怎样,投资都是进行良好 * **非营利财务管理**的一部分。Kolaric,Meglic-Crnak 和 Svetlik (1995,passim)认为,在斯洛文尼亚,国家必须改变针对非营利资本投资的 * **政策**,原因是当前的政策遏制了非营利组织的成长。

involuntary dissolution of a nonprofit organization 非营利组织的强制解散 指 * **非营利组织**在下列情况下被依法强制解散:不开展活动、欺诈性管理、不能偿付债权人(Fishman and Schwarz 2000:114)。同时参见 **dissolution and distribution of assets of a nonprofit organization**(非营利组织的财产清算与分配)。

iron cage of bureaucracy 官僚机构的"铁笼" 一种针对 * **官僚机构**所作的理性层面的比喻,比如按机制运行、去人格化、墨守成规,从而压制了个人自由(Weber 1952:181—182;Gerth and Mills 1958:50)。

iron law of oligarchy 寡头铁律 指权力集中到少数几个人手里的趋向,这种规律同政府形式无涉。这个术语是由 Robert Michels (1915/1959:372—392)首先提出的。Van Til (1988:60—61)对 * **非营利部门**的"铁律"的有效性进行了考察。

iron triangle, the 铁三角,特指 指相互联系起来的三种关系模式,它们彼此相互 * **影响**、相互 * **适应**,存在于资金状况良好的 * **特殊利益集团**之中,也存在于立法 * **委员会**或二级立法委员会之中,它们就团体组织的特殊利益领域(如教育、卫生、公路等)制定法律,还存在于设在华盛顿特区(或设在州一级)适用这些法律的 * **官僚机构**中(White 1973:71—72;see also Hrebenar 1997:263—265)。铁三角在美国被认为是很常见的现象。这一概念最初适用于全国性层面,现在已经拓展(e.g.,by Hamm 1986,passim)到州一级层面。通常情况下,铁三角指的是"次级政府"(McCool 1990,passim)。这一分析工具对 *利益集团而言是极为重要的,因为它指出了"利益集团影响*政策和*项目决策的最普遍和最有效的渠道"(Ripley and Franklin 1980:10)。

isolated nonprofit group **孤立的非营利团体** 系指与其他非营利团体或资助人无任何工作关系的*非营利团体。Kaplan(1986:24)指出,非营利组织的孤立是能够被减少的,途径是建立团体*联盟和作相互支持的工作安排,借助"数字力量"来解决共同关切。

isolated nonprofit group flat-earth paradigm **孤立非营利团体的扁平地球范式** 系指非营利模式的分析方法,该方法不考虑*非营利团体的环境状况及其在所处*社区和更大范围的社会中的地位(Smith 2000:237—238)。

isomorphism, coercive **同构,强制** 系指*组织同构,是由最为依赖的其他组织施加于特定*组织之上的正式与非正式压力造成的(DiMaggio and Powell 1983:150)。其中,正式的压力是由诸如资助*机构和非营利团体联合会等设定和执行的强制性做法,要求这些团体在其管辖权范围内履行职能,其依据是相似的年度预算周期、经过审计的资金报告、标准的运作程序等。

ISSTAL model **ISSTAL 模型** 参见 **Interdisciplinary Sequential Specificity Time Allocation Lifespan(ISSTAL)model**(跨学科下的特殊连续时间配置终身(ISSTAL)模型)。

issue **事务** 系指复杂的*问题,难以被充分界定,以至于显然没有明显的解决方案(McWhinney 1992:62—64)。Boris 和 Krehely(2002:312)讨论过竞选资金改革的问题,其解决之策会影响到免税组织(*非营利免税地位)。

J

job creation for volunteers/members **志愿者/会员就业机会的创造** 为 *非营利团体和 *志愿项目的主要管理功能,需要设计 *志愿者角色和工作职责,描述某一特定的 *志愿者/*会员可以做何种工作、与谁一起做、在哪里做、何时做以及预期的结果。在大型 *付酬员工组织中为志愿者寻找合适的岗位,有时是一项艺术性的工作,而 *社团中的志愿者角色往往更为传统(*非营利官员、*董事、*委员会 *成员;Battle 1988,chap. 6)。Connors (1995,chap. 3),Ellis (2002,chap. 2),Fisher 和 Cole (1993,chap. 2),Thomas 和 Thomas (1998,passim),以及 Wittich (2003a,passim)都对为志愿者创造就业机会的实践进行过研究。

joint funding **联合基金** 指通过来自多个 *捐助者(通常是 *基金会)多途径的 *资助,支持 *非营利团体或 *项目。英国的行走不便儿童运动 Whizz-Kids 在其网站上(http://www.whizz-kids.org.uk)列出了为此类 *公益机构提供的一些服务筹措联合基金的实例。

juvenile gang **青少年帮派** 参见 **gang**(青少年犯罪团伙·帮派·团伙)。

K

key volunteer　**核心志愿者**　参见 **volunteer，key**(志愿者，核心)。

kibbutz　**基布兹**　以色列的一种＊**公社**制度。Gavron (2000, passim) 对现在居住在基布兹的十位退伍老兵和青年进行了描述,其中包括他们对这种组织机构在不断变化的世界中的未来有何看法。参见 **commune**(公社)。

knowledge　**知识**　指知晓或了解某些事实、＊**问题**、＊**事务**、程序及类似信息的状况。在＊**非营利部门**中,借助＊**团体经验**(相对于演讲或纸本文献)所获得的知识,被视为"经验知识"(Borkman 1976, passim)。Smith(2000:199)研究指出,大多数＊**草根社团**为其＊**成员**提供某些信息或知识。

Koinonia　**联合**　古希腊术语,指＊**公有**的一种形式,需满足五个先决要件:(1) 非强制性＊**参与**;(2) 具有某种程度和水平的公共目的直接性;(3) 与＊**公共池塘资源**有关;(4) 参与者具有一定程度的相互影响;(5) 公平的社会关系(Finley 1974, passim)。

L

labor union　劳工联盟　参见 **union**（工会）。

Lady Bountiful　女慈善家　指尊贵的、慷慨的、富有的女性（源于 George Farquhar 的戏剧作品《美丽战略》中的主人公）。Smith（2000:17）发现，该术语在 * **非营利部门**的使用贯穿于 * **志愿利他主义**的实践之中，带有某种程度的居高临下之感。McCarthy（1990，passim）在其关于女性与慈善的著作中，重温了《美丽战略》的主题。同时参见 **noblesse oblige**（位高责重）。

laissez-faire　自由放任　1. 一项反对政府干预经济事务的原则，它以维护和平与保障财产权为政府干预的最低限度。2. 一种哲学与实践，在特定案例中，其特征是主动放弃引导或干预个人选择与行动自由的权利。关于义项二，Ayman（2000:1565—1566）总结了放任型 * **领导**的相关研究，相对于民主（* **民主**）或专制（参见 **dictatorship**（独裁））的领导。

lapsed donor renewal　流失的捐助者更新　参见 **donor renewal**（捐助更新）。

lateral reciprocity　侧面互惠　* 互惠的一种形式，指一个人基于 * **组织利益**或某种 * **动因**，实施 * **赠与**或从事 * **志愿行动**。之所以这么做，部分是因为其朋友或家人此前通过那个组织或基于那种动因，获得过直接或间接的 * **好处**。这个概念由 Chambré（1987）提出，他在研究中发现，24％年长的成年志愿者有朋友或家人先前接受过他们志愿加入的组织所提供的服务。同时参见 **reciprocity**（互惠）；**anticipatory reciprocity**（互惠预期）；**concurrent reciprocity**（并发互惠）;**retrospective reciprocity**（回馈式互惠）。

law and nonprofits/charity 非营利/慈善组织与法制 指启动和运作＊**非营利团体**涉及的法律法规,这在大型＊**付酬员工非营利组织**中可能表现得相当复杂（Hopkins 1998,2001；Mancuso 2004；Silk 2004；Wilbur 2000,chap. 14）,而在大多数＊**草根社团**中则非常简单(Smith 2000)。与公益慈善相关的法律有悠久的历史,可以追溯到1601年颁布的《＊**慈善用途法**》和更早期的法律法规(Burlingame 2004:295—305；Luxton 2001,passim）。

lawful purpose of nonprofit corporation 非营利法人的合法目标 只要非营利组织的运作不是为了获得金钱利润,并遵守＊**非分配性限制条款**,＊**非营利法人**可以追求任何不违法的目标(cf. Fishman and Schwarz 2000:72）。

leader 领导者 1. 对他人的行为和观点起到指引作用的人。2. 在＊**社会运动**或＊**非营利团体**中发挥领导作用的人。根据这两个定义,Harris（1998a:151—152)发现,＊**非营利团体**的领导者在指导和管理＊**志愿者**的过程中往往受到很大的限制,如果志愿者认为领导者的要求是令人不悦的,则会很容易地退出志愿组织团队。

leader, formal nonprofit 领导者,正式非营利组织 在＊**非营利团体**中担任正式职务或扮演正式角色的＊**领导者**（比如,当选官员、＊**董事**、＊**委员会**主席）。此类组织的正式领导者通常被称为"＊**志愿者**",尤其是在＊**草根社团**中（Smith 2000:152）。

leader, informal nonprofit 领导者,非正式非营利组织 指本身是＊**领导者**,但是在＊**非营利团体**中并不占据发挥领导作用的正式职位或扮演正式角色。他们中的很多人过去是＊**正式领导者**,而现在不再担任这些职务,但是在非营利团体中仍然具有相当的影响力(Smith 2000:152）。

leader, social movement 领导者,社会运动 在＊**社会运动**中发挥领导作用的人。Baker,Johnson和 Lavalette（2001:5—7)研究发现,运动领导者的作用体现在知识和实践两个方面,即在社会运动能够、应该如何开展与敦促他人总结自己的所思所想方面具有指导作用。

leader, succession of 领导者,继任 指一个＊**领导者**被另一个人替代。在小型＊**非营利团体**,尤其是＊**草根社团**中,继任通常是临时性的安排,因为发现领导者是个典型的难题,所以很多现任领导者觉得有必要继续留在他们的岗位上,直至找到继任者为止(Smith 2000:160)。

leadership 领导 1. 指作为 *领导者(义项一、义项二)的行为。Northouse(1997,passim)以一种务实的整体性态度,对领导类型和领导理论作了精辟的概括。在 Burns(1978,passim)关于组织领导的经典著作中,有几章(chaps. 2,7,8,9,11,12)与*非营利团体的领导问题密切相关。Chrislip 和 Larson(1994,passim)在评估合作型领导时,特别提及这一领导方式对公民和非营利团体的适用性。Bryson 和 Crosby(1992)讨论了非营利组织领导中的公共产品问题。Light(1998,passim)所研究的领导问题则涉及持续创新。2. 指某*团体领导者集思广益。志愿型*非营利组织的领导似乎要比*付酬员工团体的领导更为重要,这部分是因为在涉及保持运作过程中的领先状态时,前者缺乏基于规则的指导和更多的"社会动力"(Adler 1981:44—45)。此类领导可以由团体会员选举产生,也可能由现任领导者(如总裁、*执行主任)或者是领导团队(如*董事会、*执行委员会)任命。*社团领导一般由当选*官员、*董事会成员和*委员会主席所组成(Battle 1988, chap. 5; Flanagan 1984, chap. 10; Milligan and Milligan 1965, chap. 4)。

leadership, contingency approach to 领导,权变方法 一种理论视角,中心问题是*领导(义项一)源于个人与环境之间的互动(Bryman 1996:279; Northouse 1997, chap. 5)。

leadership, situational approach to 领导,情景方法 一种理论视角,中心问题是:不同情景下的*领导(义项一)需要有所差别,应同时具有指示性和支持性成分(Hersey and Blanchard 1969, passim; Northouse 1997, chap. 4)。

leadership, trait approach to 领导,特质方法 一种理论视角,中心问题是:*领导(义项一)源于个人特殊的人格特质(cf. Northouse 1997, chap. 2; Stogdill 1948, passim)。尽管鲜有关于*非营利组织*领导心理学特质的研究,但是 Bryman(1996:277)研究发现,与普通会员相比,工作*组织部门的领导在知识、勇气和主宰性等方面往往更具优势。

leadership, transformational approach to 领导,转型方法 一种理论视角,中心问题是:*领导是一个改变和转变个人的过程,建立在追随者的需求和价值之上;转型视角下的领导还包括有洞察力的领导和魅力型领导(Burns 1978, passim; Downton 1973, passim; Northouse 1997, chap. 8)。这种形式的领导对于基于价值观的＊**非营利组织**是最适合的,包括＊**社会运动**。

least-developing countries（less-developing countries） **最不发达国家（欠发达国家）** 为联合国术语,与"第四世界"同义。Estes（2000，passim）使用各种社会指标,研究了1970年至1997年间几个最不发达中东国家的社会发展趋势。

least effort, principle of **最小努力,原则** 指在追求＊**目标**的过程中,人或动物多会沿循一条付出最小努力的路径。Zipf（1949，passim）写过一部关于这一原则的著作,因其明确的阐述而在社会科学界广为引用。

legal aspects of nonprofits **非营利组织的合法层面** 参见 **law and nonprofits/charity**（非营利/慈善组织与法制）。

legal status of nonprofit **非营利合法地位** 1. 指＊**非营利团体**是否在州、省或全国的层面获得正式法人资格（cf. Hopkins 1998，passim）。2. 指＊**非营利组织**是否依据在＊**国税局**(美国)注册或者其他国家的等值法而获得正式的免税地位（Hopkins 1998，passim；Weisbrod 1992，passim）。＊**付酬员工非营利组织**几乎总能获得义项一和义项二的合法地位,而很多＊**草根社团**却不能获得义项一的合法地位,只能获得非正式免税（义项二）资格（Smith 2000:109—110）。

legislative advocacy by nonprofits **非营利的合法倡导** 参见 **lobbying**（游说活动）；**lobbyist**（游说分子）；**interest group**（利益集团）。

legitimacy, change in nonprofits **合法性,非营利变革** 指当＊**非营利团体**不再是＊**非正式团体**,而是借助与国家的正式关系成为一个合法的组织时,通常要遵守一整套＊**组织章程**才能实现变革（Perlmutter and Gummer 1994:232）。

leisure/leisure time **休闲/休闲时间** 指在＊**自由时间**实施非强制性活动（cf. Brightbill 1960:4）。因此,非强制性活动,包括＊**志愿活动**,指的是人们想做的一些事情,是在达致个人满意(＊**满意度**)的水平上,利用个人能力和＊**资源**成功实施的（Stebbins 2002b）。进一步而言,作为非强制性活动,休闲是一种不同于经济功能的工作；是一种愉快的期待和回忆；是一种最小化的非志愿义务；是一种心理上的自由认知；也是一种从无关紧要、微不足道到有分量、有重要性的活动范围（Kaplan 1960:22—25）。同时参见 **free time**（自由时间）；**tertiary time**（第三时间段）；**leisure activity**（休闲活动）；**noncoercion**（非强制性）。

leisure activity 休闲活动 指一个人在 * **休闲时间**所做的事情,比如看电视、打网球或者做红十字会志愿者(cf. Kelly 1996:19—20),有时也指"相机行事的自由活动"。Godbey(1999:91—92)讨论了吸引人们参与特定休闲活动的若干条件。虽然大多数当代休闲活动可以被视为 * **非营利部门**的一部分,在自由时间开展的活动却不是受 * **志愿利他主义**的激励,而多为非营利部门之外个人享受的休闲活动(比如,打盹、闲逛、睡大觉)。因此, * **志愿活动**是典型的休闲活动, * **纯粹志愿行动**更是如此。Kelly(1996,pt. 3)讨论了休闲活动的主要方式,如体育与健身、户外娱乐、休闲志趣与艺术、流行文化与艺术、旅游与观光。其他多位学者也对休闲活动作了充分研究(e.g., Csikzentmihalyi 1990;Kubey and Csikzentmihalyi 1990;Stebbins 1979,1992,1998,2001,2002,2004a;Zolberg 1990;Kaplan 1960;Jackson and Burton 1999;Neulinger 1974;Roberts 1999;Parker 1976;Dumazedier 1988;Pronovost 1998;Kelly 1983,1987;Kleiber and Mannell 1997;Rojek 2000;and Haworth 1997)。同时参见 **casual leisure**(率性休闲);**project-based leisure**(基于计划的休闲活动);**serious leisure**(深度休闲);**recreation/recreational activity**(康乐/康乐活动);**satisfaction**(满意度)。

leisure class 休闲阶层 社会阶层的一种,其成员有丰厚的收入,足以保障他们能够以全部或大部分时间追求 * **休闲志趣**,而其他人则需要在此时间内工作。有些当代休闲阶层的成员以 * **志愿者**的身份追求他们的休闲生活。Veblen(1899,passim)创造了"休闲阶层"这一术语,并且第一个在此领域作了深入研究。

leisure group 休闲团体 一个致力于为 * **会员**或非会员组织和提供特定 * **休闲活动**(* **正式**或 * **非正式**)的 * **非营利团体**。Stebbins(2002:17—62)对属于或光顾诸如小型团体、 * **草根社团**、 * **非营利团体**以及休闲服务 * **组织**等休闲实体的动力提升进行了研究。同时参见 **recreational group**(消遣团体)。

leisure nonprofit group 休闲非营利团体 参见 **leisure group**(休闲团体)。

leisure society 休闲社会 一个有实质性 * **休闲时间**和 * **休闲活动**的国家或社会,有别于 * **职业活动**和(其他) * **义务活动**。Haworth(1984,passim)研究了"休闲社会"理念,提出五个全国性的 * **政策目标**,以促进此类社会的建设。后来,大西洋出版公司(At lantic)出版了两本关于这一主题两面性的著作(cf.

Seabrook 1988；Neulinger 1989）。

letter of inquiry **申请函件** 由＊非营利团体发给＊基金会或＊政府机构的信件，内容是阐述其活动、＊项目和＊蓝图，并询问基金会或政府机构对＊资助基金的整个方案（＊资助方案）是不是有兴趣。基金会中心（http://www.fndcenter.org/learn/faqs/html/letter.html）讨论过这类申请函件的重要性和书写难度问题。

letter of intent **意向函件** 参见 **letter of inquiry**（申请函件）。

liability **可靠性** 指法律或衡平法规定的承担责任、接受约束或履行义务的状态。根据 Axelrod（1994：120）的研究，美国＊非营利团体的＊董事对任何违反照顾义务的行为以及对其＊组织的忠诚和服从负有个人责任。同时参见 **charitable immunity and liability**（慈善豁免与慈善责任）；**fiduciary obligations of board of directors**（董事会的信托义务）；**risk management**（风险管理）；**risk management and liability for volunteers/members**（风险管理与志愿者/会员的责任）；**risk management in nonprofits**（非营利风险管理）。

liberal corporatism **自由法团主义** 参见 **neocorporatism**（新法团主义）。

life cycle of nonprofit groups **非营利团体的生命周期** 指＊非营利团体的创立、发展、变革以及可能的衰落的过程或历史。Smith（2000：167—194）考察了影响＊社团组织生命周期的很多因素。Bowen 等人（1994，chap. 9）研究了付酬员工非营利组织生命周期的相关数据。Hall（1996，chap. 10）对组织生命周期的研究进行了综述。

life span of nonprofit groups **非营利团体的生命跨度** 指＊非营利团体的存续期，就＊草根社团而言，即便很成功，其生命跨度往往也相对较短（Smith 2000：77）。Bowen 等人（1994，chap. 6）研究了非营利组织总体的退出或消亡的比率，发现越是晚近成立的新生组织，其生命跨度越长（p.104）——这是新颖带来的可靠性。

limitations on board powers **董事会权力的限制** 指具有成员结构的非营利组织董事会的权力受到限制的状况，这样董事会在重大事务上一般要受到成员的控制，在董事的选举和罢免问题上也是如此（Fishman and Schwarz 2000：147）。

limitations on charity lobbying and political campaign activities　慈善游说与政治竞选的限制　美国《国内税收法》第 501(c)(3)条规定,慈善组织具备免税资格的前提是,不得参与实质性的游说活动,不得参与支持或反对任何公职候选人的政治竞选活动(私人基金会不得进行任何游说活动)(Fishman and Schwarz 2000:520—521)。还有一种替代性的、复杂的第 501(h)条即选举开支测评条款,非营利组织选择可以进行选举而无须接受这种测评(Fisherman and Schwarz 2000:544—552)。根据《国内税收法》第 501(c)(3)条组建的非营利组织,可以另外根据第 501(c)(4)条组建新的非营利组织,后者隶属于前者,并在前者的控制之下进行游说及其他政治活动(Fishman and Schwarz 2000:568—569)。

limited monarchy　有限专制　参见 **monarchy**(专制)。

limited-purpose foundation　有限目标类基金会　﹡基金会的一类,只在一个或非常少的几个活动领域提供﹡资助,如环境保护或高等教育(克利夫兰基金会词汇大全,网址为 http://www.clevelandfoundation.org)。

linkage of nonprofit groups　非营利团体的联系途径　一种正式的连接纽带,可以是垂直的,也可以是水平的,将﹡非营利组织与其他组织联系起来,可能是商业公司、政府单位,也可能是﹡非营利部门的一个﹡组织。有些联系是名义上的,保留了非营利组织的﹡自治属性,而其他联系方式则具有严格的约束力。后者多为限制自治的联系途径(Smith 2000:80)。同时参见 **interorganizational relations(IOR)**(组织间关系(IOR))。

literature of the nonprofit sector　非营利部门文献　﹡非营利部门的相关研究文献非常丰富,这可以从卷帙浩繁的书籍类参考文献中一见端倪。比如,McAdam 和 Snow(1997)以及 Smith(2000)关于﹡非营利团体主要类别的研究。这类文献中的一些独立的参考资料可作为进一步的佐证(e.g., Layton 1987; Pugliese 1986; Smith and Freedman 1972)。此外,还有多位学者合著的《非营利部门文献:附摘要的参考资料》(*The Literature of the Nonprofit Sector: A Bibliography with Abstracts*)(纽约基金会中心 1989—1996 年度报告)。该年度报告的在线版本是更好的例证:《公益事业研究:非营利部门参考文献》(Researching Philanthropy: Literature of the Nonprofit Sector);基金会中心在线目录及摘要,可查阅纽约基金会中心自 1995 年以来的全部文献。在 2004

lobby

年11月8日的访问中，检索到22953篇完整的参考文献（http://www.lnps.fdncenter.org）。在First Search网站上搜索"WorldCat"在线（大多数）书籍数据库时，显示在同一天有120万人次点击了关键词"教会"，有621893人次点击了关键词"联盟"，有3.3万人次点击了关键词"志愿者"，有29643人次点击了关键词"公民社会"，有18965人次点击了关键词"非营利"等等。搜索以"非营利部门"为主题的论文，其数量更多，可能是十倍或十倍以上（Smith估算）。

lobby 游说 参见 **interest group**（利益集团）。

lobbying 游说活动 *游说分子开展的活动。Smucker（1991，passim）为非营利游说分子提供了全面的指导，正如Dekieffer（1997，passim）为公民游说分子所做的，后者的研究更为深入。Hrebenar（1997，pts. 1 and 2）讨论了游说活动的*基金会、*战略、*战术等问题（see also Wright and Oppenheimer 2003，passim）。Goldstein（1999，passim）研究了草根或"外部"游说活动，在这种类型的游说活动中，游说分子试图通过影响*公众（义项一）的态度和行为而对政府（尤其是联邦政府）施加影响。

lobbying incentive 游说动机 *非营利团体*动机的一种，根植于对公共或政府决策者与管理者施加政治影响的渴望（Knoke 1990：115；Smith 2000：102）。同时参见 **incentive type in nonprofits**（非营利激励类型）。

lobbyist 游说分子 从事*游说活动的人，通常是领取薪酬的全职鼓动者（*游说分子），他们针对特定私人团体，可能是些商业公司、*政治行动委员会等或*非营利团体所实施的*政策或相关*事务开展活动（cf. Berry 1997，chap. 5；Greenwald 1977，chap. 3）。游说分子试图联系与影响立法者及其他政府官员。Gibelman和Kraft（1996，passim）研究了那些为志愿人道服务*机构设计的游说*项目的诸多参数。同时参见 **special interest group**（特殊利益集团）；**public interest group**（公共利益集团）；**interest group**（利益集团）。

local exchange trading system（LETS） 本地交换商贸制度 参见 **time-money scheme**（时间—金钱方案）。

local union 本地联盟 参见 **union, local**（联盟，本地）。

lodge 看守屋俱乐部 历史上的一个成年男性组成的社会*俱乐部（cf. Ferguson 1937，passim），现在也开始接收女性*成员。Bee（2002，passim）在对英国老榆树看守屋（为独立共济会的一部分）之变迁的研究中发现，该组织从对组织与立法 * **事务**的关注演变到对社会与其所属社区的相关性进行评估。

loneliness **孤独** 指对 * **社会隔离**状态的消极情绪因子（cf. Weiss 1973）。Bernikow（1986，passim）和 Pappano（2001，passim）都撰文叙述了近期美国日益盛行的孤独问题。

long-range planning in nonprofits **非营利长期规划** 指 * **非营利团体**所作的一个长远 * **规划**，比如五年规划或十年规划。长期规划通常作为年度规划工作的补充。Shostak（1998，passim）强调了美国劳工 * **联盟**的长期规划以及为实现这一目标所使用的各种方法的重要性。

lyceum **学术讲堂** 指科学、文学或音乐 * **社团**，具有古典魅力和气息，举办公共阅读活动、演讲、音乐会及类似活动（Bode 1956，passim）。现在，这一术语本身和作为团体类型的学术讲堂都不常见了，而二者在 19 世纪晚期和 20 世纪上半叶皆得到更为频繁的运用。Ray（2002，passim）分析了 Frederick Douglass 的出现所产生的影响，指出发言人、废奴主义者、新闻记者都是学术讲堂的圈内人士。

M

mainstream nonprofit group　**主流非营利团体**　指具有维系现状导向的＊**非营利团体**，一般能够避免抗议活动和重大越轨（＊**完全越轨类非营利团体**；Smith 2000:226—227）。此类主流团体为＊**社会局内人**所主导。Brudney(1990, passim)撰写的关于动员公共机构（＊**非营利机构**）＊**志愿者**提供＊**公共服务**的手册聚焦于主流非营利团体。

management　**管理**　1. 指管理的活动和方式；在对物品或人的处置、操纵或控制，或者是对企业的指引、运转等过程中，应用管理技能或进行维护（cf. Drucker 1974, 1995, passim）。Mason(1984, passim)一直试图明确＊**非营利团体**管理形式多样的特征。在另一本著作中，Mason(1996, passim)重点研究了非营利团体的表达和情感方面的领导和管理问题。2. 指负责＊**组织**中个人管理的设置。同时参见 **nonprofit management**(非营利管理)。

management control system　**管理控制系统**　一整套正式或非正式的组织程序，至少是原则性规定，其运作是为了确保＊**非营利团体**＊**资源**利用的效率和效益（Young 1994:465—466）。

manager　**管理者**　参见 **nonprofit manager**(非营利管理人员)。

mandated citizen participation　**授权性公民参与**　参见 **government mandated citizen participation**(政府授权的公民参与)。

marginal volunteering

mandated nonprofit group participation 授权非营利团体参与 指 * 付酬员工非营利团体 * 参与 * 项目要求得到政府（cf. Gittell 1980，passim）或二级乃至更高一级教育机构（cf. Wade 1997，passim）的授权。在需要得到政府授权的上述情况下，* 非营利团体自身显然也受到需得到政府的强制命令的约束授权。Smith（2000:202）考虑了这种类型 * 组织的评估文献后发现，这种参与基本上没有实现其既定 * 目标。然而，在学校学到的 * 服务学习，即使在强制状态下，往往也能够产生积极效果（cf. Janoski et al. 1998，passim；Wade 1997，passim）。同时参见 **community service sentence**（社区服务处罚）；**government mandated citizen participation**（政府授权的公民参与）。

mandatory community service 强制社区服务·受托社区服务 1. 为" * 社区服务处罚"的同义词。2. 在更广义的层面，指有义务实施此类 * 服务以为社会所接纳或从学校（通常是高中）毕业。Janoski，Musick 和 Wilson（1998，passim）在关于强制社区服务的研究中发现，在高中阶段作为强制社区服务开展的 * 志愿工作的确产生了长期 * 效益。同时参见 **marginal volunteering**（边缘性志愿行动）。

map of nonprofit sector 非营利部门地图 一种比喻说法，由 Smith（2000:13—15）提出，用来对 * 非营利部门各种不同类型的知识取向进行描述并分类。他根据这些取向是符合"扁平地球"之喻（ * 比喻，非营利部门扁平地球）还是"椭圆地球"之喻（ * 比喻，非营利部门椭圆地球）的条件进行了分类。

mapping the nonprofit sector 非营利部门图示 参见 **mental discovery of the nonprofit sector**（非营利部门的精神发现）。

march 游行 社会抗议活动的形式，人们起初聚在一起，继而共同走上街头，排成一个长长的队伍，到达指定地点，通常会拉起巨大的标语横幅，写上与游行 * 动因相关的口号（Sharp 1973，passim）。如果游行地点是游行人员所反对的公共权力所在地，这种游行就被称为 * 直接抗议行动。否则，就是 * 象征性抗议。Cowlishaw（2003，passim）对 2000 年澳大利亚规模巨大的游行队伍作过专门研究，游行人员抗议近期发生在澳洲土著 * 社区的暴力、混乱和不幸事件等问题。

marginal volunteering 边缘性志愿行动 * 志愿者感受到强大的道德压力而同意实施的 * 志愿活动。根据活动的不同，有一定范围的活动可供 * 志愿者选择，

market approach to nonprofit groups

但是仍然为外部*利益或压力所左右,并受到*志愿活动自身以外的因素影响。Stebbins(2001:4—6)讨论了六种类型的边缘性志愿行动。同时参见 **volunteering as leisure**(休闲性志愿行动);**mandatory community service**(强制社区服务·受托社区服务);**community service sentence**(社区服务处罚);**intern as volunteer**(实习志愿者);**obligation**(义务);**anticipatory reciprocity**(互惠预期);**employment-based volunteering**(基于雇佣关系的志愿行动)。

market approach to nonprofit groups 非营利团体的市场分析方法 根据*非营利团体在*市场经济中的地位所作的分析。Hammack 和 Young(1993:3—4)坚称,这种分析方法必须考虑三个问题:第一,非营利组织如何获取维持生存和履行*使命所需的*资源? 第二,如何将针对营利商业公司制定的公共*政策应用于在市场条件下运作的非营利组织? 第三,如何理解从区域到国际的非营利组织、营利组织(*营利团体)和各级政府之间的关系? 同时参见 **mixed-form market**(混合形式的市场)。

market economy 市场经济 参见 **economy, market**(经济,市场)。

market failure 市场失灵 参见 **private market failure**(私人市场失灵)。

market transfer 市场转移 参见 **exchange**(交换)。

marketing in nonprofits 非营利的市场机制·非营利市场营销 1. 指*非营利团体的资金筹措。2. 在更广的范畴上,指向普通大众和相关公众(*顾客、*董事会、雇员、*志愿者、*捐助者、*成员以及其他*非营利团体附属机构)进行兜售的艺术,向他们宣扬特定非营利组织的价值与重要性,以促使他们愿意作出向非营利团体捐款的决定,或者愿意为非营利团体工作,或者愿意使用非营利团体。这一买卖的过程是过去所谓的"公共关系"的拓展版本(Wilbur 2000,chap. 8)。有好几位学者以图书或专章形式就此主题发表了相关论述(e.g., Andreason 1995; Fine 1992; Gainer and Moyer 2005; Herron 1997; Horvath 1995; McLeish 1995; Self and Wyman 1999; Wilbur 2000, chap. 3; Wolf 1999, chap. 5)。

mass canvass 大众鼓动 一个以居户为单位而开展的人际沟通*项目,涉及特定领域的问题,通常由具有政治、宗教或慈善*目标的*非营利团体实施。政治候选人*组织、某些*慈善组织、某些*宗教团体(如耶和华见证人),以及其他一些*非营利组织,如男孩童子军和女孩童子军都极为依赖这种鼓动方式。Wielhouwer(2000，passim)通过对 1952 年到 1996 年美国联邦选举中的政党鼓动进行研究发现，非洲裔美国人在此方面受到的动员要比他们在投票年龄段的公众中的比例小得多。

mass meeting　**全民大会**　参见 community meeting(社区会议)。

mass mobilization　**大众动员**　指为了某一 * 事务而特意召集人员的过程(Checkoway 1995)。大众动员可以采取很多方式进行，且不要求组织形式在动员中有收入和产出的考量。作为一种 * 授权形式，大众动员的主要目的是吸引个人参与。大众动员通常是临时性的，并且会产生相应的消极因素。

mass society (theory of)　**大众社会(理论)**　指聚焦于现代社会所具有的规模、密度、匿名性以及其他特征所形成的一整套见解和主张，这些社会特征压制了人们从事 * 政治参与和 * 社团活动的倾向(Kornhauser 1959，passim)。这反过来又导致了 * 非营利部门和 * 公民社会 * 参与的长期下降。Lee(2002，passim)对大众社会理论与当前的全球化理论之间的关系进行过研究。

matching grant　**匹配资助**　指 * 非营利团体筹措资金的一种安排。在这种安排下，非营利组织承诺将筹措或配置与在一定时期内从外部资源中所获取的资金相当或其一定百分比的金额。通过使用这种外部资源进行匹配资助安排，非营利组织通常必须确定筹措资金的特殊 * 项目或 * 计划也需要资金支持。匹配资助安排的不稳定性十分明显，这在 Jones(1982，passim)关于塞内加尔的村庄健康 * 基金的研究中得到了验证。

material benefit　**物质利益**　指可以通过贸易或市场的途径，以金钱的方式获得的一种回报或者优势。Uphoff(2000，passim)通过对斯里兰卡的案例研究，呈现了两种形式的 * 社会资本是如何为农民群体带来实质性物质利益的。同时参见 psychic benefit(心理收益)；utilitarian incentive(功利性激励)。

material incentive　**物质激励**　参见 utilitarian incentive(功利性激励)。

meaning of volunteering and volunteer work　**志愿行动与志愿工作的意义**　参见 voluntary altruism(志愿利他主义)；satisfaction(满意度)。

means of achievement model of organizational effectiveness　**组织效能目标达成模式**　指基于各种集体决策(手段)对 * 组织成功实现其 * 目标的贡献进行评估的方法(Murray and Tassie 1994：307—308)。

measure, economic　途径,经济　指一个有助于描述 *团体的货币数量,它是通过使用货币计量标准或工具确定的。*非营利团体通常采用的经济手段包括一定数量的 *资金、*预算规模、*资产的数量和价值等(see Smith 2000:119—120)。

mediating structure　中介结构　参见 **intermediary organization**(中介组织)。

meeting　聚会·会议·会议行动　1. 人们为了娱乐、讨论、立法或祈祷等目的而开展的私人或公共聚会。2. 参加会议的所有人。3. 在会议上聚在一起的行为(《牛津英语大词典(简编本)》,2002:1737)。

meeting in nonprofits　非营利组织会议　指为了特定的集体目的而进行的有计划的人际互动,从小型员工聚会到拥有数百或数千与会者的大型(如年会或特别事件)*会议(Tropman 2003;Wilbur 2000,chap. 7)。会议因正式程度和议程的特殊性的不同而有所差别,从严格安排的理事(*董事会、信托管理委员会)会议或大会,到实质上开放的 *支持团体和 *草根社团的会议,后一类会议有讨论的主题,但没有议程(e.g., Rudy 1986, passim)。

member　会/成员　隶属于或组成某一 *团体或议事机构(包括教会会众组织;Harris 1998a:215)的人。有些 *非营利团体的会员十分"活跃",即他们以某种方式参与团体事务(cf. Smith 2000:51—52)。其余的成员则被认定为"名义上的""只是纸上的"成员(ibid.:181)。"正式会员"系指那些在团体 *会员名册上列出的会员,这些人在需要的时候应缴纳 *会费。但是,在非营利团体中,有些活跃会员可能是非正式会员,他们既没有被列入会员名册(如果有会员名册),也没有缴纳会费(如果有会费要求)(cf. Smith 1992b, passim)。Putnam(2000, passim)认为,在美国,非营利团体的正式会员数量在下降,他们本应与非会员进行经常的、直接的互动,事实上却对此知之甚少或一无所知。同时参见 **volunteer**(志愿者·志愿军);**paper member**(档案会员);**analytic member**(解析成员)。

member analysis　成员分析　针对 *非营利团体 *成员所作的研究,目的是通过归纳推导或者以预先设定的标准测评特定会员的特征。Rothbart 和 John(1985, passim)以学生为样本,研究群体接触的认知问题,他们以现有的工具测试学生在团体之外的会员身上所看到的那些特征。

member, analytic 成员, 解析 ＊非营利团体的＊成员, 其责任是定期提供＊服务, 以帮助实现团体的＊运营目标(Smith 2000:7)。

member benefit 会员利益 指＊成员凭借其属于某特定＊非营利团体的身份而获得的可取之物。Smith(1993, passim)将＊会员利益与＊公共利益作了比较研究。

member benefit association 会员利益型社团 以＊社团方式组建的＊会员制非营利团体(cf. Smith 2000:114—117)。劳工联盟是一家会员利益组织。Stepan-Norris 和 Zeitlin(1996, passim)考察了美国一家汽车厂的＊产业工会的兴起。尤其需要指出的是, 他们研究了组织者在努力建立一个能有效地使其＊成员受益的＊集体时遇到的困难。

member benefit nonprofit group 会员利益型非营利团体 ＊非营利团体的一种, 通常是＊社团, 其主要＊目标是为＊成员带来利益或提供服务, 外部的非会员除外。O'Neill(1994, passim)考察了这种会员利益＊组织的公益(＊公益)维度。

member benefit organization 会员利益型组织 ＊会员利益型非营利团体的一种正式(＊正式团体)版本(O'Neill 2002, chap. 11)。

member benefit sector 会员利益型部门 参见 subsector, nonprofit(次级部门, 非营利)。

member eligibility 会员资格 指成为某一＊非营利团体＊成员所需具备的资格或条件。此类团体的资格标准可能是正式的、非正式的或者是混合的, 可能是极为窄仄的, 也可能是极为宽泛的(Smith 2000:83)。

membership 会员身份・会员 1. 指成为某一特定＊团体或＊集体＊成员的条件。也就是说, 会员与某一＊团体、＊教会或＊组织具有单纯的隶属关系, 其身份可以是正式的或非正式的、志愿的或非志愿的, 正如 Ellis 和 Noyes(1990)对此所作的广义上的定义。会员身份可能要求加入者有隶属关系之外的＊赠与或＊志愿行动, 也可能与此无涉。2. 指某团体的全体＊成员。

membership association 会员制社团 参见 association(社团)。

memorial gift 纪念礼品 通常指由个人或另一个组织以纪念某一特殊人物的名义捐赠给某一＊非营利组织的一笔钱财。纪念赠与的一个重要动机是留下一份永久的记忆, 使用捐赠的基金命名某一＊项目、建筑物、奖学金、讲习职位等,以此纪念被纪念者(Brakeley Jr. 2001:746)。

mental discovery of the nonprofit sector **非营利部门的精神发现** 指 * 非营利部门的映射过程,主要通过知识上的探究实现,如调查、推理、图书馆研究等,有别于在这一部门中直接体验,如 * **志愿行动**。Smith(2000:245)在 Zerubavel(1992:30—35)关于美国的"精神发现"之意象中构建其探究框架,认为非营利部门的这种发现尚在进行之中且处于早期阶段。

mentor **导师** 一个经验丰富、值得信赖的顾问或指导者。《牛津英语大词典(简编本)》(2002:1747)对"导师"的解释是:源于希腊语,系指导 Odysseus 之子 Telemachus 的老师之名,很可能是因为这个关系才被选来表达思想、记忆、咨询的词义。

merger of nonprofits **非营利合并** 指两个或两个以上既存的 * **非营利团体**合并而成为一个新非营利组织。合并前的这些团体的大多数 * **付酬员工**和 * **志愿者**仍然会在合并后的新团体中供职。通常情况下,合并后组织会取一个新名字或改换名字(Bailey and Koney 2000,chap.10;McLaughlin 1998)。合并的非营利组织大多由此前的 * **合作**与 * **联盟**形式演变而来。

metaphor, astrophysical dark matter **比喻,宇宙暗物质** 一种比喻的说法,以类比的方式喻指 * **非营利部门**(比如,* **草根社团**、* **社团志愿者**)的某些部分,只是由于当前相关研究较少,因而人们知之甚少(Smith 2000:12—13)。暗物质之喻在后来的一系列文章(e.g., Brainerd and Brinkerhoff 2004:32S)中得到应用。

metaphor, flat-earth nonprofit sector **比喻,非营利部门扁平地球** 一种比喻的说法,以类比的方式喻指 * **非营利部门**的那些片面 * **范式**,这些范式忽略了对非营利部门一些主要部分的考量,却过度强调其中一个部分,没有对其对立面给予充分的关注,甚至认为整个部门都不重要(Smith 2000:13—14,219—238)。同时参见下列有关扁平地球范式的术语:"**nonprofit sector is unimportant" flat-earth paradigm**("非营利部门无足轻重"的扁平地球范式);**three-sector model of society**(社会三部门模型);**paid-staff nonprofit group**(付酬员工非营利团体);**status quo/establishmentflat-earth paradigm**(扁平地球范式下的现状/建制);**social movement/protestflat-earth paradigm**(社会运动/抗议扁平地球范式);**traditional nonmember serviceflat-earth paradigm**(传统非会员制服务

的扁平地球范式);**modern, member benefit, self-help, and advocacy flat-earth paradigm**(当代、会员利益、自助以及倡导型扁平地球范式);**angelic nonprofit group flat-earth paradigm**(扁平地球范式下的天使型非营利团体);**damned nonprofit flat-earth paradigm**(扁平地球范式下的恶性非营利团体);**"money is the key" flat-earth paradigm**("金钱万能"的扁平地球范式);**distinctive nationalist focus flat-earth paradigm**(扁平地球范式下的国家主义坚定立场);**purposive type flat-earth paradigm**(扁平地球范式的目的类型);**antihistoricism flat-earth paradigm**(反历史相对论的扁平地球范式);**developed world flat-earth paradigm**(扁平地球范式下的发达世界);**formalized group flat-earth paradigm**(扁平地球范式的正式化团体);**secularist focus flat-earth paradigm**(扁平地球范式下的世俗主义视角);**sociodemographic participation predictors flat-earth paradigm**(扁平地球范式下的社会人口参与预测因子);**isolated nonprofit flat-earth paradigm**(孤立非营利团体的扁平地球范式)。

metaphor, round-earth nonprofit sector 比喻,椭圆地球非营利部门 一种比喻的说法,以类比的方式喻指 * 非营利部门的某些 * 范式,这些范式对存在有所疏漏、过度强调或强调不够等问题的扁平地球非营利部门范式(* 范式,扁平地球非营利部门)作了修正。在这一比喻范式下,Smith(2000:238—240)对椭圆地球非营利部门范式作了一个宽泛的概述。

militia 民兵组织 1. 一种 * 公民民兵组织。Corcoran(1995)和Karl(1995)对此有过研究。2. 历史上存在于美国殖民时期的一种 * 志愿者军事单位,偶尔有所提及,其目的是保卫 * 社区或其他领土不受掠夺者、美洲原住民或外国侵犯(Shy 1976, passim)。Donelan(2004, passim)研究了南达科他州的 * 怨恨团体和公民民兵组织的网站。她发现,怨恨团体的斗争针对的是种族、公民身份问题或二者兼而有之,而公民民兵组织则关注诸如严格的宪法解释、原教旨主义的宗教信仰、捍卫 * 政府及获得保护等问题。

mimetic process 模拟过程 指新成立的 * 非营利团体对其认为在运营和组织两方面做得成功的类似团体的模仿(DiMaggio and Powell 1983, passim; Smith 2000:173—174)。

minister 牧师 指 * 宗教职位,通常在新教教堂中供职,尽管有人在更为宽泛的层面上使用这一术语(Harris 1998b:215; Ranson et al. 1977, passim)。

minority report 少数派报告 指＊团体或＊委员会＊成员中的少数派对持有异议（＊示威）的结论或观点的陈述报告，具体陈述他们不同意成员中的多数派所持意见的原因。Creighton（1977，passim）分析了与多数派针对英国20世纪70年代的工业民主问题出具的布洛克报告（Bullock Report）相对应的少数派报告。

mission 使命 指成立一个＊非营利团体的中心目标（cf. Seiler 2001，passim）。Salamon（1994:95）认为，在某种意义上，使命导向是＊非营利团体的基本特征。相比之下，营利组织（＊营利团体）也有其追求利益的理由。

mixed-form market 混合形式的市场 一个由＊非营利组织、＊营利组织和政府团体共同提供服务的特定＊商品或＊服务市场（Marwell and McInerney 2005:7）。同时参见 **market approach to nonprofit groups**（非营利团体的市场分析方法）。

mixed nonprofit group 混合非营利团体 参见 **balanced volunteer/paid-staff group**（志愿者/付酬员工的平衡）。

mob 暴徒 指一种不守规则或非秩无序的非正式＊集体，通常热衷于实施某种形式的损害、破坏或犯罪活动（Miller 1985:238）。Lofland（1990:429）将暴徒归类为有敌意的一群人。

Model Nonprofit Corporation Act, revised 非营利法人示范法案，修订版 供国家使用的一套示范法规或法案，规定了所有类型的非营利组织的属性、类型、条件和法律（cf. Fishman and Schwarz 2000: liii and passim）。

model of society 社会模式 一种以社会为中心的理论或概念表述，具体到＊非营利部门的案例研究，涉及组成部门的数量、类型等。Smith（2000:221—222，244—245）提出了四种模式：二部门模式、三部门模式、四部门模式和五部门模式（参见＊社会部门）。

modern, member benefit, self-help, and advocacy flat-earth paradigm 当代、会员利益、自助以及倡导型扁平地球范式 ＊非营利部门的一种模式，倾向于忽略传统的＊非会员利益、＊个人社会服务类＊非营利团体及其所属的＊志愿者，尽管这些团体不再有价值（Smith 2000:229）。

monarchy 君主专制 ＊政府的一种形式，国王或王后（也可能是二者都有）——专制君主——在社会中或其他领土范围内握有实权，并拥有最高的社会地位。

1. 在绝对专制或君权神授制度下，专制君主掌握的权力本质上是绝对权力，在社会中或领土范围内对所有人民享有无限权威（Lipset 1995，passim）。这是最传统的 * **独裁**形式。2. 有限君主制或君主立宪制是指专制君主（或其他贵族领袖）的统治受到宪法或宪章的严格限制，在过去的两个世纪里，主要政治权力在立法机关或国会中，至少部分实现了由全国或领土范围内的公民选举产生（Lipset 1995，passim）。* **非营利组织**在绝对君主制下相对少见，而在有限专君主制下则相当普遍，特别是当它们处于工业社会或后工业社会时。Wittrock（2004，passim）考察了君主制在瑞典国家政权塑造过程中的演化。同时参见 democracy（民主）；dictatorship（独裁）。

monastery 寺庙·修道院 1. 用于居住、进行宗教活动以及开展男性 * **宗教秩序**相关工作的建筑物或建筑群。2. 男性宗教 * **公社**类群体所处的建筑物或建筑群（Pennington 1983，passim）。Sharma（1999，passim）对 20 世纪早期印度修道院（义项二）和两个工匠群体之间发生的信用实践和经济交易行为进行了研究。

monasticism 隐修方式 指在男性修道院或女性修道院居住的制度或条件，这引致了一种与外部世界和更大的社会相隔离的禁欲生活（cf. N. Warren 2001）。隐修方式可以追溯到差不多两千年前的基督教（Pennington 1983，passim）。

money and property in the nonprofit sector 非营利部门的金钱与财产 两种经济资源，往往唯有在 * **非营利部门**（面对面的 * **非营利志愿组织**）的 * **付酬员工**领域才能大量发现。尽管金钱与财产令人着迷，但是 Smith（2000：56）指出，作为一个整体，非营利部门主要涉及人们的时间、态度、情感、* **意识形态**等，而不是经济 * **资源**、金钱、财产等。因此，* **志愿利他主义**是关键的潜在价值。

"money is the key" flat-earth paradigm "金钱万能"的扁平地球范式 非营利部门模式的一种，将金钱视为 * **非营利团体**最重要的 * **资源**，因而忽略了这一团体的其他资源所发挥的作用，如时间、个人努力以及 * **成员**的 * **志愿利他主义**（Smith 2000：231）。

monomorphic nonprofit group 单业态的非营利团体 * **非营利团体**的一种独特形态，或者是一种与任何较大的、伞状的团体或 * **组织**在地方或超地方层面没有垂直隶属关系的团体（Smith 2000：80）。同时参见 **polymorphic nonprofit group**（多业态的非营利团体）。

moral standard 道德标准 指人的行为准则,就某一特定事务,阐明对错、好坏。Jeavons(1994:187—192)对 *非营利管理中 *伦理的作用与道德标准进行了研究。在用于讨论非营利组织的 *越轨行为与 *越轨团体时,道德标准是"道德规范"的同义词。同时参见 **morality**(伦理·道德观·道德品质);**ethics**(伦理)。

morale in nonprofits 非营利组织的士气 指 *非营利团体 *志愿者或 *会员精神或情感的外在表现,表达其对团体 *目标、*项目和 *使命的任一或所有方面的希望、信心以及意愿。对于 *非营利管理而言,士气可能是一个关键的 *问题,这一点在 Hohl(1996,passim)关于 *志愿者服务的灵活安排的研究中有所体现。

morality 伦理·道德观·道德品质 1. 指处理对与错的知识分支;也指伦理(Becker and Becker 1992,passim)。2. 道德行为,即人的行为中道德的一面。3. 道德素质,即一个人符合 *道德标准的程度。Jeavons(1994:187—192)研究了 *非营利团体的道德观(义项二、义项三)问题,使用 *伦理学工具考量 *专业人士的道德状况。同时参见 **deviant group**(越轨团体);**ethics**(伦理)。

mosque 清真寺 1. 伊斯兰教在当地的宗教 *会众的集会场所(Macaulay 2003,passim)。2. 一种建筑,伊斯兰教会众在其中集会(Frishman and Khan 1994,passim)。在一项关于美国城市清真寺(义项一)的研究中,Kahera(2002,passim)发现,清真寺既包括也形塑着崇拜者的民族、种族和宗教身份,并传达了人类的普世 *价值。

motivating volunteers /members 志愿者/会员激励 为 *非营利团体和 *志愿项目的主要管理职能,涉及给予 *志愿者回报与 *激励,既可能是正式的,也可能是非正式的,以鼓舞他们认真履行自己的 *志愿者角色并在项目实施过程中保持下去。然而,有些 *激励来自于志愿者和 *会员的体认,这一管理职能更为宽泛,它包含了一般的志愿者 *士气维系。Connors(1995,chaps. 2,11)、Fisher 和 Cole(1993,chap. 4)、Ilsley(1990,passim),以及 Moore(1985,passim)等,就激励与志愿回报问题提出了实践建议。Smith(2000,chap. 4)回顾了 *草根社团将 *意识形态和 *动机作为激励会员的动力的相关研究。

motivation 刺激·动力·激励状态　1. 激励某人的动作或行动。2. 为达到目标而采取的行动中的激发(有意或无意)、***动机**、动向等。3. 受激励的状态或程度，其行为有一定的目标和方向。Emmons(1997，passim)回顾了近年来的相关文献和早期激励概念的演进，认为上述定义是适当的。Brudney(1994:290)经研究发现，有效的***志愿项目**将顾客对***非营利团体**的需求与***志愿者**愿意参与其中的各种激励(义项二)因素联系起来。同时参见 **motivating volunteers/members**(志愿者/成员激励)。

motive talk　动力访谈　当被问及为什么要投身于***志愿活动**，或者更狭义一些的***志愿行动**时，参与者所作的陈述。这种简单的心理学和***激励**方法是基于这样的假定，即人们能够准确而全面地分析自己，愿意并能够与调查人员就分析结果进行沟通(Smith 1994a:256—257)。

motorcycle club　飞车俱乐部　参见 **gang**(青少年犯罪团伙·帮派·团伙)。

motorcycle gang　飞车党　参见 **gang**(青少年犯罪团伙·帮派·团伙)。

muckraking perspective in the nonprofit sector　非营利部门黑幕揭发视角　一种观点，忽略占主流的大多数***非营利团体**，而过度强调，有时甚至炒作非营利部门中的一些负面现象(Smith 2000:230—231)。部分原因是这些团体更为显见，***付酬员工非营利组织**要比***草根社团**更容易受到这种待遇。

multiculturalism　多元文化主义　参见 **pluralism, ethnic**(多元主义，民族)。

mutual aid　互助　1. 指一个地方的人时常以邻里关怀的方式相互帮助。2. 指***会员制利益集团**中的人时常相互帮助以解决生活上的***问题**。3. 指人们相互帮助以解决一个共同的问题的实践。Kropotkin(1914)写了第一部研究人与动物互助的重要著作。Humphreys(1998，passim)发现，吸毒成瘾者组成的***自助团体**降低了对专业治疗的需求，而在大多数情况下，仍然需要高效的戒毒治疗。

mutual aid group　互助团体　一种***会员利益型社团**，其中心***目标**是安排***成员**相互帮助以解决生活***问题**，比如酗酒、吸毒成瘾、赌博、暴饮暴食、残疾以及生病等(Lavoie et al. 1994，passim)。很多互助团体使用十二步法(Beattie 1990:229—240)。比如，Kurtz(2002，passim)对匿名戒酒协会(Alcoholics Anonymous)和"酒精中毒"概念的分析显示，这一互助团体主要关注的不是"酒精中毒"这一概念的源起和落实，而是通过强调"精神上"的作用拓展该团体。参见 **self-help group**(自助团体);**twelve-step group**(十二步团体);**member benefit group**(会员利益型非营利团体)。

mutual benefit group **互益型团体** 参见 **member benefit group**(会员利益型非营利团体)。

mutual benefit organization (MBO) **互益型组织(MBO)** 一种正式的 * **社团组织**,其中心 * **目标**是鼓励 * **成员**以特殊的方式互相帮助或关注特定的生活 * **事务**或 * **问题**,无论是经济性组织、社会性组织、与健康相关的组织还是其他组织。这是一种相当宽泛的分类,包括 * **联盟**、* **农民社团**、* **行业协会**、* **自助团体**等(O'Neill 2002:209)。同时参见 **member benefit group**(会员利益型非营利团体)。

mutual obligation **相互义务** 指提供帮助者与接受帮助者互相体会到的共同的义务感。政府和受益于其 * **服务**的 * **公民**之间也期望相互承担义务,因为政府必须提供服务,而公民必须适当地利用这些服务(比如,在领取失业保险金的同时还要找工作,在国家资助的诊所接受照护服务的同时还要遵循医疗建议)。Popenoe(1996,passim)提及联邦抚养未成年儿童家庭援助项目,设定了一个家庭支出的上限,目的是号召增强国家与公民之间的相互义务。

mutualistic community **互惠社区** 参见 **commune**(公社)。

N

narrow definition of nonprofit sector　**狭义的非营利部门**　指所有 * **志愿利他主义**、所有 * **志愿活动**、所有 * **志愿者**以及所有 * **志愿团体**的总和（Smith 2000：27）。它与 * **广义的非营利部门**对应。

national association　**全国性社团**　参见 **national voluntary association**（全国性志愿社团）。

national congress　**全国性会议**　参见 **national conference**（全国大会）。

national conference　**全国大会**　吸引一国很多地方的 * **参与者**参与的 * **大会**。它通常是由 * **全国志愿社团**每年或每两年举行一次的会议。 * **非营利部门**的绝大多数社团都会召开年度全国性会议，并提前在其网站上登载信息（e.g.，http://www.arnova.org（ * **ARNOVA**）（安诺瓦）；http://www.nrpa.org（National Recreation and Parks Association））。

national meeting　**全国会议**　参见 **national conference**（全国大会）。

National Opinion Research Center's (NORC) classification of nonprofit groups　**全国舆情研究中心的非营利团体分类法**　* **非营利团体**的几个目标类型分类法之一，该分类法的主要对象是社团组织。NORC 在其所发布的关于美国人口的《社会调查报告》中不时使用该分类法（e.g.，Verba and Nie 1972：42）。网址为 http://ww.norc.uchicago.edu。

national service 服务国家 要求所有公民都为国家服务的概念或 * 项目,通常在公民十几岁或二十岁出头时实施,具体服务内容有:在武装部队服役一段时间(如一到二年),或者以 * 社会服务工作替代,如在 * 非营利机构、* 社团组织,或者是加入特殊的具有服务国家性质的 * 志愿者薪俸项目,类似于美国志愿队(Ameri corps)或者是和平队(the Peace Corps)。Moskos(1986,passim)研究了服务于国家和 * 社区的服务国家问题,作过同样研究的还有 Eyre(2003,passim)和 Van Til(1995,passim)。Dionne 等(2003,passim)对各类研究服务国家问题的学者的最新观点进行了概述,其中包括服务国家是否应该强制执行。Hackenberg(2003,passim)研究了和平队中的服务国家问题。

national studies of nonprofit sector 非营利部门国别研究 参见 **nonprofit sector, national studies of**(非营利部门,国别研究)。

National Taxonomy of Exempt Entities(NTEE) 全国免税组织分类体系(NTEE) * 非营利团体数个目标类型分类方法中的一种。NTEE 分类方法由独立部门的基金会中心和全国慈善统计中心发展而来,也见于 Hodgkinson 和 Toppe(1991,passim)的研究报告,根据这些团体的主要目的(比如,艺术、教育、健康等)和结构类型(比如,联盟方式、专业社团、研究机构、公共教育等)进行分类。同时参见 **exempt organization**(免税组织)。

national voluntary association 全国性志愿社团 服务或声称服务于一个国家的大部分地区或全国的 * 非营利 * 社团。与地区性或当地社团相比,全国性社团更趋向于依靠 * 付酬员工,而且 * 会员和 * 雇员的数量都更大。同时,全国性社团一般都有悠久的历史,在 * 资金收入和自有资本上更为富足(Smith 1992a,passim)。Knoke(1990,passim)以一家全国性社团为例,研究其内部动力问题。Delgado(1986,passim)对一家名为"社区时代改革组织联合会"(ACORN)的全国性社团进行了研究,探讨其发展演进与活动安排等问题。Carter(1961,passim)考察了美国的大型全国性健康社团问题。同时参见 **association**(社团)。

Native American religion 美洲土著人宗教 美洲土著人在历史上形成的一种或全部 * 宗教(cf. Hirschfelder and Molin 2000,passim;Johnstone 1992:263—272)。

natural helper 天生助人者 指为非亲属提供建议和支持的人。天生助人者可以通过培训和动员而成为有效的 * 志愿者力量，从而弥补亲属支持和既有正式支持 * 服务之不足（Milligan et al. 1987）。

need 需求 指人们为了维持个人生存、福祉以及获得成就，在身体、心理、经济、文化和社会等方面提出的要求（Barker 2003:291）。同时参见 **public need**（公共需求）。

need assessment 需求评估 指针对非会员的目标类型（* 利益目标群体）进行系统评估，目的是了解他们的 * 需求，尤其是了解他们的 * 问题、* 资源、可能的解决方案以及解决问题的障碍等。这类评估的完成同时要兼顾为某类合适的 * 非营利团体的活动确定优先事项。正如 McCurley（1994:513—515）所指出的，* 非营利团体必须确定其 * 志愿者如何能够得到最有效的使用，从而满足在评估中所体认的那些需求。

negative social capital 消极的社会资本 参见 **capital, negative social**（资本，消极的社会）。

neighborhood association 邻里社团 1. * 草根社团的一种，其 * 成员来自于特定城区的邻里单元。2. * 草根社团的一种，其 * 成员来自于特定城区的邻里单元，并且其初始 * 目标是维系、保护以及/或者改善该邻里单元的状况（Berry et al. 1993, passim）。Dilger（1992, passim）回顾了一些关于邻里社团的文献。Austin（1991, passim）在对俄克拉荷马城的 58 个邻里社团的比较研究中得出的结论是，年龄、种族、社会经济地位与 * 组织结构的 * 复杂性呈正相关关系。同时参见 **homeowners association**（业主委员会）；**neighborhood nonprofit group**（邻里型非营利团体）。

neighborhood meeting 邻里会议 特定城区邻里单元的全体居民获邀参加的 * 会议。通常情况下，邻里会议的召开是为了讨论该特定邻里区域的 * 事务或 * 问题。邻里会议也可以被称为 * 邻里社团或其他组织。Blokland（2001）研究了荷兰鹿特丹邻里单位内老年人如何利用邻里会议生成新的本地网络，并发展出一种本地归属感，而不是某种阶级认同感（尽管也存在阶级差异）。

neighborhood nonprofit group 邻里型非营利团体 位于或服务于某特定城区或农村邻里单元的 * 非营利团体。这些团体通常符合 * 草根社团的组织标准（Smith 2000:8）。McKenzie（1994, passim）考察了美国的 * 业主委员会，认定它们基本上属于自我性质(＊自私)的组织,其代表公民的＊公共利益的＊目标和＊影响较不明显。然而,Fisher(1994,passim)和 Berry 等(1993,passim)发现,＊邻里社团作为＊公民参与和＊政治志愿活动的形式,具有相当积极的特征。Schmid(2001,passim)发布了其关于耶路撒冷成功运作的＊社区议会的行动研究报告,这些议会本质上是邻里社团。他同时对包括美国在内的其他许多国家的邻里自我管理组织(＊邻里社团)的研究成果进行了整理(ibid., chap. 4)。邻里型非营利团体是城市政治＊去中心化的典范,市＊政府对此类社团关于邻里＊事务的意愿和意见都十分重视,特别是在纽约市(Lowe 1990,passim),这些社团得到市政府的正式承认。

neighborhood self-management organizations　邻里自我管理组织　参见 **neighborhood nonprofit group**(邻里型非营利团体)。

neocorporatism　新法团主义　指成熟的自由民主制＊政府趋向于给予一些社团有组织的利益特权和制度化的＊政策制定渠道(Heywood 2002:275)。新法团主义也被称为"自由＊法团主义"或"社会法团主义"(Keeler 1987,passim)。

network　网络　＊非营利部门中的一种非正式或正式的链接,或者是人们、＊团体和＊组织之间互联互通(节点和链接)的制度(cf. Barabási 2002,passim)。Bott(1957,passim)早期写过一部关于家庭和社会网络的著作。有一本关于这一主题的杂志《社会网络》(*Social Networks*)。Strain 和 Blandford(2003,passim)研究发现,针对有认知障碍的老人的个人护理网络要比那些针对没有这种障碍的老人的个人护理网络有更多改进。同时参见 **social network**(社会网络)。

network of groups　团体网络　按照共同＊利益组织起来的一种＊团体的非正式＊联盟。Brunton(1988,passim)在研究美国军工复合体系的制度起源时,考察了这一概念的相关性问题。

network of nonprofits　非营利网络　某种＊非营利团体形成的一种松散＊集体,其＊成员以一种特殊的方式彼此联系在一起(比如,相互体认、共享＊目标、共享网络成员关系)。非营利网络可能跨越任何规模的属地界限。非营利网络比＊非营利＊联合会的联系(链接)更加松散。Banaszak-Holl 及其同事们(1998,passim)研究了为残障人士服务的机构(＊非营利机构)网络,发现对于所有类型的机构而言(康复机构例外),网络结构因行政管理和以顾客为中心的活动而有所差异。

networking 开展网络工作 指在某 * **网络**中与其他人沟通和缔结关系的过程,建立网络的人经常利用个人优势开展一些工作。Herman 和 Heimovics(1994:143—144)讨论了在 * **非营利领导**层面建立成功的非正式信息网络的必要性问题。

new religion 新兴宗教 近期被引入到一种新的文化中的一种 * **宗教**,因为它是独一无二的、土生土长的或外来的,所以被视为新兴宗教,也是导致越轨现象(* **越轨非营利团体**)的原因。新兴宗教的集体表达可能会体现于邪教颁布的文件之中(Appel 1983,passim),而这可能被视为 * **非营利部门**的一部分。这些创新的成分越是成功,有时越可能持续演化成为不同的 * **宗教分支**(Wilson 1970,passim)。还需注意的是,有些所谓的新兴宗教在另一种文化中却可能是早已成立的宗教(Hadden 2000:2366)。Johnstone(1992:99—106)以 Jin Jones 的人民圣殿教为拓展案例,研究邪教问题。许多著作详细描述和讨论了新兴宗教问题,其作者包括 Bainbridge(1997,chaps. 6—9),Partridge(2004),Bromley 和 Hadden(1992),Mather 和 Nichols(1993),Singer 和 Lalich(1995),Stark 和 Bainbridge(1985,pt. 3),Wilson 和 Cresswell(1999),以及 Zellner 和 Petrowsky(1998)。还有其他的一些著作聚焦于通常所界定之特定的新兴宗教或"邪教"问题(Breault and King 1983;Kaplan and Marshall 1996;Mills 1979;Reavis 1995)。

new social movement(NSM) 新社会运动(NSM) 一种 * **社会运动**,尤指在过去半个世纪左右发展起来的社会运动,更侧重于身份认同问题,而政治、经济、阶级 * **意识形态**(后者以工人运动和新 * **政党**为典型)等则次之。根据 Johnston 等人(1994:6—7)的观点,第一,新社会运动与"参与者结构性(如社会阶级)的角色没有明确的关联"。第二,"新社会运动的意识形态特征与工人阶级运动形成鲜明对比",也不同于马克思主义意识形态。第三,"新社会运动经常涉及新兴的及此前身份认同薄弱的一面"(其"关注的焦点是文化和象征性事务……对经济发展的不满次之……")。"第四,个体与集体之间的关系模糊"(公民个人参与很重要,而"动员团体参与(行动)次之")。"第五,新社会运动经常涉及人类生活中个人的、私密的一面。"第六,新社会运动多使用"激进的动员策略进行干扰和抵抗,而这有别于工人阶级运动实践中常用的策略"(尤以*非暴力和*公民不服从为典型）。第七，新社会运动的兴起"与西方民主国家党派参与的传统渠道的信任危机有关"。最后，"新社会运动组织多为分割的、分散的、分权化的"。新社会运动的例证包括（ibid.：3）"和平运动、学生运动、反核能源抗议运动、少数民族主义运动、同性恋权利运动、动物权利保护运动、替代医疗运动、原教旨主义宗教运动以及新时代生态运动……"（see Adam 1995；Chatfield 1992；Ferree et al. 1997；Finsen and Finsen 1994；Josephy 1970；Price 1990；Scholsberg 1999）更为广泛地研究新社会运动的学者有 Haynes（1997），Kenedy（2004），Kriesi 和 Koopmans（1995），Laraña 等（1994），Melucci（1989），Schehr（1997），Scholsberg（1999），以及 Todd 和 Taylor（2004）。

NGO　非政府组织　参见 **nongovernmental organization**（非政府组织）。

NGO sector　非政府部门　参见 **nonprofit sector**（非营利部门）。

niche position of nonprofit groups　生态观的非营利团体　关于人口生态模式的比喻说法，McPherson（1983，passim）将其用于指称*非营利组织（尤其是*社团）之间竞争会员的模式。在对会员的竞争中，非营利组织会开发利用其在*非营利部门中的特殊地位和作用。McPherson 在他的研究中运用人口统计学的维度解释这种竞争状况，同时将时间、地缘、态度以及其他可能的变量也纳入这一模式。

noblesse oblige　位高责重　通常从法语翻译而来，被译为"权利意味着责任"。Smith（2000：17）发现，这个术语在*非营利部门中的使用赋予*志愿利他主义实践一种谦卑感。同时参见 **lady bountiful**（女慈善家）。

nominal member　名义会员　参见 **paper member**（档案会员）。

noncharitable tax-exempt nonprofits　免税型非慈善类非营利组织　免税型非营利组织的一类，符合除美国《国内税收法》第 501(c)(3) 条免税条款之外，美国国税局规定的所有免税资格条件（参见*国税局（IRS）登记的免税组织）。总体上，此类组织服务于会员的私人利益需要，但受到*非分配性限制条款的约束（Fishman and Schwarz 2000：325）。

noncoercion　非强制性　在*非营利部门研究文献中不时应用的一种原则（cf. Van Til 1988：9；Stebbins 2004：5；Smith 2000：19，24），表明*志愿行动是不可强制或非被强迫的行为。同时参见 **leisure/leisure time**（休闲/休闲时间）；

volunteering as leisure(休闲性志愿行动)。

nondependent volunteer　非依赖型志愿者　*志愿者的一种,在主要的日常生活*需求上对其所服务的*志愿组织依赖很小。根据 Pearce (1993:160—163)的观点,此类工作人员的确在培训和实践中获得了一定有形的回馈和*利益,但是由于其非依赖性,他们给*非营利法人管理提出了一个难题,即非营利法人必须尝试在没有强有力的回馈或处罚的情况下进一步激励他们。同时参见 **volunteer unreliability**(志愿的非可靠度)。

nondistribution constraint　非分配性限制条款　指*非营利团体针对非营利*成员在利润(*额外收入)分配方面所作的禁止性法律规定——这部分资金必须予以保留并严格用于为团体成立时所设定的*服务提供进一步的财政支持(Hansmann 1980:838)。

nongovernmental organization (NGO)　非政府组织(NGO)　1. *非营利团体,尤指*非营利组织或*社团组织,其分类突出了非营利组织的非政府属性(Salamon and Anheier 1992:129)。2. 这是很多人处理国际性社团(**跨国性社团/非营利)事务,或者援助发展中国家(*第三世界),包括第三世界国家本土的非营利组织问题(Fisher 1998:2)的首选术语。

nonmarket activity　非市场活动　1. 在本土(地)经济市场体系之外的志愿行为活动或交易(Department of Commerce 1982, passim)。*志愿行动、*志愿活动以及*非营利团体在根本上都是非市场活动,因为赢利不是其*目标。事实上,在严格意义上,非市场活动甚至不涉及*商品和*服务转移过程中的钱财交易(比如,*纯粹志愿行动、*非正式陪护)。2. 指个人使用和消费的商品或服务,或者二者兼而有之,均不在正式市场之内(参见 **market economy**(市场经济)),比如限于家庭或非营利团体使用和消费。相关的例子包括基础性谷物、收集的燃料和水、食物储备、非正式*陪护他人以及*志愿工作等。女性经常参与非市场活动(e.g., Floro 1995, passim)。同时参见 **sector of society**(社会部门)。

nonmember　非会员　不属于某*非营利团体正式会员的个人或团体。在*非营利部门中,非会员的一个重要子集是特定的*非会员利益型非营利团体的*利益目标群体,这在 Bartholdi 及其同事 (1983, passim)对当地送餐服务*组织的研究中有所体现。

nonmember benefit nonprofit group 非会员利益型非营利团体 为非会员目标团体（﹡利益目标群体）提供特定利益的﹡非营利团体,通常被称为"﹡公共利益集团",这是更为宽泛的称谓(Smith 2000:114—117)。这一团体可以在Bartholdi及其同事(1983,passim)关于当地送餐服务﹡组织的研究中找到例证。

nonmember benefit sector 非会员利益部门 参见 **subsectornonprofit**(次级部门,非营利)。

nonmember service incentive 非会员服务激励 ﹡服务激励的一种类型,从服务于自己所在的﹡非营利团体或﹡志愿项目的﹡非会员中得到﹡满意度,即从服务于非隶属于自己所在的团体或项目的﹡利益目标群体中得到满足。传统的服务激励类型在﹡非会员利益型非营利团体和志愿项目中非常普遍(Smith 2000:98),亦常见于﹡传统服务型志愿者中。参见 **service incentive**(服务激励)。

nonmonetized form of contribution 非货币形式分配 参见 **in-kind contribution**(实物奉献)。

nonoperating foundation 非运作基金会 参见 **foundation**(基金会,义项一)。

nonoperating fund 非运作性基金 ﹡非营利团体用于运营支出以外的款项。例如,(为雇员或顾客)贷款基金和养老基金(Anthony and Young 1994:418)。

nonprofessional 非专业·无给职人士·有给职人士 1. ﹡业余人士(cf. Stebbins 1979,passim);与﹡专业人士(义项一)相对。2. 没有报酬而从事一项活动的无给职人士;与﹡专业人士(义项二)相对。3. 不属于﹡专业人士(义项一)的有给职人员。Price(2002)的一项研究考察了专业人士(义项一)和非专业(义项三)女性的退休问题。

nonprofit 非营利 参见 **nonprofit association**(非营利社团)。

nonprofit agency 非营利机构 提供某种﹡公共利益的﹡非营利组织。此类机构通常与﹡付酬员工一起运作,尽管有些是小型的、﹡志愿者运营的﹡非营利团体。一般说来,非营利机构依赖于员工而不是﹡成员或﹡服务项目志愿者实现其﹡目标。需要注意的是,"社会机构"这一术语有时也适用于﹡营利团体,其﹡使命类似于非营利机构;前者的突出特征是雇用了大量﹡专业人士和其他﹡付酬员工(Barker 2003:401)。事实上,"志愿组织"这一术语的使用更为普遍,即便如此,从概念的一致性上说,"非营利机构"也是首选。大型和小型机构都设有*董事会。Billis（1993，passim）研究了公共和志愿（如非营利）机构问题。Stanton（1970）对非营利机构如何变得不可靠进行了描述和分析，它们没有达到既定的目标。Lohmann（1992：132—133）对非营利机构下了一个特殊但相关的定义，将之作为*公共空间的一部分。大多数关于非营利机构的著作都使用后一个术语作为*非营利组织的同义词（e.g., Bernstein 1991；Brown and Zahrly 1990；Clifton and Dahms 1993；Fine 1992；McKinney 2004；Savedoff 1998；Young et al. 1977）。

nonprofit association　非营利社团　参见 association（社团）。

nonprofit board　非营利董事会　参见 board of directors（非营利团体董事会）。

nonprofit commercialization　非营利商业化　参见 commercialization of nonprofits（非营利商业化）。

nonprofit corporation　非营利法人　*非营利组织的一种，具有*许可权以及通常由联邦政府国税局赋予的*免税地位，在一州依法设立（cf. Hopkins 1998, passim）。*非分配性限制条款的出台，是非营利法人区别于商业公司的关键特征（Fishman and Schwarz 2000：63）。非营利法人的管理条例与国家公司法的规定类似（ibid.）。非营利法人可能有出于*公共利益或*会员利益（相互利益）的目的（Fishman and Schwarz 2000，68—70）。Van Til（1988：138—141）就当前区分非营利法人和*营利组织的模糊边界问题进行了探讨，提出了一些办法以确定那些经常联系在一起的*商业与*志愿行动的边界问题。同时参见 corporation, charitable（企业，慈善）；corporation ecclesiastical（企业，教会）。

nonprofit deviance　非营利越轨　指一个或一个以上的*领导者或者某一*非营利团体的若干*成员做出的不符合社会道德规范的*越轨行为。即使该团体不存在越轨规范，非营利越轨也可能发生，而这种规范的存在是*越轨非营利团体做出越轨行为的要件（Smith 2000：86—88）。Milofsky 和 Blades（1991, passim）致力于研究非营利越轨问题，他们要解决的问题是*非营利组织的问责制。同时参见 moral standard（道德标准）。

nonprofit enterprise management　非营利事业管理　根据 Mason（1984）的观点，指管理*非营利团体的行动和方式；指在使用、处置、操控或控制事物或人或者*非营利团体的行为中应用技能或陪护，无论是*付酬员工组织还是*志愿性非营利团体均是如此。同时参见 **nondependent volunteer**（非依赖型志愿者）；**nonprofit management**（非营利管理）。

nonprofit goal 非营利目标 ＊非营利团体的目标，可能是操作性的（＊目标，操作），也可能是正式的（＊目标，正式）或非正式的（＊目标，非正式）（cf. Perrow 1961, passim; Smith 2000:74）。

nonprofit goal succession 非营利目标变化 参见 **goal succession**（目标变化）。

nonprofit governance 非营利治理 1. 指＊非营利团体的高层＊政策＊领导（义项二）或＊管理的活动和过程，通常情况下是＊董事会的主要职能，稍微具体一些，是董事会＊会议、执行董事或董事会主席以及委员会的职责（cf. Burlingame 2004:191—199; Cornforth 2003, passim; Ott 2001, passim; Widmer and Houchin 1999, passim; Young et al. 1993, passim）。2. 从广义上讲，一般是指＊非营利管理。

nonprofit group 非营利团体 指人们为实现共同的非营利＊目标而联合起来所形成的＊正式团体或＊非正式团体。也就是说，该＊团体成立的初衷不是把额外的＊资金收入用于在＊成员或＊领导之间分配，或主要根据个人对家族或家庭的依附方式运作。非营利团体也不是政府机构（参见 **nonprofit agency**（非营利机构））。这类非营利团体，有时也被称为"志愿团体"，的确享有实质上的＊自治权，并且通常受崇高的＊志愿精神或更广泛意义上的＊志愿利他主义启发（Smith 2000:24—26, 64）。另外，非营利团体可以提供一个或多个＊公共利益（在美国主要列为国税局 501(c)(3) 类别），或者提供一个或多个＊会员利益（在美国列为国税局其他免税类别；cf. O'Neill 2002:210）。当前，就国税局 501(c)(4) 类别之下的组织是会员利益组织还是非会员利益组织尚存争议（ibid.）。"非营利团体"是＊非营利部门团体中应用最为广泛的术语，非营利团体存在于目前学者们研究的所有社会中。在非营利部门的讨论中，这一概念被广泛使用（e.g., Edwards and Yankey 1998, passim; McCarthy et al. 1992, passim; O'Neill 2002, passim; Salamon 2002, passim）。在很多＊非营利管理方面的实践指南中，"非营利团体"也屡被提及（e.g., Horvath 1995; Mancuso 2004; Salzman 1998; Tropman 2003; Young et al. 2002）。同时参见 **volunteer nonprofit group**（志愿性非营利团体）；**nonprofit organization**（非营利组织）。

nonprofit group affiliate 非营利团体分支机构 指所有人或所有团体,或者兼而有之,与某一特定*非营利团体建立某种类型的关系。这些关系包括如下类型:*捐助者、*志愿者、*董事、*付酬员工、*利益目标群体、*正式会员、上级*组织(比如,*联盟、*联合会、在更具包容性的领土范围内的中央组织)以及供应组织(Smith 1972a, passim)。同时参见 **analytic member**(解析成员)。

nonprofit group complexity 非营利团体复杂性 参见 **complexity**(复杂性)。

nonprofit group cooperation/collaboration 非营利团体合作/协同 *非营利团体通过共享信息或其他*资源帮助彼此及其自身,如果两者都不是,则致力于实现一个或一个以上的共同*目标。更高层次的*合作出现在*联盟、*联合会甚至是非营利的合并中(Klonglan and Yep 1972, passim)。Power(1993, passim)出版过一本研究基于计算机支持的合作*网络之*组织间合作问题的论文集。同时参见 **collaboration in nonprofits**(非营利团体合作)。

nonprofit group incidence 非营利团体组建率 在特定时段内,新生*非营利团体在特定地理区域出现的比率。这一比率通常指特定年份内每千人组建非营利团体的数量(Knoke 1993:145)。

nonprofit group participation 非营利团体参与 指*非营利团体或*非营利组织中*解析成员的积极参与行为。Smith(2000:51—52)估计,1991年,美国活跃的*草根社团会员数量至少有0.98亿。同时参见 **participation**(参与)。

nonprofit group prevalence 非营利团体普及率 指在特定时段内,当前的*非营利团体在特定地理区域存在的比率。这一比率通常表现为特定年份内每千人的非营利数量(Knoke 1993:145),或者表现为毛普及率(指特定时间内某地域的*非营利组织数量;Smith and Shen 2002:95—96)。Smith 等(ibid., passim)建立并成功测试了一个针对世界大国的*志愿社团普及率的模型。

nonprofit leader 非营利领导者 *非营利团体的*领导(义项二),其责任体现在发展、同意和实施*政策方面,具体需要通过与团体的其他*解析成员一起合作才能实现理想的结果。这一术语一般是指*社团中执掌正式*领导职位的人,有时也用来指称在非营利组织的任何层级有影响力的人(参见 **influence in nonprofits**(非营利影响力))。Herman 和 Heimovics(1991, passim)研究了*非营利组织的执行领导者问题。Herman 及其同事(2005, pt. 2)研究了关键的非营利领导事务问题,主要针对付酬员工所在的非营利组织。Smith (2000,chap. 7)研究了草根社团的领导问题。

nonprofit leadership 非营利领导 参见 **leadership**(领导);**nonprofit leader**(非营利领导者)。

nonprofit management 非营利管理 1. 指 * 非营利管理者开展的活动(e.g., Herman 1994,passim;Drucker 1992,passim;Anthony and Young 1984; Bordt 1997;Bryson and Crosby 1992;Burlingame 2004:344—351;Connors 2001;Cornforth 2003;Grobman 2005;*Harvard Business Review* 1999; Herman and Associates 1994,2005;Herman and Heimovics 1991;Hummel 1996;Jinkins and Jinkins 1998;Knauft et al. 1991;Light 1998;Luke 1998; Lynch 1993;Mason 1984;Ott 2001;Werther and Berman 2001;Widmer and Houchin 1999;Wilbur 2000;Wolf and Carter 1999;Young et al. 1993)。2. 指管理 * 非营利团体的职业,通常指 * 社团和 * 组织的管理。它也指 * 非营利管理职业。Shaiko(1997,passim)在对美国职业 * 非营利社团的案例研究中,明确了几个阻碍女性从事非营利管理(义项二)工作的内部组织障碍问题。同时参见 **volunteer administration**(志愿管理)。

nonprofit management education 非营利管理教育 通常系指关于 * 非营利管理理论与实践的正规的高等教育。O'Neill 和 Young(1988,passim)早期写过一本这一领域的资料图书,O'Neill 和 Fletcher(1998,passim)的书则是更为近期的研究著作(see also Burlingame 2004:351—355)。

nonprofit management profession 非营利管理职业 针对 * 非营利团体管理者进行的职业分类。Smith(2000:130)发现,* 草根社团对 * 职业分类往往无甚兴趣或者很少涉及。Block(2001,passim)对这一领域的学术研究作了梳理。

nonprofit manager 非营利管理人员 专门负责 * 管理 * 付酬员工非营利组织中 * 付酬员工的 * 非营利领导者。此类管理者通常处于组织管理的更高层,而且具有不同凡响的有效的 * 领导水平。Moyer(1984,passim)对涵盖管理志愿组织(* 非营利组织)的复杂主题有所涉猎。同时参见 **volunteer administrator**(志愿管理人员);**nonprofit management**(非营利管理)。

nonprofit officer 非营利官员 1. * 非营利领导者。2. * 非营利团体的当选 * 官员,通常指的是 * 社团官员(cf. Connors 1988b,chap. 11)。

nonprofit organization（NPO） 非营利组织(NPO) 取得正式地位并因此成为＊**组织**的＊**非营利团体**(Smith 1972a,passim)。"非营利组织"这一术语很难对应组成＊**非营利部门**各团体的总称，因为它并不包括半正式和非正式非营利团体，而其中很多团体发挥着重要作用(Smith 1992b, 1997b)。当前的主要著作要么研究非营利组织的一个特定方面，要么是对此所作的概览性分析，相关研究者有 Block（2004），Bordt（1997），Bowen 等（1994），Connors（1988），Galaskiewicz 和 Bielefeld（1998），Jinkins 和 Jinkins（1998），Knoke（1990），Light（2000），Mancuso（2004），O'Neill（2002），Powell 和 Steinberg（2006），Ruckle（1993），Salamon（2002），Sills（1957），Simon 和 Donovan（2001），以及 Zack（2003）。关于 NPOs 研究的文献与现状分析，DiMaggio 和 Anheier（1990，passim）贡献良多。同时参见 **paid-staff nonprofit group**（付酬员工非营利团体）；**quasi-volunteer**（准志愿者）。

nonprofit sector 非营利部门 1. 狭义定义：所有类型的志愿利他主义（＊**利他，志愿**）组织、＊**志愿活动**、＊**志愿者**和＊**志愿团体**的总和。2. 广义定义：除了义项一所列四个组成部分之外，还包括所有类型的准志愿利他主义（＊**利他，准志愿**）、＊**准志愿活动**、＊**准志愿者**和＊**准志愿团体**(Smith 2000:27)。一般说来，非营利部门涵盖了社会上所有＊**非营利团体**的方方面面，同时还包括社会上存在的所有＊**个体志愿活动**(e.g., Anheier and Salamon 1998；Ben-Ner and Gui 1993；Commission on Private Philanthropy and Public Needs 1975；Evers and Laville 2004；Frumkin and Imber 2004；Grobman 2004；Hall 1992；Hammack 1998；INDEPENDENT SECTOR and Urban Institute 2002；Levitt 1973；Lohmann 1992；McCarthy et al. 1992；Nielsen 1979；O'Neill 2002；Ott 2001；Powell 1987；Salamon 2002，2003；Salamon and Anheier 1994；Salamon et al. 1999；Silber 2001；Steinberg 2004；Van Til 1988；Smith and Dixon 1973；J. Smith et al. 1995；Weisbrod 1977，1988；Wuthnow 1991）。有些类型的非营利部门在迄今为止所有的社会研究之中都可看到。相关术语如"＊**志愿部门**""＊**独立部门**""＊**第三部门**""＊**公民社会部门**""＊**免税部门**""＊**非逐利部门**""公社""＊**公益部门**""＊**慈善部门**"，以及其他有时用来表达这些义项同义词的术语，尽管最后两个术语强调的是公益性非营利，比如那些按美国《国内税收法》第 501（c）(3)条规定的标准注册的组织。Burlingame（2004：355—356）对各种各样非营利部门的近似同义词进

行了区分。非营利部门是四类(按某种划分方法,也可以说是五类)*社会部门之一,当然包括没有在美国国税局目录中列举或登记的团体或组织(O'Neill 2002:7; Smith 2000, chap. 2; Toepler 2003, passim)。

nonprofit sector, infrastructure organization of **非营利部门,基础设施组织** 支撑一个或一个以上***非营利团体**发展并力求提升其***效能**的***组织**(Abramson and McCarthy 2002:331)。在美国,这类组织有很多,其中只有少数被收入本辞典。这类组织包括:***非营利组织与志愿行动研究会(安诺瓦)**、*国际第三部门研究协会、国家非营利理事会中心、国家公益数据中心、非营利学术理事会中心、非营利部门支持基金(阿思平研究院)、美国基金筹措律师协会、基金筹措职业家与志愿者协会、光点基金会、美国基金会理事会、美国基金会中心、志愿管理协会、*独立部门组织、非营利管理联盟、非营利社团全国联合会。在 Burlingame (2004, passim)的研究中,很多此类组织被作为描述性条目。能量有限公司(Energize,Inc.)是一个从事培训、咨询和出版的国际公司,运营着一个交互式网站(http://www.energizeinc.com),其*使命是帮助提升非营利效率。同时参见 **intermediary**(中介)。

"nonprofit sector is unimportant"flat-earth paradigm **"非营利部门无足轻重"的扁平地球范式** 关于非营利部门的模式之论,该范式含蓄或明确地指出,所有的*非营利部门都不重要,只有现代社会中*公共(政府)和*私人(商业)部门才值得进行全面的科学研究(Smith 2000:219—220)。

nonprofit sector, national studies of **非营利部门,国别研究** 指针对某一特定国家的*非营利部门进行研究,其中很多已经成为约翰·霍普金斯非营利部门比较研究项目(the Johns Hopkins Comparative Nonprofit Sector Project)的成果(Salamon et al. 1999:xvii, passim)。后者的非营利部门国别研究报告涉及 22 个国家。另外,各国有很多成文的关于非营利部门的治理方法,也出自该比较研究项目(比如,Kendall 等,1996,关于英国的研究;Gidron 等,2004,关于以色列的研究;Yamamoto 和 Amenomori,1998,关于日本的研究;Anheier 和 Seibel,2001,关于德国的研究;Archambault,1997,关于法国的研究;Kuti,1996,关于匈牙利的研究;Barbetta,1997,关于意大利的研究;Lundstrom 和 Wijkstrom,1997,关于瑞典的研究;Lyons,2001,关于澳大利亚的研究;Banting,1999,关于加拿大的研究;Salamon,1999,关于美国的研究;Landim,1993,关于巴西的研究;Sen,1993,关于印度的研究;Atingdui,1995,

关于加纳的研究)。有些国别研究是独立开展的(比如,Bútora 和 Fialová,1995,关于斯洛伐克的研究;Pongsapich 和 Kataleeradaphan,1997,关于泰国的研究)。McCarthy 等(1992)主编了一本关于非营利部门的汇编,其作者来自于很多国家。

nonprofit spirit　非营利精神　参见 **voluntary spirit**(志愿精神)。

nonprofit staff　非营利员工　*非营利团体的*解析成员,他们领取薪水或义务工作,履行其*领导和办公室工作的主要职责。在*草根社团中,*委员会和当选*官员是工作人员的主要构成。在*付酬员工非营利组织中,几乎所有员工都是领薪水的。Smith(2000:120—122)研究了非营利团体的人事问题。

nonviolence　非暴力　很多非营利*领导和*非营利团体所秉持的一种*政策和*价值观,其大意是:在大多数情形下,社会抗议可以通过没有暴力的方式进行(cf. Sharp 1973,passim)。也就是说,*象征性抗议和*直接抗议行动通常都是有效的,而*暴力抗议多会激发更大的暴力,给人们和社会带来伤害。Gamson(1990,passim)对不同形式的社会抗议(*活动,抗议)作了研究。

nonviolent action　非暴力活动　个体或*集体(通常为*非营利团体)基于*非暴力原则开展的*政治志愿活动。McCarthy(1997,passim)将世界范围内,主要是近代历史上的非暴力活动案例汇编成了一份全面的指南。在该指南第 6 章(ibid.),他回顾了非暴力活动的方法和动力问题。Sharp(1973,passim)对非暴力活动方法进行了全面描写。Epstein(1991,passim)以多个案例为样本,考察了 20 世纪七八十年代美国的非暴力*直接抗议行动。Powers 等(1997,passim)编纂了一部非暴力活动的百科全书,其中展现了导致社会变革的此类抗议活动的群体、范围和具体案例。

normative compliance structure　规范性结构　指*非营利团体中默认的合作关系,其中的关系建立在内化规范的说服力之上,这些规范对非营利团体的*使命或*意识形态产生影响,或两者皆有(Etzioni 1975:8—14)。

normative incentive in nonprofit groups　非营利团体规范激励　参见 **purposive incentive**(目的性激励)。

not-for-profit　非逐利　1.(名词)为"*非营利"的同义词,系指一种类型的*团体,通常是一个*组织(正式团体)。与"非营利"相比,"非逐利"一词的使用要少得多。"非逐利"这一术语多为一些学者(特别是会计学和经济学领域的学者)和实践工作者所青睐,他们认为这种表述更为精准,相比"﹡**逐利团体/组织**"要更好。2.(形容词)为"﹡**非营利**"的同义词,系指活动、团体等,具有﹡**志愿利他主义**的特征,这是﹡**非营利**的自然属性。Keating 和 Keating(1980,passim)以经济学的视角研究了非逐利的概念。

not-for-profit group **非逐利团体** 参见 **for-profit group**(营利团体);**nonprofit group**(非营利团体)。

not-for-profit sector **非逐利部门** 参见 **nonprofit sector**(非营利部门)。

O

objective　目标　参见 **goal**(目标)。

obligation　义务　指要或不要做某事的态度或行动,行动者尽管不是被强制的,却依然感觉在这方面受到承诺、传统或环境的束缚(Stebbins 2000:152)。义务可能是令人愉悦的,也可能相反,既可能是一种思想状态、一种态度——一个人觉得有义务,也可能是一种行为方式——一个人必须实施特定的行动方针。个人护理、儿童陪护、打扫院落、家务工作以及购物等,是常见的非职业义务;而如果受雇(或自我雇用)于有偿职业,则是一项中心工作或职业义务。令人愉悦的义务有时是 ***休闲**的一部分,比如 ***志愿者**在一天中的某个特定时间义务为他人服务。同时参见 **obligatory activity**(义务活动);**marginal volunteering**(边缘性志愿行动)。

obligatory activity　义务活动　1. 在全天 24 小时的时间安排下,基于生理需要或社会文化推动而实施的一项或全部活动,比如睡觉、吃饭、个人护理、家务工作、儿童陪护等。与 ***休闲时间**不同,伴随 ***职业活动**及相关活动(比如,通勤、工间休息)而存在的义务活动中会进行很多 ***志愿活动**,尤其是 ***纯志愿活动**。因此,Stebbins (2000:154)研究发现,有些义务可能是"可以接受的",故而成为 ***休闲时间**的一部分。2. 在全天 24 小时的时间安排下,义务活动系指基于生理需要或社会文化推动而实施的 ***职业活动**及相关活动。

occasional volunteer 偶尔为之的志愿者 参见 drop-by/occasional volunteering（顺便/偶尔志愿行动）；volunteer, habitual (sporadic type)（志愿者,习惯（发散型））；episodic volunteer（短期志愿者）。

occupation 职业 付酬工作或领取薪水类型的工作。职业是社会上大多数处于工作年龄段的成年人扮演的社会角色之一（Ritzer and Walczak 1986:2）。如果一个人从事了两个或两个以上类型的付酬工作,职业通常是指其中的主要工作,即占据大部分时间的那份工作。同时参见 occupational activity（职业活动）。

occupational activity 职业活动 作为 *职业一部分的活动。Sanders（1995, passim）对兽医的一项核心职业活动的难度进行了调查研究,即评估家庭宠物的健康状况,在必要的时候,对它们实施安乐死。

occupational association 职业社团 一种常见的 *社团类型,其成立的初衷是巩固某一特定 *职业 *成员的利益。Abbott（1988:79—85）在专业的"内部结构"的标题之下,讨论了职业社团的性质问题。参见 farmers' association（农场主联合会）；farm laborers' association（农场劳工联合会）；union（工会）；professional association（专业社团）。

officer in nonprofits 非营利官员 在 *非营利部门中掌管办公室并参与 *管理及决定 *非营利团体发展方向的人。董事长、秘书、司库是这类团体中最常见的官员。Stebbins（1998:3—6）认为,这些官员以及非营利团体中其他某些重要的参与者可以被视为 *关键志愿者。

official member 正式会员 *非营利团体正式认定和合法确定为 *成员的个人、团体,或者二者兼而有之。任何 *社团都拥有正式会员,而 *志愿机构则通常没有会员。很多社团的正式会员多为 *档案会员（cf. Smith 1972a, passim）。同时参见 analytic member（解析成员）。

official nonprofit goal 正式非营利目标 参见 goal, official（目标,官方）。

old-boys' network 老男孩网络 一种互助组织,尤其是指那些具有同样社会背景的老朋友在就业升迁方面建立的互助网络。这也指一种 *非正式志愿者 *集体。Gamba 和 Kleiner（2001, passim）研究发现,在高级风险投资公司 *经理人的网络 *社区内,老男孩网络缺少女性的参与。

oligarchy　寡头　指 * **非营利团体**的权力集中于少数 * **成员**手中(cf. Lipset 1995, passim)。相对于其他非营利组织而言,那些规模更大、更正式、更成熟的非营利团体更倾向于精英主义(* **精英**)和寡头把控(Smith 2000:83)。同时参见 **iron law of oligarchy**(寡头铁律)。

ombudsman　巡视员　参见 **ombudsperson**(巡视员)。

ombudsperson　巡视员　《牛津英语大词典(简编本)》(2002:1994)将之界定为中性英语词汇"ombudsman"(起源于瑞典语)。巡视员系指被正式任命的 * **志愿者**或 * **付酬员工**,负责调查个人针对政府或组织机构管理不当的投诉。Filinson(2001)在一项长期护理巡视员计划的研究中发现,对有关设施的投诉更为频繁和严厉的地方,更为普遍地采用志愿性巡视员方式。同时参见 **watchdog**(监督者)。

online support group　在线支持团体　指通过互联网进行沟通(比如,使用电子邮件、聊天室、邮件列表等工具),以公共利益或 * **问题**为中心,共享建议、信息、鼓励等的一群人。这是一种非正式的志愿 * **集体**(cf. Brainerd and Brinkerhoff 2004, passim)。Meier(1997)测试了一个每周六天运作的在线支持团体的技术可行性和适用性,这是一个硕士层次的社会工作专业的大学生样本,其设计初衷是帮助社会工作者进行压力管理。

online volunteering　在线志愿行动　参见 **virtual volunteering**(虚拟志愿行动)。

open shop union　开放型工会　本地 * **工会**的一类,公司中某一类型的所有员工都可以自由选择是否加入相关 * **工会**。Mihlar 等(1999, passim)对涉及开放式工会问题的工作权法的全球影响进行了研究。同时参见 **closed shop union**(封闭型工会)。

operating cost　运营成本　参见 **operating expense**(运营费用·运营支出)。

operating expense　运营费用·运营支出　1. 运营 * **非营利团体**的一种支出,用于维持其一般业务。2. 涵盖运营支出(义项一)的一种花销。美国路德福音教会(www.elca.org)指出,除了严格受限的 * **礼品**和支出之外,通过所有收入的计算和积累,其一般运营性基金能够支持所有 * **会众**的业务活动,同时参见 **general operating support (fund)**(一般运营性支撑(基金))。

operating foundation　运作型基金会　* **基金会**的一种,通常以捐赠为基础,其主要 * **目标**是资助自己的 * **公共利益**活动或公益项目(比如,罗素·塞奇基金会

(Russell Sage Foundation)资助的社会科学研究、保罗·盖蒂信托公司(J. Paul Getty Trust)资助的艺术项目;cf. Dale 1997)。美国的运作型基金会被禁止向＊**非营利团体**捐赠超过其总收入15％以上的资金,此规定亦适用于＊**资助决策**行为(Fishman and Schwarz 2000:326; O'Neill 1989:138)。

operating fund 运营基金 参见 **general operating support (fund)**(一般运营性支撑(基金))。

operating support 运营支持 参见 **general operating support (fund)**(一般运营性支撑(基金))。

operative nonprofit goal 操作性非营利目标 参见 **goal, operative**(目标,运行)。

opportunity cost 机会成本 "系指某种经济＊**产品**的下一个最佳用途(或机会)所具有的价值,或者牺牲替代方案可能产生的价值"(Samuelson and Nordhaus 1995:759)。在非营利研究中,机会成本可以用来指可能一直在做同等或其他有偿工作的＊**志愿者**自愿放弃的工资收入(参见＊**志愿工作**＊**估价**)。这一概念还能用来评估＊**公共产品**(义项一)的价值。

organization 组织 指＊**正式团体**;也指拥有专有(独一无二的)名称、明晰的＊**会员身份**界定以及＊**领导结构**的＊**团体**。组织在结构上可能是简单的,也可能是复杂的,后者设有三个或三个以上的管理＊**层级**(Smith 1972a, passim)。同时参见 **association**(社团);**nonprofit organization**(非营利组织)。

organizational analysis (studies) 组织分析(研究) 指针对复杂、大型＊**组织**的科学研究领域。Hassard (1994, passim)讨论了一种组织分析的新方法,融合了现代主义和后现代主义的思考。Hall 和 Tolbert (2005)的著作几次再版,全面研究了主流组织研究的文献,却忽略了＊**非营利团体**,并因此认为＊**非营利部门**不重要,可以将其归于扁平地球范式研究之列(Smith 2000:219—221)。

organizational change 组织变迁 1.＊**非营利团体**的变化,尤指变迁的＊**过程**或＊**结构**变化,或二者兼而有之。2. 指所有形式的＊**组织**在过程或结构上的变化(cf. Hall 1996, chap. 10)。Van Maanen (1998: pt. 3)对不同环境下的组织变迁作了一些研究。

organizational chart 组织结构图 描绘一个＊**组织**主要＊**领导**、次级团体及其正式＊**权威关系**的演示图。Biggart (1998:243)对美国邮政局的组织结构图进行研究后发现,一个僵化的组织在结构上是很难应对变迁的。

organizational demography　**组织人口学**　指使用人口学变量对组织化(*组织)现象进行描述与解释。Stewman(1988:176)认为,这一领域理论上可以分为四块:组织内人口学、组织间人口学、职业、组织与外部人口学。

organizational development(OD) in nonprofits　**非营利组织发展**　一种体制模式——典型的数学模式——用于识别与应用被视作健康(*组织健康)和 *效率指标的 *组织特征(Gross and Etzioni 1985:27)。组织发展(OD)是一种昂贵却有效的改善 *非营利团体的方法,但不止于此,因为它需要专业的应用,只有少数非营利团体能够提供。

organizational effectiveness evaluation　**组织效能评估**　对 *组织进行的 *效能评估。Murray 和 Tassie(1994:306—309)对组织效能评估的一些常见模式进行了描述。

organizational environment　**组织环境**　参见 **environment, organizational**(环境,组织)。

organizational health　**组织健康**　*非营利团体的稳固状态与集体福祉。Smith(2000:130)将 *社团组织每一个 *成员的内部活动作为衡量此类健康状况的一个简单方法。

organizational objective　**组织目标**　*非营利团体所追求的 *目标。Pearce(1993:39)注意到,非营利团体的目标与其会员的目标并不总是合拍的。

organizational processes　**组织过程**　参见 **processes of nonprofits**(非营利团体过程)。

organizational purpose　**组织目的**　参见 **mission**(使命)。

organizational revolution　**组织革新**　指伴随着工业革命出现的 *组织繁荣。组织革新大约始于 1850 年,表现为日益增长的组织规模、数量、很多类型的组织(包括 *非营利团体)权力等方面(Boulding 1953:3—4)。

organizational society　**组织化社会**　指在国家或社会中,*组织是一个主导性特征(Boulding 1953:4)。组织化社会也指"组织状态"(Laumann and Knoke 1987, passim)。关于这一主题的经典表述出自 Robert Presthus(1978, passim)。

organizational structure　**组织结构**　参见 **structure of nonprofits**(非营利团体结构)。

organizational transformation 组织转型 指一个 * 非营利团体的根本性变化,其本质与运作状况得到彻底重塑。此类变化尚不是进化性的,只是为了发展。组织转型也不会太过戏剧化,以至于非营利团体失去 * 目标和独特的 * 使命(Perlmutter and Gummer 1994：228—229)。

organizer 组织者 招募人们参与新成立或已经存在的 * 倡导团体、* 社会运动、* 社会抗议活动,以及获得 * 公民参与或 * 社区参与机会的人,通常为全职工作者。Ecklein(1984,passim)写过一本关于社区组织者的基础读物。

orientation of nonprofit groups 引领非营利组织 指 * 非营利团体对社会政治变迁的集体态度。Smith(2000：226)认为,这种引领根据 * 范式(椭圆地球范式vs扁平地球范式)的不同而有所差别。

orientation of volunteers/members 引领志愿者/会员 指 * 非营利团体和 * 志愿项目的主要管理职能,其实施方式是提供关于 * 志愿项目及其在更大型 * 组织中的作用的一般信息(Connors 1995,chap.4)。引领也可以用作一种筛选技术。Battle(1988,chap.6)讨论了 * 社团中新 * 成员的引领问题。

outcome evaluation for program evaluation 项目评估的结果评估 指通过各种方法进行调查,目的是衡量 * 非营利团体 * 项目的影响。该项目是否会产生预想的结果?(Thomas 1994：356)同时参见 **program evaluation**(项目评估);**summative evaluation**(累积评估);**outcome goal in program evaluation**(项目评估的结果目标)。

outcome goal in program evaluation 项目评估的结果目标 指 * 非营利团体 * 项目的最终预期结果,具体包括针对社会和目标顾客(* 利益目标群体)的项目(Thomas 1994：347—348)。同时参见 **program evaluation**(项目评估)。

outside lobbying 外部游说 参见 **lobbying**(游说活动)。

outsider, societal 局外人,社会 指社会中较贫困、较弱势的成员;也指那些不属于精英和固化阶层(* 局内人,社会)的社会成员。这里使用的"局外人"(其反义词为"局内人")这一术语是对 Becker(1963,passim)所介绍用法的拓展。Smith(2000：249—250)指出,* 草根社团能够为那些努力争取政治和社会经济平等的社会局外人提供大量帮助。同时参见 **deviant group**(越轨团体)。

P

PAC　政治行动委员会　参见 political action committee(政治行动委员会)。

paid staff　付酬员工　指 * 非营利团体中那种领取薪水的兼职或全职 * 雇员。Pearce(1993:141—147)对六类不同非营利团体中的付酬员工与 * 志愿者之间时而发生的尖锐矛盾关系进行过研究。

paid-staff nonprofit　付酬员工非营利　参见 **paid-staff nonprofit group**(付酬员工非营利团体);**paid-staff nonprofit organization**(付酬员工非营利组织);**quasi-volunteer group**(准志愿团体)。

paid-staff nonprofit group　付酬员工非营利团体　指拥有 * 付酬员工的 * 非营利团体。正如 Smith(2000:7)所指出的那样,并没有确定的制度规定某个团体中领取薪水的 * 会员比例必须要多大,才能符合付酬员工单位的标准。Smith(ibid.:7)建议, * 志愿性非营利团体(相对于付酬员工非营利团体)应设一个分界点,该团体中所有工作的 50% 及以上应该由 * 志愿者完成。那些过度强调这种类型的非营利而忽视志愿性非营利团体的研究者受到了 * **付酬员工非营利团体扁平地球范式**的影响。同时参见 **management**(管理);**sector of society**(社会部门)。

paid-staff nonprofit group flat-earth paradigm　付酬员工非营利团体扁平地球范式　为 * 非营利部门的一种模式,其核心观点多多少少侧重于 * **付酬员工非营利团体**,因而忽略了非营利部门中那些数量更多的 * 草根社团以及超地方的志愿团体(Smith,2000:33—34)。

paid-staff nonprofit organization（PSNPO） 付酬员工非营利组织(PSNPO) 指具有组织结构(＊组织)的＊非营利团体,初始时以＊付酬员工的方式运营以实现其组织＊目标(Smith 1981:28)。Hula 和 Jackson-Elmoore (2000,passim)用了好几章的篇幅研究城市 PSNPOs 的类型。Stanton (1970)考察了付酬员工非营利组织有时是如何管理那些后来的顾客的,因为他们反倒享有优先待遇。

paid staff-volunteer relations 付酬员工—志愿者间关系 参见 **building paid staff-volunteer relations**(付酬员工关系建设)。

paper member 档案会员 为＊非营利团体的＊正式会员,他们并不经常提供＊服务,因而不是＊解析成员。档案会员不活跃,只有在支付＊会费作为一种＊捐赠时才与团体真正发生联系(cf. Smith 1972a,passim)。

paradigm 范式 指一套基本假设、命题与发现的科学模型或模式,用以指导特定研究领域的学术探索和学术思想。Kuhn (1962,passim)介绍过社会科学界的范式理念。

paradigm, flat-earth nonprofit sector 范式,扁平地球非营利部门 是一种非营利部门模式,忽略了＊非营利部门的主要成分。该范式过度强调一个部分,而对与其对立的类型却没有给予充分关注,并认为它们在全部非营利部门中无足轻重(Smith 2000:13—14,219—238)。前文有述,Smith 研究了 19 种扁平地球＊范式:天使型;反历史主义型;恶性;发达世界;独特的国家主义立场型;正式团体型;孤立型;当代、会员利益、自助以及倡导型;金钱万能型;非营利部门无足轻重型;付酬员工非营利型;目的型;世俗主义型;社会运动/抗议型;社会人口统计学参与预测型;现状/建制型;社会三部门模型;传统非会员制服务型;志愿者与会员身份非营利型。

paradigm, round-earth nonprofit sector 范式,椭圆地球非营利部门 非营利部门的模式之一,旨在纠正扁平地球非营利部门范式(＊范式,扁平地球非营利部门)中对＊非营利部门发展中的疏漏之处、过度强调与低度无视。Smith (2000:238—240)勾勒了椭圆地球非营利部门范式的大体框架。

paramilitary group 准军事团体 1.＊团体的一种,通常为一种实施或准备实施军事活动(比如,防卫或对抗局外人)的＊社团组织,没有正式成为＊政府机构

(比如,正式武装机构)的军事组织的一部分。2. ***公民民兵**组织的一种。对此有研究的专家包括 Corcoran(1995,passim),Halpern 和 Levin(1996,passim),以及 Karl(1995)。

parish 教区 指当地罗马天主教或圣公会*宗教信众的聚会,通常由一个或一个以上教会组成(Jackson,1974:152)。为什么男性不像女性那样频繁地参与***教会**活动?Lummis(2004,passim)对此很感兴趣,他通过研究圣公会教区的这种不合拍现象指出,这并不是因为男性感觉自己的***参与**未受到重视。在这方面,男性与女性都感觉受到了平等对待。

participant 参与者 指与其他人一起从事某项活动,尤其是从事某项***集体行动**或参与某个***团体**(《牛津英语大词典(简编本)》,2002:2107)的人。参与者还可能就是某个团体的***成员**。

participation 参与 通常指与其他人共同参加或从事***志愿活动**。Smith,Macaulay 及其同事(1980,passim)出版过一本深入研究*参与社会与政治活动的著作。Pateman(1970,passim)对参与和民主作过理论概括。Nagel(1987,passim)出版过一本关于(政治)参与的启蒙读物。同时参见 **political participation**(政治参与)。

participatory action research(PAR) 参与行动研究(PAR) 是一种协同性的数据收集过程,涉及科班出身的研究人员和*业余***参与者**(相关人员隶属于某***团体**、***社区**、***组织**等,他们接受过研究人员的培训)两类人的协同研究。他们共同研究一个及以上感兴趣的问题,使用行内人理解的方法认识问题、收集相关数据、分析结果,以解决地方存在的关键***问题**。Whyte(1990,passim)编写了一本有影响力的关于参与行动研究的论文集。

participatory democracy 参与式民主 参见 **civil society**(公民社会·非营利部门)。

participatory government 参与式政府 参见 **civil society**(公民社会·非营利部门)。

participatory(participative)management 参与式管理 为行政管理战略,有时也用于***非营利团体**的***决策**之中。所有可能受到该决策影响的人,包括团体***成员**、目标顾客(***利益目标群体**)以及***赞助者**等,均可参与决策过程。Anheier 和 Cunningham(1994:113)指出,参与式管理强调诸如团队建设过程、***问题解决**、引导技能、积极倾听技巧以及冲突解决(***冲突**)等。

partly deviant nonprofit group 部分越轨非营利团体 传统 * 非营利团体的少数 * 成员或一个及以上 * 领导者暂时在特定共同体规范上发生越轨现象,而这些规范与团体 * 目标和团体手段有关,也可能是二者兼而有之(Smith 2000:87)。

passive resistance 消极抗争 由个体或 * 集体做出的非暴力不合作(* 合作)行动,尤指符合法律规定的抗争(cf. Sharp 1973,passim);一种 * 激进主义的形式。 * 抵制是一种消极抗争的形式。Moland(2002,passim)研究过美国的消极抗争运动(* 社会运动),这是一种文明的表达,为的是追求与宪法和社会 * 价值相一致的正义。

pastor 牧师 服务于新教 * 会众的最高级 * 宗教人员(cf. Ranson et al. 1977, passim)。

payout requirement 付款要求 指按照法律规定, * 独立基金会每年用于公益 * 资助和 * 运营支出方面的最低金额(在美国,这个金额大约为 * 资产价值平均5%的份额)(参见基金会中心词典,网址为 http://www.fdncenter.org/learn/ufg/glossary.html)。

peasant movement 农民运动 指农民(小块土地的拥有者或大农场的工人)参与的 * 社会运动,通常受到本国或本地区农民地位的 * 目标激励(cf. Pereira 1997,passim)。Wouters(2001,passim)考察过哥伦比亚反对武装集团的黑人农民运动,他发现代表黑人农民的 * 组织试图以土地为工具对抗武装集团的暴力镇压。

peer pairing 同伴配对 指有意识地对先前的相关人士与不相关人士进行配对,目的是促进构建完善的组织 * 会员制度,或者进行形式多样的 * 赠与和 * 志愿行动。Tomeh(1981)强调了同伴配对的价值所在,涉及对象为城郊 * 志愿者和贫困邻里中的有色人种志愿者。同伴配对问题在 Kaplan(1993)的研究中也有所体现,他发现这有助于不同文化背景之下的志愿者实现紧密(非随意)的合作。Hunter 和 Linn(1980—1981)的研究报告显示,病人也会有意识地开展志愿者配对活动。至于 Stevens(1991)的结对研究,其内容则是招募人员参与自然结对或匹配结对。有意识地利用多元配对的方法而不是以个体 * 成员的身份参与其中,一直以来都是发展多样化 * 社会运动组织的方式(Dover 1991)。关于 * 关爱的附加与内涵程序(Oliner and Oliner 1995),借助

在 * **组织**内进行配对的方法可能得以提升。

percentage limitation on charitable donation **慈善捐赠百分比的限制** 指国家税务局(IRS)出台的一项复杂的限制捐款的制度,规定了 * **捐助者**在一个税收年度内可以捐赠的金额占经调整后总收入(AGI)的百分比。对于《国内税收法》第501(c)(3)条规定的大多数 * **受助者**(* **公共慈善机构**)而言,捐赠金额的限制为 AGI 的 50%;而 * **私人基金会**的捐赠金额的限制为 AGI 的 30%(Fishman and Schwarz 2000:904)。这里有资格与技术条件的规定,任何特定税收年度的最大限制比例分别为 50%或 30%(ibid.)。

performance **绩效** 参见 **effectiveness**(效能);**impact of nonprofits**(非营利影响力)。

performance-based budgeting **基于绩效的预算** 指为分配 * **资源**而设计的行政程序,它是基于预期或可见的结果,而不是以维持现有 * **项目**的 * **运营成本**为依据。Nelson,Robbins 和 Simonsen(1998,passim)讨论了当前的政府绩效问题,系基于绩效的预算问题以及提升 * **公民参与程度**与降低公众对政府的不信任的影响。

periphery volunteer **外围志愿者** 参见 **core/periphery volunteer**(核心/边缘志愿者)。

personal good **个人物品** 参见 **good**(产品・短缺产品,义项二)。

personal growth incentive **个人成长激励** 参见 **developmental incentive**(发展激励)。

personal social service **个人社会服务** 参见 **service, personal social**(服务,个人社会性)。

personal social service value **个人社会服务价值** 参见 **value, humane core**(价值观,人文核心)。

personal social service nonprofit group **个人社会服务非营利团体** 提供一项或多项 * **个人社会服务**的 * **非营利团体**。对此类团体或多或少的格外关注是其有别于 * **传统非会员制服务的扁平地球范式**的一个显著特征(Smith 2000:227)。

personnel management in nonprofits **非营利人事管理** 参见 **human resource management in nonprofits**(非营利人力资源管理)。

personnel practice for volunteers/members 志愿者/会员人事实践 指安排与处理*非营利团体的*志愿者或*会员事务的程序。有些人事实践提升了会员与志愿者的凝聚力,促进了团体与*项目的成功。除了*志愿管理交叉参考文献中提及的那些内容之外,人事实践的内容还包括:*监管、*领导、沟通、*非营利组织的士气维护、认同、**激励**、奖励制度、开放性反馈、定期人事评估(*非营利团体评估)、志愿者问责、获得设备与用品、相关的*费用报销、升职与志愿者的职业阶梯(*非营利职业)以及待遇较好的受薪员工与志愿者/会员之间的关系(Smith 1985:249)。Battle(1988,passim),Flanagan(1984,passim),以及 Milligan 和 Milligan(1965,passim)对*志愿性非营利团体的行政管理与人事实践进行了广泛的研究。同时参见 **volunteer administration**(志愿管理);**morale in nonprofits**(非营利组织的士气);**nondependent volunteer**(非依赖型志愿者);**volunteer unreliability**(志愿的非可靠度)。

personnel resource 人事资源 参见 **resource**(资源)。

philanthropic economy 公益经济 参见 **economy,philanthropic**(经济,公益)。

philanthropic exchange 公益交换 参见 **exchange,philanthropic**(交换,公益)。

philanthropic foundation 公益基金会 1.*基金会的一种。2.指拥有特殊免税身份的*非营利组织,作为*私人基金会(属于国税局 501(c)(3)类别,但不在 509(a)条款规定的范围中),通常的运营方式是经常性支付给个体或*非营利团体一定的*基金。这些*基金主要用于公共*服务,且从广义的角度说(cf. Fishman and Schwarz 2000,chap. 6)无须任何对等的、直接的回报。Lenkowsky(2002,chap. 11)研究了美国*基金会和公司公益(*公益,公司)的相关问题。

philanthropic gift 公益礼品 参见 **philanthropy**(公益)。

philanthropic giving 公益赠与 参见 **philanthropy**(公益)。

philanthropic grant 公益资助 参见 **grant**(资助)。

philanthropic grant transfer 公益资助转移 参见 **grant transfer**(资助转移)。

philanthropic interaction, traditional 公益互动,传统 Smith(2000:17)以"慈善捐赠"(*公益)这一简化的术语描述这种互动,利他性的供给团体(比如,*草根社团)通过直接的社会互动方式帮助有需要的受助者(*利益目标群体),而受助者并不是该团体的*成员。Bremner(1960,passim)对美国传统的公益互动的实际行动作过详细研究。

philanthropic sector 公益部门 1. 通常为 * 非营利部门的同义词。2. 有时专指非营利部门的慈善组织与慈善团体,尤指那些在《国内税收法》第501(c)(3)条规定的注册目录内的公共慈善组织和私人基金会。参见 **nonprofit sector**(非营利部门)。

philanthropic transfer 公益转换 参见 **exchange,philanthropic**(交换,公益)。

philanthropy 公益 指一个或一个以上的个体或 * 非营利团体将以下物品在家庭以外进行配置:金钱、* 商品、其他物品或者 * 服务(时间)。这种配置系出于利他主义(* 利他主义)或公共 * 服务目的,并且在赠与时不期望获得 * 利益的高回报或类似的回报。这就是 * 公益赠与与一般 * 赠与的区别所在,所赠与的物品为 * 公益礼品。公益有着悠久的历史(Constantelos 1991,passim;Bremner,1996,passim),尤其是在英国(Jordan,1959,passim)与美国(Bremner 1988,passim;Curti 1963,passim;Friedman and McGarvie 2003,passim;Gray 1905/1967,passim;Sealander 1997,passim)。关于公益研究的一个重要的、总体的资料来源是由 Burlingame(2004,passim)主编的新百科全书。有很多学者分析了公益的不同方面(e.g.,Anheier and Toepler 1999;Cizakca 2000;Clotfelter and Ehrlich 1999;Colwell 1993;Dale 1997;Ellsworth andLumarda 2003;Freeman 1981;Gaudiani 2003;Himmelstein 1997;Kiger 2000;Magat 1989b;McCarthy 1991;Nielsen 1972,1996;Ostrower 1995;Van Til 1990;Walkenhorst 2001),还有学者就鼓励特定的非营利组织从事公益事业或实施赠与提出实践建议(e.g.,Wendroff and Grace 2001)。以社会变迁为导向的公益事业得到了某种特殊关照(e.g.,Ostrander 1995;Rabinowitz 1990)。Smith,Shue 和 Villarreal(1992,passim)考察了美国的亚裔和西班牙裔人群的公益问题。还有一些学者对公益持批评态度(Brown and Karoff 2004;Maren 1997)。同时参见 **economy,philanthropic**(经济,公益);**gift**(礼品);**philanthropy,corporate**(公益,公司);**philanthropy,scientific**(公益,科学);**philanthropic foundation**(公益基金会);**fund-raising**(基金筹措);**grant**(资助)。

philanthropy, corporate 公益,公司 由公司实施的 * 公益,通常情况下系针对 * 非营利团体的公益行为。King(2001,passim)讨论了美国针对乳腺癌的公

司公益与 *基金筹措*行为。Picker（2001:620）写到，在那些最终成功地游说公司实施公益行为的项目中，*非营利团体*的 *领导者*必须从公司的角度理解支持公益事业的合理性。Himmelstein（1997，passim）研究了公司公益的公共关系价值问题。Zukowski（1998，passim）出版了一本研究公司公益的实证性著作。London（1991，passim）对日本的公司公益作过研究。

philanthropy, scientific　公益，科学　1. 一种旨在资助科学研究和知识探究的 *公益*事业。Bremner（1960:89—105）追溯了这种科学公益意识在美国发展的源起。2. 指1870年到1900年欧洲和美国的一种 *社会运动*和个人取向，使用了系统论、效率程序以识别需求，同时为了帮助他们而募集私人基金与进行关系协调。Barker（2003:383）写到，*志愿者*和一些热心人士后来都不约而同地使用这种方法以寻求解决社会工作中出现的专业问题。

physical activity audit　体力活动审核　系对涉及 *志愿者*任务的体力活动的程度所进行的评估。如果不能兼顾，那么对于那些寻求体力活动性质的工作机会的人，以及那些行动能力受限或需要助步器的人，这种审核是重新布置任务所必需的。关于体力活动研究的实例，可参见近期关于人们逛商场行为的一项研究（Duncan，Travis，and McAuley 1995）。

pioneering role of nonprofits /nonprofit sector　非营利组织/部门的开拓性作用　Smith（1973/2001:80）写道："*志愿部门*最为核心的影响之一，是为社会提供大量被部分验证的社会创新，商业部门、政府及其他机构可以从中挑选最有发展前途的社会创新加以制度化。*独立部门*由此成为很多测试验证的原型，而且可能是绝大多数新的社会组织和人际关系模式的原型。……近期政府在不同层面实施的几乎每一种职能，都曾经是一种新的社会理念，或者是一些 *志愿团体*的某种正式的或非正式的实验——包括实实在在的教育、福利、老年人陪护、修路，甚至是战争（*公民民兵*志愿者）。"相较于 *社会运动*和 *社会运动团体*形式多样的活动（McAdam与Snow于1997年出版的关于社会运动的图书中有将近两千种关于此类活动的文献资料），这种开拓性作用在任何地方都不显著。尤其引人注目的是，极具挑战意识的社会运动团体为获取新优势所进行的社会运动的总体成功率一直在50%左右，这一数据来源于Gamson（1990:37）针对1800—1945年美国此类社会运动的一个随机样本所进行的评估（p. 17）。在促进社会变迁与社会创新方面，尽管 *非营利团体*的其他形式有时也有成功的创新，但是随着时间的推移，社会运动的作用尤为显著。举例而言,根据 Beito(2000,passim)的观点,美国的 * **联谊会**组织在后来通过商业部门(比如,各种类型的保险)和政府(福利国家服务)进行的 * **社会服务**方面有所创新。至于临终关怀,由于受到政府医疗保险机构和私人保健公司的资助,现在已经在非营利临终关怀运动中扎下了根(Siebold 1992:139,145,passim)。同时参见 **advocacy group**(倡导团体);**activity, protest**(活动,抗议);**informal social innovation activity**(非正式社会创新活动);**social influence nonprofit group**(社会影响型非营利团体)。

placement of volunteers /members **志愿者/会员安置** 为 * **非营利团体**和 * **志愿项目**的主要管理职能之一,主要做法是将 * **志愿者**或 * **会员**分配到项目或团体的特定或一般岗位(* **志愿者角色**)。在 * **社团组织**中,岗位分工要么通过官员(* **非营利官员**)或 * **董事**选举完成(Milligan and Milligan 1965,chap. 9),要么由 * **非营利团体董事会**主席或 * **委员会**成员指派(Milligan and Milligan 1965:114—116;see also Flanagan 1984,chap. 10)。其他社团成员多为 * **普通会员**。在志愿项目中, * **志愿管理人员**在对项目和组织 * **需求**作出评估,对志愿者的工作进行描述,并对候选人进行筛选后,再进行岗位分工(Brudney 1990:102—106)。然而,志愿项目仅为大型 * **组织**的组成部分,而这类组织属于 * **社会部门**的一种,因而其 * **付酬员工**常常对志愿者怀有深深的抵制态度,需要通过直接而妥当的方式解决这一 * **问题**,这是志愿者岗位分工和整个志愿项目能否完全获得成功的关键(Brudney 1990,chap. 6;Smith 1985:228—231)。Battle(1988,chap. 6)研究了成员的安置问题,而 Connors(1995:174—176)则专注于研究志愿者的安置问题。

planned giving program **计划内赠与项目** 指某些公益 * **捐赠**事先已经由 * **捐赠人**作出某种有意向的安排。此类决定涉及的问题有:何时捐出金钱或物品、捐赠多少、适用什么法律条文、在计算税收时如何作出 * **捐赠**等(cf. White 1998,passim)。其终极目标是使捐助者和受助者的潜在利益最大化,并使净成本最小化(Burlingame 2004:380)。计划内赠与通常都比较复杂,而且接受捐赠的 * **慈善机构**常常无法向其 * **施惠者**提出充分的建议。因此,这里需要推荐的是专业化的建议(White 2001:355)。

planning **规划** 在 * **非营利团体**中,规划是指尝试确定未来的 * **目标**、评估实现目标的手段,以及为此选择合适的行动方针。规划往往是年度活动计划。Axelrod(1994:122)认为,如果非营利团体董事会无法投入时间和精力进行

pluralism

规划,那么就是玩忽职守。同时参见 **long-range planning in nonprofits**(非营利长期规划)。

pluralism 多元主义 1. 指社会 * **团体**或 * **社会范畴**多元化及其社会影响力的概念或条件。2. * **民族多元主义**。3. * **政治多元主义**。4. * **宗教多元主义**。参见 Baghramian 和 Ingram(2000,passim)关于多元主义的综述。

pluralism, ethnic 多元主义,民族 指社会概念或社会形式,其中有民族、种族、文化、国家和其他明显具有 * **社会范畴**的特征,其独立的传统、实践和态度保持完好(see Soysal 1994,尤其是第六章关于欧洲移民国家的 * **非营利团体**研究)。在很大程度上,有效的民族多元主义有赖于 * **宽容**,社会上大多数多元团体及其传统、实践等都能够共存。这种多元主义常常在非营利团体中得以体现。Perlmutter(1992)考察了美国社会中存在的民族、种族和宗教偏见——民族多元主义的对立面是 * **宽容**。近年来,名为"多元文化主义""民族多元主义"的思潮在社会上盛极一时。这有赖于 * **公民自由**,比如 * **宗教自由**、* **结社自由**(Kukathas 2003;Kymlicka 1993;Schweder and Minow 2002)。Knobel(1996,passim)写过一本关于美国本土主义("美国人的美国")运动史的著作,呈现出民族多元主义的极度宽容在不同时期都一直存在。Schlesinger(1993,passim)认为,多元文化主义已经催生了"非统一的美国",Wilkinson(1997,passim)对这一观点表示赞同。Blank(2002),Gordon 和 Newfield(1996),Hing(1997),Wood(2003),以及数以百计的其他作者都出版过相关著作,研究民族多元主义的不同侧面,尤其是世界上多元化程度最高的国家之一美国的民族多元主义问题。民族多元主义的概念与 * **宗教多元主义**也有重叠,因为不同民族或国家的 * **社会范畴**通常附着于不同的 * **宗教**。

pluralism, political 多元主义,政治 一种崇尚单一国家权力的理论,主张提升对个体性 * **团体**的 * **授权**及其自治,包括 * **非营利团体**的 * **自治**,以及它们在 * **社会政策**实施过程中的功能。同时,政治多元主义也是社会上的 * **非营利组织**开展形式多样的 * **非营利性政治活动**的一种前提条件。另外,政治多元主义概念或形式常常还包含这样的理念或事实,即拥有多种不同政治观点的 * **团体**在一国的政治领域相互竞争,常常以 * **利益集团**的方式进行,因而政治结果折射出多样性的"输入"特征(see Dahl 1967;Greene 1984,passim)。在过去数十年间,这一概念一直饱受尖锐的批判,其存在在美国更是备受挑战(e.g., Kariel 1981; Kelso 1978; Schattschneider 1960)。Jordan(1990:295)

认为,假定﹡社会局内人拥有一定的权力,那么政治多元主义更多地体现为一种理想,而不是现实。Rauch(1995,passim)指出,"超多元主义"(美国的﹡社团数量庞大)是"美国政府的沉默杀手",会导致形成一种﹡特殊利益集团的僵局(ibid.:10)。M. Smith(1990)和 Jordan(1993)对政治多元主义的各种理论和观点进行了综述,发现其间存在巨大的混乱和分歧。﹡法团主义就是政治多元主义的一个显明的替代理论。政治多元主义在某种程度上与其他形式的﹡多元主义相互重叠(参见﹡道德多元主义、宗教多元主义),涉入其中的团体或﹡社会范畴多会形成利益集团。政治多元主义的存在建立在﹡自由民权的基础之上。

pluralism, religious 多元主义,宗教 指社会上多元﹡宗教或﹡教派的理论或事实,而不是指一个国家的教会(﹡教会,义项三),且各种宗教或教派都有权存在并享有平等地位,这受到美国《权利法案》的保障(Evans 1997,passim;Monsma and Soper 1998,passim)。宗教多元主义基本上取决于﹡宗教自由、﹡结社自由以及其他﹡公民自由权的保障(Robertson 1966,passim)。宗教多元主义还涉及"宗教宽容",Zagorin(2003,passim)研究了这种理念在西方的历史。美国由此被贴上"教派社会"的标签(Greeley 1972,passim)。美国作为一个多元宗教、多元教派社会的历史在大量的著作中得以印证(e.g.,Finke and Stark 2005;Hutchison 2003;Lippy 2000;Littell 1962;Robbins and Anthony 1981;Williams 2002)。Nye(2001,passim),Ghanea-Hercak(2003,passim)以及 Perlmutter(1992,passim)等人对宗教受到不宽容对待与歧视问题进行了研究。宗教多元主义同﹡民族多元主义多有重叠,因为不同民族、种族或国家的﹡社会范畴内常常有不同的宗教或教派。宗教多元主义还同﹡政治多元主义有某种重叠,因为不同宗教团体或社会范畴可能会形成不同的﹡利益集团。

policy 政策 在﹡非营利部门中,政策系指行动方针或是所要采取、提出的原则,可以由个体或﹡非营利团体制定,也可以由外部的政府或商业部门制定(摘自《牛津英语大词典(简编本)》2002:2267)。同时参见 **social policy**(社会政策)。

policy dilemma 政策困局 在两个涉及﹡公共部门或志愿部门(﹡社会部门)﹡资源配置的政策选项中作出选择的困难局面。比如,关于中介机构,如﹡志愿社团和需要﹡志愿者参与的其他﹡组织。Moody(1988)提出了所谓的"政策困局"说。他对﹡社会政策应该支持现有的﹡非营利团体的发展(其中很多

policy volunteer

非营利团体根据性别、种族和民族划分,都是均质化的),还是应该提升面向公众开放的、独立的＊**志愿项目**(比如,福斯特祖辈支持项目(the Foster Grandparents Program))提出疑问。

policy volunteer **政策志愿者** 具有董事或委员会成员(＊**董事会志愿者**)身份的志愿者。Cahn(1960,passim)认为,政策志愿者是＊**公民志愿者**的三种类型之一,另外两种志愿者是＊**服务志愿者**和社会行动志愿者。Metzendorf 和 Cnaan(1992)对政策志愿者和服务志愿者进行过区分研究。

political action **政治行动** 由个体或＊**团体**实施的旨在影响政治＊**决策**或某一区域内的政治进程的行动(cf. Verba et al. 1995:51)。在美国《国内税收法》第501(c)(3)和509(a)条的规定中,对公益捐款的政治行动有严格限制。尤其需要指出的是,它们不可以深度涉入＊**游说活动**,也不能干预政党的任何政治竞选活动(cf. Fishman and Schwarz 2000:520—580)。＊**私人基金会**属于国税局 501(c)(3)类而不属于 509(a)类组织,因而受到更大的限制,根本不能实施任何政治行动(ibid.)。Holmes(2004,passim)调查了愤怒情绪在激发政治行动中的作用,以及人们是如何参与政治活动的。她的研究探讨了愤怒情绪影响他人的方式,以及愤怒情绪通过与他人之间的关系形成的过程。同时参见 **political participation**(政治参与)。

political action committee(PAC) **政治行动委员会(PAC)** 是一种＊**利益集团**,有时表现为一种＊**非营利团体**,其筹款方式是从一个(比如,一个大型公司)或多个捐款人那里获得资金,形成资金池,然后对竞选运动进行＊**捐赠**,以期影响候选人,继而能够长期地影响立法和行政＊**决策**。Clawson 等(1992,passim)详细研究了公司的政治行动委员会。

political goal **政治目标** 参见 **goal**(目标)。

political influence **政治影响** 指＊**团体**或个人试图或实现对某一区域的政治＊**决策**或政治进程施加有目的的＊**影响**,以及对社会权力的羁束性实践(Goodin, and Klingemann 1996:7—8)。同时参见 **political participation**(政治参与)。

political involvement **政治参与** 1. 由＊**非营利团体**发起的试图影响政府的活动。Smith(2000:133)注意到,实际上每一类型的＊**草根社团**几乎都不时地参与到政治进程中来。2. 个人＊**政治参与**(political participation)过程的同义词。同时参见 **impact of nonprofits/nonprofit sector**(非营利/非营利部门影响力);**political nonprofit group**(政治非营利团体)。

political nonprofit　**政治非营利**　参见 **political nonprofit group**(政治非营利团体)。

political nonprofit group　**政治非营利团体**　主要参与所有区域层级 * **政治志愿行动**的 * **非营利团体**。例如,* **公民团体**、* **利益集团**、* **政党**以及 * **社会运动团体**。Douglas(1987,passim)研究了有助于解释政治非营利团体的各种理论。

political participation　**政治参与**　指个体试图影响政府的 * **社会政策**、政策实施、* **决策**制定的 * **政治志愿行动**,可能发生在地方层面(比如,* **公民参与**)、区域层面、国家层面,也可能发生在国际层面。政治参与范围涉及从选举到参与 * **政治非营利团体**。这可能源于自私(* **自私**)或利他(* **利他主义**)的 * **目标**,有时是二者兼而有之。美国的政治参与曾被深入研究过,研究者有:Conway(1991),Christy(1987),Dobratz 和 Buzzell(2002),Milbrath 和 Goel(1977),Nagel(1987),Norris(2002),Pateman(1970),Powers 等(1993),Rosenstone 和 Hansen(1993),Smith 等(1980),Smock(2004),Verba 等(1978,1995),以及 Verba 和 Nie(1972)。同时参见 **political involvement**(政治参与);**political party**(政党)。

political party　**政党**　一种初始 * **目标**定位于选择和帮助多名候选人参选政府职位的 * **社团组织**。一旦掌握权力,政党就有了新目标,即治理以选举为中心的司法体系。宽泛地说,政党的目标是获得和维系对政治权力的独占。关于政党的经典论述可以参见 Robert Michels(1915,1959,passim)的作品。Aldrich(1995,passim)对美国政党的来源与转型进行过研究。Milkis(1999,passim)讨论了宪政 * **民主**下这些团体的作用(see also Ware 2001,passim)。Disch(2002,passim)考察了美国两党制下的"暴政"问题,而 Sifry(2003,passim)的研究则聚焦于美国的第三党政治。Bibby 和 Holbrook(1996)对美国的州级政党活动进行了研究。Witcover(2003,passim)写过关于民主党历史的著作,而 Gould(2003,passim)则写过关于共和党历史的著作。McGerr(1986/2000,passim)通过对 1865—1892 年的美国北部进行研究,认为地方政党的身份认同和活动已经衰落。Mair(1990,passim)主编的著作中收录了讨论西欧政党问题的文章。Dominguez(1994,passim)主编的著作中则包括对拉丁美洲政党问题的讨论。同时参见 **power of nonprofit groups**(非营利团体权力)。

political pluralism 政治多元主义 参见 **pluralism, political**(多元主义,政治)。

political voluntary action 政治志愿活动 以影响政府 * **社会政策**和实践为目标的 * **志愿活动**。尤指个体或团体活动,旨在影响公共舆论(* **公共**,义项二)或任何区域层面的组合结构、成员选择、* **政策**或政府实践等综合问题。团体层面的政治志愿活动通常被称为" * **利益集团**的活动",而个人层面的活动则被称为" * **政治参与**"。政治活动的组织者可能是商业组织、* **政府机构**。家庭或家族组织的活动则不同,因为这种活动缺乏志愿利他成分,不属于政治志愿活动的范畴。政治志愿活动通常是传统或主流的(被社会所广泛接受)活动,尽管它在不同程度上可能存在非传统成分(偏离社会规范)。Conway(1991,passim)和 Verba 等(1995,passim)研究过美国的政治参与和志愿行动问题。

political voluntary group 政治志愿团体 参见 **political nonprofit group**(政治非营利团体)。

polymorphic nonprofit group 多业态的非营利团体 多个 * **非营利团体**中的一种,都与一个大型的、伞状的 * **组织**存在垂直联系(Smith 2000:80)。同时参见 **monomorphic nonprofit group**(单业态的非营利团体)。

population ecology of organizations approach 种群生态学的组织方法 关于组织—环境关系的一种理论视角,系主流适应理论视角的一种补充。* **组织**的种群生态学强调内部压力强度对组织结构的影响,二者都来自于内部结构安排(工厂和设备的投资、规范的协议)和环境约束(进入和退出市场的合法的、与财政相关的各种障碍)。它包括竞争模式的采用和组织群体的选择(Hannan and Freeman 1977,passim)。该方法通常适用于对商业公司的研究,同时也适用于对 * **非营利团体**的分析(see McPherson 1983)。同时参见 **environment, organizational**(环境,组织);**interorganizational field**(组织间领域)。

position statement/paper 立场声明/书面 个体或 * **非营利团体**针对某特定主题的态度或意向的书面声明。此类声明包括所持立场的基本依据与文件记录。Hunter(1997,passim)研究了反堕胎运动的立场声明,即"我们寻找的美国"(The America We Seek)。

positive social capital 积极的社会资本 参见 **capital, social**(资本,社会)。

posse　地方武装　通常是一个武装起来的男性＊志愿团体，在某个临时基地可能被警长赋予权力以维持法律和秩序。早在1900年前后的美国西部，地方武装就很常见，而现在则鲜见。地方武装的全称应是来自于中美洲的术语"武装力量"(posse comitatus)。Pitcavage(2001,passim)把20世纪90年代的美国右翼准军事团体视作地方武装，尤其是在阴谋反政府问题上，二者沆瀣一气。

post-grant evaluation　后资助评估　指＊非营利团体接受＊资助后的结果评估，以确定团体的＊目标是否达成(参见克利夫兰基金会词汇大全，网址为http://www.clevelandfoundation.org/page1691.cfm)。

power elite　权力精英　参见 insiders, societal(局内人，社会)。

power of nonprofit groups　非营利团体权力　指＊非营利团体实现其＊目标的能力，甚至在面对内部或外部的个人或团体对这些目标表示抗拒时(cf. Lasswell 1936, passim)。大多数＊草根社团在政治权力上都很孱弱，尤其是那些新成立的、小型的和非正式的社团组织更是如此(Smith 2000:134)。

power structure of nonprofits　非营利权力结构　指＊非营利团体中的权力关系，包括正式团体和非正式团体(cf. Hall 1996, chap.5)。在正式非营利团体中，权力结构通常以图示形式在＊组织结构图中予以确立，主要有位于图示顶端的高层＊领导者和从底层运作的其他个体或职位的＊权威队列。非营利权力结构的上层人士权力最大的原因之一是，他们以＊核心志愿者的身份提供服务。他们是团体中最具技能、最有知识和工作最努力的＊成员，有助于实现组织＊目标(Stebbins 1998:3—6)。

predictor of volunteer participation　非营利参与预测　一个人成为志愿者的可能性指标。Smith(2000:240)认为，这一领域的研究不仅应当使用社会人口统计学的指标预测，而且还要使用心理学、情景学、环境学的指标预测。Smith(1994, passim)先前对此作过研究。还可参见Chambré(1987)针对老年人参与＊志愿行动的预测问题所作的全国样本研究。Kirsch, Hume和Jalandoni(1999)以及早期的此类常规研究也对＊志愿者参与，尤其是＊志愿项目作过预测。

pressure group　压力集团　参见 interest group(利益集团)。

prestige incentive　声望激励　＊激励类型的一种，根植于对获得尊重的渴望，其途径是加入某个享有盛誉的＊非营利团体(Smith 2000:102)。同时参见

incentive type(激励类型)。

prestige of nonprofit groups 非营利团体声望 指 * 非营利团体所受到的普通大众的尊重,不管该团体是地方组织、区域组织还是全国性组织(cf. Young and-Larson 1965, passim)。大多数 * 草根社团在社区中仅具有低等到中等程度的声望,其中很多社团几乎不为人知(Smith 2000:135)。

prevalence of nonprofits 非营利普及率 参见 **nonprofit group prevalence**(非营利团体普及率)。

priest 牧师·教职 1. 基督教新教的 * 宗教职位,包括罗马天主教、东正教、英国圣公教/主教以及摩门教(耶稣基督后期圣徒教会)教会(Ranson et al. 1977)。2. 亚洲各类宗教(比如,佛教、神道教、道教)的 * 宗教职位。

primary group 初始团体 指小数量的人群彼此长时间互动而形成的 * 团体(比如,家庭、朋友团体)。一些初始团体有明确设定的角色和 * 目标,而在所有团体中,* 成员认同将其所在 * 集体视为一个明确的实体。Cooley(1909,chap. 3)率先提出了"初始团体"理念。同时参见 **informal group**(非正式组织);**secondary group**(二级团体);**collectivity**(集体);**small group**(小团体)。

primary satisfaction 初始满意度 参见 **direct satisfaction**(直接满意度)。

principle of human association 结社原则 保障人们开展互动活动和实现 * 集体成长的基础或初始资源。Fuller(1969, passim)对两种此类原则作出区分:自由给予的共享 * 承诺和法律强制。Boulding(1973:107)提出了第三种原则,将其命名为"市场交换"(* 交换,市场)原则。

priority setting 优先级设定 参见 **decision making**(决策)。

private foundation 私人基金会 指符合《国内税收法》第501(c)(3)条对非营利所作的界定,却不符合第509(a)条规定的 * 公共慈善机构条件,没有通过 * 公共支持测试的非营利组织;为一种 * 公益基金会,其资金通常来自于私人财富,其成立出于公益目的(Fishman and Schwarz 2000:602—603;Hopkins 1998,passim)。Freeman(1991, passim)出版过一本研究私人基金会的经典著作。参见 **foundation**(基金会)。

private good 私人商品 参见 **good**(产品·短缺产品,义项二)。

private government 私人政府 是指这样的 *政府：当 *非营利团体和商业公司建立自己的法律(制度)并且有相应的适用对象时，政府的私人特征便得以体现(cf. Lakoff 1973, passim; McConnell 1966, passim)。这些"私人政府"有自己的 *领导者(有些是选举产生，有些不是)，还有自己的税制形式(比如， *社团年费)。之所以被视为"私有"，是因为它们大部分在(公共的、选举产生的)政府的司法制度之外运作。Streeck 和 Schmitter (1985, passim)写了一本详述它们被称为"私人利益政府"的著作。

private interest group 私人利益集团 参见 **special interest group**(特殊利益集团)。

private-market failure 私人—市场失灵 指经济或商业部门(*社会部门)无法提供某种 *商品或 *服务，原因是这样做不能产生足够的利润。按照一些权威分析家的说法，有时 *非营利团体的兴起或介入能够填补对这些商品或服务可以感知的"需求"，其前提是可能有足够数量的顾客或消费者(cf. Weisbrod 1988, passim)。

private operating foundation 私人运作型基金会 参见 **operating foundation**(运作型基金会)。

private sector 私人部门 参见 **sector of society**(社会部门)。

private welfare 私人福利 *非营利部门的公益(*公益)活动(cf. Critchlow and Parker 1998, passim; DeGrazia 1957, passim; Powell and Clemens 1998, passim)。该术语与 *慈善组织(义项二)同义，与 *慈善部门的狭义定义相似。Little (1995, passim)在她关于安大略母亲津贴会(the Ontario Mothers Allowance)历史的研究中，比较了私人福利和公共福利(*福利，义项二)，追溯了这两种制度复杂的相互作用过程。

privatization 民营化 是在过去数十年里 *福利国家政府作用的一种发展趋势，即减少面向具有特定的未获满足 *需求的顾客(*利益目标群体)供给的直接服务。政府选择将这些服务"私有化"，同营利部门，或者更普遍地同非营利社会服务机构(*非营利机构)签订服务合同。这些机构接受政府的资金以实现这些功能。商业公司也可能收到提供所需 *服务的政府 *合同。Rekart (1993, passim)研究了加拿大非营利机构和政府开展这种实践的利弊得失。Smith 和 Lipsky (1993, passim)的研究对象是美国，而 Kramer 等(1993,

passim)则研究了欧洲四国。Savas（2000，passim）对营利和非营利的民营化问题进行了宽视野的分析，而 Minow（2002，passim）则强调民营化涉及 * **公共产品**（义项二）的伙伴关系。Ascoli 和 Ranci（2002，passim）以意大利为例，讨论了民营化是如何影响社会 * **福利**（义项二）结构的。

pro bono professional work 无偿专业工作 指 * **专业人士**（比如，律师、医生）志愿利用自己的时间，几乎不收费或无偿地为穷人或其他顾客（ * **利益目标群体**）提供专业服务工作（cf. Tucker 1972，passim）。这个术语源于拉丁文"pro bono publico"，或者是"为了公共产品"一词。Weinstein（1993，passim）回顾他的职业生涯时，说自己做过律师、士兵、教师并参加过公益 * **行动**。

problem 问题 一种令人生疑的或有困难的事务，而个体 * **志愿者**或 * **非营利团体**拥有能够对此加以解决的 * **资源**（McWhinney 1992：62—64）。同时参见 **issue**（事务）。

process evaluation in program evaluation 项目评估中的过程评估 使用各种办法所开展的调查活动，目的是考察 * **非营利团体**实施某一 * **项目**的过程。此类评估侧重于考察为达到预期的项目结果所采取的各种步骤（Thomas 1994：362—364）。有时，这也被称为"成型评估"。同时参见 **program evaluation**（项目评估）。

process of nonprofit groups 非营利团体的过程 * **非营利团体**的常规性或经常性运作，比如 * **会议**、活动、工作坊或者社会化会议（Smith 2000：127—148）。

producer cooperative 生产合作社 特定 * **商品**或 * **服务**生产商所组成的 * **营利组织**，以 * **合作**基线为组织结构（cf. Ben-Ner 1987，passim）。在美国，农业生产合作社最为常见。它与可能是 * **非营利团体**的 * **消费合作社**不同。Shifley（2003，passim）进行了一项案例研究，对象为工人拥有和管理的合作社，以探究组织的那些基础性变革是如何影响工人及其家庭的。他发现，拓展个人选择是可能产生积极效果的多项变革之一。

profession 职业 1. 一种掌控自己工作的职业，这种掌控由具有某种特殊制度背景的组织（比如，教育部门、政府）实施，并且由某种基于先进的技能、知识或培训，关于技术和服务的 * **意识形态**所维系（cf. Freidson 1994：10，n. 1）。2.（宽泛的）一种领取薪水的职业。

professional　**专业人士**　1. 从事某一 * **职业**（义项一）的人。2. 为了金钱而从事某一特殊职业或活动的人。在美国,很多 * **非营利部门**的 * **志愿管理人员**只是义项二所指的那种专业人士。也就是说,对他们最准确的表述是 * **付酬员工**,而不是某一职业（义项一）的工作者(Smith 2000:153—154)。

professional association　**专业社团**　属于或为诸如医生、律师、教师等专业人士（义项一）而设立的一种 * **社团**,系一种 * **职业社团**。美国人口普查局使用"职业组织"这一术语指代专业社团(O'Neill 2002:214)。Krause (1996, passim)对过去数十年来四个传统职业（医疗、法律、大学教育和工程）及其专业社团影响力的衰落进行了比较性、跨国性、历史性研究,资本主义和国家权力在此期间不断超越职业 * **价值**的 * **影响力**。

professional organization　**专业组织**　参见 **professional association**（专业社团）。

professional/volunteer tension　**专业人士/志愿者张力**　* **专业人士**与 * **志愿者**在 * **付酬员工非营利团体**中完成同一任务时出现的不一致状况。Pearce (1993:142)研究发现,此类张力的存在部分缘于职业人士有更高的合法性（受过正规培训）,而志愿者则具有更大的奉献精神（因 * **利他主义**而被炒鱿鱼）。Pearce指出（pp.143—144）,这种张力也可能发生在两种类型之间,它们在专业水平上表现为:一种受到正规培训（职业人士）,而另一种（志愿者）则有着长期的经验。同时参见 **professionalism of volunteers and volunteerism**（志愿者和志愿服务的专业化）。

professionalism　**专业主义**　帮助 * **专业**（义项一）* **成员**进行管理和予以维系的 * **意识形态**和特殊机构(Freidson 1994:10, n.1)。

professionalization of volunteers and volunteerism　**志愿者和志愿服务的专业化**　* **志愿者**及其在所从事的 * **志愿行动**中专业化工作(* **专业人士**)水平日益增长的过程。这些针对专业化志愿者的要求包括:持续的正式培训、技能与知识、严谨性、经验、相关认证或证书等诸如此类的东西。Nichols (2004:203)在其关于体育志愿者的研究中坚持认为,专业化的压力出现在 * **非营利部门**面对来自于商业和政府部门(* **社会部门**)的实质性竞争时。

professional-lay partnership　**专业—业余伙伴关系**　系指以机构为基础的 * **专业人士网络**同 * **专业社团**成员之间的伙伴关系,后者有志于 * **基于社区的首创活动**,并把那些作为 * **网络**一部分的业余人士引入到个体 * **志愿者**、* **志愿社**

团和宗教*会众的行列(Israel 1988)。鉴于文化差异以及*组织与*社区习惯的不同,敏感性也不尽相同,应鼓励各方*参与,并对项目和组织加以控制,促进相互依存,提升专业人士的独立性,而不是依赖他们。

profits of nonprofit groups　非营利团体利润　1. 指*非营利团体通过商业途径获得的多于支出的超额回报(*额外收入)。Starkweather(1993:107)研究认为,在寻求作为*免税组织的优势地位过程中,美国的很多医院都开展过营利活动(参见 for-profit group(营利团体))。2. 指非营利团体实施的*不公平竞争,其中的非营利商业活动戴着政府给予免税的"帽子"以追求*超额收入,不公平地妨碍了商业公司的竞争,或者会与特定产业的非营利机构进行不公平竞争(Bennett and DiLorenzo 1989, passim)。

program　项目　指在*非营利领域,创立相对固定的*组织,拟订*计划或程序,以满足*利益目标群体的特定*需求(Barker 2003:342)。Martin(2003)研究了澳大利亚无家可归者援助项目及其与*志愿行动和后工业社会的关系。

program evaluation　项目评估　指就公共和非营利活动和*项目的影响而提供信息所作的研究(Thomas 1994:342)。Wholey 和 Hatry(2004)近期编制了一个关于项目评估的最全面的指导手册。同时参见 **outcome evaluation for program evaluation**(项目评估的结果评估);**process evaluation in program evaluation**(项目评估中的过程评估)。

program evaluation review　项目评估检查　由*非营利团体职员(领取薪水者或志愿者)按照*项目评估过程中所收集的数据以及评估者的初步解释所进行的检查(Thomas 1994:364)。

program officer　项目官员　系指负责筛选和处理来自于*非营利团体的*资助计划,向*董事会或活动的受托人传达最可靠的承诺的*基金会工作人员。在绝大多数更小型的基金会中,并不存在项目官员(参见基金会中心词典,网址为 http://www.fdncenter.org/learn/ufg/glossary.html)。

program volunteer　项目志愿者　在*志愿项目中工作的*志愿者(Smith 2002:224)。由于在这种服务项目中工作,项目*志愿者受*服务激励型非会员志愿者(Smith 2000:98—99)激发,构成了志愿者的主要类型之一。这有别于大多数*社团志愿者,后者多为共同会员的服务激励所推动,也包括其他方面的

*志愿利他主义的*会员利益。参见 **volunteer**(志愿者)。

program volunteering **项目志愿行动** *项目志愿者开展的*志愿活动(Smith 2002:224 and passim)。

program volunteering, participation in **项目志愿行动,参与** 指在*志愿项目中成为一个活跃的*志愿者。对*参与志愿项目进行预测研究的有 Chambré(1987, passim),Smith (1994, passim),以及 Kirsch 等(1999)。

project **计划** 按照 Barker (2003:342)的说法,这是一种有计划的、短期的、个体或集体实施的计划,比*项目更具弹性。*志愿者实施的计划同*基于计划的休闲活动有关。

project-based leisure **基于计划的休闲活动** 指短期的、中等复杂程度的、一次性的或者偶尔的、非经常性的、在*自由时间实施的创新活动。它要求有相当周全的规划,付出相应的努力,有时还需要掌握一定的技能和知识,而所有这些既不是也无意于发展成为*深度休闲(Stebbins 2005b, passim)。有些*志愿行动是基于计划的*休闲活动(比如,重大会议或者大型体育赛事的志愿活动,以及自然灾害或人为灾害发生之后帮助恢复人们的生活或野生动物正常的生存状态等志愿行动)。同时参见 **casual leisure**(率性休闲)。

proposal **创议** 参见 **grant proposal**(资助方案)。

proselytizing **传教** 积极致力于*改变那些原先没有宗教信仰或有其他宗教信仰的人,使其信仰自己所信仰的*宗教的活动(cf. Sheffer 1999, passim)。

prosocial behavior **亲社会行为** 指针对需要获得帮助的人进行的*帮助行为(Burlingame 2004:387)。如果互惠动机较弱(Bar-Tal 1976),则亲社会行为可以被视为由任何部门的个体或团体所实施的,旨在实现社会和*公共利益的利他行动(*利他主义)。Staub (1978, 1979, passim)写过一篇回顾亲社会行动和道德研究的经典文章。Ciarrocchi (2003, passim)发现,精神和人格变量对男性和女性的亲社会行为的影响存在差异。

protected zone **保护区** 指这样的社会生活领域:人们在那里能够感受到自由,不受货币经济和国家规定的约束,可以自由地依*同情心行事。根据 Wuthnow (1991:279)的观点,*志愿者常常认为自己的*志愿工作是在类似的保护区内开展的活动。Wuthnow 视这种保护区为符合哈贝马斯"生活世界"学说的概念化的边界,是个人和人际生活的地区,现在正日益受到体制(国家与市场)的侵蚀。

protest 抗议 参见 activity, protest(活动抗议)。

protest movement 抗议活动 参见 social movement(社会运动)。

proud amateurishness of grassroots association leaders 为草根社团领导人所自豪的业余性 系很多*领导者在管理自己的*草根社团时所表露的情绪,在诸如经验层面的试错和学习的过程中得以体现。Smith(2000:154)认为,这些领导人通常非常自豪于自己*领导的业余性,自豪于这不是专业人士的管理。参见 professional(专业人士);profession(职业)。

pseudo-nonprofit group 伪非营利团体 参见 nonprofit group(非营利团体)。

psychic benefit 心理收益 一种非物质的回报,或者是一种优势,产生于*志愿行动或*准志愿行动。Smith,Reddy 和 Baldwin(1972:163)研究发现,当*志愿行动满足了*志愿者的认知*需求时,他们就可以体验到精神收益,对于那些以*自我实现为宗旨的志愿者而言尤为如此。同时参见 satisfaction(满意度);development of volunteers(志愿者发展)。

psychic income 心理收入 参见 psychic benefit(心理收益);satisfaction(满意度)。

psychological empowerment 心理授权 参见 empowerment(赋权,义项二)。

psychological empowerment impact 心理授权的影响 指一个人生活上的积极变化,来自于能力的自我感知、对相关社会政治环境的理解以及个人对相关条件的控制,所有这些合起来形成了实现预期改变的积极手段(see Zimmerman 1995:581)。同时参见 impact of nonprofits(非营利影响力)。

psychological factor in volunteering 志愿行动的心理因素 解释人们志愿参与各种不同类型*志愿行动的心理原因。这类原因主要有两个:(1)存在特定的人格属性(比如,自信、外向性、效能感);(2)存在的特定态度(比如,对*非营利团体*效能的接受、对*休闲时间提供*服务的偏好、*公民义务、公民自豪感、*利他主义)。这些属性存在于那些拥有*民主人格和*积极—有效特色模式的人身上。对志愿行动的心理因素的详细研究有助于消弭那些主要却并不完全依赖于*动力访谈的研究之不足。Smith(1994a:250—252)在他关于决定*参与志愿*社团和*项目志愿行动的研究中,探讨了这些影响因素。

psychological trait of leaders 领导人的心理特质 参见 **leadership, trait approach**（领导，特质方法）。

public 公民·公共 1. 指一个 *社区或一个国家中的人民整体。2. 指共享社会、文化或政治 *利益的一群人，而不是某个人，通常是与其他人没有关联的人。这两种理论和实践在 *非营利部门中多指涉义项一，也有 *公共利益的意思（Smith 1993, passim）。与 *业余人士和以公众为中心的 *专业人士（那些在艺术、科学、体育、娱乐方面有特长的人，Stebbins 1992:22）有所不同，这个概念同特定的公众有关，在某一设定 *事务（义项二）上以公共舆论为中心。

public advocacy 公共倡导 参见 **advocacy**（倡导）。

public benefit 公共利益 参见 **benefit**（利益，义项二）。

public benefit in nonprofits 非营利公共利益 1. 广义上，指所隶属或所关涉的 *公共利益。2. 指有价值的物品，为 *利益目标群体（互惠者）或一般 *公众所接受，并被视为活动的预想结果和某 *非营利团体的 *项目。Smith（1993, passim）对 *会员利益和公共利益进行了比较研究，认为"公共"一词使用不当，用"非会员利益"这一术语来替代更为准确（Smith 2000:115—116）。

public benefit nonprofit group 公共利益定位的非营利团体 *非营利团体的一种，其主要 *目标是增进非会员（比如，*公共，义项二）的 *公共利益并为之提供服务。*利益目标群体在社会上鲜有跨部门存在的，而多是按照 *社会范畴选择的，比如穷人、老人、无家可归者，因而"非会员制利益集团"是一个更好的术语。Smith（2000:114—117）对 *会员利益和非会员制利益集团进行过比较研究。

public charity 公共慈善机构 系根据美国《国内税收法》的部分规定进行界分的一种特殊类型的 *非营利组织，因为这些 *组织"既具有广泛的公众支持，又……在维系组织关系上具有积极作用"（Milani 1988:5.4）。后者源于给予（ibid.），典型的例子（根据《国内税收法》第509条）有"教会或者……教会性质的 *社团""教育组织（比如，学校、大学）""医院""公共服务性组织（比如，博物馆、图书馆、美国红十字会）"。关于公共慈善机构的更多技术性术语，可参见 Wood（1988, sections 4.13—4.14）的相关研究。然而，Bowen 等（1994:7）用一张图就把公益机构全解释清楚了，基本上与《国内税收法》第501(c)(3)条中对团体(除去大约10%的私人基金会)的分类是相同的,这些组织在1991年10月占国税局免税实体的比例为41%。所有的公益慈善机构都是按照《国内税收法》第509(a)条设计的,符合 * 公共支持测试 的要求。Bowen等(1994:21)绘制的表2.1显示,公共慈善机构所涉领域甚广:从人的互惠互利到健康和服务、从宗教到科学、从赈灾到 * 公民权利,所有有意为之的非营利组织无所不包。同时参见 nonprofit organization(非营利组织);nonprofit agency(非营利机构)。

public foundation 公募基金会 指从 * 公众,也包括 * 政府和其他 * 基金会那里获得其每年至少1/3的 * 资金收入,主要从事资金 * 资助工作,也可能提供一些直接的公益服务的 * 非营利团体。这也是 * 公共慈善机构的一种形式(参见克利夫兰基金会词汇大全,网址为 http://www.clevelandfoundation.org/page1691.cfm)。

public good 公共产品 1. 商品的一种,其 * 利益不可分割地向全 * 社会扩散,无论特定个体是否有意愿消费该类公共产品(Samuelson and Nordhaus 1995:761)。* 商品义项一中的一种。洁净的空气就是一个例子。2. 指"公共产品"中的产品(参见 **public interest (the)**(* 公共利益(特定))(Smith 1977:1108)。

public goods theory 公共产品理论 以 * 非营利团体向那些相对于中间选民有其一定偏好的社会团体提供集体 * 产品为中心的一系列理论命题。这与政府向中间选民提供此类产品不同(Weisbrod 1988)。同时参见 **contract failure theory**(合同失灵理论);**voluntary failure theory**(志愿失灵理论)。

public interest (the) 公共利益(特定) 1. * 公共需求的整体满意度(cf. Fellmeth and Nader 1970, passim;Kohlmeier 1969, passim;Smith 1977:1108)。2. (与"在公共利益中"这一表述相同)满足一个或一个以上的公共需求(Smith 2000:22—23)。关于对这一主题的探讨,有一本专门的学术杂志《公共利益》(*The Public Interest*)。

public interest group 公共利益集团 为 * 非营利组织或 * 集体,有类似想法的个体组成的 * 非营利组织或 * 集体,有志于改变或维持某种特定安排,其做法是影响政府的某一特定 * 社会政策、公职候选人、政府 * 机构,或一般 * 公众(义项一)。与 * 特殊利益集团不同,公共利益集团支持以为 * 公共利益服务、为

整个社会的普遍 * 福利（义项二）服务为宗旨。Jordan 和 Maloney（1996，passim）在对英国进行的研究中发现，在英国，集团活动在形塑潜在的利益集团 * 成员与激发他们加强 * 参与方面上作用重大，在激发其 * 参与方面也很重大。Hrebenar（1997，chap. 12）研究了美国公共利益集团（* 非营利组织）的兴起，自 20 世纪 60 年代末起，公共利益集团就成为与越来越多传统的游说集团相抗衡的力量，后者是 * 特殊利益集团。有两种公共利益集团经受住了时间的检验，它们是共同事业（Common Cause）（McFarland 1984，passim）和 Ralph Nader 组建的公民大众公司（Public Citizen, Inc.）（cf. Marcello 2004，passim）。其他在研究美国公共利益集团方面有重要著述的作者还有 Berry（1977），McCann（1986），以及 Rothenberg（1992）。同时参见 **interest group**（利益集团）；**lobbyist**（游说分子）。

public need　**公共需求**　一种被社会广泛接受的集体产品（* 产品，义项一、三）。在美国，这些 * 需求大体包括：身体与精神健康、经济福利、公平/自由/安全、教育与沟通、科学/技术/研究、* 宗教/哲学/理想主义、和平与社会整合、审美经验/"文化"/娱乐、* 休闲/消遣/放松、情感表达与人际关系、* 参与/参加/好处/权力、生态平衡/优良环境、社会 * 福利与社会 * 服务以及社会变迁/适应（Smith 1977，passim）。为了回应 * 非营利部门的关切，所有这些需求都必须在 * 志愿利他主义的框架内得到满足（Smith 2000：22—23）。

public participation　**公共参与**　参见 **community involvement**（社区参与）。

public philanthropy　**公共公益**　有两种类型：一是私人支持的政府公益和志愿主义活动，二是政府支持的非营利和志愿主义活动（Burlingame 2004：402）。举例来说，这包括政府财政 * 资助非营利活动的决策，以及针对不同层面的政府机构的私人志愿服务（Brudney and Kellough 2000，passim）。政府部门与非营利部门之间是一种复杂的关系（cf. Boris and Steuerle 1999，passim）。

public policy　**公共政策**　参见 **social policy**（社会政策）。

public purpose　**公共目的**　参见 **public need**（公共需求）。

public relations in nonprofits　**非营利公共关系**　参见 **marketing in nonprofits**（非营利市场机制）。

public sector　**公共部门**　参见 **sector of society**（社会部门）。

public service 公共服务 1. 一种被用来修饰诸如"公告""委员会"等术语的词汇,意味着 * **公共需求**(cf. Bowen 1973,passim;Millet 1966,passim)。2. 一种特殊的服务,通常由个体实施,并被认为属于 * **公共利益**范畴。Ganje 和 Kenny(2004,passim)在《大福克斯先驱报》(*the Grand Forks Herald*)上谈了对 * **公共服务**(义项二)问题的看法:在1997年红河洪灾暴发期间,尽管北达科他州的大福克斯市洪水肆虐,但是当时的公共服务仍然实现了全覆盖。参见 social service(社会服务,义项二)。

public support test 公共支持测试 一种关于 * **非营利活动**是否能从普通大众那里获得实质性支持的测试,在美国《国内税收法》第509(a)条中列有两个不同的版本。这两个版本要求对非营利活动的支持有1/3来自于普通大众(包括捐献、慈善、义卖、收费等),这是作为一个 * **公共慈善机构**而不是 * **私人基金会**所需要满足的条件。

public welfare 公共福利 参见 welfare(福利,义项二);public interest(公共利益集团)。

public worship 公共祈祷 面向 * **公众**(义项一)开放的宗教祈祷活动,不同于限制宗教 * **会众**或 * **组织** * **成员**的小范围祈祷活动。归 * **教会**企业所有的免税财产最初是与其被用于公共祈祷活动联系在一起的,而如今公共祈祷已经逐步演变成为一种普遍现象,是符合宗教属性的合理利用(Cummins 1986)。

purchase of services 服务购买 指政府 * **机构**与 * **非营利团体**(几乎总是 * **非营利机构**,而不是 * **社团组织**)所订立的合作关系之缩略术语。在服务购买中,政府提供资金,非营利团体用这些钱财来向特殊 * **利益目标群体**提供 * **服务**。服务购买是 * **福利国家** * **社会服务** * **民营化**的核心。S. Smith 和 Lipsky(1993,passim)对美国的服务购买进行了研究。

pure volunteer 纯志愿者 参见 volunteer,pure(志愿者,纯粹)。

purpose of nonprofit group 非营利团体目的 参见 mission(使命)。

purposive incentive 目的性激励 * **非营利团体** * **激励**的类型之一,源于希图获得特定规范或意识形态的回报,因而有时被称为"规范激励"。在获得这些回报的过程中, * **活跃分子**还通过分享其所在的 * **非营利团体**的 * **意识形态**而发现了特殊 * **满意度**,这决定了团体 * **目标**应该是什么以及如何达成(Knoke 1988,passim;1990:115)。购买服务的目的性激励可以追溯到 Clark 和 Wilson

(1961,passim)的研究。同时参见 **incentive type**(激励类型)。

purposive type classification of nonprofit groups　非营利团体目的类型分类　参见 **classification of nonprofit groups**(非营利团体分类)。

purposive type of flat-earth paradigm　扁平地球范式的目的类型　﹡非营利部门类型之一,指﹡**非营利团体**可以按照目的(﹡**目标**)或﹡**使命**进行分类描述与解释。这种分类有助于我们了解这些团体以及它们是如何运作的(Smith 2000:232—233)。这种范式忽略了更为深刻的类型分析的相关性(参见 **classification of nonprofit groups**(非营利团体分类))。同时参见 **paradigm**(范式)。

Q

qualified donee（for charitable contribution tax deduction） 合格受助者(慈善捐献扣税) 通常包括*政府(*政府机构)、《国内税收法》第 501（c）(3)条规定的主要公益组织,再加上退伍军人组织、国内兄弟会会所(基于公益目的),以及非营利纪念组织。前四种受助者还可以在房地产税和礼品税上享有税收减免待遇(Fishman and Schwarz 2000:868—869)。个体不具备受助者资格(Fishman and Schwarz 2000:874)。

quality assurance（quality control） 资格保险(资格控制) 指在*非营利部门中,对*非营利团体所提供的*服务或产品的预期质量进行的维护(cf. Juran and Gryna 1974, passim)。Bradshaw 和同事(1998, passim)对作为英国*志愿部门资格保险一部分的投诉程序进行了调查研究,分析了已订立提供各种服务合约的*非营利团体。

QUANGO 半官方机构 参见 **quasi-nongovernmental organization**(准非政府组织)。

quasi-nongovernmental organization（QUANGO） 准非政府组织(QUANGO) 一种具有政府或*营利机构特征的*非营利团体。例如,以*商业公司模式运营的具有合法性的*非营利服务*组织(比如,美国的美利坚汽车联合会(the American Automobile Association)),由某个国家*政府发起成立的具有合法性的*非营利研究*组织(比如,美国的兰德公司)。Taylor（1999, passim）

将批评话语分析原则应用于分析准非政府组织作为业主的相关资料,以揭示该 * **组织**是如何与租客进行沟通的。

quasi-volunteer 准志愿者 1. 以 * **公共服务**为 * **目标**进行工作的人,社会认可其作为 * **志愿者**中的一类,他们通过劳动获得比其市场价值少得多的薪酬(比如,和平队志愿者)(Smith 2000:25,47)。有时也被视为"受薪志愿者"。作为一种 * **志愿者**,准志愿者虽然所获薪酬非常低,但与其所从事的志愿劳动的价值是相称的,因为该劳动对工作技能的要求也非常低,所以这实际上是一种"虚假准志愿者"(cf. Smith, Reddy, and Baldwin 1972:172)。2. 当 * **非营利部门**的受薪雇员所获取的报酬低于商业公司雇员时,即使做着同样或类似的工作,前者可以被看作"职业准志愿者",或者是 Stebbins(2004a, passim)所说的"职业受助者"。受 * **志愿利他主义**和各种特别的、具有高度吸引力的工作条件激励,他们放弃了较高的薪酬待遇。

quasi-volunteer action 准志愿活动 报酬极低的 * **志愿活动**(Smith 2000:24)。在很大程度上,这源于 * **准志愿利他主义**。同时参见 **quasi-volunteer**(准志愿者);**volunteer action**(志愿活动)。

quasi-volunteer altruism 准志愿利他主义 属于 * **志愿利他主义**,鼓励 * **非营利团体**中 * **付酬员工**从事所获报酬较低的活动,为不领取报酬或领取报酬的活动的反义词(Smith 2000:24)。

quasi-volunteer group 准志愿团体 为 * **非营利团体**的一种类型,通过 * **解析成员**在特定时间之内所从事的准志愿活动,可推断出在相关的团体活动上所花费的时间累计达 50% 及以上比例(Smith 2000:25—26)。粗略地讲,由于受 * **准志愿利他主义**激励,非营利组织的大多数 * **付酬员工**所领取的薪水均低于其应得的报酬。

quasi-volunteering 准志愿行动 * **准志愿者**参与的主要活动(cf. Smith 2000:24—25)。

R

rabbi 拉比 一种犹太 * **宗教**职位,任职者已完成一套同现有拉比一起研习经文的认证课程(cf. Harris 1998b:216)。

rainbow coalition 彩虹联盟 一种正式或非正式的 * **非营利团体**,由来自于不同少数群体或其他社会弱势部门的人组成,他们共同合作以实现特定的、为大众所秉持的社会或政治 * **目标**(cf. Janvier 1984; McKelvey 1994)。这一术语最初源于美国,Klineberg(1998, passim)收集的数据表明,除非致力于建设更加健康的自然环境并将其纳入更为稳固的经济与社会公正的 * **承诺**之中,否则美国的黑人和西班牙裔多元化的 * **社区**不大可能组合成为一种新型彩虹联盟。

randomization for program evaluation 项目评估的随机化 指一项实验中机会主体的分配过程。有时,这类实验以结果评估方式加以实施,是 * **项目评估**的组成部分(Thomas 1994:356)。

rank and file 普通会员 指 * **非营利团体**或整个社会的普通 * **成员**,以区别于 * **领导**或 * **社会局内人**。作为形容词,该词汇可以用连字符连接(e.g., rank-and-file members)。Gapasin(1996, passim)对 1970 年到 1992 年间的 * **私人部门** * **工会**进行过研究,在此期间发生了以争取更充分的 * **民主**为目标的普通会员运动(参见 **social movement**(社会运动)),结果导致任职达 25 年的工会主席被罢黜。同时参见 **democracy in nonprofit groups**(非营利团体民主)。

rationale for charitable tax exemption **公益免税的资格条件** 特定的慈善性质的*非营利机构享有《国内税收法》*501(c)(3)条规定的*免税地位,因为通常这类机构服务于公益目的、受到*非分配性限制条款约束、不试图对立法产生实质影响、不参与任何公职的政治竞选活动,而且不违反法律和公共政策(Fishman and Schwarz 2000:229—230)。此外,要获得免税地位,还有各种附加条件(pp.329—348)。

rationalization of organizations **组织理性化** 1. 指*非营利团体各级*领导者及其普通*成员在给定的*资源环境下,选择最有效用和最有效率的路径实现团体*目标的过程(Smith 2000:167)。2. 指理性化过程的结果。Weber(1947)是在此意义上最早提出组织理性化的学者之一。

rebellion **反抗** 1. 指由*团体或*集体发起的针对某一权威公开或坚决的不服从行为。2. 武装组织抗拒现有规则或政府的行为,常常由*志愿者实施(cf. Gurr 1969, passim)。义项二的反抗通常由*草根社团或*社会运动组织所组织,涉及武力或对人民和财产的威胁。因此,在1837年的下加拿大(魁北克的旧称),Louis-Joseph Papineau 成立了一个名为"爱国者"(the Parti Patriote)的政党组织,煽动人们进行爱国反抗,期望在主要以英语为母语的立法会中有更多的讲法语的代表,继而拥有对加拿大这一地区的治理权(Crystal 1994:924)。Katz和同事(1988, passim)研究过16世纪和17世纪之间的墨西哥农民反抗运动,这场具有戏剧性结果的反抗是形式多样的农民社会运动和*集体行动中的一个典型案例。

recipient of helping services **服务受助者** 参见 **target of benefits**(利益目标群体)。

reciprocity **互惠** 指接受物品时又回馈某物品;互动行为的一种形式(cf. Becker 1986, passim; Burlingame 2004:409—411)。Trivers(1971, passim)在解释*利他主义适用于不相关的他人时发现,利他主义根植于互惠的可能性。鉴于人类的寿命较长且相互依存度较高,因此适合在利他之中成长,即他人会在将来的某一时刻给予回报。

recognition of paid staff **接纳付酬员工** 指*付酬员工非营利组织给工作出色的雇员提供正式和非正式报酬的做法。Vineyard(2001, passim)研究过*非营利团体的这种职能。

recognition of volunteers/members 志愿者/会员体认 为 *非营利团体和 *志愿项目的重要管理职能,即提供正式报酬是一类 *项目和较大型 *组织的一部分,也指接纳外部志愿者的过程(比如,全国志愿周(National Volunteer Week))。此类报酬可能是为突出的服务、一定的服务年限或非一般的服务而设置的(参见 **volunteer service**(志愿服务))。本辞典的立场是,更多的非正式报酬是 *志愿者激励的一种方式。Connors (1995:178—179, chap. 11, and passim),Fisher 和 Cole (1993, chap. 4),Vineyard (2001, passim),以及 Wittich (2003b, passim)等人,都对志愿者接纳实践提出了建议。Battle (1988, chap. 6)对 *社团 *成员认可的报酬问题提出了简明建议。

recreation/recreational activity 康乐/康乐活动 1. *休闲活动的同义词。2. 指在 *自由时间开展的活动,如下班,为个人重返工作进行更新和恢复(Godbey 1999:12—13);消遣活动也属于 *非营利团体实施的 *志愿活动(Smith 2002:23)。

recreational club 康乐俱乐部 参见 **recreational group**(康乐团体)。

recreational group 康乐团体 1. 为 *休闲团体的同义词。2. *俱乐部或 *团体,其 *目标之一是开展某种活动以使 *成员的工作获得动力。义项二中的俱乐部和团体早就过时,尽管在清教时代还有少数在运作之中(Weber 1952:167)。在美国,很多康乐团体(义项一)如今仍然存在(Verba et al. 1995:63)。一项针对全国成人的随机抽样调查数据显示,有 21% 的受访者加入了某个 *非营利团体,通常是"爱好、体育、休闲"类的 *社团组织。

recruitment of nonprofit group paid staff 招募非营利团体付酬员工 为非营利团体的某些岗位发现和雇用 *付酬员工的过程。Sturgeon (1994:535—556)写道,关于员工的进进出出,这类团体要做的工作就是发现最好的雇员并把他们留下来。

recruitment of volunteers/members 志愿者/会员招募 说服人们成为 *会员或 *志愿者的过程,无论是作为某个 *非营利团体独立的个体还是无薪员工。通常,非营利团体和 *草根社团尤其倾向于非正式地征募 *会员或志愿者(Smith 2000:139)。Smith (1985:235—248)研究过一般志愿者的招募模式(口碑式、通过大众传媒进行的一般性公众招募、上门动员或电话招募、志愿服务博览会、在其他团体会议上的招募介绍、志愿者登记或技能银行),并使用他

的 *ISSTAL 模型（跨学科下的特殊连续时间配置终身模型）对招募策略的关键因素作过研究。McCurley（1994，passim）将志愿者招募看作 *志愿项目。有许多针对志愿者招募的实践指导研究（e.g., Connors 1995，chap. 4；Ellis 2002；Fisher and Cole 1993，chap. 5；Little 1999；McBee 2002；McCurley and Vineyard 1988；Rusin 1999；Wilson 1983；Wittich 2003a）。Battle（1988，chap. 6）对会员招募作过研究。同时参见 **staffing**（人员配备）。

regional association　**区域性社团**　指高于地方层级的 *社团，从一州、一省或一国的某个区域吸纳 *成员并为之提供 *服务。Skeldon（1977，passim）使用秘鲁的数据，研究了区域性移民社团所担当的两种相互矛盾的角色。他总结指出，将这些团体视为城市化的产物要比将之视为城市飞地更有成效。

regular volunteer　**定期志愿者**　参见 **habitual volunteer**（习惯性的志愿者）。

relations, external　**关系，外部**　参见 **environment, organizational**（环境，组织）。

religion　**宗教**　1. *教派、*宗教分支、*教会或者 *新兴宗教（邪教）的通称。2. 关于人类在存的终极问题的一整套信仰、情操和活动，如超自然的（比如，上帝、神、撒旦、天使）、来世的生活，或者地球上人类生活的基本道德原则（比如，情感、仁慈、友爱的邻居）。有些宗教制度建立在两种构成要素的基础之上。Johnstone（1992，passim）从社会学角度对宗教进行研究后得出结论：鉴于存在多元教派，美国是一个宗教社会。

religiosity　**宗教笃信**　一种宗教感情（包括情绪）或信仰（包括 *意识形态），或者是二者兼而有之。宗教笃信的表达方式可以是正式的，也可以是非正式的，经由宗教 *利益以及 *参与宗教 *仪式和宗教体验（*宗教活动；Johnstone 1992，chap. 4；Stark and Glock 1968，passim）。在诸多明确宗教笃信的方式之中，有一项指标是经常（比如，每周）参加宗教服务工作。在美国，每周参加教会或犹太教堂活动的比例从 1980 年的 40% 上升到 2000 年的 44%（美国人口普查局（U. S. Bureau of the Census），2002：56，table 64）。

religious　**宗教的/宗教**　1.（形容词）具有 *宗教笃信特征的。2.（名词）*宗教秩序中的成员（cf. Turcotte 2001，passim）。

religious activity/commitment　**宗教活动/义务**　主要以宗教 *目标为指向的 *团体、集体或个体活动，从个人祷告到做礼拜，到管理宗教 *组织。Stark 和 Glock（1968：14—16）区分了五个维度的宗教义务或活动。宗教活动是 *非

229

营利部门的一部分，尽管近期（Harris 1998，passim）这一事实常被非营利学者忽视（Smith 1984，passim）。同时参见 **religiosity**（宗教笃信）；**ritual**（仪式）。

religious belief /knowledge 宗教信仰 /知识 是 * 宗教活动的一个维度，聚焦于人们对上帝的信仰，对圣经、超自然或与某一特定 * 宗教相关的其他宗教主题的相信，也涉及人们对这些信仰承担的义务等问题（cf. Stark and Glock 1968：14，chaps. 2，3，7）。宗教知识是宗教信仰的子集，是关于宗教实务的宗教仪式、经书、传统等知识。Stark 和 Glock（1968：14—16）将信仰和知识视为彼此分离却又相互关联的不同维度。

religious consequences 宗教影响 * 宗教实践的一个层面，是关于宗教如何影响个人的日常生活与活动（cf. Stark and Glock 1969：16）。

religious conversion 宗教转信 参见 **conversion，religious**（转信，宗教）。

religious convert 宗教转信 参见 **convert，religious**（皈依者，宗教）。

religious cult 邪教 参见 **new religion**（新兴宗教）。

religious denomination 宗教分支 参见 **denomination**（教派）。

religious experience /feeling 宗教经验 /感受 * 宗教活动的维度之一，聚焦于人们的宗教体验与感觉，同宗教、上帝、圣经、超自然、教会以及相关事务有关（Stark and Glock 1968：15，chap. 6）。James（1902/1958，passim）写过一部关于宗教体验类型的早期经典作品。

religious functionary 宗教职位 宗教领袖使用的一般性社会科学术语，适用于所有 * 宗教或 * 教派（cf. Ranson et al. 1977，passim）。

religious group 宗教团体 参见 **religious nonprofit group**（宗教性非营利团体）。

religious mission 宗教使命 1. 具有宗教 * 目标的 * 非营利团体，其任务是实现宗教转信，使没有 * 宗教信仰或不同宗教、不同 * 教派信仰的人转信福音教派。2. 宗教性 * 非营利的 * 使命或教义 * 目标。Flory（2002，passim）研究了两个福音神学院近期设立的关于教育使命问题的 * 项目及其影响力，该项目是有关成人学位完成度的非传统项目。这些学校至今仍保留着自己的宗教学校身份。

religious movement 宗教运动 * 社会运动的一种，以一个或一个以上的宗教 * 目标为中心开展活动。Toth（2003，passim）针对埃及南部的伊斯兰教案例进行研究发现，伊斯兰教存在一种极端宗教运动。由于缺乏通过合法途径获得经济援助、实现 * 政治参与和进行 * 社会抗议,激化了这一地区的宗教极端行为。

religious nonprofit group　宗教性非营利团体　* 非营利团体的一种,根据宗教 * 目标和宗教教义组织起来。Verba 等(1995:63)研究发现,在随机抽样中,有 12% 的美国成年人表示自己加入过某个宗教团体,通常是 * 草根社团,而不是 * 教会。Cnaan 和 Milofsky(1991:S7—S9)注意到,此类宗教团体为大型的、有正式组织的宗教实体的分支机构(比如,教会、* 教派),其 * 使命包括提供特定的 * 社会服务,尤其是为由于战争、饥馑、自然灾害、经济困顿或社会与政治迫害等原因而有强烈需求的人提供服务(cf. Cnaan et al. 1999, passim)。

religious order　宗教秩序　指宗教性 * 兄弟会或 * 姐妹会组织,其 * 成员通常在 * 寺庙或 * 修道院中一起生活、祈祷、工作。这种秩序在罗马天主教中比较常见。Turcotte(2001, passim)撰文指出,宗教秩序是基督教,尤其是天主教的一种历史形式。宗教秩序的目的在于形成一种世界愿景,在教会或周围社会的主导性愿景中具有非常明显的独立特征。

religious organization　宗教组织　拥有一个或一个以上宗教 * 目标的 * 组织。它通常表现为 * 宗教性非营利团体。Christerson 和 Emerson(2003, passim)以一个宗教组织为样本,研究了民族多样化的成本问题。他们发现了一个问题,即与这些宗教组织中的多数族群相比,少数族群有承担不相称的成本之趋势。

religious philanthropy　宗教公益　是 * 宗教和 * 公益的交叉,包括:将赠与和志愿行动当作初始动机的宗教;将公益赠与和持续赠与资源作为初始互惠义务的公益事业;很多社会机构和全国性社团在结构上都有宗教渊源;一些非营利部门也将宗教作为其发展过程中一个重要的历史性因素(Burlingame 2004:411—415)。其中,最后一点尤其在 Hammack(1998, passim)和 Stackhouse(1990, passim)的作品中能够找到依据。

religious pluralism　宗教多元主义　参见 pluralism, religious(多元主义,宗教)。

religious practice　宗教实践　* 宗教活动/义务的主要维度之一,关涉宗教如何影响日常活动中的 * 仪式行为、* 信仰活动和 * 宗教后果,以及日常活动如何受到宗教信仰的影响(cf. Battin 1990, passim; Hall 1997, passim; Stark and Glock 1968:15, chaps. 4, 5; Wilkinson 1999, passim)。

religious right（in America） 宗教右翼（美国） 20世纪最后几十年和21世纪早期存在的一种宗教运动，它将早期的原教旨主义（Gasper 1963，passim）同保守的基督教结合起来，在可能的情况下试图影响政治进程，并以此侍奉上帝（Johnstone 1992:148—153）。宗教右翼针对一些问题展开争论，比如堕胎、同性恋、进化论、一般性道德准则等。在美国，宗教右翼已经演化为一种潜在的政治力量（Brown 2002，passim；Martin 1996，passim；Utter and Storey 1995，passim）。

religious settlement 宗教聚落 一种 * 理想社区，宗教是其中心目标和意识形态。Kanter（1972:244—248）研究过很多类型乌托邦性质的理想社区。他发现，按照生存期标准进行衡量，美国1780年到1860年存在过的理想社区中，最为成功的社区全部都是宗教聚落。同时参见 commune（公社）。

religious tolerance 宗教宽容 1. 个人对于社会现实以及不同于自己所信仰的 * 宗教和所在的 * 教派的运作方式的接受态度（cf. Newman 1982，passim）。宗教宽容，经常但非必要，伴随着 * 宗教自由权而存在。2. 指多元宗教存在和运作以及教派被接受的社会条件，也指宗教自由的存在状况（cf. Newman 1982，passim）。Budziszewski（1992，pt. 5）对宗教宽容是否可能存在提出质疑。尽管很多宗教都主张宗教宽容，但是又根据自身所信奉的神灵，认为自己相对于其他宗教处于优势地位。在这种情况下，* 宽容很容易演变成罪恶。

repertoire of collection action 集体行动要目 参见 action norm, distinctive（行动规范，特色）。

request for proposal(RFP) 方案申请(RFP) * 基金会或 * 政府机构所提出的一般援助性 * 资助方案，是 * 非营利团体或个体为了成立某特定（通常是新组建）的基金会或代理 * 项目而提出的。常规性 RFPs 是列举 * 项目的特殊性与应用性程序。然而，绝大多数基金会仍然偏好接收由非营利组织提出的方案，而不愿意接收特殊区域利益集团的敦请方案（参见基金会中心词典，网址为 http://www.fdncenter.org/learn/ufg/glossary.html）。

research literature on nonprofit sector 非营利部门研究文献 参见 literature on the nonprofit sector（非营利部门文献）。

residential longevity 居住时间 指一个人住在同一居民区或具体地点的合计时间。Hodgkinson（1990）引用 Hodgkinson 和 Weitzman（1988）关于影响因素

的研究结论,认为在 * 社区居住的时间长短并不会影响 * 项目志愿行动的程度,而某宗教 * 会众的 * 会员身份则会产生这种影响。他们总结指出,鉴于缺乏扎根于地理社区的因素,借助会众渠道以达到联系社区的目的,可能会产生消极影响。正如 * 优势地位模型,即 * ISSTAL 模型之次级模型所预测的,居住时间被发现与更大型的 * 社团志愿行动和 * 项目志愿行动呈正相关关系。

resistance movement 抵抗运动 一种 * 社会运动,其成立的初衷是抵抗或反对现 * 政府,通常是反对某领土范围内受制于外力的新 * 政府(cf. Chambard 1976,passim)。通常,抵抗运动以地下(秘密)的方式运作。Goldberg(1991,passim)研究了 20 世纪美国的抵抗运动。有些抵抗运动未能聚结发展成为社会运动,然而正如我们所见,这一状况已经体现在诸如旨在削弱体育和 * 休闲中女性的刻板形象的抵抗活动之中。Mishal(2003,passim)认为,自 2001 年纽约世贸大楼遭袭以来,巴勒斯坦的哈马斯抵抗运动一直呈现一种动态的、灵活的特征,比人们传统印象中的哈马斯要复杂得多。同时参见 **underground group**(地下团体)。

resistance to complexity 抗拒繁杂 * 非营利团体,尤其是 * 草根社团中的一种反叛现象,是对官僚制结构和程序(* 官僚机构)的一种抵制(cf. Smith,2000:112)。在对 Weber 的相关思想进行评价的基础上,Harrison(1960,passim)总结认为,非营利团体(尤指小型团体)力争在官僚制程序的 * 需求和对集权制权威(* 集权)的怀疑之间达成平衡。同时参见 **complexity**(复杂性)。

resource 资源 补充供给匮乏的一种手段,或者一种应对不时之需的储藏或保存。* 非营利团体的主要资源是资金(* **收入**以及为数不多的 * **资产**)和人力资源(* **志愿者**、* **付酬员工**)。"基金"这一术语与财政资源同义。按照 Smith(2000:119)的观点, * 草根社团倾向于运作低水平的资源。相反,付酬员工非营利组织有强大的资源支撑,尤其是那些最大型的非营利组织,其资源更多(Salamon 1999,passim)。

resource acquisition 资源获取 由一个或一个以上的 * 非营利团体的 * 领导者获得诸如 * 捐赠、* 会员及其支付的 * 会费,以及从 * 资助和 * 基金筹措活动中得到的经费。Smith(2000:160)注意到,一些 * 草根社团的领导者也试图在 * 会员身份运作中获取资源,尽管其成功性是不确定的。

resource mobilization approach　资源动员方法　一种同时强调社会支持与对 * 社会运动现象的限制的理论视角。这种方法涉及必须调动起来的诸多 * 资源，要将社会运动与其他运动结合起来，其成功基于对外部资源的运作与权威 * 策略的运用，从而达到控制和统一运动的目的（Zald and McCarthy 1987：16）。

responsibilities of the board of directors　董事会职责　任一 * 非营利 * 董事会都有法定的责任要履行，包括选择首席执行官、进行战略规划、保护所需资源、监管管理绩效等（cf. Fishman and Schwarz 2000：145—146）。同时参见 **fiduciary obligations of board of directors**（董事会的信托义务）。

responsibility accounting　责任会计　参见 **management control system**（管理控制系统）。

responsive philanthropy　公益响应　一种针对公益活动的改革举措，最初由法乐尔委员会（the Filer Commission）及后继的全国公益响应委员会（NCRP）组建的受赠集团（the Donee Group, 1975）所倡导，NCRP 在 1978 年以后的通讯稿中一直使用"公益响应"这一名称。当传统慈善组织最初聚焦于针对我们社会中的穷人（比如，贫困者、少数群体、妇女等）作更具灵活性的转型时，NCRP 和更大规模的公益响应运动早已转向其他事务了，如基金会问责制、**非传统性联合基金**、社会正义以及广泛的公益倡导等领域（Burlingame 2004：415—417；Rabinowitz 1990, passim）。

restricted fund　限制性基金　1. 由金钱、其他 * 礼品以及衍生收入所构成的 * 基金，其用途必须满足 * 捐助者或 * 资助者设定的限制条件。2. 可能受到限制的 * 运营基金，它可能是为了某个特定目的或在某个特定时期设立的基金（Anthony and Young, 1994：417）。比如，用以管理 * 资助和 * 契约的限制性基金。同时参见 **designated fund**（指定基金）。

retaining volunteers/members　志愿者/会员的留任　参见 **retention of volunteers/members**（志愿者/会员留守）。

retention of volunteers/members　志愿者/会员留守　1. 试图留住 * 社团 * 会员、* 项目志愿者或其他 * 非营利团体会员的过程。McCurley（1994, passim）研究过项目志愿者的留任问题。2. 上述过程的结果。Ross（1976：140—142）提出的建议是，将初级 **团体**置于更大型的 * 非营利团体之中，倾向于鼓励 * 成员不要离开(义项一)。Smith (1985:248—249)提出的建议是,做事卓有效率的 * 志愿者(或 * 会员)的留守涉及充分的 * 志愿者/会员培训、合理的 * 志愿者/会员安置以及其他各种以留人为中心的 * 志愿者/会员人事实践。针对志愿者的留守提出其他实践指导建议的还有 Connors (1995, chap. 4),Fisher 和 Cole (1993, chap. 4),Ilsley (1990),Little (1999),McBee (2002),McCurley 和 Lynch (1996),Rusin (1999),以及 Wittich (2002)。Battle (1988, chap. 4)也有关于会员留守问题的简单论述。

retrenchment in nonprofit groups　非营利团体紧缩　" * 削减"的同义词,即削减 * 基金、* 服务或 * 资源的举措。Smith (1985:231—233)研究过美国 * 非营利团体基金中的紧缩和削减问题,缘于经济衰退和里根改革 * 政策。Byron (2003)研究了加拿大纽芬兰省农村地区的紧缩与再生问题。Burlingame 等人(1996, passim)的论文关注的则是非营利领域的紧缩与 * 授权代理的不同面向问题。

retrospective reciprocity　回馈式互惠　* 互惠的一种形式,是从事 * 赠与或 * 志愿行动的人依循某一 * 组织利益或 * 动因实施的互惠活动,部分是因为他们先前从该组织或由于该动因获得了某种 * 利益。该概念为 Chambré (1987) 经研究发现并提出。在该研究中,有 1/10 的老年志愿者先前获得过来自于他们所参与的组织提供的 * 服务。同时参见 **reciprocity**(互惠);**anticipatory reciprocity**(互惠预期);**concurrent reciprocity**(并发互惠);**lateral reciprocity**(侧面互惠)。

reunion　再聚会　某特定家庭或特定学校的人重新聚集起来所形成的一种临时 * 休闲方式。这是一种特定家庭成员或校友(包括高等教育研究所)的短期聚会方式。Vinitzky-Seroussi (1998, passim)考察过高中的再聚会问题,将其视为一种自传式场合。

revenue　资金·收入·资金收入　* 非营利团体来自于各种渠道或途径的年度收入。关于 * 草根社团的财政收入数据很难找到,可以假定这些社团很少接受国家层面的审计,即使在更低一级的所在地层面也鲜有审计(Smith 2000:57)。关于更大规模的非营利财政收入数据,每年在美国国税局报告上都有体现,包括 990 表格、可参考的统计摘要(cf. Toepler 2003:239—240)以及相关研究文献。

revolt　反叛　参见 **rebellion**（反抗）。

revolution　革命　很多人以 *志愿者身份参与 *政治志愿活动，试图取代现 *政府的特定结构和运作原则，涉及对人民和财产的武力胁迫。革命可能会延续数年仍未成功。革命也可能是若干个更小规模的 *叛乱累积的结果。Kimmel（1990，passim）提供了一个关于革命的比较研究。

reward system　回报制度　*非营利团体给予其 *付酬员工和 *志愿者的付款方案或其他分配的回馈情况。在关于 *非营利管理的 *伦理研究中，Jeavons（1994：203）坚持认为，此类组织的 *领导者和 *管理者在任何领域都必须诚实地给予会员某种回报。

RFP　方案申请　参见 **request for proposal**（方案申请）。

riot　骚乱　指为数众多的人，主要是从事 *志愿活动的 *志愿者，使用或威胁使用武力，危及人身或财产安全，或者两者兼而有之，以此 *抗议被认为是不公正或具有恐怖性质的某种行为（cf. Miller 1985：238）。骚乱通常历时很短，持续几个小时或数天。在 Lofland（1990：432—433）的经典研究中，骚乱被归类为 *集体行动的一种形式。他所举的例子包括种族骚乱以及被关押者（如囚犯）发起的骚乱。Kettle 和 Hodges（1982，passim）讲述和分析了 1981 年夏天发生在英国部分城市的种族骚乱事件，此次骚乱是自 14 世纪以来英国长期发生的阶段性骚乱的延续（p.12）。

risk management and liability for volunteers /members　风险管理与志愿者/会员的责任　指 *非营利团体和 *志愿项目的主要功能，涉及 *志愿者的遴选，他们看起来是低风险群体，因而不至于对 *顾客、大型 *组织和 *志愿项目造成伤害，或伤害到自己。一般情况下，建议志愿项目及其 *参与者购买责任保险。Connors（1995）在其书中第 14 章回顾了一般 *责任和豁免问题，在第 16 章讨论了 *风险管理战略问题，在第 17 章研究了志愿者与劳动法问题。Fisher 和 Cole（1993：48—51）讨论了志愿者遴选中的风险管理问题。Tremper 和 Kortin（1993，passim）撰写了一部关于志愿项目中的风险控制问题的著作。*草根社团很少关心风险管理问题，因为他们几乎不会输掉法律诉讼。尽管如此，仍然有一些草根社团实行了责任保险。任何规模与地区层级的 *社团的 *董事都有一定的法律责任与义务（Connors 1995，chap.15），都可以归并到领导和 *官员的责任保险中。Battle（1988：142—143）讨论了保险以及与社团相关联的一些问题。同时参见 **charitable immunity and liability**（慈善豁免与慈善责任）。

risk management in nonprofits　非营利风险管理　*非营利团体在风险评估以及寻找有效减少风险的途径中的一个*计划，或者更确切地说，一个常规*项目（M. Herman 2005, passim）。其*目标是避免风险事件的伤害，并避免导致对*成员和*利益目标群体二者的伤害。风险管理主要存在于*付酬员工非营利团体之中，旨在降低发生事故和停工的可能性；减少保险费率；通过保护和提升非营利的安全声望以增加*顾客、*成员和*志愿者的数量。风险管理降低了法律诉讼的可能性，同时又提升了在团体诉讼中的有利地位（Tremper 1994:486）。同时参见 **charitable immunity and liability**（慈善豁免与慈善责任）；**liability**（可靠性）；**risk management and liability for volunteers/members**（风险管理与志愿者/会员的责任）。

ritual　仪式　1. 宗教或其他信仰服务所依循的规定性程序。Stark 和 Glock（1968, chap. 4）对此作了更加宽泛的梳理，总结认为：宗教仪式主要包括教会活动（崇拜）、大众媒介祷告、圣餐会、（同教会相关的）宗教组织参与、财力支持与恩典表述等。2. 典礼或庆祝程序。对于义项一的解释，Rappaport（1999）认为，宗教*教派的幸存者需要在仪式的持续性与改变社会状况的仪式的适用性之间寻找合适的平衡点。对于义项二的解释，Smith（1972c:44—49）认为，*草根社团（如大学联谊会）的社交仪式所蕴含的情感力量在发展和维系*成员的*承诺方面发挥着关键作用。Hobsbawm（1965, chap. 6）对社会运动的仪式问题进行了研究。同时参见 **religious activity**（宗教活动）；**religiosity**（宗教笃信）。

rotating credit　旋转信用　一种借贷制度，在此制度之下，*草根社团的个体*成员经常每月给信用池捐款，可能是固定数额，也可能数额不定。然后，从信用池发放给捐款人等额数量的贷款，并按照社团成员填写的资格审查表作出决定（Fisher 1993:43）。在世界很多地方，旋转储蓄和信用联合会（ROSCAs）非常受欢迎，尤其是在发展中国家备受青睐（Van den Brink and Chavas 1997:746）。

round physical earth controversy　椭圆地球的物理争议　就地球是椭圆的还是扁平的展开的长期争论（cf. Zerubavel 1992, passim）。以这一争论作为分析模型,Smith(2000:13—15)发展了他的扁平与椭圆地球比喻说,并形成了两种*范式。同时参见 **metaphor, flat-earth nonprofit sector**(比喻,非营利部门扁平地球);**metaphor, round-earth nonprofit sector**(比喻,椭圆地球非营利部门);**flat-earth research society international**(国际地平说考证学会(国际地平说学会))。

round-earth nonprofit sector paradigm 椭圆地球非营利部门范式 参见 **paradigm, round-earth nonprofit sector**(范式,椭圆地球非营利部门)。

rule of reprimand in volunteer service 志愿服务的惩戒规则 系指一种原则,即如果*志愿者违反了团体制度规章,比如迟到或缺勤,那么应该受到与*付酬员工同样的惩处,这样其*服务的*价值才能得到认可(Anthony and Young 1994:411)。也就是说,志愿者提供的服务与付酬员工一样,可以被计入*资金收入或开支,前提是对志愿者的*管理与对付酬员工的管理是一样的。

rural youth group 农村青年团体 一种关于青年发展的*社团组织。比如,四健会(4-H)或美国未来农夫组织(Future Farmers of America),最初主要是由农场青年发起组建的。在美国,农村青年团体在全国和地方两个层级都有组织设置。Goreham(2004,passim)研究了美国北部平原州 400 个农村*教会*青年团体,他发现,平均而言,与天主教和主流新教团体相比,福音派基督教青年团体的聚会更频繁,有更高的*参与率,而且在青年工人中转信的比例更高。

S

sacrifice 牺牲 1. 为避免更大的损失,放弃一些有价值或渴望得到的东西(比如,生命、*目标、*资源),以获得另一些更有价值或更加重要的东西(cf. Bakan 1968;Hubert and Mauss 1964)。2. 指牺牲一些东西的行为所造成的损失。基督教语境下,经常能看到这样的叙述:当前的牺牲是为了换取永恒的救赎。同时参见 **altruism**(利他主义,各义项条目)。Lomnitz(2003, passim)坚称,20世纪80年代发生于墨西哥的经济危机重塑了"世俗牺牲(义项一、二)"的含义。历久弥新的基督教牺牲观也因此经历了一场变革。

sampling frame creation strategy for nonprofits 非营利战略创新框架样本 发展所有类型的 *非营利团体 的计划,继而可以从中筛选样本单元。Smith(2000:267—274)讨论了这样一种 *战略,即在美国创新建设一种全包容的非营利组织框架。

satisfaction 满意度 1. 一种满足状态或满足某种 *需求、愿望、渴求、期待的事实,以及沿着这些轨迹而将要或正在获致的满足或满意状态。2. 行将变成现实的行动或是满意的状态,其途径是从一些东西中获得满足或愉悦。Stebbins(2004a:1)认为,作为 *深度休闲活动的 *志愿行动能够产生巨大的 *成就感,包括义项一中所界定的满足感,义项二也是如此。Csikszentmihalyi(1990)为特殊类型的满意度提供了证据,即一种动态的经验,它来自于自我竞争的优化。同时参见 **direct satisfaction**(直接满意度);**indirect satisfac-**

scientific philanthropy

tion(间接满意度);**psychic benefit**(心理收益);**extrinsic satisfaction**(外在满意度);**intrinsic satisfaction**(内在满意度)。

scientific philanthropy 科学公益 参见 **philanthropy**, **scientific**(公益,科学)。

screening of volunteers/members 志愿者/会员筛选 *非营利团体和*志愿项目的主要管理职能,涉及的内容为评估一个志愿项目潜在的*志愿者的合适程度,以及可能发生在那个人身上的风险。筛选管理通常包括问卷调查、面试、背景与资料评估等。志愿项目希望能够发现有用的志愿工作者,他们将不太可能对组织的*士气、*顾客或声望造成任何形式的破坏。Connors(1995:164—172),Fisher 和 Cole(1993:48—51)都提出了实践性的建议,并设计了志愿者筛选工具用以作为申请程序的一个组成部分。与*付酬员工非营利相比,*草根社团一般需要更多地接收潜在的新*成员,因此相关的筛选通常比较宽松和非正式化。

seasonality in nonprofits 非营利组织的季节性 取决于季节的条件,即一些事情在某个特定的季节反复发生。各种*非营利团体的运作具有季节性,其中包括体育类俱乐部、服务于年度市场活动和民间节日的志愿团队以及活跃在校外的家长群体。季节性是影响此类团体功能的几个因素之一(Smith 2000:129)。

Second World nonprofit group 第二世界非营利团体 前共产主义阵营国家的*非营利团体。Golinowska(1994,passim)讨论了波兰*非营利部门中市场导向的非营利组织的成长问题。这些团体主要由知识分子(比如,艺术家、教师、医生)组成。

secondary group 二级团体 指*大型组织的成员,其中绝大多数人仅具有非直接、非个人化的联系,但他们都以特殊的身份一起工作,以实现特定*目标(Stebbins 1990:121—122)。二级团体是有关*组织和*社团的一种早已过时的术语(cf. Stark 1994:16)。同时参见 **primary group**(初始团体)。

secondary satisfaction 二次满意度 参见 **indirect satisfaction**(间接满意度)。

secondary/tertiary association 二级/三级社团 二级社团是*非营利团体的一种,也就是说,*草根社团的特征是面对面的互动;而三级*社团则是大规模会员制*组织,缺乏常规的面对面*参与的途径。Putnam(1995)认为,二级社团提高了*社会资本,而三级社团却经常以书面检查或其他间接参与的方式限制了成员的参与性。家庭/家族为初级社团,具有 * **初级团体**的特征。

secret society **秘密会社** * **非营利团体**的一种,其成立是出于特殊 * **动因**,其途径是隐蔽的。秘密社团的 * **成员**被要求宣誓保守该社团的存在、事业及其发展进程的秘密(Wolff 1950,pt. 4)。美国历史上最臭名昭著的秘密会社就是三 K 党(Ku Klux Klan)(Sims 1996,passim)。Picardie (1988,passim)对英国长期存在的秘密会社共济社(Oddfellows)进行了研究,揭示了其组织运作状况。Barrett(1999,passim)对世界范围内的秘密会社的历史进行了概述。

sect **宗教分支·越轨宗教分支** 1. * **宗教**的一种。2. 一种小型的非营利组织,通常为越轨性宗教团体(* **越轨团体**),源于一个主流信仰或现存宗教分支(* **宗教分支,建制**)的裂变。尽管很多邪教(* **新兴宗教**)都以失败而告终,但是有些的确成功了,甚至最终成为宗教的一支。Johnstone(1992,passim)详细地研究过宗教组织的教会分支的传承问题。Wilson(1970,passim)对各种关于宗教分支类型分析的本质进行了研究。更早一些,Clark(1937,passim)考察了美国的小型宗教分支问题。Zellner 和 Petrowsky(1998,passim)在他们主编的著作中,用好几章的篇幅收录了不同作者关于宗教分支和 * **新兴宗教**的研究成果。Stark 和 Bainbridge(1985,pt. 2)描述了美国的宗教分支问题。Bainbridge(1997,chaps. 6—9)也作过此类问题的研究。Yinger(1970:266—273)讨论的是教会与宗教分支的传承问题。其他研究宗教分支的重要作者有:Aldridge(2000,passim),Bromley 和 Hadden(1992,passim),Cousineau(1998,passim),Halperin(1983,passim),Martin(1990,passim),Johnson(1963,passim),Mann(1955,passim),以及 Mather 和 Nichols(1993,passim)。同时参见 **denomination**(教派)。

sect, established **宗教分支,建制** * **宗教分支**的一种,已经稳定地从分支转型为 * **教派**,比如亚米希人(Amish)或贵格会教派(Quakers,又称"社会之友教"(Society of Friends))。Yinger(1970:266)注意到,"现存的 * **宗教分支**"只是在程度上有别于"纯粹宗教分支"。前者在某种程度上更具包容性,更少疏离感,比纯粹分支更具建构特征,因而更接近主流信仰。

sectarian relief organization **宗教抚慰组织** 参见 **religious nonprofit group**(宗教性非营利团体)。

sectarian service 宗教服务 ＊宗教性非营利团体的＊服务，该服务通常仅对支持该团体的＊宗教信徒开放(Barker 2003:385)。美国天主教慈善会和犹太教支持者联合体(Combined Jewish Appeal)就是美国众多此类服务中的两个组织。Cnaan 和 Boddie(2002，passim)描述了宗教会众的教派服务问题。Jeavons(1994，passim)讨论了基督教的服务组织问题。

sector of society 社会部门 系指社会组织的不同部分，存在于社会、经济、产业或经济活动之中。(1) 在 20 世纪 60 年代中期以前，社会科学家们对现代社会模型多采两部门划分法：政府部门与私人部门。后者包括商业部门和＊**非营利团体**，其中商业部门受到最多关注。该方法反映了＊**"非营利部门无足轻重"的扁平地球范式**(Smith 2000:219—221)。(2) 大约自 20 世纪 70 年代以来，三部门划分法得到认可：政府部门、商业部门(营利组织)和非营利部门，后者经常被视为＊**第三部门**。这种分类法反映的是关于社会的＊**扁平地球范式的三部门模型**(Smith 2000:221—222)。(3) 稍晚些时候，在非营利部门之上，又增加了家庭和家族，因而形成了四部门模型(e.g., Ortmeyer and Fortune 1985，passim；Smith 1991:138—139)。(4) 最后，Smith(2000:225)提出了第五部门说，即把非营利部门分为＊**志愿性非营利团体**子部门和＊**付酬员工非营利团体**子部门。

secular humanism 世俗人文主义 自由主义的一种形式，源于美国，突出强调＊宗教不应该在公共教育系统内被传授或实践。更为宽泛的说法是，世俗人文主义是一种以普遍性的道德和伦理导引方式进行实践的关于哲学和无神论的宗教，比如助人(参见 **helping behavior**(帮助行为))、挽救与改善环境(see Lamont 1957，passim)等。Roberts(1999，passim)考察了马克思主义与世俗人文主义之间的关系，指出：尽管二者有相当大的共同点，但是在实质内容方面鲜有共通之处。

secularist focus flat-earth paradigm 扁平地球范式下的世俗主义视角 非营利部门的一种模式，指＊**非营利团体**多亵渎神灵，而不是敬畏神圣，或是以某种方式进行的宗教考量(Smith 2000:235—236)。尽管＊**教会** ＊**会众**当前正逐渐被视为＊**社团**，但是过去的非营利领域的研究者们一直忽视其存在，其他＊**宗教性非营利组织**也未得到重视(Smith 1984，passim)。

secularization 世俗化 发生在大多数现代社会中的一种演化进程,其中:(1) *宗教、上帝、超自然以及神圣的重要性都在下降,而且与日常生活和思想的相关性也在下降,而基于科学和理性的阐释和信仰的重要性相应地则在上升(Johnstone 1992:316—320);(2) 宗教与世俗(非宗教的)的生活和社会之间在加剧分离,同时宗教领域的分化也在加剧(ibid.)。关于世俗化的诸多不同定义被应用于实践研究之中(Shriner 1967),而上述两种情形的叠加有力地推动了世俗化的研究。

seed money 种子资金 用于启动一个新的*非营利计划或*非营利组织的*资助或*捐赠,通常规模适中(参见基金会中心词典,网址为http://www.fdn-center.org/learn/ufg/glossary.html)。

self-fulfillment 自我实现 参见 **fulfillment/self-fulfillment**(实现/自我实现);**satisfaction**(满意度,义项一)。

self-help group(SHG) 自助团体(SHG) 一个相对非正式的***会员利益型非营利团体**,其***成员**承认有个人***问题**或缺点,寻求通过借鉴团体中其他人的技能和体验予以克服。自助团体经常组织起来对所意识到的严重不足作出应对,以抵消因药物使用不够和***职业**帮助不足所带来的低***效能**。Katz(1993,passim)从***社会运动**的视角,考察美国的自助问题(see also Smith and Pillemer 1983,passim)。Kropotkin(passim)早期写过一本书(第一版发行于1914年),研究了动物间的互助现象,然后又研究了历史上人类之间的互助问题。Katz 和 Bender(1976,passim)写过一本重要的当代早期图书,研究了美国和其他地方的自助团体问题。现在,有很多著作全面关注美国的自助团体问题(e.g.,Borkman 1999,Borman 1982,Gartner and Riessman 1977,1984;Gitterman and Shulman 1994;Katz 1992;Katz and Bender 1990;Kurtz 1997;Madara and White 2002;Powell 1994;Riessman and Carroll 1995;Wuthnow 1994),所涉及的问题有一百多种,包括:虐待、成瘾、丧亲之痛、残疾、家庭和父母问题、生理健康、心理健康以及其他各式各样的问题。进一步的信息参见 Madara 和 White(2002)关于自助团体的研究。此外,还有众多的著作研究自助团体的次级类型问题(e.g.,Humphreys 2004;Kaye 1997),以及针对特殊问题的自助团体(e.g.,Rudy 1986;Yale 1995)。Lavoie 等(1994)及 Mäkelä(1996)以更加国际化的视角研究自助团体。还有很多作品研究世界不同地区的自助团体问题(e.g.,Kwok et al. 2002,passim),以及世界不同国家的自助团体问题(e.g., Thomas-Slayton 1985，passim)。

self-interest　自利　追求个人自己的利润、利益或优势地位，以及为了实现这些目的而采取的任何措施。当追求私利而不顾及他人，当这种行为具有剥削性时，就被视为 * 自私(Stebbins 1993c:51)。

selfishness　自私　一种罪责表现，受害人对此最常见的谴责是：自私者多为追求自我的人，而这些追求自我的人恰恰又显示出他们对自己 * 福利的挂怀，或者是以牺牲或不顾受害人为代价而达到目的。客观地讲，自私是不合礼仪的行为。主观地讲，自私被受害人视为剥夺其 * 需求和 * 利益的行为。因此，自私真正的对立面是自我牺牲(* 牺牲)(Stebbins 1993c:50—51)。同时参见 **self-interest**(自利); **unselfishness**(无私); **altruism**(利他主义)。

self-study in nonprofits　非营利自我学习　在 * 非营利部门中， * 非营利团体进行自我 * 评估的目的是检验其设定的 * 目标、 * 使命、过程、 * 项目以及喜好是否符合一定的标准。该标准通常由非营利团体在 * 基金或其他 * 资源供给方面所依赖的外部 * 机构设定。Bocialetti 和 Kaplan (1986, passim)认为，自我学习是避免传统评估所存在的缺陷的一种路径。前者专门用于处理评估过程(* **非营利团体/项目评估**)中的出资人—代理关系(参见 **exchange, philanthropic**(交换，慈善))，而后者对此则无法有效地予以处理。

semiformal nonprofit group　半正式非营利团体　缺乏清晰的界定，有时也缺乏一个明晰的 * 领导结构，尽管如此，依然拥有一个独特的专有名称的 * 非营利团体。这是一个具有比 * 非正式团体更加正式的地位，而与 * 正式团体相比又不够正式的非营利团体(Smith 1992b:252)。通常半正式非营利团体是不断演化的，沿着从非正式团体到正式团体的路径。它们可被视为任何组织的 * 成员，出现在会议或其他团体活动中。 * 社团组织最初多为半正式非营利团体，而与其相对应的社团组织则具有 * 非营利机构的属性，常常以正式实体的身份开展工作。

semiprofession　半职业　满足部分而不是所有标准的职业，该标准用于将一 * 职业与其他类型的职业区别开来。Hall (1986:50)指出，由于经常应用于 * 组织之中，半职业(比如，教学人员、图书管理员)已经达到明显受这些组织主导的地步，因而缺乏成为更加独立的职业的力量。

senior (citizens) center 老龄(市民)中心 既是一个 *组织,也是一幢建筑,服务于老年人的 *休闲或 *社会服务需要,或者兼而有之。它可以由 *非营利团体或 *政府机构运营。Cusack(1994, passim)在对加拿大老龄中心的研究中,探讨了老龄市民愿意履行 *领导角色的动力问题。这些动力源自他们退休后高涨的兴致,同老龄市民的 *需求和能力相关,他们想要掌握权力、产生 *影响以及领导其他人。

sense of community 社区感 一种对特定的 *社区存在(比如,民族、邻里、市政当局、利益基础)的个人信念,以及信仰者身为其中一员的感觉(cf. Lowie 1948:3)。Liu 与 Besser(2003, passim)发现,老龄市民的社区感与他们倾向于参与社区改善活动呈正相关关系。

serious leisure 深度休闲 这是 *业余人士、*爱好者或 *志愿者活动的系统追求,参与者发现它是如此重要、有趣和有成就感(*实现),他们在某些典型案例中,专注于获取和展示其特殊技能、知识和经验的(休闲)事业(Stebbins 1992:3)。该术语由 Stebbins(1982, passim)首次使用。同时参见 **volunteering as leisure**(休闲性志愿行动);**casual leisure**(率性休闲);**project-based leisure**(基于计划的休闲活动)。

service 服务 个体实施的活动,经常但不必然是某 *团体 *成员所为,多是为了提升单个或多个他人的客观处境或主观 *满意度,或者二者兼而有之(cf. Reimer 1982, passim; Sarri and Hasenfeld 1978, pssim)。此类服务的提供并不排斥 *非营利团体的专属领域,也不排斥 *非会员利益型非营利团体的参与,与 *传统非会员制服务的扁平地球范式全然不同(Smith 2000:227—228)。Salamon(2002:9—10)经研究发现,尽管 *非营利组织被纳入其中,但是它们首先是服务的提供者。同时参见 **informal care**(非正式陪护);**service volunteers**(服务型志愿者);**quality assurance**(资格保险);**service, personal social**(服务,个人社会性)。

service club 服务型俱乐部 *社团的一种,将 *社交 *目标与帮助本地 *社区的目标相结合。狮子会(Lions)、基瓦尼共济会(Kiwanis)、国际职业妇女福利互助会(Soroptimists)以及国际扶轮社(Rotary International)等,在美国的众多服务型俱乐部中独树一帜。Charles(1993, passim)对其中的三个俱乐部进行了广泛的研究。

service incentive 服务激励 *激励的类型之一，根植于服务其他个人加入的 *非营利团体*成员的愿望(*共同会员服务激励)，或者是在参与到该团体活动的过程中，服务于某一特殊类型的非会员(*非会员服务激励)(Smith 2000:98—99)。同时参见 **incentive type in nonprofits**(非营利激励类型)。

service learning 服务学习 基于一般学校或大学的一种*项目，学生们领取*志愿工作的课程学分，通常在其所在的*社区*非营利机构或*志愿项目中做*社区服务的工作(Burlingame 2004:433—435；Jacoby et al. 1996，passim；O'Grady 2000，passim；Roberts and Yang 2002，passim；Wade 1997，passim)。这种服务学习活动(*社会运动)的设立者最初是针对高等教育的，后来扩展到初等和中等学校(Stanton et al. 1999，passim)。这一项目渐趋带来很多令人满意的结果，包括学位学习、个人发展、人际发展、减少陈规以及社会责任感的提升等(Burlingame 2004:434—435)。

service, personal social 服务，个人社会性 1. 直接的、面对面的*利益，由*志愿者或*非营利团体提供给一定的目标群体或受益对象(cf. Halmos 1970，passim；Mehr 2001，passim)。2. Smith (2000:228)发现，很多学者狭义地界定了*服务的概念，以至于没有考虑到*自助团体和其他*会员利益型非营利团体活动，而这应该被归类到*共同会员服务激励中来。

service program volunteer 服务项目型志愿者 参见 **program volunteer**(项目志愿者)。

service provision 服务条款 参见 **service**(服务)。

service recipient 服务对象 参见 **target of benefits**(利益目标群体)。

service volunteer 服务型志愿者 *志愿者的一种，其活动被视为给志愿者家庭或家族以外的其他人提供*服务(cf. Kipps 1997，passim；Raynolds and Raynolds 1988，passim)。*服务型志愿行动包括*非正式志愿行动、*董事会志愿者活动、*社团志愿活动以及传统的*服务型志愿行动。在美国，服务型志愿者有时会与更为狭义的概念混同起来：*服务项目型志愿者，他们在*志愿服务项目中工作(e.g., Brudney 1994:280)。

service volunteer, traditional 服务型志愿者，传统 *服务型志愿者的一种，在*非会员利益型(*公共利益)非营利团体或*志愿项目中工作。这不包括*会员利益型非营利团体的*服务型志愿行动，其中的*服务是提供给共同会员(*共同会员服务激励)的(Smith 2000:227—228)。

service volunteer program 服务型志愿者项目 参见 **volunteer program**(志愿项目)。

service volunteering 服务型志愿行动 1.指服务于特定类型的*非会员,他们是*非营利团体的*利益目标群体,是志愿行动的对象。Salamon(2002:9—10)在义项一中指出,非营利组织通过其服务角色,为本地和国家做出了很多重要的贡献。2.作为*项目志愿者的服务。3.最宽泛的定义,包括义项一和义项二,但是允许利益目标群体涵纳非营利团体自己的会员,就像***会员利益型非营利团体**那样。后者的方法为诸多主流非营利学者所忽略,因为他们坚持*非营利部门的*传统非会员制服务的扁平地球范式(Smith 2000:227—228)。Smith(2000:197—201,204—205)的研究显示,会员利益型团体对会员的内部影响主要包括：***社会支持**、***帮助**、自我陈述、激励、信息、社会政治活动(政治化)、***心理赋权**、幸福与健康。

settlement house 聚落房屋 一种*非营利社区中心,通常在贫困的城市区域内为本地人提供教育、邻里帮助和社会活动与救助等服务。聚落房屋始于19世纪末,繁荣于20世纪前几十年,这些中心经常配岗给年轻人、大学毕业生、社会地位较高的未婚男女,他们想帮助工人阶级并接受来自富裕人士的捐款支持(Barbuto 1999, passim; Burlingame 2004:437—439)。在过去的六十年左右的时间里,留存下来的聚落房屋一直处于非居住状态,配备专业的社会工作者(ibid.)。Koerin (2003, passim)以一种罕见的视角看待当代聚落房屋问题,在考察这种传统的同时,还研究了其趋势和未来的关切。

shadow wage in nonprofits 非营利影子工资 一种间接的社会工资,为受雇的纳税人所享有,他们的纳税义务由此得以削减,依据是他们的***志愿行动**对于减少税收支持的社会服务必要性的程度(Smith 1981:26)。

sheltered workshop 受庇护的工作场所 一种*非营利工作坊和培训中心,由受庇护的残疾人制造或修补一些物品,以满足典型的***营利组织**或其他***商业组织**的需求。Copp(1998, passim)探讨了在为发育障碍而建的受庇护的工作场所,雇员们面对无趣且报酬很低的艰苦条件,他们是如何管理自己的情绪的。

SIC 标准产业分类 参见 **standard industrial classification**(标准产业分类)。

sisterhood 姐妹会·妇女群体 1. 女性 * 社团组织,其成立的目的是追求特定的宗教、社会或其他 * 目标。最狭义的义项是:女性 * 宗教秩序(cf. Donovan 1989,passim; Mumm 2001,passim)。"姐妹会"是一个传统术语,现已不常用。2. 一个国家、世界区域或整个世界中的妇女 * 集体的总称(cf. Melder 1977,passim; Morgan 1970,passim)。关于第二个义项,Davis(2002,passim)写到,作为文化帝国主义的一种形式,全球女性主义一直饱受批评;而普世主义之下的姐妹会组织,其面向白人的、西方模式的女性主义被强加于非西方女性。

sit-down strike 静坐罢工 一种 * 消极抗争的形式,由 * 集体发起,参与者在重要场所,以阻碍他人移动和其他活动的方式干扰 * 组织的正常职能(cf. Sharp 1973,passim)。Torigian(1999,passim)发现,在法国和美国,激进和非法的静坐罢工已经广泛而有效地应用于以实现工厂工会化为 * 目标的现代劳工运动(参见 social movement(社会运动))之中了。

site visit 现场参观 由 * 基金会或政府资助决策 * 机构成员参与的参观活动,他们到 * 非营利团体的办公室或操作现场去会见其 * 主任、员工(* 付酬员工)、* 志愿者和 * 顾客。参观的目的是评估团体获得 * 资助或其他类型资金的资格。

sit-in 静坐 系指涉及抗议的 * 直接行动,本质上,抗议者以身体占据某建筑的空间(比如,椅子、席位、地板)或是属于个人或团体的其他地方,这些人或团体的 * 政策是抗议的对象(cf. Sharp 1973,passim)。Wallenstein 和 Clyburn(2003,passim)在对 1960 年发生在弗吉尼亚州长达六个月的静坐活动的研究中,强调了很多公民权利(参见 civil liberty(公民自由权))中的城市属性问题。

sliding scale dues 按比例递减的会费 根据 * 成员的财务支付能力,支付给 * 非营利团体的会费。Laband 和 Beil(1998,passim)在对美国社会学协会(ASA)的研究中发现,收入最高的会员中存在着一种相当大程度的不服从现象,ASA 要求他们依照比例递减的原则缴付最高 * 会费。

small group 小团体 指 * 团体很小,足以使所有 * 成员同时互动、相互交谈,或者至少彼此熟知。此类团体的成员还能够清晰地识别出自己属于哪个小团体组织,他们有一种强烈的"我们"和"他们"(指非会员)的意识(Back 1981:320)。当然,从定义上看,所有团体都有某种强烈的集体认同感,小团体也是如此,不过小团体在这个维度上具有更高的程度和强度问题。同时参见 **small group paradox**(小团体困局);**primary group**(初始团体);**collectivity**(集体);**informal group**(非正式组织)。

small group paradox　**小团体困局**　指当一个＊**非营利团体**满足了半正式或正式组织的结构标准时,却又遇到了鼓励非正式关系和分享的一整套操作程序和规范问题(Wuthnow 1994:158)。同时参见 **small group**(小团体)。

sociability　**社交**　指善于交际、性格友善、倾向于友好互动的品质等。有些＊**非营利团体**,尤其是＊**社团**组织,将提升＊**成员**社交能力作为主要＊**使命**,正如 Schmidt 和 Babchuk(1972:51)在其关于美国兄弟会历史转型的研究中所发现的那样。Clawsons(1989)在类似的历史研究中强调了此类社团中的男性社交活动。同时参见 **small group**(小团体);**primary group**(初始团体);**informal group**(非正式组织)。

sociability incentive　**社交激励**　因某一＊**非营利团体**为其＊**成员**提供的＊**社交**机会和所具有的凝聚力而渴望加入其中。在"社会激励"的讨论中,Knoke(1988:315—316)强调团体＊**成员**独享的协调的社会吸引力和＊**休闲活动**的吸引力。同时参见 **incentive type**(激励类型)。

sociability value　**社交价值观**　参见 **value, humane core**(价值观,人文核心)。

social action　**社会活动**　1. 一个或多个他人或＊**团体**参与其中的个体行为(e.g., Parsons 1949, passim)。2. 由＊**集体**或＊**社会运动**引发的抗议活动的模糊表述(cf. Chambers 1987, passim)。Tarrow(1991, passim)对社会活动(义项二)和抗议周期进行过研究。Barker(2003:401)发现,那些参与此类社会活动的人可能是＊**专业人士**(比如,职员、社会工作者、政客)或＊**非专业人士**(比如,其问题即为社会活动矛头所指问题的人)。同时参见 **community involvement**(社区参与);**citizen participation**(公民参与);**political participation**(政治参与);**community action**(社区行动)。

social agency　**社会机构**　参见 **nonprofit agency**(非营利机构)。

social capital　**社会资本**　参见 **capital, social**(资本,社会)。

social category　**社会范畴**　指两个或两个以上的个体拥有社会或社会人口统计学特征中的一项及以上的集合,他们可能有集体认同感,却并不经常系统性地相互交流。比如,社会中的男女各自属于一个社会范畴。Blau(1977)研究了社会范畴是如何影响群际联系的问题。同时参见 **collectivity**(集体)。

social change **社会变迁** 社会或较小区域的结构或过程的变迁(Stark 1994, chap. 17)。Weinstein (2005, passim)针对很多社会力量带来的社会与文化变革提出了一项综合性的观点。

social change fund **社会变迁基金** 诸多基金或基金会中的一种,近几十年来一直致力于支持倡导和社会变迁而不是传统的公益捐献,寻求赋权予穷人、少数民族、妇女和其他弱势群体(cf. Burlingame 2004:447—451；Perlmutter 1988a, passim; Rabinowitz 1990, passim)。有时,社会变迁基金也涉及职场基金筹措(﹡**联合基金,替代型**)。Ostrander (1995, passim)作了一个关于社会变迁基金会/基金的案例研究。

social change nonprofit group **社会变迁型非营利团体** 参见 **social influence nonprofit group**(社会影响型非营利团体); **advocacy group**(倡导团体)。

social change role of nonprofit groups/nonprofit sector **非营利团体/部门的社会变革角色** 参见 **pioneering role of nonprofits/nonprofit sector**(非营利组织/部门的开拓性作用)。

social community theory of volunteering **志愿行动的社会共同体理论** 一种认为人们加入﹡**志愿行动**是因为﹡**社会网络**中的其他人也如此为之的理论(Henderson 1984)。因此,宗教﹡**会众**或大学宿舍的成员都可能共同参与到﹡**志愿活动**中去。

social economy **社会经济** 参见 **economy, social**(经济,社会)。

social aesthetics value **社会美学价值观** 参见 **value, humane core**(价值观,人文核心)。

social group **社会团体** 参见 **group**(团体)。

social influence nonprofit group **社会影响型非营利团体** 以变革为﹡**使命**的﹡**非营利团体**,以某种方式深刻地影响社会上某一特定群体的思想和行动。从﹡**倡导**的视角考量,非营利团体对社会生活有巨大贡献,表现为识别﹡**社区**﹡**问题**并使之公开化,针对一系列社区﹡**利益**问题发出诉求(Salamon 2002: 10)。非营利团体的社会影响同时体现在超越地方的﹡**政府**和社会层面(Berry 1997, passim)。同时参见 **advocacy group**(倡导团体)。

social innovation activity　社会创新活动　参见 **informal social innovation activity**（非正式社会创新活动）。

social isolation　社会隔离　个体、家庭、*社会网络、*邻里和整个*社区面临的一种*问题，其特征是社会网络薄弱、*社会支持不足（cf. Gordon 1976，passim；Lynch 1977，passim；Weiss 1973，passim）。Checkoway（1988b）将社会隔离视作工业化和发展中地区一个严重的问题。由于很多社会理论中的规范性偏差，人们更关注积极形态的独立变量，如社会支持、生活*满意度、健康老龄化、生产性老龄化、康乐晚年等，而对消极形态因素的关注则较少，如*志愿活动的*障碍和限制、社会隔离等。

social movement　社会运动　最初系由具有共同*意识形态的*集体所发起，随着时间的推移，试图影响变革或以非常规的*政治志愿活动（*活动，抗议）这一重要方式维持特定*事务现状。在一段时间内，这类集体会合并成一个或多个*非营利团体（Lofl and 1996，passim）。其中的一些社会运动团体可能最终转变成为正式的*非营利组织，如美国（Dunlap and Mertig 1992，passim）和西欧（Dalton 1994，pt. 3）的环境运动。McAdam 和 Snow（1997，introduction）在其著作的相关章节更具深度的论述之中，对社会运动进行了定义，回顾了主要的概念问题，并附录了该领域的大量参考文献。研究社会运动的非营利研究者往往未将这类运动与*非营利部门的其他部分充分联系起来，因而显现出*社会运动/抗议扁平地球范式的特征（Smith 2000：226—227）。另一方面，主流非营利研究者因忽略了社会运动现象而显现出*扁平地球范式下的现状/建制的特征（Smith 2000：225—226）。在关于社会运动不同类型的研究中，主要是近年，已经出版了一百多部著作（e.g., Adam 1995；Aptheker 1989；Basu and McGrory 1995；Blanchard 1994；Blumberg 1991；Chatfield 1992；Ferree and Hess 1995；Ferriss et al. 1997；Finsen and Finsen 1994；Goldberg 1991；Hawes 1991；Jenkins and Klandermans 1995；Josephy 1970；Katz 1993；Knobel 1996；Manes 1990；Mayer 1989；McAdam 1982；Morris 1984；Piven and Cloward 1979；Powell et al. 1996；Price 1990；Scholsberg 1999；Shapiro 1993；Siebold 1992；Unger 1974；Zakin 1995），同时至少有两千多篇论文和图书章节（McAdam and Snow 1997，参考文献以及更多近期的文献）。为数众多的作者还试图分析社会运动更广义的结构和动力问题（e.g., Alvarez et al. 1998；Della Porta 1999；Gamson 1990；Jenkins and Klandermans 1995;Laraña, Johnston, and Gusfield 1994;Lofland 1996;McAdam and Snow 1997;McAdam,McCarthy, and Zald 1996;Morris and Mueller 1992;Smith 1996;Tarrow 1998;Tilly 2004;Zald and McCarthy 1979,1987)。

social movement bureaucratization 社会运动官僚化 *社会运动组织从社会上和经济上成形化的过程,其最初的***魅力型领导**逐渐被官僚化结构取代(Zald and Ash 1966:327)。同时参见 **bureaucratization**(官僚化)。

social movement group 社会运动团体 ***非营利团体**的一种,通常是大型***社会运动**中的小型单位,建立在共享的***意识形态**基础之上,试图影响社会变革或维持特定***事务**的现状。社会运动团体实际上是***政治非营利团体**的次级类型。有时,社会运动团体被不恰当地视作***社会运动组织**,而大多数社会运动团体最多是非正式或准正式组织。Lofland 和 Jamison (1984)写过一篇关于社会运动团体或"地方分会"的经典论文。Lofland (1996)后来又以大量的篇幅论述这些非营利团体问题,它们常被主流非营利研究者忽略,因为这些学者通常使用的方法是非营利部门的***扁平地球范式下的现状/建制**(Smith 2000:225—226)。Basu 和 McGrory (1995)研究了全球范围内的地方女性运动团体问题。Wood 和 Jackson (1982,passim)从社会运动的诸多侧面进行了详细的论述。同时参见 **advocacy group**(倡导团体); **social movement organization**(社会运动组织); **social influence nonprofit group**(社会影响型非营利团体)。

social movement leader 社会运动领导者 参见 **leader, social movement**(领导,社会运动)。

social movement nonprofit group 社会运动非营利团体 参见 **social movement group**(社会运动团体)。

social movement organization 社会运动组织 被正式组织起来的***社会运动团体**的一种(***正式团体**),Lofland (1996,passim)对此进行了叙述。Zald 和 Denton (1987,passim)描绘了基督教青年会(the Young Men's Christian Association,YMCA)转型为现代一般服务组织的过程,其前身是福音教社会运动组织。Ferree 和 Martin (1995)研究了新兴女性主义社会运动组织。同时参见 **social influence nonprofit group**(社会影响型非营利团体); **social move-**

ment nonprofit group(社会运动非营利团体)。

social movement /protest flat-earth paradigm　社会运动/抗议扁平地球范式　非营利部门模型之一,以对抗性或 *抗议*社会运动为中心,而忽略了主流的、非抗议定位的 *非营利团体,除非后者也有对抗性的 *使命(Smith 2000:226—227)。

social movement sector　社会运动部门　一个社会所有的 *社会运动聚合起来,被视为形成一个具有 *社会变迁 *目标、以非传统政治活动为共同特征的突出部门。Loya(1998)在对该部门的研究中,提供了178个跨国(参见 **transnational association**(跨国社团))民主运动 *组织有关历史、组织与结构的数据。

social network　社会网络　根据 Israel(1988)的研究,社会网络系指一整套的关系,以个体为中心,其特征是结构性(比如,规模、密度以及可能的构成或异质性程度)、互动性(比如,相互支持度、互动频率)、功能性(比如,工具功能、表达功能、信息功能、身份维持以及促进网络内外的 *社会参与)。较低的社会网络参与度可能是社会隔离概念的一个操作性结果。Bott(1957)写过一本关于家庭与社会网络问题的早期著作。基于社区的社会网络干预是 *基于社区的首创活动的一种形式(Checkoway 1988b)。学术期刊《社会网络》就是关于这一主题的专业杂志。同时参见 **network**(网络)。

social participation　社会参与　从广义上讲,指个人在更广泛的社会背景下进行的多种形式的公共和半公共活动。在 *志愿者角色的语境下,正如 Payne 和 Bull(1985:268)所论及的,社会参与是通过与有共同 *利益和关切的同侪接触的各种机会实现的。其他语境包括:成人教育,鳏寡孤独和新进人员的结构化参与,单身群体,本地、州、全国性选举和 *事务中的政治参与等。

social policy　社会政策　一个社会或国家用以指导其公民、团体和机构组织行为及其相互关系的 *政策。Barker(2004:405)研究发现,此类政策源于社会 *价值观和习俗,并决定着 *资源配置与人们的福利水平。因此,社会政策的中心问题是对健康、教育、越轨与 *社会福利的关切。社会政策与公共政策——一个致力于研究 *政策 *问题和政府对策,以及建议如何解决这些问题的研究领域——有所不同。关于社会政策的概述,可参见 Bochel(2005,passim)以及 Manning,Baldock 和 Vickerstaff(2003,passim)的相关研究。

social protest　社会抗议　参见 **activity, protest**(活动,抗议)。

social religiosity value 社会宗教价值观 参见 **value，humane core**（价值观，人文核心）。

social service 社会服务 1. 一个用于修饰"社会服务 * **机构**"这类术语的形容词，意味着提供某种特殊 * **服务**（cf. Chambers 1963，passim；Romanofsky and Chambers 1978，passim）。2. 作为整个 * **社会服务**体系的一部分提供的一种特殊 * **服务**（cf. Chambers 1963，passim）。Roose 和 De Bie（2003，passim）探讨了比利时青年从开展 * **参与行动研究**转变为提供参与式 * **陪护服务**时所产生的一些后果。学术期刊《社会服务评论》(*Social Service Review*) 会定期刊载与这一主题相关的论文。同时参见 **social services**（社会服务内容）。

social services 社会服务内容 为促进 * **社区**或社会的健康和福利而提供 * **服务**的相关人员的活动范围（cf. Huttman 1985，passim；Kamerman and Kahn 1976，passim）。这些人员提供个人 * **社会服务**，比如帮助他人实现某种程度的自给自足，强化其家庭关系，使自己及其所在 * **团体**和 * **社区**恢复正常的社会功能（Barker 2003:407）。Van Til（1988:115—116）指出，政府支持的社会服务内容具有志愿根基，而且很多此类服务正在回归 * **非营利部门**。同时参见 **service**（服务）。

social support 社会支持 社会科学文献中常见的一个术语，Israel（1988）用其来指代四种支持性行动的混合行为：情感支持、工具支持、信息支持以及她所谓的"评价性支持"（肯定、反馈等）。如此界定的社会支持只是 * **社会网络**所具备的重要功能之一。社会网络由此在社会支持与 * **社会隔离**的程度方面有所差异。社会互动水平高、具有优势结构特征的社会网络中更可能出现低水平的社会隔离，却并不必然产生高水平的社会支持度，因为并非所有社会纽带都是支持性的。但是，低水平的社会互动与网络结构中的劣势成分则同社会隔离联系在一起，可能更易产生低度的社会支持。正如 Israel（1988:37）所指出的那样，个体网络可能会包容不提供社会支持的社会纽带，随之而来的是，唯有对支持性纽带的审查才可能排除具有其他重要维度的关系。Israel 总结，社会网络干预所包容的内容可能不仅有社会支持性干预，同时还有其他干预形式。Clary（1982）也对社会支持予以强调。

socialization 社会化 一个复杂的学习过程，人们在这个过程中形成自我概念并获得参与社会生活所必需的技能、知识和动力（Mackie 1987:77）。Smith

(2000:140—141)发现,当下＊付酬员工所在的＊非营利团体多倾向于选择接受过教育、进行过特殊训练、正式社会化的＊领导者,而那些＊草根社团对新进人员予以非正式的社会化,且很少为其领导者提供正规培训。

socialization by nonprofit groups 非营利团体社会化 参见 **socialization**(社会化)。

socialization, religious 社会化,宗教 指正式和非正式两种＊社会化,对象是＊宗教性非营利团体＊成员,其根据是每一个团体所信奉的＊宗教差异。宗教社会化,比如通过主日学校、教义问答、希伯来学校等途径,是这些团体的一项主要活动(Johnstone 1992, chap. 4)。

socially responsible investing 社会责任投入 指公司投入(比如,关于赠款的投入),以彰显社会责任的＊使命和＊基金会或其他＊非营利团体的＊价值。Entine(2003, passim)追溯了社会责任投入的创始过程,认为它始于20世纪60年代美国社会＊激进主义时期由贵格教派进行的筛选实践运动。

societal corporatism 社会法团主义 参见 **neocorporatism**(新法团主义)。

societal insider 社会局内人 参见 **insider, societal**(局内人,社会)。

societal outsider 社会局外人 参见 **outsider, societal**(局外人,社会)。

sociodemographic homogeneity 社会人口统计学的同质性 参见 **homogeneity, sociodemographic**(同质性,社会人口统计学)。

sociodemographic participation predictors flat-earth paradigm 扁平地球范式下的社会人口参与预测因子 非营利部门的模式之一,使用排他性或接近排他的社会人口统计学变量,预测个体＊志愿者＊参与状况(Smith 2000:236—237)。

sociopolitical change orientation 社会政治变迁定位 参见 **orientation of nonprofit groups**(引领非营利组织)。

sociopolitical innovation 社会政治创新 对新的社会问题和未能满足的＊公共需求的识别和界定;针对这些＊需求所产生的社会政治异议作出解答;动员个体和＊团体谋求改革＊公共利益;使用新的＊政治活动和＊社会变迁方式以造福于更大的＊社区(Smith 2000:22)。Rogers(1983, passim)写过一本研究所有类型的创新扩散问题的经典著作。Conger(1973, passim)叙述并列举了历史上主要的社会创新。同时参见 **social innovation activity**(社会创新活动)。

sociopolitical innovation values　社会政治创新价值观　参见 value, humane core（价值观, 人文核心）。

sodality　联谊会　1. 人类学家用来指称史前社会就存在（共同＊利益）的＊社团（Lowie 1948:14）的术语。2. 正式（教会认可）的、世俗的、具有公益目的的罗马天主教女性社团。它起源于欧洲中世纪（Trexler 1991:14）。

solidary incentive　团结性激励　参见 sociability incentive（社交激励）。

sorority　女性联谊会　女性社会＊俱乐部，尤指服务于本科院校大学生的社团。Scott（1965, passim）写过一本有关大学＊兄弟会和＊姐妹会的经典实证研究著作。Giddings（1988, passim）对全美第一家黑人女性联谊会德尔塔·西格玛·塞塔（Delta Sigma Theta）的历史进行了研究，这一组织于 1913 年获准设立（p.52）。Drout 和 Corsoro（2003, passim）对发生在兄弟会中的欺凌事件所存在的认识差异进行过研究，对象是隶属于某联谊会、＊兄弟会或没有任何"组织根底"（兄弟会/姐妹会）关系的男女学生。Robbins（2004, passim）揭露了陷于遭曝光的丑闻之中的女性联谊会的阴暗面。

spare time　空闲时间　参见 free time（自由时间）；leisure time（休闲时间）。

spatial diffusion of nonprofits　非营利空间扩张　＊非营利团体在地理空间和时间上的传播，一般情况下，尤指某种类型的非营利扩张。Hedstrom（1994, passim）研究了 1890 年到 1940 年间瑞典＊工会的空间扩张问题，以及人与人之间的距离与关系是如何影响＊社会运动的发展与传播的。

special events fund-raising　基金筹措特别活动　开展特殊＊基金筹措活动的过程，其中包括集贸会、体育赛事、艺术节、煎饼早餐会以及娱乐活动等，以公益的＊动因筹集金钱（Allen 2001:480）。

special interest group　特殊利益集团　正式或非正式团体的一种，但是不一定必须是非营利组织，致力于影响政府的＊社会政策、政党候选人、政府＊机构、立法创制，甚至是一般公众（义项一）（cf. Truman 1955, passim）。与＊公共利益集团不同，特殊利益集团的活动围绕单一＊问题展开，为其＊成员的某一需要提供服务，并且多是施惠于其成员和类似的人。Street（1997, passim）将老年政治参与者作为一个特殊利益集团进行研究，他们认为社会保障和医疗是公民权利（＊公民自由）。Clawson 等（1992, passim）描述并分析了特殊利益集团的本质及其对＊政治行动委员会（PACs）法人的影响。＊劳工联盟也有自己的 PACs。同时参见 **political participation**(政治参与);**political voluntary action**(政治志愿活动);**interest group**(利益集团)。

specificity of goals　**目标特殊性**　参见 **diffuseness vs. specificity of goals**(目标的分散化 vs. 专一性)。

splinter group　**分裂的团体**　*非营利团体的一种,属于 *非营利部门,通常为非正式团体,从一个大型团体或 *组织——也可能为非营利组织——中分离出来,从而独立于后者。Epstein 和 Sardiello (1999,passim)对码头硕鼠(the Wharf Rats)组织进行了研究,这是一个非正式的十二步毒品与酒精康复团体,是从传统的匿名戒酒协会与匿名戒毒会项目中分离出来的组织。该组织尽管在某种程度上是成功的,但是与其之前的组织相比并不那么成功。

sponsor　**赞助者·引导者**　1.指人或 *组织,其作用是提供会议场所、支持 *非营利团体或 *基金筹措活动。拥有一个或多个资助者是非营利组织进行横向协作的一种方式,在 *草根社团中也是一个合理的常规安排(Smith 2000:141)。2.指 *十二步团体(*团体)中的个人,以他人 *导师的身份开展活动,通常为团体中的新人、*成员服务(Rudy 1986,passim)。

spontaneous volunteer　**自发志愿者**　指在灾害现场提供帮助(参见 **helping/helping behavior**(帮助/帮助行为))的人,如此称呼是因为其志愿 *动机产生于了解灾情的第一时间。自发志愿者可能来自于远方,可能并不拥有灾害现场所需的技能,也可能不是灾害现场所需要的人,而且还可能在灾害现场服务过程中不再担当这一角色。Sharon (2004:15)发现,自发志愿行动的动机之一是帮助他人的强烈愿望,情绪的激发受到灾害本身的影响。自发志愿者还以"独立志愿者"而闻名,与具有隶属性的 *志愿者,比如为红十字会工作且接受灾害救助培训的志愿者不同。光点基金会(the Points of Light Foundation)(2002,passim)出版过一本手册,主题是如何有效利用自发救助。

sporadic volunteer　**零星志愿者**　参见 **episodic volunteer**(短期志愿者);同时参见 **habitual volunteer**(习惯性的志愿者)。

squatter's neighborhood nonprofit group　**寮屋的邻里非营利团体**　地方性 *非营利团体,为非法占有者的 *团体 *利益提供服务,也为其他未经授权擅自占有未开垦土地或房产的团体利益服务。Fisher (1984,passim)描述了拉丁美洲的好几个邻里改进社团组织(*邻里非营利团体),这些组织系由寮屋所有者组建而成的。

staff development **职员发展** 指活动和 * 项目的集合，由 * 非营利团体创立，目的是提高其员工(* 付酬员工、* 志愿者)履行职责的能力。非营利组织的职员发展通常是为了满足特定需要，同时也有助于提升职员更广阔的职业(* 非营利职业)目标和机会，以及他们的 * 人力资本。同时参见 **in-service training**(非营利在职培训)。

staffing **人员配备** 为 * 非营利团体提供职员(参见 **nonprofit staff**(非营利员工);**resource**(资源)),* 付酬员工或 * 志愿者均是其所需。人员配备涉及新人员的招聘、所有人员的工作分配以及职位晋升、转岗与解雇等。在其他组织建设活动中，Starr(2001，passim)针对匹兹堡进步行动联盟组织(the Pittsburgh Alliance for Progressive Action)的创立，研究了在此过程中人员配备的作用。同时参见 **staff development**(职员发展);**in-service training**(非营利在职培训);**recruitment of volunteers/members**(志愿者/会员招募);**recruitment of nonprofit group paid staff**(招募非营利团体付酬员工)。

staff of nonprofits **非营利职员** 参见 **nonprofit staff**(非营利员工);**resource**(资源)。

staff-volunteer relations **职员—志愿者关系** 参见 **building paid staff-volunteer relations**(付酬员工关系建设)。

stakeholder **利益相关者** 对 * 非营利团体保持关注、对相关 * 资源和产出提出利益要求的人、* 团体或 * 组织，或者受到这种产出影响的相关者(Bryson 1994:160)。

stakeholder analysis in strategic planning **战略规划的利益相关者分析法** * 战略规划的一个方面，包括识别 * 非营利团体的 * 利益相关者，以及他们用来判断其绩效的标准。这种分析法还包括团体达到这些标准的能力，以及利益相关者对团体的 * 影响。最后，非营利利益相关者期待满足的 * 需求也能够被用于分析(Bryson 1994:160)。

Standard Industrial Classification (SIC) **标准产业分类(SIC)** 对美国多元产业的分类方案，在管理与预算办公室(Office of Management and Budget)的出版物中(1987)有所记述。Bradford Smith(1992，passim)提出了一种利用 SIC 符号对非营利免税组织(* 免税地位)进行分类的方法。

state association 州级社团 本质上是指 * 会员身份、范围、活动和 * 使命涉及全州（或者省级）的 * 社团。在操作层面，此类社团有时被界定为活跃于全州（省）大部分地区的 * 团体，或者是从中招募 * 成员，涉及的城市或市镇占全州（省）1/3 及以上。Hammer 和 Wazeter（1993，passim）针对州范围的教师 * 工会的组织 * 效能问题提出了一个分析模型。

state and local tax-exemption, charitable 州与地方的免税资格条件规定，慈善 根据《国内税收法》* 第 501（c）(3)条规定享有免税资格的慈善组织一般会获得州收入税的豁免权、州和地方在财产税上的豁免权，有时也能获得州和地方在营业税和使用税上的豁免权（Fishman and Schwarz 2000：458—463）。

status quo /establishment flat-earth paradigm 扁平地球范式下的现状/建制 非营利团体的一种模型，完全或几乎完全专注于为主流 * 非营利团体和服务于 * 社会局内人的 * 志愿者提供服务。此类范式往往忽略那些表达 * 抗议、进行 * 倡导和参与 * 社会运动的实体组织（Smith 2000：225—226）。

status recognition in nonprofits 非营利现状体认 系一种将 * 承诺与主观幸福感联系起来的实践，有助于强化 * 志愿活动（Mannell 1993）。现状体认功能是为了维系承诺与主观幸福感，而不考虑短期存在的成本（* **志愿者的参与成本**）失衡和 * **参与** * **利益**等问题。现状体认同 Fischer 和 Schaffer（1993）的研究是一致的：* **志愿行动**的利益通常是间接的和有差异的，有时直到有新的志愿奉献投入才有所改观。现状体认给予非营利行为更具即时性的（如果不是可触及的）回报，涉及现状维系和现状形成两个方面。同时参见 **prestige incentive**（声望激励）；**incentive type**（激励类型）。

Statute of Charitable Uses 慈善用途法 1601 年英国颁布的一部法律，它是当代慈善法律的开端；规定在每一个县设立慈善监督委员会，并就可接受的慈善目的进行规范（Fishman and Schwarz 2000：27）。

stewardship 管理工作 个体在 * 社区宗教中服务于 * 会众所花费的时间、技能和金钱。Hodgkinson（1990）给这种基督教概念下过定义，将其描述为全方位的生活活动和生活目的，而不仅仅是孤立的义务。

stewardship and fund-raising 管理与基金筹措 * 管理工作包括伦理会计实践，使用手头的 * 资源进行，是一个被 Fogal（1994：377）称为同样适用于 * 非营利团体的 * 基金筹措活动并在实现其 * 使命上卓有功效的过程。他进一步指

stigmatized nonprofit group

出,基金筹措管理者必须帮助团体＊领导者履行其管理职责。

stigmatized nonprofit group 不良记录的非营利团体 在更大的＊社区内给人留下声名狼藉印象的＊非营利团体,如非特殊情况,其＊成员多倾向于向除最亲近的朋友和亲戚之外的所有人隐瞒自己作为团体＊会员身份的事实。Smith (2000:102)发现,很少有人从非营利组织较少的声望—耻辱维度进行研究 (cf. Goffman 1963, passim)。同时参见 **deviant nonprofit group**(越轨非营利团体);**deviant group**(越轨团体)。

stipended volunteer 受薪志愿者 一种＊准志愿者,其活动具有鲜明的＊志愿利他主义特征,而且＊服务或工作所得报酬远远低于工作或角色本身应得(cf. Smith 2000:25,47)。美国的和平队组织的＊志愿者就是一个典型(cf. Peace Corps 1997, passim; Willsen 2003, passim)。薪水微薄的博物馆馆员(＊付酬员工)是另一个范例。Korstad 和 Leloudis(1999, passim)的研究报告是关于20世纪60年代的田野实验,在该实验中,一批大学生作为受薪志愿者,参与了北卡罗来纳州的一项反贫困＊项目。志愿者们发现,＊参与项目本身的效果极为丰富,而项目对贫困者(＊利益目标群体)的影响却并不明显。

strategic management in nonprofits 非营利战略管理 ＊非营利团体的战略规划(＊战略规划)管理。Walker(1983, passim)指出,当涉及＊领导与＊管理时,非营利组织完全有别于商业,因而战略管理,一项商业实践,可能会伤害到这些团体。大多数研究＊付酬员工非营利组织的学者强烈反对 Walker 的观点,他们视战略管理为非营利组织在当今竞争环境下取得成功的一个重要因素(e.g., Bryce 2000; Koteen 1997; Oster 1995)。然而,Walker 的核心观点应用于＊草根社团则极为准确,这些组织的战略管理过程存在矫枉过正的问题(Smith 2000, chaps. 5—7)。

strategic planning in nonprofits 非营利战略规划 指为＊非营利团体设定宽泛的＊政策和方向的过程,且适用于内部和外部评估(＊非营利团体评估),能够引起关键＊利益相关者的关注,能够识别关键＊问题,以及应对这些问题的战略发展。此类规划还包括＊决策与活动以及对二者的监督(Bryson 1994:154)。Allison 和 Kaye(1997),Bryson(2004),Burkhart 和 Reus(1993),以及 Wilbur(2000, chap. 1)都不约而同地支持＊付酬员工非营利组织的战略规划所作的承诺和价值证明。在这个过程中,价值观在＊草根社团中并不那么清晰,组织多为非正式的,且 * 管理方式多是松散的(Smith 2000, chaps. 5—7)。然而,这并不是说 * 非营利战略对于后者根本就是一无是处。同时参见 action planning(行动规划)。

strategy in nonprofits 非营利战略 由以下各项的全部或组合而成的一套长期规划:目的(* 目标)、* 政策、* 项目、活动、决策与 * 资源配置。战略描述了 * 组织是什么、做了什么、为什么这么做(Bryson 1994:169)。同时参见 **tactics in nonprofits**(非营利策略)。

strike 罢工 雇员表达抗议的 * 直接行动,以 * 团体方式拒绝出工,以此作为影响 * 组织或业务的 * 策略,处理彼此僵持未决的争执。Altman(1994, passim)介绍了1894年普尔曼大罢工事件,将其解释为美国劳工史上的重大转折点。

strong democracy 强势民主 参见 **democracy**(民主)。

structural form of nonprofit groups 非营利团体结构形式 * 非营利团体根据其 * 使命采取的组织方式。Smith(2000:9—10)列举了当代非营利组织采取的诸多不同结构形式中的数个,其中包括:* 社团、* 基金会、* 非营利联合会、大学、博物馆、医院、社会 * 机构、* 地下团体、松散 * 网络、克里斯玛型邪教(* 新兴宗教)以及 * 旋转信用社团等。

structure of nonprofit group 非营利团体结构 * 非营利团体建立在具有持续性的社会模式之上的组织方式,通常唯有 * 正式非营利团体才使用诸如 * 特许执照、* 宪章、法人条款(* 组织章程)与 * 规章制度等文件(Smith 2000:107)。Smith(ibid., chap. 5)就九种模式分析了 * 草根社团的内部结构,包括有非正式 * 免税地位、倾向于成为非正式 * 组织、更多内部 * 民主、深刻的 * 社会人口统计学的同质性以及更少资金 * 资源——所有这些都同 * 付酬员工非营利组织存在明显差别。同时参见 **structural form of nonprofit groups**(非营利团体结构形式)。

subgovernment 次级政府 参见 **iron triangle, the**(铁三角,特指)。

subsector, nonprofit 次级部门,非营利 * 非营利部门的分支。在这方面,Smith(2000:115)指出,有两种主要的次级部门,分别为 * 付酬员工非营利组织的次级部门(主要由 * 非会员(公共)利益型非营利团体构成)和 * 志愿性非营利团体次级部门(大多由会员利益 * 草根社团和其他 * 社团组织构成)。Smith

(2000, pt. 2)从五十多个结构性和程序性的维度,论证了草根社团是如何截然不同于付酬员工非营利组织。

succession of leaders **继任的领导者** 参见 **leaders, succession of**(领导者,继任)。

summative evaluation **累积评估** 1. 对 *非营利团体或 *志愿项目的总体或一般产出与影响的评估;为 *项目评估的结果评估的一种(cf. Bloom et al. 1971, passim; Center for the Study of Evaluation, 1974, passim)。2. 一种测评方式,用以从质和量两个方面测评 *志愿者或 *付酬员工受训者在特定培训 *项目中教育目标的实现情况。该评估的设计旨在确定此类项目的成功程度与 *效能状况(Macduff 1994:610)。

Sunday school **周日学校** 1. 宗教教育部门,或者为地方 *教会的次级团体,通常是在周日(如早晨)开放班级学习,内容涉及祷告、圣经学习以及情感支持等。2. 学生周日学习时段。尽管传统上周日学校一直是孩子们和年轻人学习的地方,在最近数十年间,很多教会也对成人开放学习班(Wuthnow 1994:66—68)。

supervision of volunteers /members **志愿者/会员监管** 系 *非营利团体和 *志愿项目的主要管理功能,涉及监督 *志愿者在指定角色(*志愿角色)上的绩效状况,在适当的时候,给予积极和消极两方面的反馈。监管可能由 *志愿管理人员实施,也可能由长期在大型 *组织工作的 *付酬员工实施,且与志愿者在一起工作。Connors (1995:176—178),Fisher 和 Cole (1993, chap. 7),以及 Lee 和 Catagnus (1998, passim)对志愿者监管提出过实践性的建议。*草根社团中的 *会员监管非常宽松,只要能够保证他们的非正式运作方式即可(Smith 2000, chap. 5)。

support group **支持团体** 一种 *非营利团体,通常规模较小且为非正式组织,为其 *成员提供社会、情感建议和鼓励,其团体 *目标可能是多种多样的,如讨论、支持、祈祷、宗教教育、自助、理疗、康复、*社交,诸如此类(Wuthnow 1999:65)。Wuthnow(pp.2—5)指出,在美国,支持体育类团体最近一直处于上升状态,大约有40%的成年美国人加入到一个体育社团中去(p.47),而更为传统的 *社团会员则在下降(Putnam 2000, sec. 2; Wuthnow 1998, passim)。

supralocal nonprofit group **超地方非营利团体** 服务于特定行政区域的 * **非营利团体**，该区域一般大于本地 * **社区**，比如一个州、省、地区或国家等。因此，尽管超地方团体不是 * **草根社团**，但是两者在 * **社团**特征和捍卫权利的重要地位方面无疑具有相似性（Smith 2000:8）。* **州级社团**、* **全国性志愿社团**以及 * **跨国社团**是三种超地方非营利团体典型。

supralocal volunteer association **超地方志愿社团** 参见 **supralocal nonprofit group**（超地方非营利团体）。

survival of the fittest group **优胜劣汰的团体** 指 * **社会运动**或其他 * **非营利团体**在求得生存的过程中，必须为了吸纳 * **成员**而与同类团体进行竞争。所有组织都需要根据公共舆情，努力采取变革措施，对于每一个组织都须臾难离的组织环境（* **环境，组织**）也是如此（Zald and Ash 1966:332）。

survivalist nonprofit group **非营利团体的优胜者** 参见 **citizen militia**（公民民兵）；**paramilitary group**（准军事团体）。

symbolic protest **象征性抗议** 以非暴力的、公开的方式实施的愤怒的、非传统的、* **政治志愿活动**（cf. Carter 1974, passim; Sharp 1973, passim）。具体做法有：焚烧纸片、守夜以及在中立区组织 * **游行**等。鉴于其象征性，* **抗议**永远不会在权力人士所处的地方进行，这些人在抗议者所抗争的 * **政策**或实践上能够有所作为。象征性抗议常常被用于同 * **直接行动**的抗议进行比较（Carter 1974, passim）。Marullo 和 Edwards（1994, passim）为和平团体设计了一套逃生 * **策略**，因为他们发现象征性抗议中也有可能出现抗议者死亡事件。

synagogue **犹太教堂** 1. 地方性的宗教 * **会众**，为 * **犹太教**的正统派和保守派分支（cf. De Breffney 1978, passim; Heilman 1976, passim; Wertheimer 1987, passim）。2. 此类犹太教 * **会众**聚会所在的建筑物。Shokeid（2001, passim）对女性获得组织权力的途径进行过研究，指出其所面临的 * **问题**是：女性要在一个过去由男性主导的男同性恋/女同性恋犹太教堂中担当 * **领导**职位。

T

tactics in nonprofits 非营利策略 小范围的计划(＊规划)与过程,用来实施某方案或实现某＊目标。在＊非营利部门中,这个词总是以复数形式使用,而单数形式则不同,系指军事战术或谋略。Cannold(2002,passim)讨论过战略与策略,系澳大利亚和美国的反堕胎"女性中心"所使用的两个概念。这里的策略在绝大多数情况下是合法的。同时参见 **strategy in nonprofit**(非营利战略)。

tainted money in nonprofits 非营利黑钱 通过腐败手段所获得的金钱。Van Til(1994:58)针对＊非营利团体接受金钱的方式提出这个道德问题,这些钱系＊捐助者以不道德的方式获得的,且极可能是以减税为目的作出的＊捐赠。

target of benefits 利益目标群体 接收者,或"受助者",指＊非营利团体、其他＊捐助者或＊志愿者试图以某种方式帮助的对象(Gamson 1990:16;Smith 2000:17)。利益目标群体通常要么是另一个实体组织,要么是个体或团体中的某一特定人群。在＊会员利益型非营利团体中,其自己的＊成员是主要的利益目标群体。

tax deduction and philanthropy 减税与公益 针对慈善捐款实施的联邦所得税减免的性质、理由和作用。减税历史可以追溯到1917年(cf. Burlingame 2004:464—469;Fishman and Schwarz 2000,pt. 3)。

tax-exempt organizations registered with the Internal Revenue Service (IRS)　国税局(IRS)登记的免税组织　所有免税组织的小型次级单元(cf. O'Neill 2002：7；Smith 2000：36—45)，它们享有官方认可的国税局免税资格条件，依据是：《国内税收法》第 501（c）（1）—（21）、501（d）—（f）、501（k）、501（n）、521、527—529 条(Fishman and Schwarz 2000：57；O'Neill 2002：4—5)。

tax-exempt sector　免税部门　一般情况下，为 * 非营利部门的同义词，但是其重点是该部门的 * 非营利团体忠实地服务于社会 * 价值和 * 公共利益，因而获得州和联邦 * 政府对 * 超额收入的免税待遇，同时也获得州和地方财产与营业税的豁免待遇(Burlingame 2004：356)。另外，大多数 * 公益基金会和 * 慈善组织因其 * 捐助者身份而获得免税待遇(比如，根据美国《国内税收法》* 第 501(c)(3)条的规定)。其他国家对适用于各种类型的非营利组织的免税数额有不同规定。Weisbrod（1992，passim）调查过 10 个国家的 * 非营利组织税收 * 政策。同时参见 sector of society(社会部门)。

tax-exempt status of nonprofits　非营利免税地位　几乎所有 * 非营利团体都是 * 免税组织，虽然在美国，只有少数获得国税局（IRS）（比如，属于《国内税收法》* 第 501(c)(3)条)或州税务机构的正式承认。这一非正式免税地位的成因是多方面的：可能是因为很多 * 草根社团太缺钱或者规模太小，属宗教性质，或者与更大型的免税组织有联系，不必向 IRS 登记；即使有义务登记，也没有去登记(Smith 2000：109)。免税地位意味着联邦和州针对 * 超额收入的征税不用缴付。特定的免税团体(比如，属于《国内税收法》第 501(c)(3)条规定的免税类别)可以收到获得减税资格的 * 捐助者的 * 捐赠。

teach-in　宣讲会　* 直接抗议行动的一种形式，* 参与者常占据学院或大学的常规教室，并提供与 * 抗议 * 参与者所参与的 * 社会变迁和 * 社会运动相关的替代性教学方式(cf. Sharp 1973，passim)。Fraser 和 Freeman（1997，passim）研究了 1996 年纽约的宣讲会，那是一场旨在团结美国进步知识分子与工人阶级、劳工运动的宣讲会。

technical assistance　技术援助　指给予 * 非营利团体管理与运作的建议，由外部顾问（* 非营利顾问）、* 基金会成员（* 付酬员工），或者是法人公司员工所提出。通常这些技术援助作为非营利组织接受 * 资助的补充。在其他技术领域，这些建议可能涉及 * 基金筹措活动、市场、法律事务、资金规划、* 预算等

(参见基金会中心词典,网址为 http://www.fdncenter.org/learn/ufg/glossary.html)。

temple 寺庙 1. 在古代,寺庙系指上帝或神灵居住的地方,在此工作的*宗教神职人员也因此颇受崇拜(Pearce 1984,passim;Wilkinson 2000,passim)。2. 地方宗教*会众,属于犹太教改革派分支,也指这些*会众聚会所在的建筑物(Sell 1986,passim)。3. 地方*会众或建筑,以满足某些亚洲*宗教如佛教和道教等的需要(cf. Ellwood 1979,passim)。Chen(2002,passim)比较了中国台湾地区移民的佛教寺庙与台湾福音教移民基督教教会,以探索为什么前者更公开地融入美国社会,而后者则不是。

tenant association 租客协会 参见 building association(大厦社团)。

tenant management 租客管理 指公共房屋的管理,以使居民能够参与*决策的制定与执行,这些决策事关他们的房屋和居住质量。O'Brien(1995,passim)对12位非洲裔美国妇女作了访谈,她们都是堪萨斯某公共房屋综合体的长期租客,并且参与了租客管理事务。她得出的结论是,尽管此类活动没有带来集体性*赋权,可还是推动了个人发展(参见 developmental incentive(发展激励))。

tenant organization 租客组织 参见 building association(大厦社团)。

territorial scope 领地范围 指*非营利团体*利益目标群体涉及的地理区域。Smith(2000:81)研究发现,取决于不同的非营利组织,领地范围可能小到地方的一栋公寓建筑,也可能大到一个国家甚至很多国家。

terrorism 恐怖主义 1. 在某一群体中用于制造恐怖的原则与实践(Laqueur 1977,passim)。2. 以这些原则和实践为基础的单个或一系列活动,实施者为*恐怖分子(义项二)或*恐怖团体,旨在通过暴力手段威吓或强制*政府或*社会群体就范(ibid.)。通常情况下,恐怖主义的实施是为了迫使政府或社会接受其特殊的政治诉求。Giroux(2004,passim)探讨了针对美国人的恐怖主义行为在美国是何以被视作一场对*民主的战争。Rubenstein(1987,passim)则讨论了恐怖主义在当代世界的各种面向。Laqueur(1977,passim)深入分析了恐怖主义问题,作过类似研究的专家还有 Bell(1975,passim),Holms 和 Burke(1994,passim),Rubenstein(1987,passim),以及 Schweitzer 和 Scherwitzer(2002,passim)。

terrorist 恐怖分子 指实施 * 恐怖主义的人,通常为某 * 恐怖团体的 * 成员(cf. Alexander et al. 2001, passim)。Holmes 和 Burke(1994, passim)出版过一部关于恐怖分子团体、恐怖主义贸易工具以及反恐问题的研究著作。

terrorist group 恐怖集团 实施 * 恐怖主义的任何 * 社会部门(包括 * 非营利部门)的一个 * 团体,均可能成为更大规模 * 社会运动的一部分。Holmes 和 Burke(1994, frontispiece)对此的界定为 FBI 所用:这是一种 * 团体组织,使用非法"武力或暴力伤害他人或财产,以威吓或强迫政府、普通大众或任何相关部分,从而促进其政治或社会目标的实现"。两位作者还出版过一本关于恐怖集团、贸易工具与反恐的著作。Raczynski(2004, passim)建立了一种离散事件仿真模型,研究恐怖组织与反恐 * 组织及其代理机构的动力结构,以及它们之间的互动问题。Rubenstein(1987, pt. 3)讨论了现代恐怖分子团体的三种形式——无政府模式、左翼国家主义分子以及极右翼 * 恐怖主义——而 Bell(1975, chap. 2)则将之划分为四种类型。Weinberg 和 Pedahzun(2003, passim)研究了政党与恐怖集团的关系问题。Alexander 等(2001, passim)和 Carr(1975, passim)则研究了特定恐怖团体问题。

tertiary time 第三极时间 参见 free time(自由时间); leisure/leisure time(休闲/休闲时间); leisure activity(休闲活动); noncoercion(非强制性)。

third-party government 第三方政府 由 * 非营利团体组建的政府。这是基于对 * 福利国家中的非营利组织的观察,它们拥有相当大的权力,因为 * 政府通过 * 社会服务 * 合同与 * 资助委派给它们多重职能。Salamon 写过一部泛论第三方政府的著作(e.g., Salamon 1987, passim)。

third sector 第三部门 一般情况下,这是 * 非营利部门的同义词,尽管有人强调该部门中的 * 非营利团体有别于 * 商业部门和 * 政府部门(参见 sector of society(社会部门))。然而,"第三部门"这一术语忽略了家庭/家族部门,而这恰恰是人类历史上的第一个部门。因此,相较而言,"第四部门"一词的意涵在历史上可能更准确。Salamon 和 Anheier(1992, passim)以及 Smith(1991, passim)探讨了社会各部门的不同定义。

Third World 第三世界 指既不同于前共产主义阵营(第二世界),也不同于发达的(大多数为西方的)非共产主义阵营的发展中国家,大多数位于非洲、亚洲和拉丁美洲(Horowitz 1966, passim)。尽管关于第三世界 * 非营利团体的出版物已经汗牛充栋(e.g., Clark 1991; Esman and Uphoff 1984; Fisher 1993, 1998),但是主流学者由于多坚持＊扁平地球范式下的发达世界,因而对此多不知晓,或者即便知晓,也没有将此纳入他们的研究之中(Smith 2000:234)。Harris(1986, passim)认为,第三世界行将消失,因为某些关键的前第三世界国家已经开始其工业化进程,而其他国家则沦为极不发达的＊第四世界国家。

Third World development /aid nonprofit 第三世界发展/援助非营利 1. ＊**跨国非营利团体**,专门从事援助或促进＊第三世界或＊第四世界国家发展(e.g., Clark 1991; Lissner 1977; Smith and Elkin 1981; Sommer 1977; Van de Fliert 1994, pt. 2)。2. ＊**本土非营利团体**,为全国性或次国家级的,其工作是促进第三或第四世界国家发展或提供援助。Fisher(1993, passim; 1998, passim)考察了各发展中国家本土非营利组织的工作,得出的结论是:这些组织近来提供的帮助良多。相关的研究另参见 Anheier 和 Salamon(1998),Carroll(1992),Clark(1991),以及 Esman 和 Uphoff(1984)等人的著述,他们为 Fisher 的研究结论提供了更进一步的支撑。Jedlicka(1990)将＊**志愿主义**视为世界发展的关键途径。

three-sector model of society 社会三部门模型 参见 model of society(社会模式)。

three-sector model of society flat-earth paradigm 扁平地球范式下的三部门模型 非营利部门的一种模型,(不准确地,参见 sectors of society(社会部门))阐释工业社会可以按照三个部门加以分析:＊政府部门、＊商业部门和非营利部门,其中最后一个部门经常被称为＊第三部门(Smith 2000:221—222)。该模型忽略了家庭/家族部门,而这是人类历史上的第一个部门。同时参见 **nonprofit sector**(非营利部门)。

time-budget /time diary method 时间—预算/时间日志方法 一种估算人们如何花费时间的程序,要求人们记录自己在当下某个时段使用时间的状况(cf. Szalai 1972, chap. 4)。Horne(2003:502—503)认为最准确地估算个人时间的使用状况的方法是,随机拨打电话给受访对象,或者是请他们戴上蜂鸣器,一旦蜂鸣器(随机)响起,便开始记录他们的所作所为。同时参见 **volunteer time**(志愿时间)。

time-money scheme 时间—金钱方案 一种安排方式,指从事一个小时的＊志愿行动等同于一个小时的信用储蓄。此类信用储蓄是"银行式"的,可以在未来用于"购买"另一个 * **志愿者**所提供的 * **服务**。该方案被称为"当地交易(就业)系统",或简称"LETS",当前在很多国家得以应用,包括美国和英国(Boyle 1997)。

tokenism　象征主义　指给予最低限度优惠的原则或实践,经常用于少数人或其他代表人数不足的团体,是一种旨在满足极端需求、符合法律规定及类似要求的象征性举措(cf. Davis 1963)。Pazy 和 Oron(2001,passim)发现,在以色列国防部队的一项评估中,当女性被象征性地编入男性军队而成为其 * **成员**时,女性的绩效水平要比男性低。

tolerance　宽容　指人们对待那些完全不同于自己的行事方式或想法所持有的一种态度或取向(Stebbins 1996b:3)。宽容是一种相对被动的性格倾向,对于某种行为或思想模式,一方面表现出鄙视或不屑,另一方面又予以包容或接受。与宽容不同,鄙视和包容是对存有疑问的行为表现出的积极态度。当某事被宽容对待时,它就被赋予合法性,尽管可能是勉强的。同时,鉴于被宽容对待的想法和行为威胁甚微,人们无意于主动采取此类行为或想法,甚至会将其作为未来可能采取的替代方案。

total quality management(TQM)　全面质量管理(TQM)　* **非营利团体**的一种管理方法,旨在实现高层次顾客和消费者以及雇员和志愿者的 * **满意度**(义项一、二)(Carr and littman 1990,passim;Feigenbaum 1983,passim;George and Weimerskirch 1994)。Rothschild 和 Ollilainen(1999,passim)发现,TQM 常常被误读。通过对 * **合作社**类型的组织在平等方面的检视,他们发现,TQM 与其他管理方法存在显著的不同,相关从业人员也应该向 * **草根社团**学习。同时参见 **management**(管理);**nonprofit group management**(非营利团体管理)。

totalitarian state　极权国家　参见 **dictatorship**(独裁)。

trade association　行业协会　以促进某种业务的改进为主要 * **目标**的 * **社团**组织,并为 * **成员**企业或其代表、经理人提供服务,有时三者兼有涉及。Knoke(1993,passim)研究了行业协会在美国政治经济中的作用。

trade union　工会　参见 **union**(工会)。

trademark fund-raising event　商标基金筹措活动　参见 **fund-raising event**(基金筹措活动)。

traditional nonmember service flat-earth paradigm 传统非会员制服务的扁平地球范式 *非营利部门的一种模型,其核心内容或多或少地排斥个人的、直接的、面对面的*社会服务和*福利活动,好像这就是非营利部门的全部内容(Smith 2000:227—228)。同时参见 **service, personal social**(服务,个人社会性);**lady bountiful**(女慈善家);**noblesse oblige**(位高责重)。

traditional service volunteer 传统服务型志愿者 参见 **service volunteer, traditional**(服务型志愿者,传统)。

traditional service volunteering 传统服务型志愿行动 指*服务型志愿行动(义项一、二),其*利益目标群体处于某个*非会员性质的非营利团体之外,或者处于某个*志愿项目之外。其主要的*志愿行动区别于*传统非会员制服务的扁平地球范式(Smith 2000:227—228)。

training in nonprofits 非营利培训 参见 **in-service training in nonprofits**(非营利在职培训)。

training of volunteers/members 志愿者/会员培训 为*非营利团体和*志愿项目的主要管理职能,涉及为新招募的*志愿者或*成员提供信息和学习经验,以及接受培训的*志愿者如何按其未来的角色设定成功地完成任务。相较于*社团,培训功能通常在志愿项目和*非营利机构中更受重视,*付酬员工社团除外。Macduff(1994)写过一本研究非营利团体和志愿服务中的志愿者和付酬员工之培训原则的著作。关于志愿者培训的其他实践指南类研究文献包括:Connors(1995,chaps. 5 and 6),Fisher 和 Cole(1993,chap. 6)。Battle(1988,chap. 4)的研究涵盖了*社团成员培训的所有内容。

trait approach to leadership 领导方式的特质 参见 **leadership, trait approach to**(领导,特质方法)。

transfer 转型 参见 **exchange**(交换)。

transnational activity in nonprofits 非营利跨国活动 尽管有些非营利组织天然就具有跨国性,这也是其基本*使命(参见 **transnational association/transnational nonprofit**(跨国社团/跨国非营利)),但是近期有人认为所有非营利组织的活动都应当兼具跨国或国际维度(Wilbur 2000,chap. 10)。现在,Anheier 和 Themudo(2004)认为,*非营利部门正稳步开启国际化征程。

transnational association /transnational nonprofit 跨国社团/跨国非营利　指 * 社团的 * 会员身份或活动（或者兼有）具有多国性特征，即便在实践中，很多仅存在于两个国家之间。* 非营利部门的跨国社团可以由个人或 * 非营利团体组成，在其组建的诸多 * 目标中，通常包括为 * 第三世界国家提供赈济服务或为 * 第三世界国家发展提供服务。参见 Bennett（1995，passim），Feld 等（1994，passim），Iriye（2002，passim），Jordan 和 Feld（2001，passim），以及 Muldoon（2004，passim）等专家就跨国社团进行的详细研究（cf. also Burlingame 2004:264—268）。Osigweh（1993，passim）对一些地方性跨国社团作过研究。同时参见 **nongovernmental organization (NGO)**（非政府组织（NGO））。

troop 军队　地方 * 社团的一种。在美国，地方性的男女童子军都被称为"军队"。Mechling（1984，passim）对参加夏令营的男孩组成的童子军所使用的语言进行了研究，其解释工具是弗洛伊德的理论。

trust 信任　1. 被信任或依赖的状态或条件；被托付一定事务的状态（比如，* 信托管理委员会受托确保民主程序）。2. * 非营利团体在实践中接受并予以尊重的人文核心的社会价值观（* 价值观，人文核心）（比如，整合、开放、问责、* 服务与 * 慈善）。它们构成了 * 非营利部门哲学与宗教基础的主要部分，并满足了公众对非营利的当下期待（Jeavons 1994:186）。3. * 慈善信托。

trustee 受托人　参见 **board member**（董事）；**board of trustees**（信托管理委员会）。

turbulent field as environment 作为环境的动荡场域　指快速的社会、政治与经济变革（* 社会变迁），对于那些想维持现状和效率的 * 非营利团体而言，需要持续的 * 组织转型（Perlmutter and Gummer 1994:230—231）。

twelve-step (anonymous) group 十二步（匿名）团体　1. 具有自助、会员利益、志愿性特征，仿照匿名戒酒协会（Alcoholics Anonymous，AA，成立于 1935 年，Rudy 1986:7）模式成立的地方性 * 非营利团体。AA 实行"十二步法"和"十二传统法"（Mäkelä 1996，passim）以解决其他康复问题，破除诸如毒瘾、强迫性赌博、工作狂（过度工作）、暴饮暴食、乱伦、性瘾、精神疾病、过度负债、相依为命、与酒瘾者同住以及同类问题（Mäkelä 1996，chap. 16；Beattie 1990：229—240）。十二步团体还倾向于使用和适应 AA 的一些结构性和程序性方法，如隐姓匿名法、周会法、赞助关系、会议 * 领导轮值法、禁止打断话题法、使用经证实的有用的纸质文献(宣传册、书籍)法、欢迎迷途知返者法等(Rudy 1986,passim;Mäkelä 1996,passim)。2. 义项一所指地方性 * **团体**组成的 * **全国性社团**。

two-sector model of society　社会两部门模型　参见 **model of society**(社会模式)。

U

unaffiliated volunteer　非隶属关系志愿者　参见 **spontaneous volunteer**（自发志愿者）。

unbeliever　无信仰者　没有任何宗教信仰的人（cf. Turner 1985）。

unconventional participation　非传统参与　***越轨团体**或***越轨集体行动**中的个体***参与**。关于非传统参与最著名的研究之一是 Humphrey（1970，chap. 4）以民族学为视角的同性恋"茶室"（男性公共厕所）研究，其中包括对发生在其间的典型互动行为的描述。

unconventional voluntary political action　非传统志愿政治行动　故意制造和利用重大抗议活动进行的***政治志愿行动**，其鼓动力来自于非传统（越轨）***目标**或达成目标的手段（Gamson 1990，passim）。

underdeveloped country　极不发达国家　参见 **third world**（第三世界）；**fourth world**（第四世界）。

underground economy　地下经济　参见 **economic activity，informal**（经济活动，非正式）。

underground group　地下团体　试图秘密维持其存在事实的***越轨非营利团体**。Crowley（1989，passim）研究了老年巫术崇拜及其在当代的适应性。Golden 和 McConnell（1986，passim）集中研究了美国的一条用于转送拉丁美洲非法移民的新型地下铁路。

underground movement 地下运动 *社会运动的一种,其运作以地下方式(秘密)展开,目的是避免政府的负面制裁,政府对此运动的越轨目标或达成目标的手段作出反应。有些地下运动为秘密 *抵抗运动,如同在二战期间欧洲被占领国家的反纳粹地下运动(Files 1991, passim; Miller 1979, passim)。Bromwich(2004, passim)感叹于美国左翼持不同政见者开展的地下运动的消亡,该地下运动始于20世纪50年代末,持续了大约十年的时间。然而,他预测这一运动还会卷土重来,因为现在有很多需要抗议的事情。

underground railroad 地下运输 废奴主义者的非正式网络,在解放奴隶以前,美国废奴运动的先驱们借此帮助奴隶逃到不实行奴隶制的安全地带,通常位于美国北部各州,或者是加拿大(Burlingame 2004:475—477; Gara 1996, passim)。

understaffed volunteer setting 人手不足的志愿者环境 指 *志愿工作环境中缺乏足够的 *志愿者领导,尤其缺乏 *付酬员工。按照 Pearce(1993)的说法,在人手不足的情况下,存在对 *志愿者的高度依赖。由于志愿者是非依赖性的独立工作者,这使他们具有一定的影响力。如果志愿者的影响力得到认可,便为他们提供足够的时间以发挥其作为 *组织所有者以及与 *服务提供相关的活动的作用,接下来则很可能出现角色冲突减少和志愿者从属地位自愿服从下降的现象。

unfair competition by nonprofits 非营利不公平竞争 有研究称(Bennett and DiLorenzo 1989:xi):"政府与小(商业)公司之间存在不公平竞争……其途径是间接给予那些获利的'非营利'组织以免税资格并提供税务补贴。(由于政府和免税的非营利组织的不公平竞争)很多私人公司被迫撤出市场,其他公司则挣扎求生。来自商业性 *非营利部门的竞争还阻碍了新公司的成立,而这是可以提供就业岗位和刺激经济增长的。"Bennett 和 DiLorenzo(1989, chap. 3)详细地描述了这种不公平竞争的政治经济表现,继而分析指出商业化 *非营利团体的不公平竞争存在于多种产业之中,如医院与医疗陪护、身体保健、视听与计算机软件等(chaps. 4—6)。他们还描述了政府与商业部门之间的不公平竞争(chap. 7),以及不公平竞争的一般应对措施(chap. 7)。Weisbrod(2000, passim)最近也致力于同样的研究,其观点总体上似乎得到认可。Brody(1996, passim)在某个相关研究中讨论了 *非营利组织与营利组织(*营利团体)两种组织形式的经济趋同问题。这一领域的非营利研究者多是按照*扁平地球范式下的恶性非营利团体的模式进行思考的(Smith 2000:230—231)。

unincorporated nonprofit　非法人化非营利　*非营利社团的一种,通常为*草根社团,在任何国家都未能获得法人地位;通常指新成立的、小型的或宗教性组织;如果此类组织符合规定(*联邦税免除的慈善标准),仍然可以根据《国内税收法》第501(c)(3)条的规定获得免税资格。

union　工会　一种*社团组织,其*使命是建立和提升*成员的薪酬水平、工作条件、额外福利,以及其他雇佣属性与工人*福利(义项一)。一些工会代表某一特定工厂或产业(产业工会)的工人,而其他一些工会则代表那些特殊工种或职业的工人(手工业或商业工会)。手工业或商业工会的会员都是相对熟练的技工(通常是手工行业)并能独立工作,而那些产业工会的工人则包括所有特定*营利组织中的低级别雇员。举例而言,Zieger(1995,passim),Galenson和Lipset(1990,passim)对20世纪末美国工会的研究十分深入。Rayback(1959,passim)和Galenson(1994,passim;1996,passim)研究了美国工会历史。Lipset等(1977,passim)在其经典著作中讨论了工会*民主的基础问题,Galenson(1976,passim)则研究了欧洲工会的民主问题。Barbash(1974,passim),Stepan-Norris和Zeitlin(1996,passim),Tannenbaum和Kahn(1982,passim),以及Wellman(1995,passim)对地方工会进行了主题研究。Galenson(1983,passim)写过一本研究全国性工会历史的著作,研究对象是木工联合会(the United Brotherhood of Carpenters)。Ferriss等(1997,passim)的作品则是关于全国性的农场工人联合会(United Farm Workers)的研究。Masters(1997,passim)和Erem(2001,passim)讨论了美国工会近年来发生的一些事情和遇到的难题。Galenson(1998)还研究了世界上最大的商业工会,该工会落户于斯堪的纳维亚。

union local　地方工会　大型的区域性、全国性或国际性*工会设在地方的分会、分支机构或单元。Stepan-Norris和Zeitlin(1996,passim),Wellman(1995,passim)对地方工会一直十分关注。

United Fund　联合基金会　参见 **United Way**(联合劝募)。

United Way

United Way 联合劝募 一种地方性组织,其成立是为了指导联合劝募组织的年度活动,或者较少见地,指导联合基金会的基金筹措运动,并对后续将收益分配给 * **社区** * **慈善机构**进行管理。第一个地方性联合劝募组织(后来更名为"社区福利基金会"(Community Chests))成立于1918年,最终发展成为今天的美国联合劝募组织,现在代表了大约1400家地方工会组织(http://www.national.unitedway.org)。加拿大和其他几个国家也有联合劝募组织。Brilliant(1990,passim)对联合劝募和美国联合劝募组织的历史和现状 * **问题**进行了研究。Smith(1978,passim)基于大量的证据,尖锐地批判了联合劝募制度,却特别对美国联合劝募组织尝试维持垄断地位以削减公司的工资支出这一大体成功的公益基金筹措方式持肯定态度。同时参见 **Community Chest**(社区福利基金会);**Black United Fund**(黑人联合基金);**fund-raising intermediary**(基金筹措中介组织)。

unofficial nonprofit goal 非正式非营利目标 参见 **goal,unofficial**(目标,非正式)。

unprofessional 非专业 1. 一种被视为违反专业操守和标准的行为,通常被视为不符合 * **专业道德规范**(cf. Manley 1992, passim)。2. 一个不属于某个 * **专业**的人;一个 * **业余人士**(义项一、二)或者 * **非专业人士**(义项一)。Groves(2001,passim)研究了美国的动物权利运动(参见 **social movement**(社会运动)),其重点是女性 * **激进分子**的情感问题。他发现,为了获得合法性且不被视作非专业人士(很多人都是服务于 * **草根社团**的 * **专业人士**),女性故意以情感行为与媒体和生物医学 * **社会群体**进行互动。

unrelated business income tax 非相关商业收入税 对 * **非营利组织**征收的与其税收豁免任务和功能无关的联邦所得税(Hopkins 1998:632)。

unselfishness 无私 "无私""非自私"和" * **利他主义**"等词,通常被视为"不自私"的同义词,表示为他人的 * **利益**和 * **需求**而挂怀。Stebbins(1993c:50—51)却认为, * **自私**真正的对立面并非无私,而是自我牺牲(* **牺牲**)。在后一种意义下,慷慨人士不仅要关注别人的需求,还要放弃那些他们珍视的 * **价值**。

uprising 暴动 参见 **rebellion**(反抗)。

utilitarian incentive 功利性激励 以从 * **非营利团体** * **会员**处获得经济回报为目的的激励,回报的东西可能是金钱、职业、专业或者其他一些物质 * **利益**(cf.

Clark and Wilson 1961，passim)。两项关于全国性社团的研究(King and Walker 1992:407；Knoke 1990:119)表明,职业和专业利益对 * **会员**来说要比其他(较小)的物质利益更为重要。同时参见 **incentive type**(激励类型)。

utility　**公用事业**　参见 **satisfaction**(满意度)。

utopia　**乌托邦**　1. 一个乌托邦(理想)社区或 * **公社**；一个空想家的 * **理想社区**(cf. Richter 1971，passim)。2. 一个想象中的理想社会,或拥有特定社会结构和特定社会进程的社会。Thomas More (1989，passim)在 1516 年写过一部关于乌托邦(义项二)的经典著作。

utopian community　**乌托邦社会**　参见 **commune**(公社)。

V

value 价值 一种超越了特定行动和情境的信仰,作为选择或评估行为、人和事件的指南。此外,根据个体相对于彼此的重要性,个体的职衔价值还指 * **目标**期待与提高这些目标的指导方式(Smith and Schwartz 1997:80)。

value-based concern 基于价值的关怀 参见 **voluntary altruism**(志愿利他主义)。

value, humane core 价值观,人文核心 一种以人性化、共享和社会支持(参见 **voluntary altruism**(志愿利他主义))为中心的 * **价值观**,有助于激励 * **志愿者**采取行动或 * **非营利团体**建立 * **目标**。Smith(2000:22—24)提出了七类人类核心价值观:* **公民参与**(公民自豪感、责任等)、* **社会政治创新**(发现新的社会问题)、社会宗教(基于信仰的关怀)、* **社交**(在友好的互动中创造和分享)、社会美学(创造、表演、保护性艺术)、经济制度支撑(经济与商业的辅助支撑)以及 * **个人社会服务**(满足家庭以外其他人的需求和意愿)。

value judgment 价值判断 针对诸如个人或团体等评估客体所作出的优缺点评价。Maslovaty 和 Dor-Shav(1990,passim)在他们对特拉维夫高中学生的研究中发现,所有调查对象都有很高的价值判断水平,尽管在内容上有一些性别差异。

value orientation 价值定位 一个人对某些事物的态度和想法的指向,这种指向建立在一定的信仰、标准、道德准则和社会习俗之上。Joireman 和同事(2003,passim)在一项实验中,研究了具有不同价值定位的样本群体在有可能是最亲社会、最不具攻击性的选择之下,是如何形塑其理性、道德和权力的。

venture philanthropy 公益创投 利用风险投资方法促进 * **非营利团体**发展,其作用领域不仅有 * **资助**活动,而且还包括 * **技术援助**、**网络**以及其他支持性 * **服务**工作。Frumkin(2003,passim)将公益创投作为一种提升 * **公益基金会** * **效能**的方法进行研究。他认为,这种 * **公益**变成了社会投资,因为它运用传统上依赖于 * **信托**和诚信的投资领域遵循的原则进行管理。

vertical collaboration of nonprofits 非营利垂直合作 参见 **collaboration in nonprofits**(非营利团体合作)。

vigilante 治安员 未经政府(* **政府**)授权,(常常)将法律和秩序控制在自己手中的人,对一个及一个以上被认为犯罪的人实施惩处措施。Tucker(1982,passim)研究了美国反犯罪余波中的治安员问题。

vigilante group 治安员团体 * **非营利团体**的一种,通常是一种未经政府(* **政府**)授权,将法律和秩序控制在自己手中,对被认为犯罪的个人或多人实施惩处措施的 * **社团**组织。Tucker(1982:29)研究发现,今天,维持治安的大都不是团体,而是个体 * **治安员**。在更早期,三K党就一直扮演着治安员团体的角色,对非洲裔美国人形成了侵扰(Sims 1997,passim)。同时参见 **posse**(地方武装)。

violent protest 暴力抗议 刺激性的、非传统的 * **政治志愿行动**,意图使用暴力措施,对人或财产甚至兼对二者造成伤害。这原是一种 * **象征性抗议行动**或 * **直接抗议行动**,在无意中升级为暴力,但实际上并不是暴力抗议(cf. Carter 1974,passim)。此类暴力升级可能是由于警察或其他当局的过度反应造成的。Stone(1971,passim)研究了1970年臭名昭著的肯特州立大学枪击事件,其中有四名同学在走错了方向的直接抗议行动中被杀害。

virtual foundation 虚拟基金会 仅仅或主要通过互联网进行运作的一种 * **资助型基金会**,使用电子邮件和电子转账的方式操作 * **基金**。此类基金会的例子包括在全球范围内支持草根项目的虚拟基金会(http://www.virtualfoundation.org),以及囊性纤维化基金会(http://global.mci.com/casestudies/emea/fibrosisen.pdf)。

virtual volunteering 虚拟志愿行动 指利用信息和通信技术,确保和辅助远离团队或组织基地的 * **志愿行动**(Murray and Harrison 2005:31—33)。这也被称为"在线志愿行动"和"电子志愿行动"。同时参见 **internet activism**（互联网行动主义）；**e-philanthropy**（电子公益）。

vision of success　成功愿景　指一个 * **组织**未来的理想图景，表现为执行自己的 * **使命**并获得成功。这种愿景对于制定组织运营的有效战略十分重要（Bryson 1994:169）。

VOLAG　志愿机构　系志愿机构（voluntary agency）（* **非营利机构**）的缩写，通常出现于发展中国家（cf. Keeny 1973, passim; Lissner 1977, passim）。在关于印度志愿机构的研究中，Kothari（1995, passim）考察了大约一万个服务于穷人和弱势群体的组织。基于所观察的青年印度项目和其他项目的成功经验，他提出了一份 * **政府**蓝图，鼓励这些 * **组织**加大力度帮助人们脱离贫困生活。

voluntariness, freely chosen quality of　志愿，自由选择　指提议人们自由选择作为某一活动的志愿者（关于此主题的讨论请参见 Cnaan, Handy, and Wadsworth 1996:369—372）。Stebbins（2005a, passim）却认为，自由选择任何 * **休闲活动**，包括 * **志愿行动**，要受到很多资格条件的限制，对休闲定义的渲染是毫无用处的。Stebbins 坚持认为，选择的性质和程度不可能被假定，更应该对所参与的每一个活动及其类别进行分析研究。

voluntarism　志愿主义　指所有人和团体都参与 * **非正式志愿活动**、* **社团活动**、* **志愿行动**，或者 * **非营利团体**中的付酬工作。大体上，志愿主义等同于 * **非营利部门**。Manser 和 Cass（1976, passim）研究了志愿主义与一些对其产生影响的外部力量和内部 * **事务**问题。Van Til（1988:9）认为，作为一个概念，志愿主义有其规范的一面，从字面上看，* **志愿团体**不但本身是好的，而且对社会也是好的。Handy（1982, passim）论述了 19 世纪和 20 世纪美国 * **宗教**的志愿原则问题，认为这是 * **宗教自由**和更广泛意义上的 * **结社自由**的一个关键因素。(回溯历史，志愿主义的根事实上建立在这两种自由的基础之上，在某种意义上，始于欧洲的基督教改革，甚至是更早期的 * "**异端**"和 11、12 世纪的 * **宗教分支**问题（Moore 1995, passim）。）Von Hoffman（1994:122）指出，志愿主义以"19 世纪的基督教生活为中心，这对美国社会产生了巨大影响，尤其对北部影响尤甚"。这里的关键是（ibid.）："地方分会结构（* **多业态的非营利团体**）最初是由基督教 * **教会成员**发起成立的，然后为广大宗教和世俗邻里组织所采用。"很多研究者从不同角度发表了研究志愿主义的作品

(e.g., Brackney 1997; Brown 1998; Freedman 1993; Hall 1992; Layton 1987; MacLeod and Hogarth 1999, chap. 1; Ogilvie 2004; Schwartz 1984; Smith and Dixon 1973; Verba et al. 1995)。

voluntary action　志愿活动　由个体或＊非营利团体发起的基于＊志愿利他主义的活动。在志愿活动中，个体无论是单独还是加入团体，都超越了那些通常是利己的（＊自私）、涉及个人＊利益的行为，而与以下要素相结合：＊服务、＊公民身份、社会宗教＊价值和其他价值观（＊价值观，人文核心）。在最广泛的意义上，这种信仰激励人们在社会中表现得与其他人一样，这是一个国家特定的文化和亚文化价值之下的自然产物。根据价值观的属性及其在法律制度框架下的表述方式，各国社会存在差异，尽管有某种程度的重叠。人们在私人商业部门和政府（参见 sector of society（社会部门））中主要以经济价值为准则开展活动，而在＊非营利部门中则以社会价值为准则开展活动。志愿活动包括＊准志愿行动，但在一定程度上系严格基于＊自利的行为，而不是某种＊非正式休闲活动。Smith（2000，chap.1）大力推广该术语，并考察了志愿行动的一些复杂性问题。早期关于志愿活动的研究可见于 Smith, Reddy 和 Baldwin 的著述之中（1972:168 and passim）。Smith 从 Lord Beveridge（1948）名为《志愿活动》(Voluntary Action)的书中借用了这一术语，以跨学科的角度进行使用，并于 1971 年成立了今日名为＊安诺瓦的跨职业社团，侧重于非营利和志愿行动研究。志愿活动还指基于志愿利他主义（参见 individual voluntary action（个体志愿活动））激励而实施的某些非正式活动，因而要比＊志愿行动和＊志愿工作的含义要广。事实上，在行为与互动层面考察＊非营利部门，志愿活动是最为广义、涵纳一切的概念。很多学者在关于非营利部门现象的作品中都使用了"志愿行动"这一术语，但通常没有必要在意前述的、更为详细的定义（e.g., Acheson and Williamson 1995; Gldston 1961; Gladstone 1979; Korten 1990; Lewis 1999; Lohmann 1992; Smith 1972c, 2001; Smith with Dixon 1973; Smith and Van Til 1983)。

voluntary action center　志愿活动中心　参见 volunteer center（志愿者中心）。

voluntary activity　志愿活动　1. 按照某人的自由意愿所实施的活动。2. ＊志愿行动的同义词（Smith 2000，chap.1）。

voluntary agency 志愿机构 参见 nonprofit agency（非营利机构）；VOLAG（志愿机构）。

voluntary altruism 志愿利他主义 一套特殊的价值观（*价值观，人文核心）和态度，用以支撑所有*非营利团体和全部*非营利部门的*参与。按照 Smith（2000:19—20）的观点，*利他主义是有条件的志愿：(1) 人文关怀与共享资源的融和；(2) 至少有适度的选择活动的自由；(3) 不具有生物物理、生物社会、社会权力推动的强制性特征；(4) 对某些*需求的敏感性与对*利益目标群体的渴望；(5) 少有或毫无对薪酬与实物回报的期望；(6) 获得代表利益目标群体之行动的某种*满意度的期待。Monroe（1996，chap. 10）以与志愿利他主义相一致的视角，阐述利他主义的观点，强调人文精神（*价值观，人文核心）的共享。同时参见 altruism, volunteer（利他主义，志愿者）；altruism, self-serving（利他主义，自我服务）；voluntariness, freely chosen quality of（志愿，自由选择）；voluntary action（志愿活动）。

voluntary altruistic action 志愿利他行动 参见 voluntary action（志愿活动）。

voluntary association 志愿社团 参见 association（社团）。

voluntary century 志愿世纪 参见 century, voluntary（世纪，志愿）。

voluntary community 志愿社会 参见 commune（公社）；intentional community（理想社区）。

voluntary failure theory 志愿失灵理论 一套集中研究*非营利团体在满足*公共产品需求方面为第一主体的理论。根据这一理论，政府仅提供超出非营利团体供给能力之外的公共产品（Salamon 1995, passim）。同时参见 contract failure theory（合同失灵理论）；public goods theory（公共产品理论）。

voluntary group 志愿团体 参见 nonprofit group（非营利团体）。

voluntary group incidence 志愿团体发生率 参见 nonprofit group incidence（非营利团体组建率）。

voluntary group prevalence 志愿团体普及率 参见 nonprofit group prevalence（非营利团体组建率）。

voluntary organization 志愿组织 *非营利组织的两种类型之一（Smith 1981），第一种大量使用*付酬员工，还有一些员工可能从事一种准志愿主义形式的工作，或者从事同等服务和技能的市场价值相较其他领域要低的工作。第二种是由大量*志愿者构成的组织。区分的手段是比较有偿服务的数量与志愿工作的时间。同时参见 **nonprofit organization**(非营利组织)。

voluntary participation　志愿参与　参见 **voluntary action**(志愿活动)。

voluntary sector　志愿部门　某些国家对*非营利部门的优先用语,如英国,因为它突出了该部门非强制性、非法定性(非政府)的特征(Billis 1989, passim)。有些学者也偏好使用这一术语,他们赞成一种积极的、以人文核心价值观为基础(*价值观,人文核心)的部门定义(e.g., Smith 2000, chap. 1)。Kendall 等(1996)在其关于英国非营利部门的综述研究中,使用"志愿部门"作为书名,显示了他们的偏好,而其他大多数研究全国性非营利机构的著作则以"非营利部门"作为书名。同时参见 **nonprofit sector, national studies**(非营利部门,国别研究)。

voluntary service　志愿服务　参见 **volunteer service**(志愿服务)。

voluntary society　志愿社会　参见 **civil society**(公民社会)。

voluntary spirit　志愿精神　指以志愿*赠与、*服务、与他人结社的方式表达*慈善、*利他主义、*公益的态度(O'Connell 1983, passim)。从广义上讲,志愿精神鼓励人们*参与*非营利部门,既可能是社会关怀领域的参与,也可能是*政治行动,有时二者兼而有之。在关于这一态度的表述中,*志愿利他主义是一种更为广义的、更少受意识形态(*意识形态)指责的术语。首先,它规避了如*女慈善家、*位高责重等存在的那种冒犯性的内涵。其次,它不涉及如*社交和*宗教活动等领域。

volunteer　志愿者·志愿军　1. 指在非正式环境(参见 **informal volunteer**(非正式志愿者))或正式环境(参见 **formal volunteer**(正式志愿者))中,个体所从事的*志愿工作,即便是短期志愿工作的个体,其角色可能是*非营利团体*董事、活跃的社团*成员或*领导(*社团志愿者),也可能是某个非营利组织、政府机构或非同寻常的某一类型商业公司的*志愿项目的参与者,项目通常也来自于某些特定类型的商业公司(cf. Lauffer and Gorodezky 1977, passim; Smith 2000, chap.1)。1. 志愿者向家庭成员以外的一个或多个个体提供的*服务或利益(*会员利益、*公共利益)系针对家庭成员以外的一个或多个个体,志愿者通常不求获取报酬,尽管也存在为某些志愿者在*志愿项目中因自行支付费用而得到补偿(比如,为低收入的参与者提供的交通费,参见

expense reimbursement of volunteers(志愿者的费用报销)),以及为居住在城市以外的董事报销费用。Ellis 和 Noyes (1990,passim)描述了美国志愿者的发展历史。其他著作研究了志愿者的一些特殊方面的问题,如成为志愿者(Allahyari 2000;Pearce 1993;Sills 1957)、志愿者的特定类型(Chambré 1987;Cionca 1999;Gora and Nemerowicz 1985),以及志愿者和志愿行动的积极 *价值(Hybels 2004;Kilpatrick and Danziger 1996;O'Connell and Taylor 1999;Perry 2000;Pidgeon 1998;Yount 1998)等。还有一些成果系研究如何与志愿者共事(*志愿管理)或作为志愿者如何工作的实际建议(Battle 1988;Calmes 1997;Pidgeon 1998;Thomas and Thomas 1998;Vineyard and McCurley 2001),以及关于志愿者机会的列表(Powell 2000)。2.志愿加入一国武装部队,而不是由政府"文件"(选择性服务制度)决定的、非志愿地被征召入伍的人。Emilio (1849/1969,passim)研究了美国内战时期黑人志愿武装营的问题。Cross (2004,passim)介绍了美国内战时期田纳西志愿武装军队的历史。同时参见 **volunteering**(志愿行动);**quasi-volunteer**(准志愿者);**philanthropy**(公益);**altruism**(利他主义);**board volunteer**(董事会志愿者);**association**(社团);**service volunteer**(服务型志愿者);**associational volunteer**(社团志愿者);**program volunteer**(项目志愿者);**voluntary altruism**(志愿利他主义)。

volunteer action　**志愿活动**　系指严格意义上的非领薪无报酬 *志愿活动,由个体或团体发起,根本动因源于 *志愿利他主义(Smith 2000:24)。志愿活动通常指个人 *志愿行动或 *参与,而不是 *团体志愿活动(e.g., Ross and Wheeler 1971;Smith 1985)。因此,它包括所有类型 *志愿者的活动,尤其是 *社团志愿者、*项目志愿者、*董事会志愿者、*服务型志愿者以及 *非正式服务志愿者等。同时参见 **quasi-volunteer action**(准志愿活动)。

volunteer activity　**志愿活动**　参见 **volunteering**(志愿行动)。

volunteer administration　**志愿管理**　1. *志愿项目中 *管理 *志愿者的过程。Brudney (1990:56—57)认为,在营利医院和政府机构(*营利团体)的志愿 *项目中,志愿者的工作 *效能是很重要的。McCurley 和 Lynch(1989,passim)、Fischer 和 Schaffer (1993,passim)研究了 *志愿管理中的很多 *问题。其他学者也在探讨这些问题(e.g., Battle 1988;Bradner 1999;Campbell and Ellis 1995;Connors 1995;Fisher and Cole 1993;Goodlad and McIvor 1998;Lee et al. 1999;Macleod and Hogarth 1999;McCurley and Lynch

1989；McSweeney and Alexander 1996；Vineyard and McCurley 1998，2001；Wilson 1976，1983；Wittich 2003a）。2. 志愿项目中管理志愿者的一种职业角色，可能有报酬，也可能无报酬。志愿管理者，尤其是那些兼职或全职 * **付酬员工**，正努力走向专业化道路（参见 professionalization of volunteers and volunteerism（志愿者和志愿服务的专业化）），但是与高等教育机构的资格认证和学位授予缺乏合适的、广泛的联系，这与新兴的 * **非营利管理**专业并不相匹配。在过去四十年左右的时间里，志愿管理协会（the Association of Volunteer Administration）率先开始了专业化实践。Fisher 和 Cole（1993，chap. 9）对志愿管理专业化作了一个非常出色的概述。Connors（1995：157—159，184）和 Ellis 等（1996，passim）讨论了志愿项目中的执行者角色问题。志愿管理中一些关键层面的问题并没有在本辞典其他地方有所提及，包括沟通理论、项目 * **政策**（Connors 1995，chap. 7；Graff 1997，passim）、在 * **基金筹措活动**中使用志愿者（Connors 1995，chap. 12）、志愿项目 * **倡导**、公共关系、志愿者晋升和职业阶梯（参见 career volunteering（职业志愿行动））、设备与供给的志愿者准入、* **资源**（Vineyard and McCurley 1989，passim）、财务管理与档案管理等。同时参见 **job creation for volunteers/members**（志愿者/会员就业机会的创造）；**recruitment of volunteers/members**（志愿者/会员招募）；**screening of volunteers/members**（志愿者/会员筛选）；**orientation of volunteers/members**（志愿者/会员定位）；**training of volunteers/members**（志愿者/会员培训）；**development of volunteers/members**（志愿者/会员发展）；**placement of volunteers/members**（志愿者/会员安置）；**motivating volunteers/members**（志愿者/成员激励）；**supervising of volunteers/members**（志愿者/会员监督）；**personnel practices for volunteers/members**（志愿者/会员人事实践）；**recognition of volunteers/members**（志愿者/会员体认）；**retention of volunteers/members**（志愿者/会员留守）；**accountability of volunteers/members**（志愿者/会员的问责）；**risk management and liability for volunteers/members**（风险管理与志愿者/会员的责任）；**building paid staff-volunteer relations**（付酬员工关系建设）；**recruitment of nonprofit group paid staff**（招募非营利团体付酬员工）；**evaluation of volunteer programs/associations**（志愿项目/社团评估）；**expense reimbursement of volunteers**（志愿者/会员的费用报销）；**formation of a volunteer program/association**（志愿项目/社团的组建）。

volunteer administrator 志愿管理人员 *志愿项目的主管及在其中服务的 *志愿者。关于其薪资待遇,可能是全职领薪者,也可能是兼职,或者还可能是根本无须支付任何报酬的志愿者。Brudney（1990：109—114）研究了志愿管理人员的培训问题。同时参见 **volunteer administration**（志愿管理）。

volunteer as intern 实习生志愿者 参见 **intern as volunteer**（实习生志愿者）。

volunteer association 志愿者协会 *志愿者组成的会员团体,尽管可能还包括 *付酬员工（Ellis and Noyes 1990）。一些志愿者主办的机构对志愿者协会表示欢迎,如图书馆之友（Friends of the Library）组织。志愿者协会组织一直被视为志愿者 *赋权的重要组成部分（Dover 1997）。

volunteer avoidance of direct participation in decision making 直接参与决策中的志愿者回避 指 *志愿者想要影响组织 *政策的倾向,但是大体上要避免实际参与到 *管理角色或 *决策角色中去（Pearce 1993：156）。志愿者对扮演这样的角色可能存在某种反感情绪。这意味着要为志愿者量身设计某种参与方式、影响力或者是间接扮演 *决策角色,但是志愿者 *赋权的倡导者不应假设志愿者有意于参与决策的具体细节。

volunteer bureau 志愿管理局 参见 **volunteer center**（志愿者中心）。

volunteer career 志愿者职业 参见 **career volunteering**（职业志愿行动）。

volunteer center（voluntary action center, volunteer bureau） 志愿中心（志愿活动中心、志愿管理局） 地方 *非营利组织,其 *目标包括促进 *志愿服务,以及协调、征募、安置和表彰 *志愿者（cf. Community Chests and Councils of America 1952, passim；United Way of Wake County 1988, passim）。很多志愿中心在 *社区范围内运作,同时尝试满足特定 *非营利机构和 *计划的志愿者 *需求。Garbarino 和 Jacobson（1978, passim）研究了专业化的青年帮助青年志愿局（Youth Helping Youth Volunteer Bureau）的运作情况,这是一个为各种地方性机构处理青年问题提供青年志愿者的组织。

volunteer coordinator 志愿协调员 参见 **volunteer administrator**（志愿管理人员）。

volunteer department 志愿者部 运作 *志愿项目或 *团体的某个 *组织之次级 *团体（比如,医院的 *志愿项目,无论该医院是 *政府组织、*营利组织还是 *非营利组织；又如,政府 *机构或 *项目的 *志愿者顾问委员会）。Maneker

(1973，passim)将此类志愿者部视为 Weber * 官僚机构理论的延伸。他在对纽约一所志愿医院的研究中发现，尽管这一工作有贬低志愿者身份之嫌，但是却因提供服务而声望鹊起，他们从事着为医院所需的"贵族"工作。

volunteer evaluation　志愿评估　评估 * 志愿者角色(* 志愿者角色)的过程或结果。Vineyard（1988，passim）研究过这一问题。

volunteer exploitation　剥削志愿者　指使用 * 志愿者的方式，不考虑其 * 需求和愿望，也不考虑其 * 服务时间太长或在非标准条件下从事 * 志愿行动。鉴于 * 工作场所之喻通常适用于 * 志愿工作，Pearce（1993：178）曾质疑是否如其他工人不时被剥削一样，志愿者可能被以同样的方式剥削。

volunteer functions inventory　志愿功能清单　指 * 志愿行动三十种动因的清单，基于多达五种可能的反应（每一种以七点制进行测量），针对志愿行动六个理论化的功能（社会、价值、职业、理解、保护与自我衡量功能）中的每一个。Clary，Snyder 和 Ridge（1992）的研究是以功能分析为指导的，并发展了这一清单。该分析工具也可以用于调查志愿者和非志愿者，同时可以用于在团体或个人设置中进行管理。

volunteer group　志愿团体　参见 volunteer nonprofit group（志愿性非营利团体）。

volunteer, habitual　志愿者，习惯　从字面上讲，指一个人将 * 志愿行动当成一种习惯，服务于某 * 非营利团体或作为某 * 非正式服务志愿者达半年或更长时间。从 * 休闲视角看，志愿行动是一个人主要从事的 * 休闲活动，或者是定期的（比如，或多或少，每周、每两周或每个月对医院作友好访问，或参加每月一次的董事会议），或者是经常性的，虽然不规律（比如，扮演不同的 * 志愿者角色，用一个晚上的时间帮助童子军，下周六在当地公园收集垃圾，接下来的一天在 * 教会活动结束后供应咖啡）。定期和经常性的习惯志愿者有别于 * **短期志愿者**和 * **零星志愿者**，也有别于只是偶尔及非定期做志愿活动的人。Stebbins（1998，passim）研究了卡尔加里和埃德蒙顿法语社区的 * **核心志愿者**，他们是定期的习惯志愿者。同时参见 continuous-service volunteer（持续服务志愿者）。

volunteer, key　志愿者，核心　* 非营利团体的 * 志愿者，他们是技能最熟练、知识最渊博、工作最勤奋的 * 成员之一，有助于团体实现其 * 目标。此类人士通常为 * 官员，但还可能是，比如某个重要 * 委员会的主席或者某个重大事件的组织者(Stebbins 1998:4)。

volunteer leadership　志愿领导　包含三种角色类型，部分或全部地以＊志愿工作协调为中心的一个概念：当选为＊志愿性非营利团体的＊领导者，尤其是＊草根社团的领导者；领取薪水的员工(＊付酬员工)，作为其工作的一部分，对＊志愿项目中的＊志愿者实施监管；全职＊志愿管理人员(Ellis and Noyes 1990)。

volunteer management　志愿管理　参见 **volunteer leadership**(志愿领导)；**volunteer administration**(志愿管理)。

volunteer nonprofit group　志愿性非营利团体　主要由＊志愿者领导和运作的＊非营利团体，戮力实现团体＊目标(cf. Pearce 1993, passim)；通常指结构形式下的社团(＊组织的结社形式)。有别于＊付酬员工非营利团体和＊付酬员工非营利组织，这个概念包括很多各不相同的＊自助团体，比如 Karp(1992, passim)所研究的为人们应对情感障碍而设立的组织。研究志愿性非营利团体但忽略了其他类型的非营利团体的学者们是按照＊志愿者和会员扁平地球范式在运作(Smith 2000:224—225)。

volunteer nonprofit group management　志愿性非营利团体管理　＊志愿性非营利团体的＊管理，通常是针对＊草根社团或其他＊社团组织；志愿者层面的＊非营利管理替代方案，解决非营利团体＊付酬员工的问题。关于这种管理类型的书籍很少，但可参见 Battle (1988), Calmes (1997), Flanagan (1984), Milligan 和 Milligan (1965), Scheier (1992), Tropman (1997)，以及 Wolfe (1991)。

volunteer nonprofit group sector　志愿性非营利团体部门　参见 **sector of society**(社会部门)。

volunteer participation　志愿参与　参见 **volunteer action**(志愿活动)。

volunteer/professional tension　志愿者/专业人士的张力　参见 **professional/volunteer tension**(专业人士/志愿者张力)。

volunteer program　志愿项目　为在大型＊非营利团体、＊营利组织或政府＊机构之中工作的＊服务型志愿者所设计的一种＊项目，他们负责项目运作(cf. Brudney 1994, passim; Lauffer and Gorodezky 1977, passim)。一些志愿项目为政府机构服务，而另一些则为商业公司(主要是服务于＊营利医院和其他营利性保健机构(*营利团体)的志愿者服务)。Brudney(1990:56—57)研究了在营利医院和政府机构(参见 for-profit organization(营利组织))志愿项目中工作的志愿者*效能问题。不同的学者考察了学校的志愿项目(Brown 1998；Burke and Picus 2001；Carter 1974)、教会*会众的*志愿者服务项目(Cnaan et al. 1999)、法庭和惩戒部门的志愿者(Cook and Scioli 1975；Morris 1970)、博物馆志愿项目(Goodlad and McIver 1998)、志愿项目中的老年志愿者(Fischer and Schaffer 1993)、志愿项目中的儿童志愿者(Ellis et al. 2003)、志愿项目中的现场雇员(Vineyard 1996)以及志愿项目的未来(Allen 1981；Vineyard 1993)等。

volunteer program activity 志愿项目活动 指执行某*志愿项目实施中的各种任务。Allahyari(2000，chaps.1—2)描述了*志愿者在美国加州的两个服务于穷人的*慈善组织项目中的不同参与情况。

volunteer, pure 志愿者,纯粹 *志愿者的一种,不收取任何报酬(无补贴)且不报销付出的费用(*志愿者的费用报销)(Smith 2000:24)。这种人因此只从*志愿工作中获得*心理收益,在*志愿性非营利团体和*志愿项目中最为常见。

volunteer recognition 志愿体认 参见 recognition of volunteers/members(志愿者/会员体认)。

volunteer, regular 志愿者,定期 参见 volunteer, habitual(志愿者,习惯)。

volunteer reliability 志愿可靠度 参见 volunteer unreliability(志愿的非可靠度)。

volunteer role 志愿者角色 泛指各种不同志愿者角色中的任何一种,这些角色来源于志愿者角色的几种类型,比如那些被列入*志愿参与的等级制或者是 Fischer 等人(1991)所主张的志愿者类型中的角色。后者将志愿者角色区分为正式的与非正式的,定期的(参见 habitual volunteer(习惯性志愿者))与偶尔的(*偶尔为之的志愿者(occasional volunteer)),以及人对社区*服务、人对物服务或者是人对人服务等类型。

volunteer satisfaction 志愿满意度 类似于工作满意度的一种建构性的测量方法,使用诸如归属感、需要感、满足他人、自我价值感以及体认与欣赏等因子指数(Stevens 1991)。志愿满意度通常可在*志愿项目中进行测量,而在草根社团中则鲜能测量。同时参见 satisfaction(满意度)；self-fulfillment(自我实现)。

volunteer service 志愿服务 1. *纯志愿者。2. *纯志愿者与*准志愿活动或者*受薪志愿者。Wilson, Adams 和 Carlson (1993, passim)研究了一项由一个青年(志愿者,义项一)搭配一个成年社会工作者提供的志愿服务,该项服务旨在建立青年与成人之间的友谊。同时参见 **service**(服务)。

volunteer spirit 志愿精神 参见 **voluntary altruism**(志愿利他主义)。

volunteer-staff relations 志愿者—雇员关系 参见 **building paid staff-volunteer relations**(付酬员工关系建设)。

volunteer support organization 志愿支持组织 专业*社团,如志愿者管理社团(Association for Volunteer Administration)和美国志愿者主任社团(American Society of Directors of Volunteers),就是由*专业人士(义项二)组建的,他们为*志愿者和*志愿项目提供管理上的帮助和建议(Barker 2003:458)。

volunteer time 志愿时间 花费在*志愿行动上的时间,尤指时间日志中所记录的某特殊的一周。正式的志愿时间是志愿者在*正式非营利团体或*志愿项目上花费的时间。非正式志愿时间是志愿者作为*非正式服务志愿者花费的时间。Smith (2000:53—54)讨论了一些测量志愿时间所使用方法上的难题。同时参见 **volunteer**(志愿者);**volunteering**(志愿行动);**time-budget/time diary method**(时间—预算/时间日志方法)。

volunteer tourism 志愿旅行 旅行者的*休闲活动,他们以有组织的方式,在其所在社区以外通过开展*志愿行动度过假期。一名志愿旅行者可能帮助减轻贫困、恢复环境,或者对外部社会的某一方面进行研究(Wearing 2001:1)。McMillion 等(2003, passim)提出了一种志愿者假期的替代性观点,即一种*跨国志愿行动。

volunteer unreliability 志愿的非可靠度 一个由 Pearce (1993:111—112)提出的来自于使用*志愿者的*问题。这表现为,比如,未能守时、兑现*承诺,或是未能正确地执行角色(*志愿者角色),以及旷工。同时参见 **nondependent volunteer**(非依赖型志愿者);**antivolunteerism**(反志愿主义)。

volunteer vacation 志愿假期 参见 **volunteer tourism**(志愿旅行)。

volunteer work 志愿工作 指*志愿者有价值的活动,因为他们帮助提供了一种*公共利益或*会员利益,受益对象为志愿者家庭之外的另一个人或团体;或者他们帮助实现了更广泛的公益或利他*目标。这包括*社团志愿活动、董事会志愿行动、*项目志愿行动、*服务型志愿行动、*非正式服务志愿行动以及其他可能的*志愿行动类型。Smith（2000：108）发现，绝大多数*草根社团完全是在志愿者的帮助下运作的。同时参见 imputed value of volunteer work（志愿工作估价）。

volunteer worker 志愿工人 参见 volunteer（志愿者）。

volunteering 志愿行动 指从事*志愿工作的活动，无论是在正式还是非正式环境下，无论是在*公共利益定位的非营利团体还是在*会员利益型非营利团体中，这些活动都发生在其家庭之外。志愿行动是一种非强制的*帮助活动，初始目的不是在经济上获益（Van Til 1988：6）。Raynolds 和 Stone（1998，passim）认为，志愿行动不仅丰富了你的生活，也促进了你的职业生涯。同时参见 volunteer（志愿者）；development of volunteers（志愿者发展）；psychic benefit（心理收益）。

volunteering as leisure 休闲性志愿行动 *志愿行动的意志性概念，在很大程度上围绕一个核心的主观动机问题展开：必须确定*志愿者是否觉得他们正在从事愉悦的（*率性休闲）、充实的（*深度休闲）活动，他们根据自己的准则已经有了接受或拒绝的选择。休闲概念下的志愿行动的一个关键因素是，在没有受到道德强制的感受之下做志愿活动；在*边缘性志愿行动中，可能在不同程度上体验到的一个要素是或多或少的强制性（Stebbins 2001：1）。同时参见 noncoercion（非强制性）；motivation（刺激·动力·激励状态）。

volunteering as unpaid work 不付酬的志愿工作 *志愿行动的经济学概念——主导着*非营利部门的研究——将之界定为没有生计所需的回报，无论是金钱还是实物。这一定义在很大程度上避免了对休闲概念（*休闲性志愿行动）至关重要的*动机混乱问题（Stebbins 2001：1）。

volunteering history 志愿行动历史 对一个人生命历程中所从事的*志愿行动或其他形式无偿的生产性活动的一种记录（Morgan 1986；Caro and Bass 1985）。同时参见 career volunteering（职业志愿行动）。

volunteerism 志愿服务 *非营利部门的一部分（也以*志愿主义著称），尤以*志愿行动为中心。主要组成部分包括*非正式志愿行动、董事会志愿行动、*传统服务型志愿行动以及*社团志愿活动。Van Til（1988：9）认为，这个概念具有规范的一面，因为它经常假定一个社会中志愿行动和*志愿者之善。

Cull 和 Hardy(1974, passim)对 *志愿项目和 *志愿管理以及 *志愿活动中的研究和沟通需要进行了概要性介绍。其他以著作形式探讨志愿主义的包括 Ellis 和 Noyes(1990),Ford 和 Ford(1996),Forward(1994),Harman(1982),Jedlicka(1990),Kouri(1990),Ladd(1999),Marcovitz 和 Crest(2004),Poplau(2004),Self 和 Wyman(1992),Steele(2000),以及 Vineyard(1993)等。

Volunteerism Commission(World Leisure) 志愿服务委员会(世界休闲组织) 世界休闲组织(前身为世界休闲与消遣协会(World Leisure and Recreation Commission))成立于 1997 年,于 2000 年正式批准其志愿服务委员会(VOLCOMM)设立。该委员会有两个主要目标:(1)组织和鼓励所有国家在与 *志愿行动相关的 *休闲领域全面开展研究;(2)在一定程度上被认为有用的范围内,向全球传播 *非营利部门众多应用领域的相关理论与研究成果。这些应用领域由个体 *志愿者、他们的"雇主"(那些同样从事这一活动的人)以及各种 *非营利团体组成(Stebbins 2004a:2—4)。

W

watchdog　监督者　在*非营利部门中,一个人或一个团体(*正式团体或*非正式团体、*非营利团体或*营利团体)被指定或组织起来以保护某一目标团体(参见 target of benefits(利益目标群体))的权利、活动、*项目以及类似的行为。监管者对可能遭到政府、企业或其他权势*利益者滥用的目标进行监督。Cable 和 Degutis(1997,passim)追溯了一个反对垃圾填埋场规划的地方*社会运动史,尽管运动没有实现*动因,但却变成了一个致力于监督政府的垃圾填埋政策的监督*组织。同时参见 ombudsperson(巡视员)。

welfare　福利　1. 身体健康、情绪舒适、经济安全以及满足其他*公共需求的个人条件。2. 一个旨在帮助社会成员实现这些个人条件的*项目(Barker 2003:462),通常被称为"公共福利"(*公共利益)。3. 在常规用法中,"福利"有时指向穷人提供的公共援助,正如 Gabe 和 Falk(1995)对于福利制度的激励与惩罚的讨论。

welfare state　福利国家　一个国家或一国政府中的不同政治派别承担公民*福利的责任,包括公民的健康与教育*需求。Van Til(1988:160—166)对英国和美国的福利发展进行了比较研究,发现后者所承担福利责任的涉及面不那么宽泛。

work　工作　1. 广义上的工作系指有用活动的实施(Applebaum 1992,passim)。2. 社会上的一些人有偿实施的有用活动(狭义角度的经济术语)。Schor

(1993，passim)认为，在最近数十年，美国一直存在着付酬工作时间不断增长的现象。"工作"的这两种用法都不局限于 * 职业活动，而是包括 * 志愿工作、家务、儿童看护、* 非正式陪护以及其他 * 义务。与 Schor(1993)的观点相反，Rifkin(1995，passim)认为，技术的发展导致全球范围内工作、就业以及劳动力的减少，这将导致"我们文明的消亡"或"重大社会转型和人类精神的重生"（Rifkin 所著图书的封底文字）。这里的"重生"，除其他外，是指扩大 * 非营利部门的作用，并赋权 * 非营利团体和 * 志愿者以新的方式弥补因付酬工作减少所造成的缺失(Rifkin 1995，chap. 17)。

work activity 工作活动 参见 **work**(工作)。

work group 工作团队 由有薪雇员完成大多数或所有工作的 * 团体(Smith 2000：168)。如果该团队是 * 正式团体，就被视为 * 工作组织。非正式工作团体(* 非正式团体)也是存在的，如传统的家庭农场和家庭经营的便利店等。

work organization 工作组织 为大多数或所有工作都由有薪雇员完成的一种 * 正式团体(Smith 2000：168)。工作 * 组织包括商业公司、政府 * 机构和 * 付酬员工非营利团体等。

workplace metaphor 工作场所之喻 将 * 志愿行动视作 * 工作形式的一种比喻： * 志愿者为不领薪水的雇员，他们供职于 * 社团、* 非营利机构、* 志愿项目以及其他 * 非营利团体(Ilsley 1990：112)。

world religion 世界宗教 1. 世界上现存的十大宗教之一(cf. Parrinder 1983，passim)。2. 人类社会现存的众多宗教之一(cf. Bowker 1997，passim；Losch 2001，passim)。

Y

youth gang　**青年帮**　参见 **gang**(青少年犯罪团伙·帮派·团伙)。

youth group　**青年团体**　***团体**的一种,通常是一种***社团**组织,主要由青年构成,多以青年发展为***目标**。Goreham(2004,passim)对北部平原诸州八个教派的四百个农村青年教会(参见 **rural youth group**(农村青年团体))进行了研究。他发现,在其他方面,平均而言,与天主教主流的清教团体相比,福音派新教青年团体更经常地会面,其***参与**率更高,青年工人转信该宗教的比例更大。

Z

zero-based budgeting in nonprofits **非营利零基预算** 每个财政年度内的资金管理程序,即***组织**必须检查和核实***预算**中的每个项目。Connell（2001:89—90）认为,零基预算的目的是:继续实施那些符合团体***规划**目标的***项目**,而且在财务上是可行的。

参考文献

Abbott, Andrew. 1988. *The System of Professions: An Essay in the Division of Expert Labor*. Chicago: University of Chicago Press.

Abraham, Henry J., and Barbara A. Perry. 1998. *Freedom and the Court: Civil Rights and Liberties in the United States*. New York: Oxford University Press.

Abramson, Alan J., and Rachel McCarthy. 2002. "Infrastructure Organization." Pp. 331—354 in *The State of Nonprofit America*, ed. Lester M. Salamon. Washington, D. C.: Brookings Institution Press.

Acheson, Nicholas, and Arthur Williamson, eds. 1995. *Voluntary Action and Social Policy in Northern Ireland*. Aldershot, UK: Avebury.

Adam, Barry D. 1995. *The Rise of a Gay and Lesbian Movement*. Rev. ed. New York: Twayne.

Adler, Margot. 1986. *Drawing Down the Moon*. Rev. ed. Boston: Beacon.

Adler, Peter. 1981. *Momentum, a Theory of Social Action*. Beverly Hills, Calif.: Sage.

Ahlbrandt, Roger S. 1994. *Neighborhoods, People, and Community*. New York: Plenum Press.

Aldrich, John H. 1995. *Why Parties? The Origin and Transformation of Political Parties in America*. Chicago: University of Chicago Press.

Aldridge, Alan. 2000. *Religion in the Contemporary World*. Cambridge, UK: Blackwell.

Alexander, Yonah, Michael S. Swetnam, and Herbert M. Levine. 2001. *ETA: Profile of a Terrorist Group*. Ardsley, N. Y.: Transnational Publishers.

Aliabadi, Youssef S. 2000. "The Idea of Civil Liberties and the Problem of Institutional

Government in Iran." *Social Research* 67(2):345—376.

Alinsky, Saul D. 1969. *Reveille for Radicals*. New York: Random House.

Allahyari, Rebecca A. 2000. *Visions of Charity: Volunteer Workers and Moral Community*. Berkeley, Calif.: University of California Press.

Allen, Katherine, and Victoria Chin-Sang. 1990. "A Lifetime of Work: The Context and Meanings of Leisure for Aging Black Women." *Gerontologist* 30(6):734—740.

Allen, Kerry K. 1981. *Will Volunteering Survive?* Washington, D. C.: Volunteer.

Allen, Sylvia. 2001. "Benefit Event Fundamentals." Pp. 480—499 in *The Nonprofit Handbook: Fund Raising*, 3rd ed., ed. James M. Greenfield. New York: Wiley.

Allison, Michael, and Jude Kaye. 1997. *Strategic Planning for Nonprofit Organizations: A Practical Guide and Workbook*. New York: Wiley.

Altman, Linda J. 1994. *The Pullman Strike of 1894: Turning Point for American Labor*. Brookfield, Conn.: Millbrook Press.

Alvarez, Sonia E., Evelina Dagnino, and Arturo Escobar, eds. 1998. *Cultures of Politics, Politics of Culture: Re-Visioning Latin American Social Movements*. Boulder, Colo.: Westview Press.

American Society of Association Executives. 1988. *Principles of Association Management*. Washington, D. C.: American Society of Association Executives.

——. 1994. *Fund Raising for Associations and Association Foundations*. Washington, D. C.: American Society of Association Executives.

——. 2001. *Policies and Procedures in Association Management*. Washington, D. C.: American Society of Association Executives.

——. 2002. *Generating & Managing Nondues Revenues in Associations*. Washington, D. C.: American Society of Association Executives.

Anderson, Robert T. 1973. "Voluntary Associations in History: From Paleolithic to Present Times." Pp. 9—28 in *Voluntary Action Research 1973*, ed. David H. Smith. Lexington, Mass.: Lexington Books.

Anderson, Ronald, and Jack Engledow. 1977. "A Factor Analytic Comparison of U. S. and German Information Seekers." *Journal of Consumer Research* 3:185—196.

Andreason, Alan R. 1995. *Marketing Social Change*. San Francisco: Jossey-Bass.

Andrews, Gregg. 1991. *Shoulder to Shoulder? The American Federation of Labor, the United States, and the Mexican Revolution 1910—1924*. Berkeley, Calif.: University of California Press.

Angell, Robert Cooley. 1941. *The Integration of American Society: A Study of Groups and Institutions*. New York: Russell and Russell.

Anheier, Helmut K. 1987. "Indigenous Voluntary Associations, Nonprofits, and Development in Africa." Pp. 416—433 in *The Nonprofit Sector*, ed. Walter W. Powell. New Haven, Conn.: Yale University Press.

Anheier, Helmut K., and Kusuma Cunningham. 1994. "Internationalization of the Nonprofit Sector." Pp. 100—116 in *The Jossey-Bass Handbook of Nonprofit Leadership and Management*, ed. Robert D. Herman and Associates. San Francisco: Jossey-Bass.

Anheier, Helmut, and Lester M. Salamon. 1998. *The Nonprofit Sector in the Developing World: A Comparative Analysis*. New York: Manchester University Press.

Anheier, Helmut, and Wolfgang Seibel. 2001. *The Nonprofit Sector in Germany*. New York: Palgrave.

Anheier, Helmut, and Stefan Toepler. 1999. *Private Funds, Public Purpose: Philanthropic Foundations in International Perspective*. New York: Kluwer Academic/ Plenum Publishers.

Anonymous. 2000. *Communities Directory: A Guide to Intentional Communities and Cooperative Living*. Rutledge, Mo.: Fellowship for Intentional Community.

Anthony, Robert N., and David W. Young. 1984. *Management Control in Nonprofit Organizations*. Homewood, Ill.: R. D. Irwin.

——. 1994. "Accounting and Financial Management." Pp. 403—443 in *The Jossey-Bass Handbook of Nonprofit Leadership and Management*, ed. Robert D. Herman and Associates. San Francisco: Jossey-Bass.

——. 2004. "Financial Accounting and Financial Management." Pp. 466—512 in *The Jossey-Bass Handbook of Nonprofit Leadership and Management*, 2nd ed., ed. Robert D. Herman and Associates. San Francisco: Jossey-Bass.

Appel, Willa. 1983. *Cults in America*. New York: Holt.

Applebaum, Herbert. 1992. *The Concept of Work: Ancient, Medieval, and Modern*. Albany: State University of New York Press.

Aptheker, Herbert. 1989. *Abolitionism: A Revolutionary Movement*. Boston: Twayne.

Archambault, Edith. 1997. *The Nonprofit Sector in France*. New York: Manchester University Press.

Armstrong, Charles K., ed. 2002. *Korean Society: Civil Society, Democracy and the State*. London: Routledge.

Armstrong, James S. 2001. *Planning Special Events*. San Francisco: Jossey-Bass.

Armstrong, Karen. 2002. *Islam: A Short History*. New York: Modern Library.

Arsenault, Jane. 1998. *Forging Nonprofit Alliances*. San Francisco: Jossey-Bass.

Aryee, Samuel, and Yaw A. Debrah. 1997. "Members' Participation in the Union: An Investigation of Some Determinants in Singapore." *Human Relations* 50: 129—147.

Asbury, H. 1927. *The Gangs of New York*. Garden City, N. J.: Garden City Publishing Co.

Ascoli, Ugo, and Costanzo Ranci. 2002. *Dilemmas of the Welfare Mix: The New Structure of Welfare in an Era of Privatization*. New York: Kluwer Academic.

Aspen Institute. 2002. *Government: The Nonprofit Sector and Government; Clarifying the Relationship*. Washington, D. C.: Nonprofit Sector Strategy Group.

Atingdui, Lawrence. 1995. *Defining the Nonprofit Sector: Ghana*. Baltimore: Johns Hopkins Institute for Policy Studies.

Austin, D. Mark. 1991. "Community Context and Complexity of Organizational Structure in Neighborhood Associations." *Administration and Society* 22:516—531.

Avner, Marcia. 2002. *The Lobbying and Advocacy Handbook for Nonprofit Organizations*. St. Paul, Minn.: Amherst H. Wilder Foundation.

Axelrod, Nancy R. 1994. "Board Leadership and Board Development." Pp. 119—136 in *The Jossey-Bass Handbook of Nonprofit Leadership and Management*, ed. Robert D. Herman and Associates. San Francisco: Jossey-Bass.

Ayman, Roya. 2000. "Leadership." Pp. 1563—1574 in *Encyclopedia of Sociology*, 2nd ed., vol. 3, ed. Edgar F. Borgatta and Rhonda J. V. Montgomery. New York: Macmillan Reference USA.

Back, Kurt W. 1981. "Small Groups." Pp. 320—343 in *Social Psychology*, ed. Morris Rosenberg and Ralph H. Turner. New York: Basic Books.

——. 1988. "Encounter Groups Revisited." *Society* 26 (Nov./Dec.):50—53.

Baghramian, Maria, and Attracta Ingram. 2000. *Pluralism: The Philosophy and Politics of Diversity*. London: Routledge.

Bailey, Darlyne, and Kelly M. Koney. 2000. *Strategic Alliances Among Health and Human Service Organizations*. Thousand Oaks, Calif.: Sage.

Bainbridge, William S. 1997. *The Sociology of Religious Movements*. London: Routledge.

Bakan, David. 1968. *Disease, Pain & Sacrifice: Toward a Psychology of Suffering*. Chicago: University of Chicago Press.

Baker, Colin, Alan Johnson, and Michael Lavalette. 2001. "Introduction." Pp. 1—18 in *Leadership and Social Movements*, ed. Colin Baker, Alan Johnson, and Michael Lavalette. Manchester, UK: Manchester University Press.

Balmer, Randall H., and Lauren F. Winner. 2002. *Protestantism in America*. New York:

Columbia University Press.

Balsamo, William, and George Carpozi, Jr. 1999. *Crime Incorporated or Under the Clock: The Inside Story of the Mafia's First Hundred Years*. Far Hills, N. J.: New Horizon Press.

Banaszak-Holl, Jane, Susan Allen, Vincent Mor, and Thomas Schott. 1998. "Organizational Characteristics Associated with Agency Position in Community Care Networks." *Journal of Health and Social Behavior* 39:368—385.

Banks, James A., and Cherry A. McGee. 1995. *Handbook of Research on Multicultural Education*. New York: Prentice Hall International.

Banks, Robert J. 1980. *Paul's Idea of Community: The Early House Churches in Their Historical Setting*. Grand Rapids, Mich.: Eerdmans.

Banting, Keith G., ed. 1999. *The Nonprofit Sector in Canada: Roles and Relationships*. Montreal: McGill-Queens University Press.

Banting, Keith G., and Kathy Brock, ed. 2002. *The Nonprofit Sector and Government in a New Century*. Montreal: McGill-Queens University Press.

Barabási, Albert-Laszlo. 2002. *Linked: The New Science of Networks*. Cambridge, Mass.: Perseus.

Barbash, Jack. 1974. *Labor's Grass Roots: A Study of the Local Union*. Westport, Conn.: Greenwood Press.

Barber, Benjamin R. 1984. *Strong Democracy: Participatory Politics for a New Age*. Berkeley: University of California Press.

Barbetta, Gian P., ed. 1997. *The Nonprofit Sector in Italy*. New York: Manchester University Press.

Barbuto, Domenica M. 1999. *American Settlement Houses and Progressive Social Reform: An Encyclopedia of the American Settlement Movement*. Phoenix: Oryx Press.

Barker, Robert L. 2003. *The Social Work Dictionary*, 5th ed. Washington, D. C.: National Association of Social Workers Press.

Barnes, Andrew. 1991. "Poor Relief and Brotherhood." *Journal of Social History* 24(3): 603—611.

Barrett, David V. 1999. *Secret Societies: From the Ancient and Arcane to the Modern and Clandestine*. London: Blandford.

Bar-Tal, Daniel. 1976. *Prosocial Behavior*. New York: Wiley.

Barth, Alan, and James E. Clayton. 1983. *The Rights of Free Men: An Essential Guide to Civil Liberties*. New York: Knopf.

Bartholdi, John L., III, Loren K. Platzman, R. Lee Collins, and William H. Warden III.

1983. "A Minimal Technology Routing System for Meals on Wheels." *Interfaces* 13(3):1—8.

Basu, Amrita, and C. E. McGrory. 1995. *The Challenge of Local Feminisms: Women's Movements in Global Perspective*. Boulder, Colo.: Westview Press.

Batson, C. D. 1991. *The Altruism Question*. Hillsdale, N. J.: Erlbaum.

Battin, M. Pabst. 1990. *Ethics in the Sanctuary: Examining the Practices of Organized Religion*. New Haven, Conn.: Yale University Press.

Battle, Richard V. 1988. *The Volunteer Handbook: How to Organize and Manage a Successful Organization*. Austin, Tex.: Armstrong Printing.

Beaford, Robert D., Timothy B. Gongaware, and Danny L. Valadez. 2000. "Social Movements." Pp. 2717—2727 in *Encyclopedia of Sociology*, 2nd ed., vol. 4, ed. Edgar F. Borgatta and Rhonda J. V. Montgomery. New York: Macmillan Reference USA.

Beattie, Melody. 1990. *Codependents' Guide to the Twelve Steps*. New York: Simon & Schuster.

Beck, Ulrich. 2000. *The Brave New World of Work*, trans. Patrick Camiller. New York: Polity Press.

Becker, Howard S. 1963. *Outsiders: Studies of Sociology of Deviance*. Glencoe, Ill.: Free Press.

Becker, Lawrence C. 1986. *Reciprocity*. London: Routledge and Kegan Paul. Becker, Lawrence C., and Charlotte B. Becker., eds. 1992. *The Encyclopedia of Ethics*. New York: Garland.

Bee, Malcolm. 2003. "Within the Shelter of the Old Elm Tree: Oddfellowship and Community in North Oxfordshire." *Family and Community History* 6(2):85—96.

Beierle, Thomas C., and Jerry Cayford. 2002. *Democracy in Practice: Public Participation in Environmental Decisions*. Washington, D. C.: Resources for the Future.

Beito, David T. 2000. *In Mutual Aid to Welfare State: Fraternal Societies and Social Services, 1890—1967*. Chappel Hill: University of North Carolina Press.

Bell, J. Bowyer. 1975. *Transnational Terror*. Washington, D. C.: American Enterprise Institute for Public Policy Research.

Bellah, Robert N. 1975. *The Broken Covenant: American Civil Religion in a Time of Trial*. New York: Seabury Press.

Bellah, Robert N., Richard Madsen, William M. Sullivan, Ann Swidler, and Steven M. Tipton. 1985. *Habits of the Heart: Individualism and Commitment in American Life*. New York: Perennial Library.

Bellamy, J. 1973. *Crime and Public Order in England in the Later Middle Ages*. London:

Routledge and Kegan Paul.

Ben-Ner, Avner. 1987. "Producer Co-operatives: Why Do They Exist in Capitalist Economies?" Pp. 434—449 in *The Nonprofit Sector*, ed. Walter W. Powell. New Haven, Conn.: Yale University Press.

Ben-Ner, Avner, and Benedetto Gui. 1993. *The Nonprofit Sector in a Mixed Economy*. Ann Arbor: University of Michigan Press.

Bennett, James T., and Thomas J. DiLorenzo. 1989. *Unfair Competition: The Profits of Nonprofits*. New York: Hamilton.

——. 1994. *Unhealthy Charities: Hazardous to Your Health and Wealth*. New York: Basic Books.

Berger, Peter L., and Richard J. Neuhaus. 1977. *To Empower People: The Role of Mediating Structures in Public Policy*. Washington, D. C.: American Enterprise Institute for Public Policy Research.

Bergsträsser, Arnold. 1950. *Goethe and the Modern Age: The International Convocation at Aspen, Colorado 1949*. Chicago: Regnery.

Bernikow, Louise. 1986. *Alone in America: The Search for Companionship*. New York: Harper & Row.

Bernstein, Susan R. 1991. *Managing Contracted Services in the Nonprofit Agency*. Philadelphia: Temple University Press.

Berry, Jeffrey M. 1977. *Lobbying for the People: The Political Behavior of Public Interest Groups*. Princeton, N. J.: Princeton University Press.

——. 1997. *The Interest Group Society*. 3rd ed. New York: Addison-Wesley Longman.

Berry, Jeffrey M., and David F. Arons. 2003. *A Voice for Nonprofits*. Washington, D. C.: Brookings Institution Press.

Berry, Jeffrey M., Kent E. Portney, and Ken Thomson. 1993. *The Rebirth of Urban Democracy*. Washington, D. C.: Brookings Institution Press.

Besnard, Pierre. 1980. *Animateur Socioculturel: Une Profession Différente?* Paris: Éditions ESF.

Best, Joel, and David F. Luckenbill. 1982. *Organizing Deviance*. Englewood Cliffs, N. J.: Prentice Hall.

Bestor, Theodore C. 1985. "Tradition and Japanese Social Organization: Institutional Development in a Tokyo Neighborhood." *Ethnology* 24:121—135.

Bethel, Sheila M. 1993. *Beyond Management to Leadership: Designing the 21st Century Association*. Washington, D. C.: American Society of Association Executives Foundation.

Bianchi, Robert. 1989. *Unruly Corporatism: Associational Life in Twentieth-Century Egypt*. New York: Oxford University Press.

Bibby, John F., and Thomas M. Holbrook. 1996. "Parties and Elections." Pp. 78—121 in *Politics in the American States*, 6th ed., ed. Virginia Gray and Herbert Jacob. Washington, D.C.: CQ Press.

Biggart, Nicole W. 1998. "The Creative-Destructive Process of Organizational Change: The Case of the Post Office." Pp. 240—260 in *Qualitative Studies of Organizations*, ed. John Van Maanen. Thousand Oaks, Calif.: Sage.

Billis, David. 1993. *Organising Public and Voluntary Agencies*. London: Routledge and Kegan Paul.

Blair, Karen J. 1994. *The Torchbearers: Women and Their Amateur Arts Associations in America, 1890—1930*. Bloomington: Indiana University Press.

Blanchard, Dallas A. 1994. *The Anti-Abortion Movement and the Rise of the Religious Right*. New York: Twayne.

Blank, Carla. 2003. *Rediscovering America: The Making of Multicultural America, 1900—2000*. New York: Three Rivers Press.

Blanken, Rhea L., and Allen Liff. 1999. *Facing the Future: A Report on the Major Trends and Issues Affecting Associations*. Washington, D.C.: American Society of Association Executives.

Blasi, Joseph. 1986. *The Communal Experience of the Kibbutz*. New Brunswick, N.J.: Transaction Publishers.

Blau, Judith. 2000. "Relational Wealth in the Commons: Local Spaces of Work and Residence in a Global Economy." Chapter 12 in *Relational Wealth: The Advantages of Stability in a Changing Economy*, ed. Carrie R. Leana and Denise M. Rousseau. New York: Oxford University Press.

Blau, Judith R., Kenneth C. Land, and Kent Redding. 1992. "The Extension of Religious Affiliation: An Explanation of the Growth of Church Participation in the United States." *Social Science Research* 21(4):329—352.

Blau, Peter M. 1977. *Inequality and Heterogeneity*. New York: Free Press.

Blau, Peter M., and Marshall W. Meyer. 1987. *Bureaucracy in Modern Society*. 3rd ed. New York: Random House.

Blau, Peter M., and W. Richard Scott. 1962. *Formal Organizations*. San Francisco: Chandler Publishing Co.

Blazek, Jody. 1996. *Financial Planning for Nonprofit Organizations*. New York: Wiley.

参考文献

Block, Stephen R. 2001. "A History of the Discipline." Pp. 97—111 in *The Nature of the Nonprofit Sector*, ed. J. Steven Ott. Boulder, Colo.: Westview Press.

———. 2004. *Why Nonprofits Fail*. San Francisco: Jossey-Bass.

Blokland, Talja. 2001. "Bricks, Mortar, Memories: Neighbourhood and Networks in Collective Acts of Remembering." *International Journal of Urban and Regional Development* 25:268—283.

Blondel, Jean. 1982. *The Organization of Government: A Comparative Analysis of Governmental Structures*. Beverly Hills, Calif.: Sage.

Bloom, Benjamin S., Thomas J. Hastings, and George F. Madaus. 1971. *Handbook of Formative and Summative Evaluation of Student Learning*. New York: McGraw-Hill.

Blumberg, Rhoda L. 1991. *Civil Rights: The 1960s Freedom Struggle*. Rev. ed. New York: Twayne.

Bode, Carl. 1956. *The American Lyceum: Town Meeting of the Mind*. New York: Oxford University Press.

Bochel, Hugh M. 2005. *Social Policy: Issues and Developments*. New York: Pearson/Prentice Hall.

Bocialetti, Gene, and Robert E. Kaplan. 1986. "Self-Study for Human Services Agencies: Managing a Three-Sided Relationship." *Evaluation and Program Planning* 9(1):1—11.

Bonk, Kathy, Henry Griggs, and Emily Tynes. 1999. *The Jossey-Bass Guide to Strategic Communications for Nonprofits*. San Francisco: Jossey-Bass.

Bordt, Rebecca L. 1997. *The Structure of Women's Nonprofit Organizations*. Bloomington: Indiana University Press.

Boris, Elizabeth T., and C. Eugene Steuerle., eds. 1999. *Nonprofits and Government: Collaboration and Conflict*. Washington, D.C.: Urban Institute Press.

Boris, Elizabeth T., and Jeff Krehely. 2002. "Civic Participation and Advocacy." Pp. 299—330 in *The State of Nonprofit America*, ed. Lester M. Salamon. Washington, D.C.: Brookings Institution Press.

Bork, Robert H., and Waldemar Nielsen. 1993. *Donor Intent*. Indianapolis: Philanthropy Roundtable.

Borkman, Thomasina J. 1976. "Experiential Knowledge: A New Concept for the Analysis of Self-Help Groups." *Social Services Review* 50:445—456.

———. 1999. *Understanding Self-Help/Mutual Aid*. New Brunswick, N.J.: Rutgers University Press.

Borman, Leonard D. 1982. *Helping People to Help Themselves: Self-Help and*

Prevention. New York: Haworth Press.

Bott, Elizabeth. 1957. *Family and Social Network*. New York: Free Press.

Boulding, Kenneth. 1953. *The Organizational Revolution*. New York: Harper.

——. 1973. *Economy of Love and Fear: A Preface to Grants Economics*. Belmont, Calif.: Wadsworth.

Bourdieu, Pierre. 1977. *Outline of a Theory of Practice*. Cambridge, UK: Cambridge University Press.

Bouvard, Marguerite. 1975. *The Intentional Community Movement*. New York: National University Publications Kennikat Press.

Bowen, Don L. 1973. *Public Service Professional Associations and the Public Interest*. Philadelphia: American Academy of Political and Social Science.

Bowen, William G., Thomas I. Nygren, Sarah E. Turner, and Elizabeth A. Duffy. 1994. *The Charitable Nonprofits*. San Francisco: Jossey-Bass.

Bowker, John W. 1997. *The Oxford Dictionary of World Religions*. New York: Oxford University Press.

Boyle, David. 1997. "Time as Currency: A New Approach to Building Communities." *Voluntary Action* 1:25—38.

Boyte, Harry C. 1980. *The Backyard Revolution: Understanding the New Citizen Movement*. Philadelphia: Temple University Press.

Brackney, William H. 1997. *Christian Voluntarism*. Grand Rapids, Mich.: Eerdmans.

Bradner, Jeanne H. 1993. *Passionate Volunteerism*. Winnetka, Ill.: Conversation Press.

——. 1999. *Leading Volunteers for Results*. Winnetka, Ill.: Conversation Press.

Bradshaw, Yvonne, Ian Kendall, Martin Blackmore, Norman Johnson, and Sandra Jenkinson. 1998. "Complaining Our Way to Quality: Complaints, Contracts, and the Voluntary Sector." *Social Policy and Administration* 32:209—225.

Brainard, Lori A., and Jennifer M. Brinkerhoff. 2004. "Lost in Cyberspace: Shedding Light on the Dark Matter of Grassroots Organizations." *Nonprofit and Voluntary Sector Quarterly* 33(3):32S—53S.

Brakeley, George A., Jr. 2001. "Major Gifts from Individuals." Pp. 733—754 in *The Nonprofit Handbook: Fund Raising*, 3rd ed., ed. James M. Greenfield. New York: Wiley.

Brasnett, Margaret. 1969. *Voluntary Social Action*. London: National Council of Social Service.

Braunstein, Peter, and Michael W. Doyle. 2002. *Imagine Nation: The American Counterculture of the 1960s and 70s*. New York: Routledge.

Breault, Marc, and M. King. 1993. *Inside the Cult*. New York: Penguin.

Bremner, Robert H. 1960. *American Philanthropy*. Chicago: University of Chicago Press.

——. 1988. *American Philanthropy*. 2nd ed. Chicago: University of Chicago Press.

——. 1996. *Giving: Charity and Philanthropy in History*. New Brunswick, N. J.: Transaction Publishers.

Bresler, Robert J. 2004. *Freedom of Association: Rights and Liberties Under the Law*. Santa Barbara, Calif.: ABC-CLIO.

Bright, Jennifer. 2001. "Commitment of Board Members to Nonprofit Organizations." *Dissertation Abstracts International*, A: The Humanities and Social Sciences 62(5):1957A.

Brightbill, Charles. 1960. *The Challenge of Leisure*. Englewood Cliffs, N. J.: Prentice Hall.

Brilliant, Eleanor. 1990. *The United Way*. New York: Columbia University Press.

Britton, N. 1991. "Permanent Disaster Volunteers: Where Do They Fit?" *Nonprofit and Voluntary Sector Quarterly* 20:395—414.

Brock, Kathy, ed. 2003. *Delicate Dances: Public Policy and the Nonprofit Sector*. Montreal: McGill-Queen's University Press.

Brody, Evelyn. 1996. "Agents Without Principals: The Economic Convergence of the Nonprofit and For-Profit Organizational Forms." *New York Law School Law Review* 40:457—536.

Bromley, David G. 1988. *Falling from Faith: Causes and Consequences of Religious Apostasy*. Newbury Park, Calif.: Sage.

Bromley, David G., and Jeffrey K. Hadden, eds. 1992. *Handbook of Cults and Sects in America*. Greenwich, Conn.: JAI Press.

Bromwich, David. 2004. "The Disappearing Underground." *Dissent* 51 (Winter):40—42.

Brown, Daniel J. 1998. *Schools with Heart: Voluntarism and Public Education*. Boulder, Colo.: Westview Press.

Brown, Eleanor, and Janice H. Zahrly. 1990. *Commitment and Tenure of Highly Skilled Volunteers: Management Issues in a Nonprofit Agency*. San Francisco: Institute for Nonprofit Organizations, University of San Francisco.

Brown, Harold O. J. 1998. *Heresies: Heresy and Orthodoxy in the History of the Church*. Peabody, Mass.: Hendrickson.

Brown, Michele C., and H. Peter Karoff, eds. 2004. *Just Money: A Critique of Contemporary American Philanthropy*. Boston: TPI Editions.

Brown, R. Khari, and Ronald E. Brown. 2003. "Faith and Works: Church-Based Social

Capital." *Social Forces* 82:617—641.

Brown, Ruth M. 2002. *For a "Christian America": A History of the Religious Right*. Amherst, N. Y. : Prometheus Books.

Brown, William H. 1944. *The Rochdale Pioneers: A Century of Co-operation*. Manchester, UK: Co-operative Union Ltd.

Brudney, Jeffrey L. 1990. *Fostering Volunteer Programs in the Public Sector*. San Francisco: Jossey-Bass.

——. 1994. "Designing and Managing Volunteer Programs." Pp. 279—302 in *The Jossey-Bass Handbook of Nonprofit Leadership and Management*, ed. Robert D. Herman and Associates. San Francisco: Jossey-Bass.

Brudney, Jeffrey L., and J. Edward Kellough. 2000. "Volunteers in State Government: Involvement, Management, and Benefits." *Nonprofit and Voluntary Sector Quarterly* 29(1): 111—130.

Brunton, Bruce C. 1988. "Institutional Origins of the Military-Industrial Complex." *Journal of Economic Issues* 22:599—607.

Bruyn, Severyn T. 1977. *The Social Economy: People Transforming American Business*. New York: Wiley.

Bryan, Hobson. 1977. "Leisure Values Systems and Recreational Specialization: The Case of Trout Fishermen." *Journal of Leisure Research* 9:174—187.

Bryce, Herrington J. 2000. *Financial & Strategic Management for Nonprofit Organizations*. San Francisco: Jossey-Bass.

Bryman, Alan. 1986. *Leadership and Organizations*. Boston: Routledge.

Bryson, John M. 1994. "Strategic Planning and Action Planning for Nonprofit Organizations." Pp. 154—183 in *The Jossey-Bass Handbook of Nonprofit Leadership and Management*, ed. Robert D. Herman and Associates. San Francisco: Jossey-Bass.

——. 1995. *Strategic Planning for Public and Nonprofit Organizations*. Rev. ed. San Francisco: Jossey-Bass.

Bryson, John M., and Barbara C. Crosby. 1992. *Leadership for the Common Good*. San Francisco: Jossey-Bass.

Buchanan, David, and Richard Bedham. 1999. "Politics and Organizational Change: The Lived Experience." *Human Relations* 52:609—629.

Buchbinder, H., Gerry Hunnius, and E. Stevens. 1974. *Citizen Participation: A Research Framework and Annotated Bibliography*. Ottawa: Ministry of State, Urban Affairs Canada.

Budziszewksi, J. 1992. *True Tolerance: Liberalism and the Necessity of Judgment*. New Brunswick, N. J.: Transaction Publishers.

Bullard, Sara. 1993. *Free at Last: A History of the Civil Rights Movement and Those Who Died in the Struggle*. New York: Oxford University Press.

Burke, Mary A., and Lawrence O. Picus. 2001. *Developing Community-Empowered Schools*. Thousand Oaks, Calif.: Corwin Press.

Burkhart, Patrick J., and Suzanne Reussi. 1993. *Successful Strategic Planning: A Guide for Nonprofit Agencies and Organizations*. Newbury Park, Calif.: Sage.

Burlingame, Dwight F., ed. 2004. *Philanthropy in America: A Comprehensive Historical Encyclopedia*. Santa Barbara, Calif.: ABC-CLIO.

Burlingame, Dwight F., William F. Diaz, Warren F. Ilchman, and Associates. 1996. *Capacity for Change: The Nonprofit World in the Age of Devolution*. Indianapolis: Indiana University Center on Philanthropy.

Burlingame, Dwight F., and Lamont J. Hulse, eds. 1991. *Taking Fund Raising Seriously: Advancing the Profession and Practice of Raising Money*. San Francisco: Jossey-Bass.

Burns, James M. 1978. *Leadership*. New York: Harper & Row.

Burwell, Yolanda. 1995. "Lawrence Oxley and Locality Development: Black Self-Help in North Carolina 1925—1928." *Journal of Community Practice* 2:49—69.

Butler, John R. 2003. "Transgender DeKalb: Observations of an Advocacy Campaign." *Journal of Homosexuality* 45:277—296.

Bú tora, Martin, and Zuzana Fialová. 1995. *Nonprofit Sector and Volunteering in Slovakia*. Bratislava, Slovakia: Slovak Academic Information Agency.

Byron, Reginald, ed. 2003. *Retrenchment and Regeneration in Rural Newfoundland*. Toronto: University of Toronto Press.

Cable, Sherry, and Beth Degutis. 1997. "Movement Outcomes and Dimensions of Social Change: The Multiple Effects of Local Mobilizations." *Current Sociology/Sociologie Contemporaine* 45:121—135.

Cage, John. 2001. *Anarchy*. Middletown, Conn.: Wesleyan University Press.

Cahn, Moise. 1960. Preface (p. vii) in *The Citizen Volunteer: His Responsibility, Role, and Opportunity in Modern Society*, ed. Nathan E. Cohen. New York: Harper & Brothers.

Caille, Alain. 2001. "The Double Inconceivability of the Pure Gift." *Angelaki* 6(2): 23—39.

Calmes, Anne M. 1997. *Community Association Leadership: A Guide for Volunteers*.

Alexandria, Va.: Community Associations Institute.

Campbell, Katherine N., and Susan J. Ellis. 1995. *The (Help!) I-Don't-Have-Enough-Time Guide to Volunteer Management*. Philadelphia: Energize.

Cannold, Leslie. 2002. "Understanding and Responding to Anti-Choice Women Centered Strategies." *Productive Health Matters* 10 (19 May):171—179.

Capozzola, Christopher. 1999. "Thorstein Veblen and the Politics of War 1914—1920." *International Journal of Politics, Culture, and Society* 13(2):255—271.

Carlson, Mim. 2003. *The Executive Director's Survival Guide: Thriving as a Nonprofit Leader*. San Francisco: Jossey-Bass.

Caro, Francis G., Scott A. Bass, and Yung-Ping Chen. 1993. "Introduction: Achieving a Productive Aging Society." Pp. 3—25 in *Achieving a Productive Aging Society*, ed. Scott A. Bass, Francis G. Caro, and Yung-Ping Chen. Westport, Conn.: Auburn House.

Carr, David K., and Ian D. Littman. 1990. *Excellence in Government: Total Quality Management in the 1990s*. Arlington, Va.: Coopers & Lybrand.

Carr, Gordon. 1975. *The Angry Brigade: The Cause and the Case*. London: Gollancz.

Carroll, Thomas F. 1992. *Intermediary NGOs: The Supporting Link in Grassroots Development*. Bloomfield, Conn.: Kumarian Press.

Carson, Carol. S. 1984. "The Underground Economy: An Introduction." *Survey of Current Business* 64 (May):21—37; (July):106—117.

Carter, April. 1973. *Direct Action and Liberal Democracy*. New York: Harper Torchbooks.

Carter, Barbara. 1974. *Organizing School Volunteer Programs*. New York: Citation Press.

Carter, Richard. 1961. *The Gentle Legions*. Garden City, N.Y.: Doubleday.

Carver, John. 1990. *Boards that Make a Difference*. San Francisco: Jossey-Bass.

Carver, John, and Miriam M. Carver. 1997. *Reinventing Your Board: A Step-by-Step Guide to Implementing Policy Governance*. San Francisco: Jossey-Bass.

Cavallo, Sandra. 1995. *Charity and Power in Early Modern Italy*. Cambridge, UK: Cambridge University Press.

Center for the Study of Evaluation. 1974. *Step by Step Guide for Conducting A Summative Evaluation*. Los Angeles: Center for the Study of Evaluation, University of California, Los Angeles.

Chadwick, Henry. 1993. *The Early Church*. Rev. ed. London: Penguin.

Chait, Richard P., William P. Ryan, and Barbara E. Taylor. 2005. *Governance as Leadership: Reframing the Work of Nonprofit Boards*. Hoboken, N.J.: Wiley.

Chambard, Claude. 1976. *The Maquis: A History of the French Resistance Movement*.

Indianapolis: Bobbs-Merrill.

Chambers, Clark A. 1963. *Seedtime of Reform: American Social Service and Social Action 1918—1933*. Minneapolis: University of Minnesota Press.

Chambré, Susan M. 1987. *Good Deeds in Old Age: Volunteering by the New Leisure Class*. Lexington, Mass.: Lexington Books.

Charles, Jeffrey A. 1993. *Service Clubs in American Society: Rotary, Kiwanis, and Lions*. Urbana: University of Illinois Press.

Chase, Mary E. 1939. *A Goodly Fellowship*. New York: Macmillan.

Chatfield, Charles. 1992. *The American Peace Movement*. New York: Twayne.

Chaves, Mark. 2004. *Congregations in America*. Cambridge, Mass.: Harvard University Press.

Checkoway, Barry. 1988a. "Aging, Isolation and Community Health: Propositions from an International Meeting." *Danish Medical Bulletin: Journal of the Health Sciences* Gerontology Special Supplement Series (6):90—91.

——. 1988b. "Community-Based Initiatives to Improve Health of the Elderly." *Danish Medical Bulletin: Journal of the Health Sciences* Gerontology Special Supplement Series (6): 30—36.

——. 1995. "Six Strategies of Community Change." *Community Development Journal* 30 (1):2—20.

Chen, Carolyn. 2002. "The Religious Varieties of Ethnic Presence: A Comparison Between a Taiwanese Immigrant Buddhist Temple and an Evangelical Christian Church." *Sociology of Religion* 63:215—238.

Chetkovich, Carol, and Peter Frumkin. 2003. "Balancing Margin and Mission: Nonprofit Competition in Charitable versus Fee-Based Programs." *Administration and Society* 35: 564—596.

Cho, Paul Y. 1981. *Successful Home Cell Groups*. Los Angeles: Logos International.

Chrislip, David D., and Carl E. Larson. 1994. *Collaborative Leadership: How Citizens and Civic Leaders Can Make a Difference*. San Francisco: Jossey-Bass.

Christerson, Brad, and Michael Emerson. 2003. "The Costs of Diversity in Religious Organizations: An In-Depth Case Study." *Sociology of Religion* 64:163—181.

Christy, Carol A. 1987. *Sex Differences in Political Participation: Processes of Change in Fourteen Nations*. New York: Praeger.

Ciarrocchi, Joseph W., Ralph L. Piedmont, and Joseph E. G. Williams. 2003. "Love Thy Neighbor: Spirituality and Personality as Predictors of Prosocial Behavior in Men and Women."

Research in the Social Scientific Study of Religion 14:61—75.

Cigler, Allan J., and Burdett A. Loomis. 2002. *Interest Group Politics*. 6th ed. Washington, D. C.: CQ Press.

Cionca, John. 1999. *Inviting Volunteers to Minister*. Cincinnati, Ohio: Standard Publishing.

Cizakca, Murat. 2000. *A History of Philanthropic Foundations: The Islamic World from the Seventh Century to the Present*. Istanbul, Turkey: Bogazici University Press.

Clark, B., and J. Q. Wilson. 1961. "Incentive Systems: A Theory of Organization." *Administrative Science Quarterly* 6:129—166.

Clark, Elmer T. 1937. *The Small Sects in America*. Rev. ed. New York: Abingdon Press.

Clark, John. 1991. *Democratizing Development: The Role of Voluntary Organizations*. West Hartford, Conn.: Kumarian Press.

Clarke, Brian P. 1993. *Piety and Nationalism: Lay Voluntary Associations and the Creation of an Irish-Catholic Community in Toronto, 1850—1895*. Montreal: McGill-Queen's University Press.

Clary, E. G. 1982. "Social Support as a Unifying Concept in Voluntary Action." *Journal of Voluntary Action Research* 16:58—68.

Clary, E. G., Mark Snyder, and Robert Ridge. 1992. "Volunteers' Motivations: A Functional Strategy for the Recruitment, Placement, and Retention of Volunteers." *Nonprofit Management and Leadership* 2(4):333—350.

Clawson, Dan, Alan Neustadtl, and Denise Scott. 1992. *Money Talks: Corporate PACs and Political Influence*. New York: Basic Books.

Clemens, Elisabeth S. 1997. *The People's Lobby: Organizational Innovation and the Rise of Interest Group Politics in the United States, 1890—1925*. Chicago: University of Chicago Press.

Clifton, Robert L., and Alan M. Dahms. 1993. *Grassroots Organizations: A Resource Book for Directors, Staff, and Volunteers of Small, Community-Based, Nonprofit Agencies*. 2nd ed. Prospect Heights, Ill.: Waveland Press.

Clotfelter, Charles T., ed. 1992. *Who Benefits from the Nonprofit Sector?* Chicago: University of Chicago Press.

Clotfelter, Charles T., and Thomas Ehrlich, eds. 1999. *Philanthropy and the Nonprofit Sector in a Changing America*. Bloomington: Indiana University Press.

Cnaan, Ram A., and Stephanie C. Boddie. 2002. *The Invisible Caring Hand: American Congregations and the Provision of Welfare*. New York: New York University Press.

Cnaan, Ram A., Femida Handy, and Margaret Wadsworth. 1996. "Defining Who Is a

Volunteer: Conceptual and Empirical Considerations." *Nonprofit and Voluntary Sector Quarterly* 25(3):364—386.

Cnaan, Ram, and Carl Milofsky. 1997. "Editorial." *Nonprofit and Voluntary Sector Quarterly* 26 (Supplemental):S3—S13.

Cnaan, Ram A., Robert Wineberg, and Stephanie C. Boddie. 1999. *The Newer Deal: Social Work and Religion in Partnership*. New York: Columbia University Press.

Cobban, Alfred. 1971. *Dictatorship: Its History and Theory*. New York: Haskell House.

Cohen, Anthony P. 1985. *The Symbolic Construction of Community*. London: Tavistock.

Cohen, Lilly, and Dennis R. Young. 1989. *Careers for Dreamers & Doers: A Guide to Management Careers in the Nonprofit Sector*. New York: Foundation Center.

Cohen, Nathan E. 1960. *The Citizen Volunteer: His Responsibility, Role, and Opportunity in Modern Society*. New York: Harper & Bros.

Cole, Richard L. 1974. *Citizen Participation and the Urban Policy Process*. Lexington, Mass.: Lexington Books.

Colwell, Mary A. C. 1993. *Private Foundations and Public Policy: The Political Role of Philanthropy*. New York: Garland Publishing.

Commager, Henry S. 1954. *Freedom, Loyalty, Dissent*. New York: Oxford University Press.

Commission on Private Philanthropy and Public Needs. 1975. *Giving in America: Toward a Stronger Voluntary Sector*. Washington, D. C.: Commission on Private Philanthropy and Public Needs.

Community Chests and Councils of America. 1952. *A Volunteer Bureau Handbook*. New York: Community Chests and Councils of America.

Conger, D. Stuart. 1973. *Social Inventions*. Prince Albert, Canada: Saskatchewan New Start.

Connell, James E. 2001. "Budgeting for Fund-Raising." Pp. 52—95 in *The Nonprofit Handbook: Fund Raising*, 3rd ed., ed. James M. Greenfield. New York: Wiley.

Connors, Tracy D. 1988a. "Committees of the Nonprofit Organization." Pp. 12.1—12.9 in *The Nonprofit Organization Handbook*, 2nd ed., ed. Tracy D. Connors. New York: McGraw-Hill.

——. 1988b. *The Nonprofit Organization Handbook*. 2nd ed. New York: McGrawHill.

——. 1995. *The Volunteer Management Handbook*. New York: Wiley.

——. 2001. *The Nonprofit Handbook: Management*. 3rd ed. New York: Wiley.

Connors, Tracy D., and Stephan R. Wise. 1988. "Seeking Revenue or Support from

Corporations." Pp. 35. 1—35. 17 in *The Nonprofit Organization Handbook*, 2nd ed., ed. Tracy D. Connors. New York: McGraw-Hill.

Conrad, W. R., Jr., and W. E. Glenn. 1983. *The Effective Voluntary Board of Directors*. Rev. ed. Athens, Ohio: Swallow Press.

Constantelos, Demetrios J. 1991. *Byzantine Philanthropy and Social Welfare*. New Rochelle, N. Y.: Caratzas.

Constantine, Larry L., and Joan M. Constantine. 1973. *Group Marriage: A Study of Contemporary Multilateral Marriage*. New York: Collier Books.

Conway, M. M. 1991. *Political Participation in the United States*. 2nd ed. Washington, D. C.: Congressional Quarterly Press.

Cook, Thomas J., and Frank P. Scioli. 1975. *The Effectiveness of Volunteer Programs in Courts and Corrections*. Chicago: University of Illinois at Chicago Circle.

Cooley, Charles H. 1909. *Social Organization*. New York: Charles Scribner's Sons.

——. 1965. *Social Process*. Carbondale: Southern Illinois University Press.

Copp, Martha. 1998. "When Emotion Work Is Doomed to Fail: Ideological and Structural Constraints on Emotion Management." *Symbolic Interaction* 21: 299—328.

Corcoran, James. 1995. *The Birth of Paramilitary Terrorism in the Heartland*. New York: Penguin.

Cornes, Richard, and Todd Sandler. 1996. *The Theory of Externalities, Public Goods, and Club Goods*. Cambridge, UK: Cambridge University Press.

Cornforth, Chris, ed. 2003. *The Governance of Public and Non-Profit Organizations*. London: Routledge.

Council on Foundations. 1986. *Principles and Practices for Effective Grantmaking*. Rev. ed. Washington, D. C.: Council on Foundations.

Cousineau, Madeleine. 1998. *Religion in a Changing World*. Westport, Conn.: Praeger.

Couto, Richard A. 1999. *Making Democracy Work Better: Mediating Structures, Social Capital, and the Democratic Prospect*. Chapel Hill: University of North Carolina Press.

Covey, Herbert C., Scott Menard, and Robert J. Franzese. 1992. *Juvenile Gangs*. Springfield, Ill.: C. C. Thomas.

Cowlishaw, Gillian. 2003. "Disappointing Indigenous People: Violence and the Refusal of Help." *Public Culture* 15(1):103—125.

Cox, John B. 1997. *Professional Practices in Association Management*. Washington, D. C.: American Society of Association Executives.

Creighton, W. B. 1977. "The Bullock Report—The Coming of the Age of Democracy."

British Journal of Law and Society 4(Summer):1—17.

Crimmins, James C., and Mary Keil. 1983. *Enterprise in the Nonprofit Sector*. New York: Rockefeller Brothers Fund.

Critchlow, Donald T., and Charles H. Parker. 1998. *With Us Always: A History of Private Charity and Public Welfare*. Lanham, Md.: Rowman & Littlefield.

Cross, C. Wallace. 2004. *Cry Havoc: A History of the 49th Tennessee Volunteer Infantry Regiment, 1861—1865*. Franklin, Tenn.: Hillsboro Press.

Crouch, David, and Colin Ward. 1994. *The Allotment: Its Landscape and Culture*. Nottingham, UK: Mushroom Bookshop.

Crowley, Vivianne. 1989. *Wicca: The Old Religion in the New Age*. San Francisco: Aquarium/Thorsons.

Crystal, David, ed. 1994. "Rebellions of 1837." *The Cambridge Encyclopedia*. 2nd ed. New York: Cambridge University Press.

Csikszentmihalyi, Mihalyi. 1990. *Flow: The Psychology of Optimal Experience*. New York: Harper-Perennial.

Cuadrado, Mary A. F. 1999. "A Comparison of Hispanic and Anglo Calls to a Gambling Help Hotline." *Journal of Gambling Studies* 15:71—81.

Cull, John G., and Richard E. Hardy, eds. 1974. *Volunteerism: An Emerging Profession*. Springfield, Ill.: C. C. Thomas.

Cummins, John R. 1986. "Real Property Tax Exemptions for Religious Institutions in Ohio: Bishop Ordains a Faulty Progeny." *Ohio State Law Journal* 47(2):535—64.

Curti, Merle. 1963. *American Philanthropy Abroad: A History*. New Brunswick, N.J.: Rutgers University Press.

Curtis, James E., Edward Grabb, and Douglas Baer. 1992. "Voluntary Association Membership in Fifteen Countries: A Comparative Analysis." *American Sociological Review* 57:139—152.

Cusack, Sandra A. 1994. "Developing Leadership in the Third Age: An Ethnographic Study of Leadership in a Seniors' Center." *Journal of Applied Gerontology* 13:127—142.

Cutlip, Scott. 1965. *Fund Raising in the United States: Its Role in American Philanthropy*. New Brunswick, N.J.: Rutgers University Press.

Dahl, Robert A. 1967. *Pluralist Democracy in the United States*. Chicago: Rand McNally.

Dale, Harvey P. 1997. *The Work of Operating Foundations*. Gütersloh, Germany: Bertelsmann Foundation.

Dalton, Russell J. 1994. *The Green Rainbow: Environmental Groups in Western Europe*.

New Haven, Conn. : Yale University Press.

Danes, Sharon M. , and Yoon G. Lee. 2004. "Tensions Generated by Business Issues in Farm Business-Owning Couples." *Family Relations* 53:357—366.

Daniels, Arlene K. 1988. *Invisible Careers: Women Civic Leaders from the Volunteer World*. Chicago: University of Chicago Press.

Daniels, Roger. 1993. *Concentration Camps: North America-Japanese in the United States and Canada During World War II*. Malabar, Fla. : Krieger Publishing Co.

Danis, Heather, and Julie A. Burke. 1996. *Grant Proposal: Wake County Department of Health*. Chapel Hill: School of Public Health, University of North Carolina.

Darsey, James. 1995. "Joe McCarthy's Fantastic Moment." *Communication Monographs* 62 (March):65—86.

Davis, Benjamin J. 1963. *Must Negro-Americans Wait Another Hundred Years for Freedom? Against Tokenism and Gradualism*. New York: New Century Publishers.

Davis, John H. 1993. *Mafia Dynasty*. New York: Harper Paperbacks.

Davis, Kathy. 2002. "Feminist Body/Politics as World Traveller: Translating Our Bodies, Ourselves." *European Journal of Women's Studies* 9:223—247.

Davis, Keith. 1953. "Management Communication and the Grapevine." *Harvard Business Review* 31(5):43—49.

Dawley, David. 1992. *A Nation of Lords: The Autobiography of the Vice Lords*. Prospect Heights, Ill. : Waveland Press.

Day, Nancy E. 1994. "Designing and Managing Compensation and Benefits Programs." Pp. 557—590 in *The Jossey-Bass Handbook of Nonprofit Leadership and Management*, ed. Robert D. Herman and Associates. San Francisco: Jossey-Bass.

De Breffny, Brian. 1978. *The Synagogue*. New York: Macmillan.

De Grazia, Alfred. 1957. *Grass Roots Private Welfare*. New York: New York University Press.

Dekieffer, Donald E. 1997. *The Citizen's Guide to Lobbying Congress*. Chicago: Chicago Review Press.

Delgado, Gary. 1986. *Organizing the Movement: The Roots and Growth of ACORN*. Philadelphia: Temple University Press.

Della Porta, Donatella. 1999. *Social Movements: An Introduction*. Oxford, UK: Blackwell.

Demerath, N. J. , III, and Rhys H. Williams. 1985. "Civil Religion in an Uncivil Society." *The Annals of the American Academy of Political and Social Science* 480 (July):154—166.

Department of Commerce. 1982. *Measuring Nonmarket Economic Activity: BEA Working Papers*. Washington, D. C. : Department of Commerce.

DeSario, Jack, and Stuart Langton. 1987. *Citizen Participation in Public Decision Making*. New York: Greenwood Press.

Devinatz, Victor G. 2001. "The Antipolitics and Politics of a New Left Union Caucus: The Workers' Voice Committee of the UAW Local 6 1970—1975." *Nature, Society, and Thought* 14:285—321.

Diaz, William. 2002. "For Whom and For What? The Contributions of the Non-Bibliography Profit Sector." Pp. 517—535 in *The State of Nonprofit America*, ed. Lester M. Salamon. Washington, D. C. : Brookings Institution Press.

Dilger, Robert J. 1992. *Neighborhood Politics: Residential Community Associations in American Governance*. New York: New York University Press.

DiMaggio, Paul J., and Helmut K. Anheier. 1990. "The Sociology of Nonprofit Organizations and Sectors." *Annual Review of Sociology* 16:137—159.

DiMaggio, Paul J., and Walter W. Powell. 1983. "The Iron Cage Revisited: Institutional Isomorphism and Collective Rationality in Organization Fields." *American Sociological Review* 48 (April):147—160.

Dionne, E. J., Jr., Kayla Drogosz, and Robert Lotan, eds. 2003. *United We Serve: National Service and the Future of Citizenship*. Washington, D. C. : Brookings Institution Press.

Disch, Lisa J. 2002. *The Tyranny of the Two-Party System*. New York: Columbia University Press.

Dobratz, Betty A., and Tim Buzzell. 2002. *Sociological Views on Political Participation in the 21st Century*. New York: JAI Press.

Dominguez, Jorge I., ed. 1994a. *Parties, Elections, and Political Participation in Latin America*. New York: Garland.

Dominguez, Jorge I., ed. 1994b. *The Roman Catholic Church in Latin America*. New York: Garland.

Donelan, Brenda. 2002. "Extremist Groups of the Midwest: A Content Analysis of Internet Websites." *Great Plains Sociologist* 16:1—27.

Donovan, Mary A. 1989. *Sisterhood as Power: The Past and Passion of Ecclesial Women*. New York: Crossroad.

Douglas, James. 1987. "Political Theories of Nonprofit Organizations." Pp. 43—54 in *The Nonprofit Sector*, ed. Walter W. Powell. New Haven, Conn. : Yale University Press.

Dove, Kent E. 2000. *Conducting a Successful Capital Campaign*. San Francisco: Jossey-Bass.

——. 2001. *Conducting a Successful Fundraising Program*. San Francisco: Jossey-Bass.

Dover, Michael A. 1992. "Pairing and Intentional Activist Groups: Building Diverse Movement Organizations." Conference Panel Presentation, Workshop on Grassroots Empowerment, Perspectives for Democracy and Socialism in the Nineties, July, San Francisco.

——. 1997. "Enhancing Older Volunteer Empowerment, Activism and Effectiveness: Theoretical and Research Support for Developing a Senior Citizen Volunteer Association." Paper presented at the 16th Annual Conference, Association for Research on Nonprofit Organizations and Voluntary Action, December, Indianapolis.

——. 2003. The Social System of Real Property Ownership: Public and Nonprofit Property Tax Exemptions and Corporate Tax Abatements in City and Suburb 1955—2000. Ph. D. Dissertation. University of Michigan, Ann Arbor.

Dowie, Mark. 1988. *We Have a Donor: The Bold New World of Organ Transplanting*. New York: St. Martin's Press.

Downton, J. V. 1973. *Rebel Leadership*. New York: Free Press.

Driedger, S. Michelle, and John Eyles. 2001. "Organochlofines and Breast Cancer: The Use of Scientific Evidence in Claimsmaking." *Social Science and Medicine* 52:1589—1605.

Dropkin, Murray, and Allyson Hayden. 2001. *The Cash Flow Management Book for Nonprofits*. San Francisco: Jossey-Bass.

Drout, Cheryl E., and Corsoro, Christie L. 2003. "Attitudes Toward Fraternity Hazing Among Fraternity Members, Sorority Members, and Non-Greek Students." *Social Behavior and Personality* 31:535—543.

Drucker, Peter F. 1974. *Management: Tasks, Responsibilities, Practices*. New York: Harper & Row.

——. 1992. *Managing the Non-Profit Organization*. New York: HarperBusiness.

——. 1995. *Managing in a Time of Great Change*. New York: Dutton.

Duca, Diane J. 1996. *Nonprofit Boards*. New York: Wiley.

Duck, Steve. 1992. *Human Relationships*. 2nd ed. Newbury Park, Calif. ; Sage.

Dumazedier, Joffre. 1967. *Toward a Society of Leisure*. New York: Free Press.

——. 1988. *Révolution Culturelle du Temps Libre 1968—1988*. Paris: Mé ridiens Klincksieck.

Duncan, Harriet H., Shirley S. Travis, and William J. McAuley. 1995. "Emergent Theoretical Model for Interventions Encouraging Physical Activity (Mall Walking) Among Older

Adults." *Journal of Applied Gerontology* 14(1):64—77.

Dunlap, Riley E., and Angela G. Mertig, eds. 1992. *American Environmentalism: The U.S. Environmental Movement, 1970—1990*. Philadelphia: Taylor & Francis.

Dunlop, James J. 1989. *Leading the Association: Striking the Right Balance Between Staff and Volunteers*. Washington, D.C.: American Society of Association Executives.

Eadie, Douglas C. 1997. *Changing by Design: A Practical Approach to Leading Innovation in Nonprofit Organizations*. San Francisco: Jossey-Bass.

Eadie, Douglas C., and Linda Daily. 1994. *Boards That Work: A Practical Guide to Building Effective Association Boards*. Washington, D.C.: American Society of Association Executives.

Eastland, Terry. 2000. *Freedom of Expression in the Supreme Court: The Defining Cases*. Lanham, Md.: Rowman & Littlefield.

Ebata, Michi, and Beverly Neufeld. 2000. *Confronting the Political in International Relations*. New York: St. Martin's Press.

Ebaugh, Helen R., Paula F. Piper, Janet S. Chafetz, and Martha Daniels. 2003. "Where's the Religion? Distinguishing Faith-Based from Secular Social Service Agencies." *Journal for the Scientific Study of Religion* 42:411—426.

Eberly, Don E., ed. 2000. *The Essential Civil Society Reader*. Lanham, Md.: Rowman & Littlefield.

Eberly, Don E., and Ryan Streeter. 2002. *The Soul of Civil Society: Voluntary Associations and the Public Value of Moral Habits*. Lanham, Md.: Lexington Books.

Eckenstein, Lina. 1963. *Women Under Monasticism: Chapters on Saint-Lore and Convent Life Between A.D. 500 and A.D. 1500*. New York: Russell & Russell.

Ecklein, Joan. 1984. *Community Organizers*. 2nd ed. New York: Wiley.

Edwards, Michael. 2004. *Civil Society*. Cambridge, UK: Polity Press.

Edwards, Richard L., and John A. Yankey. 1998. *Skills for Effective Management of Nonprofit Organizations*. Washington, D.C.: National Association of Social Workers Press.

Eisemon, Thomas O., and Charles H. Davis. 1997. "Kenya: Crisis in the Scientific Community." Pp. 105—128 in *Scientific Communities in the Developing World*, ed. Jacques Gaillard, V. V. Krishna, and Roland Waast. New Delhi: Sage.

Ellis, Susan J. 2002. *The Volunteer Recruitment (and Membership Development) Book*. Philadelphia: Energize.

Ellis, Susan J., Jeffrey D. Kahn, and Alan S. Glazer. 1996. *From the Top Down: The Executive Role in Volunteer Program Success*. Rev. ed. Philadelphia: Energize.

Ellis, Susan J., and Katherine H. Noyes. 1990. *By the People: A History of Americans as Volunteers*. Rev. ed. San Francisco: Jossey-Bass.

Ellis, Susan J., Anne Weisbrod, and Katherine H. Noyes et al. 2003. *Children as Volunteers: Preparing for Community Service*. Philadelphia: Energize.

Ellsworth, Frank L., and Joe Lumarda, eds. 2003. *Foundation Management*. Hoboken, N. J.: Wiley.

Ellwood, Robert S. 1979. *Alternative Altars: Unconventional and Eastern Spirituality in America*. Chicago: University of Chicago Press.

Ember, Carol R., and Melvin Ember. 2004. *Cultural Anthropology*. 11th ed. Upper Saddle River, N. J.: Pearson Prentice Hall.

Emilio, Luis F. 1894/1969. *A Brave Black Regiment: The History of the Fifty-Fourth Regiment of Massachusetts Volunteer Infantry, 1863—1865*. New York: Arno Press.

Emmons, Robert A. 1997. "Motives and Life Goals." Pp. 485—512 in *Handbook of Personality Psychology*, ed. Robert Hogan, John Johnson, and Stephen Briggs. San Diego: Academic Press.

Endres, Kirsten W. 2001. "Local Dynamics of Renegotiating Ritual Space in Northern Vietnam: The Case of the *Dinh*." *SOJOURN: Journal of Social Issues in Southeast Asia* 16: 70—101.

Eng, Eugenia. 1988. "Extending the Unit of Practice from Individual to Community to Reduce Social Isolation Among the Elderly." *Danish Medical Bulletin: Journal of the Health Sciences* Gerontology Special Supplement Series (6):45—51.

English, T. J. 1990. *The Westies: Inside the Hell's Kitchen Irish Mob*. New York: G. P. Putnam's Sons.

Engstrom, John, and Paul A. Copley. 2004. *Essentials of Accounting for Governmental and Not-for-Profit Organizations*. Boston: McGraw-Hill/Irwin.

Entine, Jon. 2003. "The Myth of Social Investing: A Critique of Its Practice and Consequences for Corporate Social Performance Research." *Organization and Environment* 16: 352—368.

Epstein, Barbara. 1991. *Political Protest and Cultural Revolution: Nonviolent Direct Action in the 1970s and 1980s*. Berkeley: University of California Press.

Epstein, Jonathon S., and Robert Sardiello. 1990. "The Wharf Rats: A Preliminary Examination of Alcoholics Anonymous and the Grateful Dead Head Phenomena." *Deviant Behavior* 11:245—257.

Epstein, Steven. 1991. *Wage Labor and Guilds in Medieval Europe*. Chapel Hill:

University of North Carolina Press.

Erem, Suzan. 2001. *Labor Pains: Inside America's New Union Movement*. New York: Monthly Review Press.

Ermann, M. David, and Richard J. Lundman, eds. 2002. *Corporate and Governmental Deviance*. 6th ed. New York: Oxford University Press.

Ernstthal, Henry L., and Bob Jones. 2001. *Principles of Association Management*. 3rd ed. Washington, D. C.: American Society of Association Executives.

Esman, Milton J., and Norman T. Uphoff. 1984. *Local Organizations: Intermediaries in Local Development*. Ithaca, N. Y.: Cornell University Press.

Estes, Richard J. 2000. "Social Development Trends in the Middle East 1970—1997: The Search for Modernity." *Social Indicators Research* 50:51—81.

Etzioni, Amitai. 1961. *A Comparative Analysis of Complex Organizations*. New York: Free Press.

———. 1968. *The Active Society*. New York: Free Press of Glencoe.

———. 1970. *Demonstration Democracy*. New York: Gordon and Breach.

———. 1975. *A Comparative Analysis of Complex Organizations*. Rev. and enlarged ed. New York: Free Press.

———. 1993. *The Spirit of Community*. New York: Simon & Schuster.

———. 2004. "The Emerging Global Normative Synthesis." *Journal of Political Philosophy* 12:214—244.

Evans, Bette N. 1997. *Interpreting the Free Exercise of Religion: The Constitution and American Pluralism*. Chapel Hill: University of North Carolina Press.

Evers, Adalbert, and Jean-Louis Laville. 2004. *The Third Sector in Europe*. Northampton, Mass.: Edward Elgas.

Eyre, Richard. 2003. *National Service: Diary of a Decade*. London: Bloomsbury.

Falomir-Pichastor, Juan M., Daniel Munoz-Rojas, Federica Invernizzi, and Gabriel Mugny. 2004. "Perceived In-Group Threat as a Factor Moderating the Influence of In-Group Norms on Discrimination Against Foreigners." *European Journal of Social Psychology* 34:135—153.

Farcau, Bruce W. 1994. *The Coup: Tactics in the Seizure of Power*. Westport, Conn.: Praeger.

Feigenbaum, A. V. 1983. *Total Quality Control*. New York: McGraw-Hill.

Feld, Werner J., Robert S. Jordan, and Leon Hurwitz. 1994. *International Organizations*. 3rd ed. Westport, Conn.: Praeger.

Fellmeth, Robert C., and Ralph Nader. 1970. *The Interstate Commerce Omission, the*

Public Interest, and the ICC. New York: Grossman.

　　Ferguson, Charles W. 1937. *Fifty Million Brothers.* New York: Farrar and Rinehart.

　　Ferree, Myra M., and Beth B. Hess. 1995. *Controversy and Coalition: The New Feminist Movement.* Rev. ed. New York: Twayne.

　　Ferree, Myra M., and Patricia Y. Martin, eds. 1995. *Feminist Organizations: Harvest of the New Women's Movement.* Philadelphia: Temple University Press.

　　Ferriss, Susan, Ricardo Sandoval, and Diana Hembree. 1997. *The Fight in the Fields: Cesar Chavez and the Farmworkers Movement.* Orlando, Fla.: Harcourt Brace.

　　Fiedler, F. E. 1964. "A Contingency Model of Leadership Effectiveness." Pp. 149—190 in *Advances in Experimental Social Psychology. Volume I*, ed. Leonard Berkowitz. New York: Academic Press.

　　Files, Yvonne de Ridder. 1991. *The Quest for Freedom: Belgian Resistance in World War II.* Santa Barbara, Calif.: Fithian Press.

　　Filinson, Rachel. 2001. "Evaluation of the Impact of a Volunteer Ombudsman Program: The Rhode Island Experience." *Journal of Elder Abuse and Neglect* 13(4):1—19.

　　Fine, Gary A. 1998. *Morel Tales: The Culture of Mushrooming.* Cambridge, Mass.: Harvard University Press.

　　Fine, Seymour H. 1992. *Marketing the Public Sector: Promoting the Causes of Public and Nonprofit Agencies.* New Brunswick, N. J.: Transaction Publishers.

　　Finke, Roger, and Rodney Stark. 2005. *The Churching of America, 1776—2005: Winners and Losers in Our Religious Economy.* New Brunswick, N. J.: Rutgers University Press.

　　Finley, M. I. 1974. "Aristotle and Economic Analysis." In *Studies in Ancient Society*, ed. M. I. Finley. New York: Routledge & Kegan Paul.

　　Finsen, Lawrence, and Susan Finsen. 1994. *The Animal Rights Movement in America.* New York: Twayne.

　　Fischer, Lucy R., Daniel P. Mueller, and Philip W. Cooper. 1991. "Older Volunteers: A Discussion of the Minnesota Senior Study." *Gerontologist* 31(2):183—194.

　　Fischer, Lucy R., and Kay B. Schaffer. 1993. *Older Volunteers: A Guide to Research and Practice.* Newbury Park, Calif.: Sage.

　　Fisher, James C., and Kathleen M. Cole. 1993. *Leadership and Management of Volunteer Programs.* San Francisco: Jossey-Bass.

　　Fisher, Julie. 1984. "Development from Below: Neighborhood Improvement Associations in the Latin American Squatter Settlements." *Studies in Comparative International Development*

19:61—85.

——. 1993. *The Road from Rio: Sustainable Development and the Nongovernmental Movement in the Third World*. Westport, Conn.: Praeger.

——. 1998. *Nongovernments: NGOs and the Political Development of the Third World*. West Hartford, Conn.: Kumarian Press.

Fisher, Robert. 1994. *Let the People Decide: Neighborhood Organizing in America*. Rev. ed. New York: Twayne.

Fisher, Robert, and Joe Kling, eds. 1993. *Mobilizing the Community: Local Politics in the Era of the Global City*. Newbury Park, Calif.: Sage.

Fishman, James J., and Stephen Schwarz. 2000. *Nonprofit Organizations*. 2nd ed. New York: Foundation Press.

Flanagan, Joan. 1984. *The Successful Volunteer Organization*. Chicago: Contemporary Books.

——. 2002. *Successful Fund-Raising: A Complete Handbook for Volunteers and Professionals*. 2nd ed. New York: McGraw-Hill.

Floro, Maria S. 1995. "Economic Restructuring, Gender, and the Allocation of Time." *World Development* 23:1913—1929.

Flory, Richard W. 2002. "Intentional Change and the Maintenance of Mission: The Impact of Adult Education Programs on School Mission at Two Evangelical Colleges." *Review of Religious Research* 43:349—368.

Flynn, Patricia, and Virginia A. Hodgkinson. 2002. *Measuring the Impact of the Nonprofit Sector*. New York: Kluwer Academic.

Fogal, Robert E. 1994. "Designing and Managing the Fundraising Program." Pp. 369—381 in *The Jossey-Bass Handbook of Nonprofit Leadership and Management*, ed. Robert D. Herman and Associates. San Francisco: Jossey-Bass.

Ford, Henry E., and Jean L. Ford. 1996. *The Power of Association: Success Through Volunteerism and Positive Associations*. Dubuque, Iowa: Kendall/Hunt.

Forward, David C. 1994. *Heroes After Hours: Extraordinary Acts of Employee Volunteerism*. San Francisco: Jossey-Bass.

Francis, Leslie J., and Laurence B. Brown. 1991. "The Influence of Home, Church, and School on Prayer Among Sixteen-Year-Old Adolescents in England." *Review of Religious Research* 33:112—122.

Fraser, Steve, and Josh Freeman. 1997. "Rebuilding the Alliance." *Dissent* 44(1):29—30.

Frazier, Edward F., and C. Eric Lincoln. 1974. *The Negro Church in America*. New

York: Schocken Books.

Freedman, Harry A., and Karen Feldman. 1998. *The Business of Special Events: Fundraising Strategies for Changing Times.* Sarasota, Fla.: Pineapple Press.

Freedman, Marc. 1993. *The Kindness of Strangers: Adult Mentors, Urban Youth, and the New Voluntarism.* San Francisco: Jossey-Bass.

Freeman, David F. 1981. *The Handbook on Private Foundations.* Cabin John, Md.: Seven Locks Press.

——. 1991. *The Handbook on Private Foundations.* Rev. ed. New York: Foundation Center.

Freidson, Eliot. 1994. *Professionalism Reborn: Theory, Prophecy, and Policy.* Chicago: University of Chicago Press.

Frey, R. Scott, Thomas Dietz, and Linda Kalof. 1992. "Characteristics of Successful American Protest Groups: Another Look at Gamson's Strategy of Social Protest." *American Journal of Sociology* 98:368—387.

Friedman, Lawrence J., and Mark D. McGarvie. 2003. *Charity, Philanthropy, and Civility in American History.* New York: Cambridge University Press.

Frishman, Martin, and Hasan-Uddin Khan. 1994. *The Mosque: History, Architectural Development and Regional Diversity.* New York: Thames and Hudson.

Fromkin, Howard L., and John J. Sherwood. 1976. *Intergroup and Minority Relations.* La Jolla, Calif.: University Associates.

Frumkin, Peter. 2003. "Inside Venture Philanthropy." *Society* 40(4):7—15.

Frumkin, Peter, and Jonathan B. Imber, eds. 2004. *In Search of the Nonprofit Sector.* New Brunswick, N.J.: Transaction Publishers.

Fry, Robert P. 1998. *Nonprofit Investment Policies.* New York: Wiley.

Fuller, Lon L. 1969. "Two Principles of Human Associations." Pp. 45—57 in *Voluntary Associations*, ed. J. R. Pennock and J. W. Chapman. New York: Atherton.

Fullinwider, Robert K., ed. 1999. *Civil Society, Democracy, and Civic Renewal.* Lanham, Md.: Rowman & Littlefield.

Gabe, Thomas, and Eugene H. Falk. 1995. *Welfare: (Dis)incentives in the Welfare System.* Washington, D.C.: Congressional Research Service, Library of Congress.

Galaskiewicz, Joseph. 1985. *Social Organization of an Urban Grants Economy.* Orlando, Fla.: Academic Press.

Galaskiewicz, Joseph, and Wolfgang Bielefeld. 1998. *Nonprofit Organizations in an Age of Uncertainty.* New York: Aldine de Gruyter.

Galdston, Iago. 1961. *Voluntary Action and the State.* New York: International

Universities Press.

Galenson, Walter. 1976. *Trade Union Democracy in Europe*. Westport, Conn.: Greenwood Press.

———. 1983. *The United Brotherhood of Carpenters: The First Hundred Years*. Cambridge, Mass.: Harvard University Press.

———. 1994. *Trade Union Growth and Decline*. Westport, Conn.: Praeger.

———. 1996. *The American Labor Movement 1955—1995*. Westport, Conn.: Greenwood Press.

———. 1998. *The World's Strongest Trade Unions: The Scandinavian Labor Movement*. Westport, Conn.: Quorum.

Galenson, Walter, and Seymour M. Lipset, eds. 1990. *Labor and Trade Unions*. New York: Wiley.

Gallagher, Sally K. 1994. "Gender and Giving Help Through Formal Volunteerism." Pp. 71—86 in *Older People Giving Care: Helping Family and Community*. Westport, Conn.: Auburn House.

Gamba, Michelle, and Brian H. Kleiner. 2001. "The Old-Boys' Network Today." *International Journal of Sociology and Social Policy* 21:101—107.

Gamson, William A. 1990. *The Strategy of Social Protest*. 2nd ed. Belmont, Calif.: Wadsworth Pub.

Gamwell, Franklin I. 1984. *Beyond Preference: Liberal Theories of Independent Association*. Chicago: University of Chicago Press.

Ganje, Lucy, and Lynda Kenny. 2004. "Come Hell and High Water: Newspaper Photographs, Minority Communities, and the Greater Grand Forks Flood." *Race, Gender, and Class* 11:78—89.

Gans, Herbert J. 1974. *Popular Culture and High Culture*. New York: Basic Books.

Gapasin, Fernando E. 1996. "Race, Gender and Other 'Problems' of Unity for the American Working Class." *Race, Gender and Class* 4(1):41—62.

Gara, Larry. 1996. *The Liberty Line: The Legend of the Underground Railroad*. Lexington: University Press of Kentucky.

Garbarino, J., and N. Jacobson. 1978. "Youth Helping Youth in Cases of Maltreatment of Adolescents." *Child Welfare* 57:505—510.

Garner, C. William. 1991. *Accounting and Budgeting in Public and Nonprofit Organizations*. San Francisco: Jossey-Bass.

Garner, Roberta A., and Mayer N. Zald. 1987. "The Political Economy of Social

Movement Sectors." Pp. 293—317 in *Social Movements in an Organizational Society*, ed. Mayer N. Zald and John D. McCarthy. New Brunswick, N. J.: Transaction Publishers.

Garris, Sheron, and Julia Lettner. 1996. *Grant Proposal: Wellness Resource Center*. Chapel Hill: School of Public Health, University of North Carolina.

Garrow, David J. 1989. *The Walking City: The Montgomery Bus Boycott 1955—1956*. Brooklyn, N. Y.: Carlson Pub.

Gartner, Alan, and Frank Riessman. 1977. *Self-Help in the Human Services*. San Francisco: Jossey-Bass.

——. 1984. *The Self-Help Revolution*. New York: Human Sciences Press.

Gasper, Louis. 1963. *The Fundamentalist Movement*. The Hague: Mouton.

Gaudiani, Claire. 2003. *The Greater Good: How Philanthropy Drives the American Economy and Can Save Capitalism*. New York: Henry Holt.

Gaustad, Edwin S., and Leigh E. Schmidt. 2002. *The Religious History of America*. San Francisco: HarperSanFrancisco.

Gavron, Daniel. 2000. *The Kibbutz: Awakening from Utopia*. Lanham, Md.: Rowman & Littlefield.

Gelber, Steven M. 1999. *Hobbies: Leisure and the Culture of Work in America*. New York: Columbia University Press.

Gellner, Ernest. 1994. *Conditions of Liberty: Civil Society and Its Rivals*. London: Penguin Books.

George, John, and Laird Wilcox. 1996. *American Extremists: Militias, Supremacists, Klansmen, Communists, & Others*. Amherst, N. Y.: Prometheus Books.

George, Stephen, and Arnold Weimerskirch. 1994. *Total Quality Management*. New York: Wiley.

Gerth, Hans, and C. Wright Mills, eds. 1958. *From Max Weber: Essays in Sociology*. New York: Oxford University Press.

Ghanea-Hercock, Nazila. 2003. *The Challenge of Religious Discrimination at the Dawn of the New Millennium*. Boston: Martinus Nijhoff.

Gibelman, Margaret, and Steven Kraft. 1996. "Advocacy as a Core Agency Program: Planning Considerations for Voluntary Human Services Agencies." *Administration in Social Work* 20(4):43—59.

Giddings, Paula. 1988. *In Search of Sisterhood: Delta Sigma Theta and the Challenge of the Black Sorority Movement*. New York: William Morrow.

Gidron, Benjamin, Michael Bar, and Hagai Kats. 2004. *The Israeli Third Sector*. New

York: Kluwer Academic.

Gidron, Benjamin, Ralph Kramer, and Lester M. Salamon, eds. 1992. *Government and the Third Sector*. San Francisco: Jossey-Bass.

Gilbert, Charles E. 1983. *Implementing Governmental Change*. Beverly Hills, Calif.: Sage.

Gillis, Chester. 1999. *Roman Catholicism in America*. New York: Columbia University Press.

Gilpatrick, Eleanor. 1989. *Grants for Nonprofit Organizations*. New York: Praeger.

Ginsberg, Paul. 2003. *Italy and Its Discontents: Family, Civil Society, State*. New York: Palgrave Macmillan.

Gintis, Herbert, Samuel Bowles, Robert Boyd, and Ernest Fehr. 2003. "Explaining AltruisticBehavior in Humans." *Evolution and Human Behavior* 24(3):153—172.

Giroux, Henry. 2004. "War Talk, the Death of the Social, and Disappearing Children: Remembering the Other War." *Cultural Studies—Critical Methodologies* 4(2):206—211.

Gittell, Marilyn. 1980. *The Limits to Citizen Participation: The Decline of Community Organizations*. Beverly Hills, Calif.: Sage.

Gittell, Ross, and Avis Vidal. 1998. *Community Organizing: Building Social Capital as a Development Strategy*. Thousand Oaks, Calif.: Sage.

Gitterman, Alex, and Lawrence Shulman. 1994. *Mutual Aid Groups, Vulnerable Populations, and the Life Cycle*. New York: Columbia University Press.

Gladstone, F. J. 1979. *Voluntary Action in a Changing World*. London: Bedford Square Press.

Glazer, Nathan. 1972. *American Judaism*. Chicago: University of Chicago Press.

Gleason, Philip. 1987. *Keeping the Faith: American Catholicism Past and Present*. Notre Dame, Ind.: Notre Dame University Press.

Glenn, Charles L. 2000. *The Ambiguous Embrace: Government and Faith-Based Schools and Social Agencies*. Princeton, N.J.: Princeton University Press.

Godbey, Geoffrey. 1999. *Leisure in Your Life: An Exploration*. 5th ed. State College, Pa.: Venture.

Goffman, Erving. 1963. *Stigma*. Englewood Cliffs, N.J.: Prentice Hall.

Goldberg, Robert A. 1991. *Grassroots Resistance: Social Movements in Twentieth Century America*. Belmont, Calif.: Wadsworth Publishing Co.

Golden, Renny, and Michael McConnell. 1986. *Sanctuary: The New Underground Railroad*. Maryknoll, N.Y.: Orbis Books.

Golden, Susan L. 1997. *Secrets of Successful Grantsmanship*. San Francisco: Jossey-Bass.

Goldstein, Joseph. 2002. *One Dharma: The Emerging Western Buddhism*. New York: HarperCollins.

Goldstein, Kenneth M. 1999. *Interest Groups, Lobbying, and Participation in America*. Cambridge, UK: Cambridge University Press.

Golomb, Sylvia L., and Andrea Kocsis. 1988. *The Halfway House: On the Road to Independence*. New York: Brunner/Mazel.

Goodin, Robert E., and Hans-Dieter Klingemann. 1996. "Political Science: The Discipline." Pp. 3—49 in *A New Handbook of Political Science*, ed. Robert E. Goodin and Hans-Dieter Klingemann. New York: Oxford University Press.

Goodlad, Sinclair, and Stephanie McIvor. 1998. *Museum Volunteers: Good Practice in the Management of Volunteers*. London: Routledge.

Goodman, Mervyn. 1996. "The Jewish Community of Liverpool." *The Jewish Journal of Sociology* 38:89—104.

Golinowska, Stanislawa. 1994. "Development of the Third Sector in Social Sphere during Transition." *Polish Sociological Review* 4(108):359—372.

Gora, Jo Ann G., and Gloria M. Nemerowicz. 1985. *Emergency Squad Volunteers: Professionalism in Unpaid Work*. New York: Praeger.

Gora, Joel M., and Sally Master. 1991. *The Right to Protest: The Basic ACLU Guide to Free Expression*. Carbondale: Southern Illinois University.

Gordon, Avery, and Christopher Newfield. 1996. *Mapping Multiculturalism*. Minneapolis: University of Minnesota Press.

Gordon, C. W., and Nicholas Babchuk. 1959. "Typology of Voluntary Associations." *American Sociological Review* 24:22—29.

Gordon, Suzanne. 1976. *Lonely in America*. New York: Simon and Schuster.

Goreham, Gary A. 2004. "Denominational Comparison of Rural Youth Ministry Programs." *Review of Religious Research* 45:336—348.

Gosden, P. H. J. H. 1961. *The Friendly Societies in England, 1815—1875*. Manchester, UK: Manchester University Press.

Gougler, Richard C. 1972. "Amish Barn-Raising." *Pennsylvania Folklife* 21 (Folk Festival Supplement):14—18.

Gould, Lewis L. 2003. *Grand Old Party: A History of the Republicans*. New York: Random House.

Gould, Roger V. 1996. "Patron-Client Ties, State Centralization, and the Whiskey

Rebellion." *American Journal of Sociology* 102:400—429.

Graff, Linda L. 1997. *By Definition: Policies for Volunteer Programs*. 2nd ed. Dundas, Canada: Graff & Associates.

Graubard, Allen. 1972. *Free the Children: Radical Reform and the Free School Movement*. New York: Pantheon Books.

Gray, B. Kirkman. 1905/1967. *A History of English Philanthropy*. New York: Augustus Kelley.

Greeley, Andrew. 1972. *The Denominational Society*. Glenview, Ill.: Scott, Foresman.

Green, Gary P., and Anna Haines. 2002. *Asset Building and Community Development*. Thousand Oaks, Calif.: Sage.

Greene, Jack P. 1984. *Encyclopedia of American Political History: Studies of Principal Movements and Ideas*. New York: Scribner.

Greenfield, James M., and Tracy D. Connors. 2001. *The Nonprofit Handbook: FundRaising*. 3rd ed. New York: Wiley.

Greenwald, Carol S. 1977. *Group Power*. New York: Praeger.

Griffiths, Curt T., and Simon N. Verdun-Jones. 1994. *Canadian Criminal Justice*. 2nd ed. Toronto: Harcourt Brace Canada.

Grobman, Gary M. 2004. *An Introduction to the Nonprofit Sector*. Harrisburg, Pa.: White Hat Communications.

——. 2005. *The Nonprofit Handbook*. Harrisburg, Pa.: White Hat Communications.

Grønbjerg, Kirsten A. 1993. *Understanding Nonprofit Funding: Managing Resources in Social Services and Community Development Organizing*. San Francisco: Jossey-Bass.

Gross, Charles. 1890. *The Guild Merchant*. 2 vol. Oxford: Claredon Press.

Gross, Edward, and Amitai Etzioni. 1985. *Organizations in Society*. Englewood Cliffs, N.J.: Prentice Hall.

Gross, Malvern J., Richard F. Larkin, and John H. McCarthy. 2000. *Financial and Accounting Guide for Not-for-Profit Organizations*. 6th ed. New York: Wiley.

Groves, Julian M. 2001. "Animal Rights and the Politics of Emotion: Folk Construction of Emotion in the Animal Rights Movement." Pp. 212—229 in *Passionate Politics: Emotions and Social Movements*, ed. James M. Jasper and Francesca Polleta. Chicago: University of Chicago Press.

Gummer, Burton. 1988. "The Hospice in Transition: Organizational and Administrative Perspectives." *Administration in Social Work* 12:31—43.

Gurr, Ted R. 1969. *Why Men Rebel*. Princeton, N.J.: Princeton University Press.

Gutman, Amy, ed. 1998. *Freedom of Association*. Princeton, N. J.: Princeton University Press.

Guttmann, Allen. 2000. "The Development of Modern Sports." Pp. 248—259 in *Handbook of Sport Studies*, ed. Jay Coakley and Eric Dunning. Thousand Oaks, Calif.: Sage.

Hackenberg, Kirk A. 2002. *A Peace Corps Profile*. Victoria, B. C.: Trafford.

Hadaway, C. Kirk, Stuart A. Wright, and Francis M. Dubose. 1987. *Home Cell Groups and House Churches*. Nashville, Tenn.: Broadman.

Hadden, Jeffrey K. 2000. "Religious Movements." Pp. 2364—2376 in *Encyclopedia of Sociology*, 2nd ed., vol. 4, ed. Edgar F. Borgatta and Rhonda J. V. Montgomery. New York: Macmillan Reference USA.

Haggard, Thomas R. 1977. *Compulsory Unionism, the NLRB, and the Courts*. Philadelphia: Industrial Research Unit, University of Pennsylvania.

Hall, David D. 1997. *Lived Religion in America: Toward a History of Practice*. Princeton, N. J.: Princeton University Press.

Hall, Peter D. 1992. *Inventing the Nonprofit Sector and Other Essays on Philanthropy, Volunteerism, and Nonprofit Organizations*. Baltimore: Johns Hopkins University Press.

——. 1994. "Historical Perspectives on Nonprofit Organizations." Pp. 3—43 in *The Jossey-Bass Handbook of Nonprofit Leadership and Management*, ed. Robert D. Herman and Associates. San Francisco: Jossey-Bass.

——. 1997. *A History of Nonprofit Boards in the United States*. National Center for Nonprofit Boards Occasional Paper. Washington, D. C.: National Center for Nonprofit Boards.

Hall, Richard H. 1986. *Dimensions of Work*. Beverly Hills, Calif.: Sage.

——. 1996. *Organizations*. 6th ed. Englewood Cliffs, N. J.: Prentice Hall.

Hall, Richard H., and Pamela S. Tolbert. 2005. *Organizations: Structures, Processes, and Outcomes*. 9th ed. New York: Pearson Prentice Hall.

Halmos, Paul. 1970. *The Personal Service Society*. New York: Schocken Books.

Halperin, David A. 1983. *Psychodynamic Perspectives on Religion, Sect, and Cult*. Boston: J. Wright, PSG.

Halpern, Thomas, and Brian Levin. 1996. *The Limits of Dissent: The Constitutional Status of Armed Citizen Militias*. Amherst, Mass.: Alethia Press.

Hamilton, Neil A. 1997. *The ABC-CLIO Companion to the 1960s Counterculture in America*. Santa Barbara, Calif.: ABC-CLIO.

Hamm, Keith. 1986. "The Role of 'Subgovernments' in U. S. State Policy Making: An Exploratory Analysis." *Legislative Studies Quarterly* 11:321—351.

Hamm, Mark S. 1994. *American Skinheads*. Westport, Conn.: Praeger.

Hammack, David C., ed. 1998. *Making the Nonprofit Sector in the United States: A Reader*. Bloomington: Indiana University Press.

Hammack, David C., and Dennis R. Young. 1993a. "Introduction: Perspectives on Nonprofits in the Marketplace." Pp. 1—22 in *Nonprofit Organizations in a Market Economy: Understanding New Roles, Issues, and Trends*, ed. David C. Hammack and Dennis R. Young. San Francisco: Jossey-Bass.

——, eds. 1993b. *Nonprofit Organizations in a Market Economy: Understanding New Roles, Issues, and Trends*. San Francisco: Jossey-Bass.

Hammer, Tove H., and David L. Wazeter. 1993. "The Dimensions of Local Union Effectiveness." *Industrial and Labor Relations Review* 46:302—319.

Hammond, Philip E. 1998. *With Liberty for All: Freedom of Religion in the United States*. Louisville, Ky.: Westminster John Knox Press.

Handy, Robert T. 1966. "The Voluntary Principle in Religion and Religious Freedom." Pp. 129—139 in *Voluntary Associations: A Study of Groups in Free Society*, ed. D. B. Robertson. Richmond, Va.: John Knox Press.

Hankin, Jo Ann, Alan G. Seidner, and John T. Zietlow. 1998. *Financial Management for Nonprofit Organizations*. New York: Wiley.

Hann, Chris. 1996. *Civil Society: Challenging Western Models*. London: Routledge.

Hannan, Michael T., and John Freeman. 1977. "The Population Ecology of Organizations." *American Journal of Sociology* 82(5):929—964.

Hansmann, Henry. 1980. "The Role of Nonprofit Enterprise." *Yale Law Journal* 89:835—901.

Hanson, Charles G. 1982. *The Closed Shop*. New York: St. Martin's Press.

Hanson, Chris. 1996. *The Cohousing Handbook: Building a Place for Community*. Point Roberts, Wash.: Hartley & Marks Publishers.

Harcourt, Alexander, and Frans B. Waal. 1992. *Coalitions and Alliances in Human and Other Animals*. Oxford, UK: Oxford University Press.

Hardin, Garrett. 1968. "The Tragedy of the Commons." *Science* 162:1243—1248.

Harman, John D., ed. 1982. *Volunteerism in the Eighties*. Washington, D.C.: University Press of America.

Harootyan, Robert A., and Robert E. Vorek. 1994. "Volunteering, Helping and Gift Giving in Families and Communities." *Intergenerational Linkages: Hidden Connections in American Society*, ed. Vern L. Bengston and Robert A. Harootyan. New York: Springer.

Harris, Margaret. 1998a. "Doing It Their Way: Organizational Challenges for Voluntary Associations." *Nonprofit and Voluntary Sector Quarterly* 27:144—158.

——. 1998b. *Organizing God's Work*. New York: St. Martin's Press.

Harris, Nigel. 1986. *The End of the Third World*. New York: Meredith Press.

Harrison, Paul M. 1960. "Weber's Categories of Authority and Voluntary Associations." *American Sociological Review* 25(2):231—237.

Harrison, Reginald J. 1980. *Pluralism and Corporatism: The Political Evolution of Modern Democracies*. Boston: Allen & Unwin.

Hartnagel, Timothy F. 2004. "Correlates of Criminal Behavior." Pp. 120—163 in *Criminology: A Canadian Perspective*, 5th ed., ed. Rick Linden. Toronto: Thompson/Nelson.

Hartson, Louis D. 1911. "A Study of Voluntary Associations, Educational and Social, in Europe During the Period from 1100 to 1700." *Journal of Genetic Psychology* 18:10—30.

Harvard Business Review. 1999. *Harvard Business Review on Nonprofits*. Boston: Harvard Business Review Publishing.

Hassard, John. 1994. "Postmodern Organizational Analysis: Toward a Conceptual Framework." *Journal of Management Studies* 31:303—325.

Hausknecht, Murray. 1962. *The Joiners: A Sociological Description of Voluntary Association Membership in the United States*. New York: Bedminster Press.

Hawdon, James. 1996. *Emerging Organizational Forms: The Proliferation of Regional Intergovernmental Organizations in the Modern World-System*. Westport, Conn.: Greenwood Press.

Hawes, Joseph M. 1991. *The Children's Rights Movement*. New York: Twayne.

Haworth, John T. 1984. "Leisure, Work, and Profession." *Leisure Studies* 3:319—334.

——, ed. 1997. *Work, Leisure, and Well-Being*. London: Routledge.

Haynes, Jeff. 1997. *Democracy and Civil Society in the Third World: Politics and New Social Movements*. Cambridge, UK: Polity Press.

Heckenberg, Kirk A. 2002. *A Peace Corps Profile*. Victoria, Canada: Trafford.

Hedstrom, Peter. 1994. "Contagious Collectivities: On the Spatial Diffusion of Swedish Trade Unions, 1890—1940." *American Journal of Sociology* 99:1157—1179.

Heilman, Samuel C. 1976. *Synagogue Life*. Chicago: University of Chicago Press.

Heinze, Rolf G., and Helmut Voelzkow. 1993. "Organizational Problems for the German Farmers' Association and Alternative Policy Options." *Sociologia Ruralis* 33:25—41.

Henderson, Charles R. 1895. "The Place and Functions of Voluntary Associations."

American Journal of Sociology 1 (June):327—334.

Henderson, John. 1997. *Piety and Charity in Late Medieval Florence*. New York: Oxford University Press.

Henderson, Karla. 1984. "Volunteerism as Leisure." *Journal of Voluntary Action Research* 13(1):55—63.

Herbst, Jurgen. 1976. "The American Revolution and the American University." *Perspectives in American History* 10:279—354.

Herman, Melanie L. 2005. "Risk Management." Pp. 560—584 in *The Jossey-Bass Handbook of Nonprofit Leadership and Management*, 2nd ed., ed. Robert D. Herman and Associates. San Francisco: Jossey-Bass.

Herman, Robert D. 2005. "The Future of Nonprofit Management." Pp. 731—735 in *The Jossey-Bass Handbook of Nonprofit Leadership & Management*, 2nd ed., ed. Robert D. Herman and Associates. San Francisco: Jossey-Bass.

Herman, Robert D., and Associates, eds. 1994. *The Jossey-Bass Handbook of Nonprofit Leadership & Management*. San Francisco: Jossey-Bass.

——. 2005. *The Jossey-Bass Handbook of Nonprofit Leadership & Management*. 2nd ed. San Francisco: Jossey-Bass.

Herman, Robert D., and Richard Heimovics. 1991. *Executive Leadership in Nonprofit Organizations*. San Francisco: Jossey-Bass.

——. 1994. "Executive Leadership." Pp. 137—153 in *The Jossey-Bass Handbook of Nonprofit Leadership and Management*, ed. Robert D. Herman and Associates. San Francisco: Jossey-Bass.

Herring, Cedric, Michael Bennett, Doug Gills, and Noah T. Jenkins, eds. 1998. *Empowerment in Chicago: Grassroots Participation in Economic Development and Poverty Alleviation*. Chicago: University of Illinois at Chicago.

Herron, Douglas B. 1997. *Marketing Nonprofit Programs and Services*. San Francisco: Jossey-Bass.

Hersey, P., and K. H. Blanchard. 1969. "Life-Cycle Theory of Leadership." *Training and Development Journal* 23:26—34.

Heunks, Felix J. 1991. "Varieties of Activism in Three Western Democracies." *Nonprofit and Voluntary Sector Quarterly* 20:151—172.

Hewitt, W. E. 1986. "Strategies for Social Change Employed by *Communidades Eclesiais de Base* (CEBs) in the Archdiocese of Sao Paulo." *Journal for the Scientific Study of Religion* 25:16—32.

Heywood, Andrew. 2002. *Politics*. 2nd ed. New York: Palgrave.

Himmelstein, Jerome L. 1997. *Looking Good and Doing Good: Corporate Philanthropy and Corporate Power*. Bloomington: Indiana University Press.

Hing, Bill O. 1997. *To Be an American: Cultural Pluralism and the Rhetoric of Assimilation*. New York: New York University Press.

Hirschfelder, Arlene B., and Paulette F. Molin. 2000. *The Encyclopedia of Native American Religions*. New York: Facts on File.

Hirschman, Albert O. 1970. *Exit, Voice, and Loyalty: Responses to Decline in Firms, Organizations, and States*. Cambridge, Mass.: Harvard University Press.

Hobsbawm, E. J. 1965. *Primitive Rebels*. New York: Norton.

Hobson, Burton, and Robert Obojski. 1980. *Coin Collecting as a Hobby*. New York: Sterling.

Hodgkinson, Virginia A. 1990. "The Future of Individual Giving and Volunteering: The Inseparable Link between Religious and Individual Generosity." Chapter 14 in *Faith and Philanthropy in American: Exploring the Role of Religion in American's Voluntary Sector*, ed. Robert Wuthnow and Virginia A. Hodgkinson. San Francisco: Jossey-Bass.

Hodgkinson, Virginia A., and Richard W. Lyman, eds. 1989. *The Future of the Nonprofit Sector*. San Francisco: Jossey-Bass.

Hodgkinson, Virginia A., and Christopher Toppe 1991. "A New Research and Planning Tool for Managers: The National Taxonomy of Exempt Entities." *Nonprofit Management & Leadership* 1:403—414.

Hodgkinson, Virginia A., and Murray S. Weitzman. 1988. *Giving and Volunteering in the United States*. Washington, D.C.: INDEPENDENT SECTOR.

——. 1996. *Nonprofit Almanac, 1996—1997*. San Francisco: Jossey-Bass.

Hodgkinson, Virginia A., Murray S. Weitzman, Christopher Toppe, and Stephen M. Noga. 1992. *Nonprofit Almanac, 1992—1993*. San Francisco: Jossey-Bass.

Hohl, Karen L. 1996. "The Effects of Flexible Work Arrangements." *Nonprofit Management and Leadership* 7(1):69—86.

Hollenbach, Margaret. 2004. *Lost and Found: My Life in a Group Marriage Commune*. Albuquerque: University of New Mexico Press.

Holmes, Mary. 2004. "Feeling Beyond Rules: Politicizing the Sociology of Emotion and Danger in Feminist Politics." *European Journal of Social Theory* 7:209—227.

Holms, John P., with Tom Burke. 1994. *Terrorism*. New York: Pinnacle Books.

Hopkins, Bruce R. 1998. *The Law of Tax-Exempt Organizations*. 7th ed. New York:

Wiley.

——. 2001. *Starting and Managing a Nonprofit Organization: A Legal Guide*. 3rd ed. New York: Wiley.

Horne, William R. 2003. "Time-Budget Methods." Pp. 502—503 in *Encyclopedia of Leisure and Outdoor Recreation*, ed. John M. Jenkins and John J. Pigram. London: Routledge.

Horowitz, Irving L. 1966. *Three Worlds of Development*. New York: Oxford University Press.

Horvath, Terri. 1995. *Spread the Word: How to Promote Nonprofit Groups with a Network of Speakers*. Indianapolis: Publishing Resources.

Houle, Cyril O. 1989. *Governing Boards*. San Francisco: Jossey-Bass.

Howard, Marc M. 2003. *The Weakness of Civil Society in Post-Communist Europe*. Cambridge, UK: Cambridge University Press.

Howe, Fisher. 1995. *Welcome to the Board*. San Francisco: Jossey-Bass.

Howell, Jude. 2002. "In Their Own Image: Donor Assistance Civil Society." *Lusotopie* 9 (1): 117—130.

Hrebenar, Ronald J. 1997. *Interest Group Politics in America*. 3rd ed. Armonk, N.Y.: M. E. Sharpe.

Hubert, Henri, and Marcel Mauss. 1964. *Sacrifice*. Chicago: University of Chicago Press.

Hudock, Ann C. 1999. *NGOs and Civil Society: Democracy by Proxy?* Cambridge, UK: Polity Press.

Huizenga, Johan. 1955. *Homo Ludens*. Boston: Beacon Press.

Hula, Kevin W. 1999. *Lobbying Together: Interest Group Coalitions in Legislative Politics*. Washington, D.C.: Georgetown University Press.

Hula, Richard C., and Cynthia Jackson-Elmore, eds. 2000. *Nonprofits in Urban America*. Westport, Conn.: Quorum Books.

Hummel, Joan M. 1996. *Starting and Running a Nonprofit Organization*. Minneapolis: University of Minnesota Press.

Humphreys, Keith. 1998. "Can Addiction-Related Self-Help/Mutual Aid Groups Lower Demand for Professional Substance Abuse Treatment?" *Social Policy* 29 (Winter): 13—17.

Humphreys, Keith, ed. 2004. *Circles of Recovery: Self Help Organizations for Addictions*. New York: Cambridge University Press.

Humphreys, Laud. 1970. *Tearoom Trade: Impersonal Sex in Public Places*. Chicago: Aldine.

Hunt, Geoff P., and S. Satterlee. 1986. "The Pub, the Village and the People." *Human Organization* 45:62—74.

Hunter, Floyd. 1953. *Community Power Structure: A Study of Decision Makers*. New York: Doubleday.

Hunter, James D. 1997. "Partisanship and the Abortion Controversy." *Society* 34(5): 30—31.

Hunter, K. I., and Margaret W. Linn. 1980—1981. "Psychosocial Differences Between Elderly Volunteers and Non-Volunteers." *International Journal of Aging and Human Development* 12(3):205—213.

Hutcheson, John D., Jr., and Frank X. Steggart. 1979. *Organized Citizen Participation in Urban Areas*. Atlanta: Center for Research on Social Change, Emory University.

Hutchison, William R. 2003. *Religious Pluralism in America: The Contentious History of a Founding Ideal*. New Haven, Conn.: Yale University Press.

Huttman, Elizabeth D. 1985. *Social Services for the Elderly*. New York: Free Press.

Hybels, Bill. 2004. *The Volunteer Revolution: Unleashing the Power of Everybody*. Grand Rapids, Mich.: Zondervan.

Hyde, Cheryl A. 2000. "The Hybrid Nonprofit: An Examination of Feminist Social Movement Organizations." *Journal of Community Practice* 8(4):45—67.

Iannello, Kathleen P. 1992. *Decisions Without Hierarchy: Feminist Interventions in Organization Theory and Practice*. New York: Routledge.

Ilsley, Paul J. 1990. *Enhancing the Volunteer Experience: New Insights on Strengthening Volunteer Participation, Learning, and Commitment*. San Francisco: Jossey-Bass.

INDEPENDENT SECTOR. 1991. *Ethics and the Nation's Voluntary and Philanthropic Community*. Washington, D.C.: INDEPENDENT SECTOR.

——. 1996. *Giving and Volunteering in the United States: Findings from a National Survey 1996 Edition*. Washington, D.C.: INDEPENDENT SECTOR.

INDEPENDENT SECTOR and Urban Institute. 2002. *The New Nonprofit Almanac and Desk Reference*. San Francisco: Jossey-Bass.

Ingersoll-Dayton, Berit, Margaret B. Neal, Jung-hwa Ha, and Leslie B. Hammer. 2003. "Collaboration Among Siblings Providing Care for Older Parents." *Journal of Gerontological Social Work* 40:51—66.

Iriye, Akira. 2002. *Global Community: The Role of International Organizations in the Making of the Contemporary World*. Berkeley: University of California Press.

Irons, Peter H. 2005. *Cases and Controversies: Civil Rights and Liberties in Context*.

Upper Saddle River, N. J. : Pearson Prentice Hall.

Isaacs, Stephen L. , and James R. Knickman, eds. 1997. *To Improve Health and Health Care: The Robert Wood Johnson Foundation*. San Francisco: Jossey-Bass.

Israel, Barbara A. 1988. "Community-Based Social Network Interventions: Meeting the Needs of the Elderly." *Danish Medical Bulletin: Journal of the Health Sciences* Gerontology Special Supplement Series (6):36—44.

Jackson, Edgar L. , and Thomas L. Burton, eds. 1999. *Leisure Studies: Prospects for the Twenty-First Century*. State College, Pa. : Venture.

Jackson, M. J. 1974. *The Sociology of Religion*. London: Batsford.

Jacobs, Janet. 1987. "Deconversion from Religious Movements." *Journal for the Scientific Study of Religion* 26(3):294—308.

Jacobs, Jerald A. 2002. *Associations and the Law*. Washington, D. C. : American Society of Association Executives.

Jacoby, Barbara. 2003. *Building Partnerships for Service Learning*. San Francisco: Jossey-Bass.

Jacoby, Barbara, and Associates. 1996. *Service-Learning in Higher Education*. San Francisco: Jossey-Bass.

James, Estelle. 2003. "Commercialism and the Mission of Nonprofits." *Society* 40(4): 29—35.

James, William. 1902/1958. *The Varieties of Religious Experience*. New York: Mentor.

Janoski, Thomas, March Musick, and John Wilson. 1998. "Being Volunteered? The Impact of Social Participation and Pro-Social Attitudes on Volunteering." *Sociological Forum* 13: 495—519.

Janvier, Louis G. 1984. *Jesse Jackson for President Leading America's Rainbow Coalition*. Brooklyn, N. Y. : L. G. Janvier.

Jas, Pauline. 2000. *A Gift Relationship? Charitable Giving in Theory and Practice*. London: National Council of Voluntary Organizations.

Jeannotte, M. Sharon. 2003. "Singing Alone? The Contribution of Cultural Capital to Social Cohesion and Sustainable Communities." *International Journal of Cultural Policy* 9(1): 35—49.

Jeavons, Thomas H. 1994a. "Ethics in Nonprofit Management: Creating a Culture of Integrity." Pp. 184—207 in *The Jossey-Bass Handbook of Nonprofit Leadership and Management*, ed. Robert D. Herman and Associates. San Francisco: Jossey-Bass.

———. 1994b. *When the Bottom Line Is Faithfulness: Management of Christian Service*

Organizations. Bloomington: Indiana University Press.

———. 2005. "Ethical Nonprofit Management." Pp. 204—229 in *The Jossey-Bass Handbook of Nonprofit Leadership and Management*, ed. Robert D. Herman and Associates. San Francisco: Jossey-Bass.

Jeavons, Thomas H., and Ram A. Cnaan. 1997. "The Formation, Transitions, and Evolution of Small Religious Organizations." *Nonprofit and Voluntary Sector Quarterly* 26 (Supplemental):S62—S84.

Jedlicka, Allen D. 1990. *Volunteerism and World Development*. New York: Praeger.

Jenkins, J. Craig, and Bert Klandermans, eds. 1995. *The Politics of Social Protest*. Minneapolis: University of Minnesota Press.

Jensen, Dawn E. 2001. "Social Environment of Community Treatment Facilities: An Examination of Perception." *Dissertation Abstracts International*, A: *The Humanities and Social Sciences* 62(6):2244A.

Jinkins, Michael, and Deborah B. Jinkins. 1998. *The Character of Leadership: Political Realism and Public Virtue in Nonprofit Organizations*. San Francisco: Jossey-Bass.

Johnson, Benton. 1963. "On Church and Sect." *American Sociological Review* 28: 539—549.

Johnston, Barbara Rose. 2003. "The Political Ecology of Water: An Introduction." *Capitalism, Nature, Socialism* 14(3):73—90.

Johnston, Hank, Enrique Laranña, and Joseph R. Gusfield. 1994. "Identities, Grievances, and New Social Movements." Pp. 3—35 in *New Social Movements: From Ideology to Identity*, ed. Enrique Laranña, Hank Johnston, and Joseph R. Gusfield. Philadelphia: Temple University Press.

Johnston, Michael. 1999. *The Fund Raiser's Guide to the Internet*. New York: Wiley.

Johnstone, Ronald L. 1992. *Religion in Society: A Sociology of Religion*. 4th ed. Englewood Cliffs, N.J.: Prentice Hall.

Joireman, Jeffrey A., D. Michael Kuhlman, Paul A. M. Van Lange, Toshiaki Doi, and Gregory P. Shelly. 2003. "Perceived Rationality, Morality, and Power of Social Choice as a Function of Interdependence Structure and Social Value Orientation." *European Journal of Social Psychology* 33:413—437.

Jones, Jerry. 1982. "Community Development in Senegal: Contradictions Within Prevailing Social Structure." *Community Development Journal* 17:13—26.

Jones, Nicholas F. 1999. *The Associations of Classical Athens*. New York: Oxford University Press.

Jones-Johnson, Gloria, and W. Roy Johnson. 1992. "Subjective Underemployment and Psychosocial Stress: The Role of Perceived Social and Supervisor Support." *Journal of Social Psychology* 132:11—21.

Jordan, Grant. 1990. "The Pluralism of Pluralism: An Anti-Theory?" *Political Studies* 38:286—301.

———. 1993. "Pluralism." Pp. 49—68 in *Pressure Groups*, ed. Jeremy J. Richardson. New York: Oxford University Press.

Jordan, Grant, and William A. Maloney. 1996. "How Bumble-Bees Fly: Accounting for Public-Interest Participation." *Political Studies* 44(4):668—685.

Jordan, Robert S., and Warner J. Feld. 2001. *International Organizations*. 4th ed. Westport, Conn.: Praeger.

Jordan, W. K. 1959. *Philanthropy in England, 1480—1660*. London: Allen & Unwin.

Josephy, Alvin M., Jr. 1970. *Red Power: The American Indians' Fight for Freedom*. New York: McGraw-Hill.

Juran, J. M., and Frank M. Gryna. 1974. *Quality Control Handbook*. New York: McGraw-Hill.

Kahera, Akel Ismail. 2002. "Urban Enclaves: Muslim Identity and the Urban Mosque in America." *Journal of Muslim Minority Affairs* 22(2):369—380.

Kahn, Richard, and Douglas Kellner. 2004. "New Media and Internet Activism: From the 'Battle of Seattle' to Blogging." *New Media and Society* 6(1):87—95.

Kahn, Si. 1982. *Organizing: A Guide for Grassroots Leaders*. New York: McGraw-Hill.

Kaldor, Mary. 2003. *Global Civil Society*. Cambridge, UK: Polity Press.

Kamen, Henry. 1998. *The Spanish Inquisition*. New Haven, Conn.: Yale University Press.

Kamerman, Sheila B., and Alfred J. Kahn. 1976. *Social Services in the United States*. Philadelphia: Temple University Press.

Kanter, Rosabeth M. 1972. *Commitment and Community: Communes and Utopias in Sociological Perspective*. Cambridge, Mass.: Harvard University Press.

Kanter, Rosabeth M., and Louis A. Zurcher, Jr. 1973. "Editorial Introduction." *Journal of Applied Behavioral Science* 9:137—143.

Kaplan, David E., and Andrew Marshall. 1996. *The Cult at the End of the World*. New York: Crown Publishers.

Kaplan, Matt. 1993. "Recruiting Senior Adult Volunteers for Intergenerational Programs: Working to Create a 'Jump on the Bandwagon' Effect." *Journal of Applied Gerontology* 12

(1):71—82.

Kaplan, Matthew. 1986. "Cooperation and Coalition Development Among Neighborhood Organizations: A Case Study." *Journal of Voluntary Action Research* 15:23—34.

Kaplan, Max. 1960. *Leisure in America*. New York: Wiley.

Kariel, Henry. 1981. *The Decline of American Pluralism*. Stanford, Calif.: Stanford University Press.

Karl, Jonathan. 1995. *The Right to Bear Arms: The Rise of America's New Militias*. New York: HarperCollins.

Karp, David A. 1992. "Illness Ambiguity and the Search for Meaning: A Case Study of a Self-Help Group for Affective Disorders." *Journal of Contemporary Ethnography* 21: 139—170.

Kaseman, Dianne F. 1995. "Nonsystematic Happenings in Urban Health." Paper presented at the Annual Meeting of the Society for the Study of Social Problems, August.

Kasperson, Roger E., and Myna Breitbart. 1974. "Participating in Public Affairs: Theories and Issues." Pp. 1—16 in *Participation, Decentralization and Advocacy Planning*. Washington, D.C.: Association of American Geographers.

Kastner, Michael E. 1998. *Creating and Managing an Association Government Relations Program*. Washington, D.C.: American Society of Association Executives.

Katz, Alfred H. et al., eds. 1992. *Self-Help: Concepts and Applications*. Philadelphia: Charles Press.

——. 1993. *Self-Help in America: A Social Movement Perspective*. New York: Twayne.

Katz, Alfred H., and Eugene I. Bender. 1976. *The Strength in Us: Self-Help Groups in the Modern World*. New York: New Viewpoints/Franklin Watts.

——. 1990. *Helping One Another: Self-Help Groups in a Changing World*. Oakland, Calif.: Third Party Publishing Co.

Katz, Friedrich, ed. 1988. *Riot, Rebellion, and Revolution: Rural Social Conflict in Mexico*. Princeton, N.J.: Princeton University Press.

Kaufman, Jason. 1999. "Three Views of Associationalism in 19th Century America: An Empirical Examination." *The American Journal of Sociology* 104 (5 March):1296—1345.

Kaufman, Jason A. 2002. *For the Common Good? American Civic Life in the Golden Age of Fraternity*. New York: Oxford University Press.

Kaye, Lenard W. 1997. *Self-Help Support Groups for Older Women*. Washington, D.C.: Taylor & Francis.

Keane, John. 2003. *Global Civil Society?* New York: Cambridge University Press.

Keating, Barry P., and Maryanne O. Keating. 1980. *Not-for-Profit*. Glen Ridge, N. J.: Horton Publishing.

Keeler, John T. S. 1987. *The Politics of Neocorporatism in France*. New York: Oxford University Press.

Keeny, Sam M. 1973. "Voluntary Agencies in Transition." *Journal of Voluntary Action Research* 2(1):16—23.

Kelly, John R. 1983. *Leisure Identities and Interactions*. London: Allen & Unwin.

——. 1987. *Freedom to Be: A New Sociology of Leisure*. New York: Macmillan.

——. 1996. *Leisure*. 3rd ed. Boston: Allyn and Bacon.

Kelso, William A. 1978. *American Democratic Theory: Pluralism and Its Critics*. Westport, Conn.: Greenwood Press.

Kendall, Jeremy, Martin Kendall, and Martin Knapp. 1996. *The Voluntary Sector in the United Kingdom*. New York: Manchester University Press.

Kenedy, Robert A. 2004. *Fathers for Justice: The Rise of a New Social Movement in Canada as a Case Study of Collective Identity Formation*. Ann Arbor, Mich.: Caravan Books.

Kenney, Sally J. 2003. "Where Is Gender in Agenda Setting?" *Women & Politics* 25(1—2):179—207.

Keniston, Kenneth. 1971. *Youth and Dissent*. New York: Harcourt Brace Jovanovich.

Kephart, William M., and William W. Zellner. 1994. *Extraordinary Groups*. 5th ed. New York: St. Martin's Press.

Kerber, Linda K. 1997. "The Meanings of Citizenship." *Dissent* 44(4):33—37.

Kerr, Clark. 1967. *The University in America*. Santa Barbara, Calif.: Center for the Study of Democratic Institutions.

Kettle, Martin, and Lucy Hodges. 1982. *Uprising! The Police, the People and the Riots in Britain's Cities*. London: Pan Books.

Kiefer, Charles H. 1984. "Citizen Empowerment: A Developmental Perspective." *Prevention in Human Services* 3:9—36.

Kiger, Joseph C. 2000. *Philanthropic Foundations in the Twentieth Century*. Westport, Conn.: Greenwood Press.

Kilbane, Sally C. and John H. Beck. 1990. "Professional Associations and the Free Rider Problem: the Case of Optometry." *Public Choices* 25 (May):181—187.

Kilpatrick, Joseph, and Sanford Danziger. 1996. *Better than Money Can Buy: The New Volunteers*. Winston-Salem, N. C.: Innersearch Publications.

Kim, Hugh K. 1990. "Blacks Against Korean Merchants: An Interpretation of

Contributory Factors." *Migration World Magazine* 18(5):11—15.

Kimmel, Michael S. 1990. *Revolution: A Sociological Interpretation*. Philadelphia: Temple University Press.

King, David C. 1997. *Freedom of Assembly*. Brookfield, Conn.: Millbrook Press.

King, David C., and Jack L. Walker. 1992. "The Provision of Benefits by Interest Groups in the United States." *Journal of Politics* 54:394—426.

King, Faye L. 2001. "Social Dynamics of Quilting." *World Leisure Journal* 43:26—29.

King, Richard M. 2000. *From Making a Profit to Making a Difference: How to Launch Your New Career in Nonprofits*. River Forest, Ill.: Planning/Communications.

King, Samantha. 2001. "An All-Consuming Cause: Breast Cancer, Corporate Philanthropy, and the Market for Generosity." *Social Text* 19(4):115—143.

Kipps, Harriet C. 1997. *Volunteer America: A Comprehensive National Guide to Opportunities for Service, Training, & Work Experience*. Chicago: Ferguson Publishing Co.

Kirsch, Arthur D., Keith M. Hume, and Nadine T. Jalandoni. 1999. *Giving and Volunteering in the United States. 1999 Edition*. Washington, D. C.: INDEPENDENT SECTOR.

Kitagawa, Joseph M., ed. 1989. *The Religious Traditions of Asia*. New York: Macmillan.

Kleiber, Douglas A. 2000. "The Neglect of Relaxation." *Journal of Leisure Research* 32: 82—86.

Klein, Kim. 1988. *Fundraising for Social Change*. 2nd ed. Inverness, Calif.: Chardon Press.

Klineberg, Stephen L. 1998. "Environmental Attitudes Among Anglos, Blacks, and Hispanics in Texas: Has the Concern Gap Disappeared?" *Race, Gender & Class* 6:70—82.

Klonglan, Gerald E., and Benjamin Yep. 1972. *Theory and Practice of Interorganizational Relations*. Ames: Iowa State University Press.

Klonglan, Gerald E., Benjamin Yep, Charles L. Mulford, and Donald Dillman. 1973. "The Nature and Impact of Interorganizational Relations." Pp. 331—367 in *Voluntary Action Research 1973*, ed. David H. Smith. Lexington, Mass.: Lexington Books.

Kloppenborg, John S., and Stephen G. Wilson, eds. 1996. *Voluntary Associations in the Graeco-Roman World*. London: Routledge.

Kluger, Miriam P., William A. Baker, and Howard S. Garval. 1998. *Strategic Business Planning: Securing a Future for the Nonprofit Organization*. Washington, D. C.: CWLA Press.

Knauft, E. B., Renee A. Berger, and Sandra T. Gray. 1991. *Profiles of Excellence: Achieving Success in the Nonprofit Sector*. San Francisco: Jossey-Bass.

Knobel, Dale T. 1996. *America for the Americans: The Nativist Movement in the United States*. New York: Twayne.

Knoke, David. 1988. "Incentive in Collective Action Organizations." *American Sociological Review* 53:311—329.

——. 1993. "Trade Associations in the American Political Economy." Pp. 138—174 in *Nonprofit Organizations in a Market Economy*, ed. David C. Hammack and Dennis R. Young. San Francisco: Jossey-Bass.

Koerin, Beverly. 2003. "The Settlement House Tradition: Current Trends and Future Concerns." *Journal of Sociology and Social Welfare* 30:53—68.

Kohlmeier, Louis M. 1969. *The Regulators: Watchdog Agencies and the Public Interest*. New York: Harper & Row.

Kohn, Alfie. 1990. *The Brighter Side of Human Nature: Altruism and Empathy in Everyday Life*. New York: Basic Books.

Kolaric, Zinka, Andreja Meglic-Crnak, and Ivan Svetlik. 1995. "Slovenia." *Druzboslovne Razprave* 11(19—20):77—94.

Kornhauser, William. 1959. *The Politics of Mass Society*. Glencoe, Ill.: Free Press.

Korstad, Robert A., and James L. Leloudis. 1999. "Citizen Soldiers: The North Carolina Volunteers and the War on Poverty." *Law and Contemporary Problems* 62 (Autumn): 177—187.

Korten, David C. 1990. *Getting to the 21st Century: Voluntary Action and the Global Agenda*. West Hartford, Conn.: Kumarian Press.

Koteen, Jack. 1997. *Strategic Management in Public and Nonprofit Organizations*. 2nd ed. Westport, Conn.: Praeger.

Kothari, Sanjay. 1995. "Role of Voluntary Agencies in India's Development." *Man and Development* 17:36—86.

Kottler, Jeffrey A. 2000. *Doing Good: Passion and Commitment for Helping Others*. Philadelphia: Brunner-Routledge.

Kouri, Mary K. 1990. *Voluntarism and Older Adults*. Santa Barbara, Calif.: ABCCLIO.

Kramer, Ralph M., Hakon Lorentzen, Willem Melief, and Sergio Pasquinelli. 1993. *Privatization in Four European Countries*. Armonk, N.Y.: M. E. Sharpe.

Krause, Elliott A. 1996. *Death of the Guilds: Professions, States, and the Advance of Capitalism, 1930 to the Present*. New Haven, Conn.: Yale University Press.

Kraybill, Donald B., and Carl F. Bowman. 2001. *On the Back Road to Heaven: Old Order Hutterites, Mennonites, Amish, and Brethren*. Baltimore: Johns Hopkins University.

Kriesi, Hanspeter, and Ruud Koopmans. 1995. *New Social Movements in Western Europe*. Minneapolis: University of Minnesota Press.

Kropotkin, Petr. 1914. *Mutual Aid: A Factor in Evolution*. Boston: Porter Sargent.

Kubey, Robert W. and Mihalyi Csikszentmihalyi. 1990. *Television and Quality of Life*. Hillsdale, N.J.: Lawrence Erlbaum.

Kuhn, Thomas S. 1962. *The Structure of Scientific Revolutions*. Chicago: University of Chicago Press.

Kukathas, Chandran. 2003. *The Liberal Archipelago: A Theory of Diversity and Freedom*. New York: Oxford University Press.

Küng, Hans. 1969. *The Future of Ecumenism*. New York: Paulist Press.

Kurtz, Ernest. 2002. "Alcoholics Anonymous and the Disease Concept of Alcoholism." *Alcoholism Treatment Quarterly* 20:5—40.

Kurtz, Linda F. 1997. *Self-Help and Support Groups*. Thousand Oaks, Calif.: Sage.

Kuti, Eva. 1996. *The Nonprofit Sector in Hungary*. New York: Manchester University Press.

Kutner, Luis. 1970. "Due Process of Human Transplants: A Proposal." *University of Miami Law Review* 24(4):782—807.

Kwok, Joseph K. F., Raymond K. H. Chan, and W. T. Chan. 2002. *Self-Help Organizations of People with Disabilities in Asia*. Westport, Conn.: Auburn House.

Kymlicka, Will. 1995. *The Rights of Minority Cultures*. New York: Oxford University Press.

Laband, David N., and Richard O. Beil. 1998. "The American Sociological Association Dues Structure." *American Sociologist* 29 (Spring):102—106.

Ladd, Everett C. 1999. *The Ladd Report*. New York: Free Press.

Lagemann, Ellen C. 1999. *Philanthropic Foundations*. Bloomington: Indiana University Press.

Lakoff, Sanford A. 1973. *Private Government*. Glenview, Ill.: Scott, Foresman.

Lambert, Bernard. 1967. *Ecumenism: Theology and History*. New York: Herder & Herder.

Lambert, Malcolm. 1992. *Medieval Heresy: Popular Movements from the Gregorian Reform to the Reformation*. 2nd ed. Oxford, UK: Blackwell.

Lamont, Corliss. 1957. *The Philosophy of Humanism*. New York: Wisdom Library.

Lancourt, Joan E. 1979. *Confront or Concede: The Alinsky Citizen Action Organizations.* Lexington, Mass.: D. C. Heath.

Landim, Leilah. 1993. *Defining the Nonprofit Sector: Brazil.* Baltimore: Johns Hopkins Institute for Policy Studies.

Lane, John H., Jr. 1976. *Voluntary Associations Among Mexican Americans in San Antonio, Texas.* New York: Arno Press.

Lappé, Francis M., and Paul M. DuBois. 1994. *The Quickening of America: Rebuilding Our Nation, Remaking Our Lives.* San Francisco: Jossey-Bass.

Laqueur, Walter. 1977. *Terrorism.* Boston: Little, Brown.

Laranña, Enrique, Hank Johnston, and Joseph R. Gusfield, eds. 1994. *New Social Movements: From Ideology to Identity.* Philadelphia: Temple University Press.

Lasswell, Harold D. 1936. *Politics: Who Gets What, When, How.* New York: McGraw-Hill.

——. 1951. *Democratic Character.* Glencoe, Ill.: Free Press.

Lauffer, Armand. 1997. *Grants, Etc.* Thousand Oaks, Calif.: Sage.

Lauffer, Armand, and Sarah Gorodezky. 1977. *Volunteers.* Newbury Park, Calif.: Sage.

Laumann, Edward O., and David Knoke. 1987. *The Organizational State: Social Choice in National Policy Domains.* Madison: University of Wisconsin Press.

Lavigne, Yves. 1993. *Hell's Angels.* New York: Carol.

Laville, Helen. 2003. "The Memorial Day Statement: Women's Organizations in the 'Peace Offensive.'" *Intelligence and National Security* 18(2):192—210.

Lavoie, Francine, Thomasina Borkman, and Benjamin Gidron. 1994. *Self-Help and Mutual Aid Groups.* New York: Haworth.

Lawler, Edward E. 1973. *Motivation in Work Organizations.* San Francisco: Jossey-Bass.

Lawrence, Paul, and Jay Lorsch. 1967. *Organization and Environment.* Cambridge, Mass.: Harvard University, Graduate School of Business Administration.

Lawson, R. 1983. "Origins and Evolution of a Social Movement Strategy: The Rent Strike in New York City, 1904—1980." *Urban Affairs Quarterly* 18:371—395.

Layton, Daphne N. 1987. *Philanthropy and Voluntarism: An Annotated Bibliography.* New York: Foundation Center.

Le Bon, Gustave. 1895/1960. *The Crowd.* New York: Viking Press.

Lee, Jarene F., Julia M Catagnus, and Susan J. Ellis. 1999. *What We Learned (the Hard Way) About Supervising Volunteers.* Philadelphia: Energize.

Lee, Raymond L. 2002. "Globalization and Mass Society Theory." *International Review of*

Sociology 12(1):45—60.

Lehman, Edward W., ed. 2000. *Autonomy and Order: A Communitarian Anthology.* Lanham, Md.: Rowman & Littlefield.

Lemon, B. W., V. L. Bengston, and J. A. Peterson. 1972. "An Exploration of the Activity Theory of Aging: Activity Types and Life Satisfaction Among Inmovers to a Retirement Community." *Journal of Gerontology* 275:11—23.

Lenkowsky, Leslie. 2002. "Foundations and Corporate Philanthropy." Pp. 355—386 in *The State of Nonprofit America*, ed. Lester M. Salamon. Washington, D. C.: Brookings Institution Press.

Leone, Richard C. 2003. *The War on Our Freedoms: Civil Liberties in an Age of Terrorism.* New York: BBS PublicAffairs.

Lester, Lori, and Robert Schneider. 2001. *Social Work Advocacy: A New Framework for Action.* Belmont Calif.: Brooks-Cole.

Leung, Patrick. 1996. "Is the Court-Appointed Special Advocate Program Effective? A Longitudinal Analysis of Time Involvement and Case Outcomes." *Child Welfare* 75:269—284.

Levitt, Theodore. 1973. *The Third Sector.* New York: AMACOM.

Levy, Barbara R., and R. L. Cherry. 1996. *The NSFRE* [National Society of Fund Raising Executives] *Fund-Raising Dictionary.* New York: Wiley.

Lewis, David. 1999. *International Perspectives on Voluntary Action: Reshaping the Third Sector.* London: Earthscan.

Lichterman, Paul. 1996. *The Search for Political Community: American Activists Reinventing Commitment.* New York: Cambridge University Press.

Liebman, Charles S., and Eliezer Don-Yehiya. 1983. *Civil Religion in Israel: Traditional Judaism and Political Culture in the Jewish State.* Berkeley: University of California Press.

Light, Paul C. 1998. *Sustaining Innovation: Creating Nonprofit and Government Organizations That Innovate Naturally.* San Francisco: Jossey-Bass.

——. 2000. *Making Nonprofits Work.* Washington, D.C.: Brookings Institution Press.

Lincoln, C. Eric, and Lawrence H. Mamiya. 1990. *The Black Church in the African American Experience.* Durham, N.C.: Duke University Press.

Linden, Russell M. 2002. *Working Across Boundaries: Making Collaboration Work in Government and Nonprofit Organizations.* San Francisco: Jossey-Bass.

Linsk, Nathan L., Sharon Keigher, Lori Simon-Rusinowitz, and Suzanne England. 1992. *Wages for Caring: Compensating Family Care of the Elderly.* New York: Praeger.

Lippy, Charles H. 2000. *Pluralism Comes of Age: American Religious Cultures in the*

Twentieth Century. Chapel Hill: University of North Carolina Press.

Lipset, Seymour M., Martin Trow, and James Coleman. 1977. *Union Democracy*. New York: Free Press.

Lissner, Jørgen. 1977. *The Politics of Altruism: A Study of the Political Behaviour of Voluntary Development Agencies*. Geneva, Switzerland: Lutheran World Federation.

Lister, Gwyneth. 2001. *Building Your Direct Mail Program*. San Francisco: Jossey-Bass.

Littell, Franklin H. 1962. *From State Church to Pluralism*. Garden City, N. J.: Anchor Books.

Little, Helen. 1999. *Volunteers: How to Get Them, How to Keep Them*. Naperville, Ill.: Panacea Press.

Little, Kenneth L. 1965. *West African Urbanization: A Study of Voluntary Associations*. Cambridge, UK: Cambridge University Press.

Little, Margaret. 1995. "The Blurring of Boundaries: Private and Public Welfare for Single Mothers in Ontario." *Studies in Political Economy* 47 (Summer):89—109.

Liu, Amy Q., and Terry Besser. 2003. "Social Capital and Participation in Community Involvement Activities by Elderly Residents in Small Towns and Rural Communities." *Rural Sociology* 68:343—365.

Livingstone, Elizabeth A., and F. L. Cross. 1997. *The Oxford Dictionary of the Christian Church*. 3rd ed. New York: Oxford University Press.

Livojevic, Michele, and Cornelius, Debra. 1998. "'Out of the Loop': The Dynamics of Citizen Activism in the Policy Process." *Humanity and Society* 22(2):207—215.

Lofland, John F. 1990. "Collective Behavior: The Elementary Forms." Pp. 411—446 in *Social Psychology: Sociological Perspectives*, ed. Morris Rosenberg and Ralph H. Turner. New Brunswick, N. J.: Transaction Publishers.

——. 1996. *Social Movement Organizations*. New York: Aldine de Gruyter.

Lofland, John, and Michael Jamison. 1984. "Social Movement Locals: Model Member Structures." *Social Analysis* 45:115—129.

Lohmann, Roger A. 1992. *The Commons: New Perspectives on Nonprofit Organizations and Voluntary Action*. San Francisco: Jossey-Bass.

——. 2001. "A New Approach: The Theory of the Commons." Chapter 14 in *The Nature of the Nonprofit Sector*, ed. J. S. Ott. Boulder, Colo.: Westview Press.

Lomnitz, Claudio. 2003. "Times of Crisis: Historicity, Sacrifice, and the Spectacle of Debacle in Mexico City." *Public Culture* 15(1):127—147.

London, Nancy R. 1991. *Japanese Corporate Philanthropy*. New York: Oxford

University Press.

Loomis, Frank. D. 1962. *The Chicago Community Trust: A History of Its Development, 1915—1962*. Chicago: Chicago Community Trust.

Lopez, Donald S., Jr. 2001. *The Story of Buddhism: A Concise Guide to Its History and Teachings*. New York: HarperCollins.

Losch, Richard R. 2001. *The Many Faces of Faith: A Guide to World Religions and Christian Traditions*. Grand Rapids, Mich.: Eerdmans.

Lowe, James W. 1990. "Examination of Governmental Decentralization in New York City and a New Model for Implementation." *Harvard Journal on Legislation* 27:175—227.

Lowell, Stephanie. 2000. *The Harvard Business School Guide to Careers in the Nonprofit Sector*. Boston: Harvard Business School.

Lowery, David, and Holly Brasher. 2004. *Organizational Interests and American Government*. New York: McGraw-Hill.

Lowie, Robert H. 1948. *Social Organization*. New York: Rinehart.

Loya, Thomas A. 1998. "Global Democracy Movements: The Structure and Organization of the International Prodemocracy Social Movement Sector." Paper presented at the Annual Meeting of the American Sociological Association, August, Chicago.

Luke, Jeffrey S. 1998. *Catalytic Leadership*. San Francisco: Jossey-Bass.

Lummis, Adair T. 2004. "A Research Note: Real Men and Church Participation." *Review of Religious Research* 45:404—414.

Lundström, Tommy, and Filip Wijkström, eds. 1997. *The Nonprofit Sector in Sweden*. New York: Manchester University Press.

Luxton, Peter. 2001. *The Law of Charities*. New York: Oxford University Press.

Lynch, James J. 1977. *The Broken Heart: The Medical Consequences of Loneliness*. New York: Basic Books.

Lynch, Richard. 1993. *Lead! How Public and Nonprofit Managers Can Bring Out the Best in Themselves and Their Organizations*. San Francisco: Jossey-Bass.

Lynd, Robert S., and Helen M. Lynd. 1929. *Middletown*. New York: Harcourt Brace.

Lynn, Barry W., Marc D. Stern, and Oliver S. Thomas. 1995. *The Right to Religious Liberty*. Carbondale: Southern Illinois University Press.

Lyons, Mark. 2001. *Third Sector: The Contribution of Nonprofit and Cooperative Enterprises in Australia*. St. Leonards, Australia: Allen & Unwin.

Macaulay, David. 2003. *Mosque*. Boston: Houghton Mifflin.

Macduff, Nancy L. 1991. *Episodic Volunteering: Building the Short-Term Volunteer*

Program. Walla Walla, Wash.: MBA Publications.

——. 1994. "Principles of Training for Volunteers and Employees." Pp. 591—615 in *The Jossey-Bass Handbook of Nonprofit Leadership and Management*, ed. Robert D. Herman and Associates. San Francisco: Jossey-Bass.

——. 1995. "Episodic Volunteering." Pp. 206—221 in *The Volunteer Management Handbook*, ed. Tracy D. Connors. New York: Wiley.

——. 2005. "Principles of Training for Volunteers and Employees." Pp. 703—730 in *The Jossey-Bass Handbook of Nonprofit Leadership and Management*, 2nd ed., ed. Robert D. Herman and Associates. San Francisco: Jossey-Bass.

Mackie, Marlene M. 1987. *Constructing Women and Men: Gender Socialization*. Toronto: Holt, Rinehart & Winston of Canada.

Macleod, David I. 1983. *Building Character in the American Boy: The Boy Scouts, YMCA, and Their Forerunners, 1870—1920*. Madison: University of Wisconsin Press.

Macleod, Flora, and Sarah Hogarth. 1999. *Leading Today's Volunteers*. 2nd ed. Bellingham, Wash.: Self-Counsel Press.

Madara, Edward, and Barbara J. White, eds. 2002. *The Self-Help Group Sourcebook: Your Guide to Community and Online Support Groups*. Cedar Knoll, N.J.: American Self-Help Clearinghouse.

Magat, Richard. 1989a. *An Agile Servant: Community Leadership by Community Foundations*. New York: Foundation Center.

——. 1989b. *Philanthropic Giving*. New York: Oxford University Press.

Mair, Peter, ed. 1990. *The West European Party System*. New York: Oxford University Press.

Majka, Theo J., and Linda C. Majka. 1992. "Decline of the Farm Labor Movement in California: Organizational Crisis and Political Changes." *Critical Sociology* 19:3—36.

Major, Wayne F. 2001. "The Benefits and Costs of Serious Running." *World Leisure Journal* 43:12—25.

Mäkelä, Klaus, et al., eds. 1996. *Alcoholics Anonymous as a Mutual-Help Movement: A Study in Eight Societies*. Madison: University of Wisconsin Press.

Malaparte, Curzio. 1932. *Coup d'Etat—The Technique of Revolution*. New York: Dutton.

Maltoni, Cesare, and Irving J. Selikoff. 1990. *Scientific Issues of the Next Century: Convocation of World Academies*. New York: New York Academy of Sciences.

Mancuso, Anthony. 2004. *How to Form a Nonprofit Corporation*. 6th ed. Berkeley, Calif.: Nolo Press.

Maneker, Jerry S. 1973. "An Extension of Max Weber's Theory of Bureaucracy." *Revista Internacional de Sociologia* 30:55—61.

Manes, Christopher. 1990. *Green Rage: Radical Environmentalism and the Unmaking of Civilization*. Boston: Little, Brown.

Manley, Will. 1992. *Unprofessional Behavior: Confessions of a Public Librarian*. Jefferson, N.C.: McFarland.

Mann, W. E. 1955. *Sect, Cult, and Church in Alberta*. Toronto: University of Toronto Press.

Mannell, Roger C. 1993. "High-Investment Activity and Life Satisfaction Among Older Adults: Committed, Serious Leisure and Flow Activities." Pp. 125—145 in *Activity and Aging*, ed. John A. Kelly. Newbury Park, Calif.: Sage.

Mannell, Roger C., and Douglas A. Kleiber. 1997. *A Social Psychology of Leisure*. State College, Pa.: Venture.

Manning, Nick, John Baldock, and Sarah Vickerstaff. 2003. *Social Policy*. Oxford, UK: Oxford University Press.

Manser, Gordon, and Rosemary H. Cass. 1976. *Voluntarism at the Crossroads*. New York: Family Service Association of America.

Marcello, Patricia C. 2004. *Ralph Nader: A Biography*. Westport, Conn.: Greenwood Press.

Marcovitz, Hal, and Mason Crest. 2004. *Teens and Voluntarism*. Philadelphia: Mason Crest Publishers.

Maren, Michael. 1997. *The Road to Hell: The Ravaging Effects of Foreign Aid and International Charity*. New York: Free Press.

Margolis, Howard. 1982. *Selfishness, Altruism, and Rationality*. New York: Cambridge University Press.

Marshall, Alfred. 1930. *Principles of Economics*. 8th ed. London: Macmillan.

Martin, David. 1990. *Tongues of Fire: The Explosion of Protestantism in Latin America*. Oxford, UK: Blackwell.

Martin, Fiona. 2003. "The Changing Configurations of Inequality in Post-Industrial Society: Volunteering as a Case Study." *Alternate Routes* 19:79—108.

Martin, John L. 1998. "Authoritative Knowledge and Heteronomy in Classical Sociological Theory." *Sociological Theory* 16 (July):99—130.

Martin, William C. 1996. *With God on Our Side: The Rise of the Religious Right in America*. New York: Broadway Books.

Marty, Martin E. 1980. *Where the Spirit Leads: American Denominations Today*. Atlanta: John Knox Press.

Marullo, Sam, and Edwards, Bob. 1994. "Survival Strategies for Peace Groups." *Peace Review* 6(4):435—443.

Marwell, Nicole P. 2002. "Privatizing the Welfare State: Nonprofit Community Based Organizations as Political Actors." *American Sociological Review* 69:265—291.

Marwell, Nicole and Paul-Brian McInerney. 2005. "The Nonprofit/For-Profit Continuum: Theorizing the Dynamics of Mixed-Form Markets." *Nonprofit and Voluntary Sector Quarterly* 34:7—28.

Mason, David E. 1984. *Voluntary Nonprofit Enterprise Management*. New York: Plenum.

Maslovaty, Nava, and Zecharia Dor-Shav. 1990. "Gender and the Structure and Salience of Values: An Example from Israeli Youth." *Sex Roles* 22:261—281.

Massarsky, Cynthia W. 1994. "Enterprise Strategies for Generating Revenue." Pp. 382—402 in *The Jossey-Bass Handbook of Nonprofit Leadership and Management*, ed. Robert D. Herman and Associates. San Francisco: Jossey-Bass.

Masters, Marick F. 1997. *Unions at the Crossroads*. Westport, Conn.: Quorum Books.

Mather, George A., and Larry A. Nichols. 1993. *Dictionary of Cults, Sects, Religions and the Occult*. Grand Rapids, Mich.: Zondervan.

Matson, Floyd W. 1990. *Walking Alone and Marching Together: A History of the Organized Blind Movement in the United States, 1940—1990*. Baltimore: National Federation of the Blind.

Mattesisch, Paul, Barbara Monsey, and C. Roy. 1997. *Community Building: What Makes It Work*. St. Paul, Minn.: Amherst H. Wilder Foundation.

Mauss, Marcel. 1925/1990. *The Gift*. New York: Norton.

Mayer, Robert N. 1989. *The Consumer Movement: Guardians of the Marketplace*. New York: Twayne.

Mayers, Raymond S. 2004. *Financial Management for Nonprofit Human Service Organizations*. Springfield, Ill.: C. C. Thomas.

McAdam, Doug. 1982. *Political Process and the Development of Black Insurgency, 1930—1970*. Chicago: University of Chicago Press.

McAdam, Doug, John D. McCarthy, and Mayer Zald, eds. 1996. *Comparative Perspectives on Social Movements*. Cambridge, UK: Cambridge University Press.

McAdam, Doug, and David A. Snow, eds. 1997. *Social Movements*. Los Angeles: Roxbury Publishing.

McAdam, Terry W. 1991. *Doing Well by Doing Good: The Complete Guide to Careers in the Nonprofit Sector*. Rockville, Md.: Fund Raising Institute.

McBee, Shar. 2002. *To Lead Is to Serve: How to Attract Volunteers and Keep Them*. Honolulu, Hawaii: To Lead Is to Serve.

McBride, Amanda M., and Michael Sherraden. 2004. "Toward a Global Research Agenda on Civic Service: Editors' Introduction to This Special Issue." *Nonprofit and Voluntary Sector Quarterly* (Supplement to volume 33, no. 4) 33: 3S—7S.

McCaghy, Charles C., Timothy A Capron, and J. D. Jamieson. 2002. *Deviant Behavior: Crime, Conflict, and Interest Groups*. 6th ed. Boston: Allyn and Bacon.

McCamant, Kathryn, Charles Durrett, and Ellen Hartzman. 1994. *Cohousing: A Contemporary Approach to Housing Ourselves*. Berkeley, Calif.: Ten Speed Press.

McCann, Michael W. 1986. *Taking Reform Seriously: Perspectives on Public Interest Liberalism*. Ithaca, N.Y.: Cornell University Press.

McCarthy, John, and Mayer N. Zald. 1977. "Resource Mobilization and Social Movements: A Partial Theory." *American Journal of Sociology* 82(6):1212—1241.

McCarthy, Kathleen D. 1990. *Lady Bountiful Revisited: Women, Philanthropy, and Power*. New Brunswick, N.J.: Rutgers University Press.

——. 1991. *Women's Culture: American Philanthropy and Art, 1830—1930*. Chicago: University of Chicago Press.

McCarthy, Kathleen D., Virginia A. Hodgkinson, Russy D. Sumariwalla, and Associates. 1992. *The Nonprofit Sector in the Global Community: Voices from Many Nations*. San Francisco: Jossey-Bass.

McCarthy, Ronald M., Gene Sharp, and Brad Bennett. 1997. *Nonviolent Action: A Research Guide*. New York: Garland.

McConnell, Grant. 1966. *Private Power & American Democracy*. New York: Knopf.

McCool, Daniel. 1990. "Subgovernments as Determinants of Political Viability." *Political Science Quarterly* 105:269—293.

McCurley, Stephen. 1994. "Recruiting and Retaining Volunteers." Pp. 511—534 in *The Jossey-Bass Handbook of Nonprofit Leadership and Management*, ed. Robert D. Herman and Associates. San Francisco: Jossey-Bass.

McCurley, Steve, and Rick Lynch. 1996. *Volunteer Management*. Downers Grove, Ill.: Heritage Arts.

McCurley, Steve, and Sue Vineyard. 1988. *101 Tips for Volunteer Recruitment*. Downers Grove, Ill.: Heritage Arts.

——. 1997. *Measuring Up: Assessment Tools for Volunteer Programs*. Downers Grove, Ill.: Heritage Arts.

McDaniel, Terra. 2002. "Community and Transcendence: the Emergence of a House Church." Pp. 127—151 in *Postmodern Existential Sociology*, ed. Joseph A. Kotarba and John M. Johnson. Walnut Creek, Calif.: AltaMira.

McFall, Sally. 2002. *Government*. Danbury, Conn.: Grolier Educational.

McFarland, Andrew S. 1984. *Common Cause: Lobbying in the Public Interest*. Chatham, N. J.: Chatham House.

McGerr, Michael E. 1986/2000. *The Decline of Popular Politics: The American North, 1865—1892*. Bridgewater, N. J.: Republica Books.

McKelvey, Charles. 1994. *The African-American Movement: From Pan-Africanism to the Rainbow Coalition*. New York: General Hall.

McKenzie, Evan. 1994. *Privatopia: Homeowner Associations and the Rise of Residential Private Government*. New Haven, Conn.: Yale University Press.

McKinney, Jerome B. 2004. *Effective Financial Management in Public and Nonprofit Agencies*. Westport, Conn.: Praeger.

McLaughlin, Thomas A. 1995. *Streetsmart Financial Basics for Nonprofit Managers*. New York: Wiley.

——. 1998. *Nonprofit Mergers and Alliances*. New York: Wiley.

McLeish, Barry J. 1995. *Successful Marketing Strategies for Nonprofit Organizations*. New York: Wiley.

McLellan, Jeffrey A., and James Youniss. 2003. "Two Systems of Youth Service: Determinants of Voluntary and Required Youth Community Service." *Journal of Youth and Adolescence* 32:47—58.

McMillon, Bill, Doug Cutchins, and Anne Geissinger. 2003. *Volunteer Vacations: Short-Term Adventures that Will Benefit You and Others*. Chicago: Chicago Review Press.

McPherson, J. M. 1983. "The Size of Voluntary Organizations." *Social Forces* 61: 1044—1064.

McPherson, J. M., and Thomas Rotolo. 1996. "Testing a Dynamic Model of Social Composition: Diversity and Change in Voluntary Groups." *American Sociological Review* 61 (2 April):179—202.

McPherson, J. M., and Lynn Smith-Lovin. 1982. "Women and Weak Ties: Differences by Sex in the Size of Voluntary Organizations." *American Journal of Sociology* 87: 883—904.

McSweeney, Phil, and Don Alexander. 1996. *Managing Volunteers Effectively*.

Broomfield, Vt.: Arena.

McWhinney, Will. 1992. *Paths of Change: Strategic Choices for Organizations and Society*. Newbury Park, Calif.: Sage.

McWhirter, Darien A. 1994. *Freedom of Speech, Press, and Assembly*. Phoenix: Oryx.

Mead, Frank S., and Samuel S. Hill. 1995. *Handbook of Denominations in the United States*. Nashville, Tenn.: Abingdon Press.

Mechling, Jay. 1984. "High Kybo Floater: Food and Feces in the Speech Play at a Boy Scout Camp." *The Journal of Psychoanalytic Anthropology* 7:256—268.

Megargee, Edwin I. 1997. "Internal Inhibitions and Controls." Pp. 581—614 in *Handbook of Personality Psychology*, ed. Robert Hogan, John Johnson, and Stephen Briggs. San Diego: Academic Press.

Mehr, Joseph. 2001. *Human Service: Concepts and Intervention Strategies*. Boston: Allyn and Bacon.

Meier, Andrea. 1997. "Inventing New Models of Social Support Groups: A Feasibility Study of an Online Stress Management Support Group for Social Workers." *Social Work with Groups* 20:35—53.

Meister, Albert. 1984. *Participation, Associations, Development, and Change*, ed. and trans. Jack C. Ross. New Brunswick, N.J.: Transaction Books.

Melder, Keith E. 1977. *Beginnings of Sisterhood: The American Woman's Rights Movement, 1800—1850*. New York: Schocken Books.

Mele, Alfred R. 2003. *Free Will and Determinism in Reflections on Philosophy: Introductory Essays*. 2nd ed., ed. Leemon McHenry and Takashi Yagisawa. New York: Longman Publications.

Melton, J. Gordon. 1986. *Encyclopedic Handbook of Cults in America*. New York: Garland.

———. 1993. *Encyclopedia of American Religions*. Detroit: Gale Research.

Melucci, Alberto. 1989. *Nomads of the Present: Social Movements and Individual Needs in Contemporary Society*. Philadelphia: Temple University Press.

Menchik, Paul, and Burton Weisbrod. 1987. "Volunteer Labor Supply." *Journal of Public Economics* 32:159—183.

Metzendorf, D., and Ram A. Cnaan. 1992. "Volunteers in Feminist Organizations." *Nonprofit Management and Leadership* 2:255—269.

Meyer, N. Dean. 1998. *Decentralization*. Ridgefield, Conn.: N. Dean Meyer and Associates.

Michels, Robert. 1915/1959. *Political Parties: A Sociological Study of the Oligarchical*

Tendencies of Modern Democracy. New York: Dover Publications.

Mihlar, Fazil. 1999. *Unions and Right-to-Work Laws: The Global Evidence of Their Impact on Employment*. Vancouver, Canada: Frazer Institute.

Milani, Ken. 1988. "Nonprofit Organizations in a Technical Perspective." Pp. 5.1—5.8 in *The Nonprofit Organization Handbook*, 2nd ed., ed. Tracy D. Connors. New York: McGraw-Hill.

Milbrath, Lester, and M. Lal Goel. 1977. *Political Participation*. 2nd ed. Chicago: Rand McNally.

Milkas, Sidney M. 1999. *Political Parties and Constitutional Democracy*. Baltimore: Johns Hopkins University Press.

Miller, David L. 1985. *Introduction to Collective Behavior*. Belmont, Calif.: Wadsworth.

Miller, Donald E. 1997. *Reinventing American Protestantism: Christianity in the New Millennium*. Berkeley: University of California Press.

Miller, Henry, and Connie Phillip. 1983. "The Alternative Service Agency." Pp. 779—791 in *Handbook of Clinical Social Work*, ed. A. Rosenblatt and D. Waldfogel. San Francisco: Jossey-Bass.

Miller, Russell. 1979. *The Resistance*. Alexandria, Va.: Time-Life Books.

Millet, John D. 1966. *Organization for the Public Service*. Princeton, N. J.: Van Nostrand.

Milligan, Lucy R., and Harold V. Milligan. 1965. *The Club Member's Handbook*. Rev. ed. New York: Dolphin Books.

Milligan, Sharon, Patricia Maryland, Henry Ziegler, and Anna Ward. 1987. "Natural Helpers as Street Health Workers Among the Black Urban Elderly." *Gerontologist* 27: 712—715.

Mills, Jeannie. 1979. *Six Years with God: Life Inside Reverend Jim Jones's People's Temple*. New York: A & W.

Millspaugh, Arthur C. 1949. *Toward Efficient Government: The Question of Governmental Organization*. Washington, D.C.: Brookings Institution Press.

Milofsky, Carl. 1988. *Community Organizations: Studies in Resource Mobilization and Exchange*. New York: Oxford University Press.

Milofsky, Carl, and Stephen D. Blades. 1991. "Issues of Accountability in Health Charities: A Case Study of Accountability Problems Among Nonprofit Organizations." *Nonprofit and Voluntary Sector Quarterly* 20: 371—393.

Milofsky, Carl, and Carl Hunter. 1994. "Where Nonprofits Come from: A Theory of

Organizational Emergence." Paper presented at the annual conference of the Association of Researchers on Nonprofit Organizations and Voluntary Action. Berkeley, Calif.

Minkler, Meredith. 1988. "Community-Based Initiatives to Reduce Social Isolation and Enhance Empowerment of the Elderly: Case Studies from the U. S." *Danish Medical Bulletin: Journal of the Health Sciences* Gerontology Special Supplement Series (6):52—57.

Minow, Martha. 2002. *Partners, Not Rivals: Privatization and the Public Good*. Boston: Beacon Press.

Mishal, Shaul. 2003. "The Pragmatic Dimension of the Palestinian Hamas: A Network Perspective." *Armed Forces and Society* 29(4):569—589.

Missingham, Bruce. 2002. "The Village of the Poor Confronts the State: A Geography of Protest in the Assembly of the Poor." *Urban Studies* 39(9):1647—1663.

Mixer, Joseph R. 1993. *Principles of Professional Fundraising*. San Francisco: Jossey-Bass.

Moctezuma, Pedro. 2001. "Community-Based Organization and Participatory Planning in South-East Mexico City." *Environment and Urbanization* 13:117—133.

Moland, John, Jr. 2002. "The Value-Oriented Civil Rights Movements and Passive Resistance: An Expressed Civility in the Pursuit of Social Justice." *Sociological Inquiry* 72:442—455.

Mondros, Jacqueline B., and Scott M. Wilson. 1994. *Organizing for Power and Empowerment*. New York: Columbia University Press.

Monroe, Kristen R. 1996. *The Heart of Altruism*. Princeton, N. J. : Princeton University Press.

Monsma, Stephen V., and J. Christopher Soper. 1998. *Equal Treatment of Religion in a Pluralistic Society*. Grand Rapids, Mich. : Eerdmans.

Monson, Craig. 1995. *Disembodied Voices: Music and Culture in an Early Modern Italian Convent*. Berkeley: University of California Press.

Moody, Harry R. 1988. "Mediating Policies." Chapter 8 in *Abundance of Life: Human Development Policies for an Aging Society*. New York: Columbia University Press.

Moore, Larry F. 1985. *Motivating Volunteers*. Vancouver, Canada: Vancouver Volunteer Centre.

Moore, R. I. 1977/1994. *The Origins of European Dissent*. Toronto: University of Toronto Press.

Moran, Mary H., and M. Anne Pitcher. 2004. "The 'Basket Case' and the 'Poster Child': Explaining the End of Civil Conflicts in Liberia and Mozambique." *Third World*

Quarterly 25:501—519.

More, Thomas. 1989. *Utopia*. Cambridge, UK: Cambridge University Press.

Morgan, Gareth. 1986. *Images of Organization*. Beverly Hills, Calif.: Sage.

Morgan, James N. 1986. "Unpaid Productive Activity Over the Life Course." Pp. 73—109 in *Productive Roles in an Older Society*, ed. Committe on an Aging Society. Washington, D. C.: National Academy Press.

Morgan, Robin, ed. 1970. *Sisterhood Is Powerful: An Anthology of Writings from the Women's Liberation Movement*. New York: Random House.

Morris, Aldon D. 1984. *The Origins of the Civil Rights Movement*. New York: Free Press.

Morris, Aldon D., and Carol M. Mueller, eds. 1992. *Frontiers in Social Movement Theory*. New Haven, Conn.: Yale University Press.

Morris, Charles. 1997. *American Catholic: The Saints and Sinners Who Built America's Most Powerful Church*. New York: Vintage Books.

Morris, Joe A. 1970. *First Offender: A Volunteer Program for Youth in Trouble with the Law*. New York: Funk & Wagnalls.

Moser, Annalise. 2003. "Acts of Resistance: The Performance of Women's Grass Roots Protest in Peru." *Social Movement Studies* 2(2):177—190.

Moskos, Charles C. 1988. *A Call to Civic Service: National Service for Country and Community*. New York: Free Press.

Moyer, Mel. 1984. *Managing Voluntary Organizations*. Toronto: York University Press.

Moynihan, Daniel P. 1970. *Maximum Feasible Misunderstanding: Community Action in the War on Poverty*. New York: Free Press.

Muldoon, James P., Jr. 2004. *The Architecture of Global Governance: An Introduction to the Study of International Organizations*. Boulder, Colo.: Westview Press.

Mumm, Susan. 2001. *All Saints Sisters of the Poor: An Anglican Sisterhood in the Nineteenth Century*. Rochester, N.Y.: Boydell Press.

Murray, Vic, and Yvonne Harrison. 2005. "Virtual Volunteering." Pp. 31—47 in *Emerging Areas of Volunteering* (ARNOVA Occasional Paper Series, volume 1, no. 2), ed. Jeffrey L. Brudney. Indianapolis: Association for Research on Nonprofit Organizations and Voluntary Action.

Murray, Vic, and Bill Tassie. 1994. "Evaluating the Effectiveness of Nonprofit Organizations." Pp. 303—324 in *The Jossey-Bass Handbook of Nonprofit Leadership and Management*, ed. Robert D. Herman and Associates. San Francisco: Jossey-Bass.

Nagel, Jack H. 1987. *Participation*. Englewood Cliffs, N. J. : Prentice Hall.

Naidoo, Kumi, and Rajesh Tandon. 1999. "The Promise of Civil Society." Pp. 1—16 in *Civil Society at the Millennium*, ed. CIVICUS. West Hartford, Conn. : Kumarian Press.

Naisbitt, John. 1984. *MEGATRENDS*. New York: Warner.

Naisbitt, John, and Patricia Aburdene. 1990. *MEGATRENDS 2000*. New York: William Morrow.

Naples, Nancy A. 1998. *Community Activism and Feminist Politics: Organizing Across Race, Class, and Gender*. New York: Routledge.

Nash, Roderick F. 1989. *The Rights of Nature: A History of Environmental Ethics*. Madison: University of Wisconsin Press.

National Committee for Responsive Philanthropy. 1987. *The Workplace Giving Revolution*. Washington, D. C. : National Committee for Responsive Philanthropy.

Ndegwa, Stephen N. 1996. *The Two Faces of Civil Society: NGOs and Politics in Africa*. Bloomfield, Conn. : Kumarian Press.

Nelson, Lisa S. , Mark D. Robbins, and Bill Simonsen. 1998. "Introduction to the Special Issue on Governance." *Social Sciences Journal* 35:477—491.

Neptune, Robert. 1977. *California's Uncommon Markets: The Story of the Consumers Cooperatives, 1935—1977*. Richmond, Calif. : Associated Cooperatives.

Netanyahu, Benjamin. 1995. *Fighting Terrorism: How Democracies Can Defeat Domestic and International Terrorists*. New York: Noonday Press.

Neulinger, John. 1974. *The Psychology of Leisure*. Springfield, Ill. : C. C. Thomas.

——. 1989. *A Leisure Society: Idle Dream or Viable Alternative, Encroaching Menace or Golden Opportunity*. Reston, Va. : American Association for Leisure and Recreation.

Newman, Jay. 1982. *Foundations of Religious Tolerance*. Toronto: University of Toronto Press.

Nichols, Geoff. 2004. "Pressures on Volunteers in the UK." Pp. 197—208 in *Volunteering as Leisure/Leisure as Volunteering: An International Assessment*, ed. Margaret Graham and Robert A. Stebbins. Wallingford, Oxon, UK: CABI Publishing.

Nichols, Judith E. 1999. *Transforming Fundraising*. San Francisco: Jossey-Bass.

——. 2001. "Demographics: Our Changing World and How It Affects Raising Money." Pp. 332—346 in *The Nonprofit Handbook: Fund Raising*, 3rd ed. , ed. James M. Greenfield. New York: Wiley.

Nicholls, Walter J. 2003. "Forging a 'New' Organizational Infrastructure for Los Angeles' Progressive Community." *International Journal of Urban and Regional Research* 27:881—896.

Niebuhr, H. Richard. 1929/1957. *The Social Sources of Denominationalism*. Cleveland, Ohio: Meridian Books.

Nielsen, Waldemar. 1972. *The Big Foundations*. New York: Columbia University Press.

———. 1979. *The Endangered Sector*. New York: Columbia University Press.

———. 1996. *Inside American Philanthropy: The Dramas of Donorship*. Norman: University of Oklahoma Press.

Norris, Pippa. 2001. *Civic Engagement, Information Poverty, and the Internet Worldwide*. New York: Cambridge University Press.

———. 2002. *Democratic Phoenix: Reinventing Political Activism*. Cambridge, UK: Cambridge University Press.

Northouse, Peter G. 1997. *Leadership: Theory and Practice*. Thousand Oaks, Calif.: Sage.

Nyang'oro, Julius E., and Timothy M. Shaw. 1989. *Corporatism in Africa*. Boulder, Colo.: Westview Press.

Nye, Mallory. 2001. *Multiculturalism and Minority Religions in Britain*. Richmond, UK: Curzon.

O'Brien, Geraldine, JoEllen Shannon, Deborah G. Booth, and Dianne Itterly. 1995. "East Coast Migrant Head Start Project: Continuity-Catalyst to Quality Service Delivery for Infants and Toddlers." *Infants and Young Children* 7(3):83—88.

O'Brien, Maeve. 2003. "Girls and Transition to Second-Level Schooling in Ireland: 'Moving On' and 'Moving Out.'" *Gender and Education* 15:249—267.

O'Brien, Patricia. 1995. "From Surviving to Thriving: The Complex Experience of Living in PublicHousing." *Affilia* 10(2):155—178.

O'Connell, Brian. 1983. *America's Voluntary Spirit*. New York: Foundation Center.

———. 1997. *Powered by Coalition: The Story of Independent Sector*. San Francisco: Jossey-Bass.

———. 1999. *Civil Society: The Underpinnings of American Democracy*. Hanover, N. H.: University Press of New England.

O'Connell, Brian, and Rebecca B. Taylor. 1999. *Voices from the Heart: In Celebration of America's Volunteers*. San Francisco: Jossey-Bass.

Office of Management and Budget. 1987. *Standard Industrial Classification Manual 1987*. Rev. ed. Washington, D. C.: Government of the United States.

Ogilvie, Robert S. 2004. *Voluntarism, Community Life, and the American Ethic*. Bloomington: Indiana University Press.

O'Grady, Carolyn R. 2000. *Integrating Service Learning and Multicultural Education in Colleges and Universities*. Mahwah, N. J.: L. Erlbaum Associates.

O'Leary, Rosemary, Robert F. Durant, Daniel J. Fiorino, and Paul S. Welland. 1999. *Managing for the Environment*. San Francisco: Jossey-Bass.

Oldenbourg, Zoé. 1966. *The Crusades*. New York: Pantheon Books.

Oliner, Pearl M., and Samuel P. Oliner. 1995. *Toward a Caring Society: Ideas into Action*. Westport, Conn.: Praeger.

Oliner, Pearl M., Samuel P. Oliner, and Lawrence Baron. 1992. *Embracing the Other: Philosophical, Psychological, and Historical Perspectives on Altruism*. New York: New York University Press.

Olson, Mancur. 1965. *The Logic of Collective Action*. Cambridge, Mass.: Harvard University Press.

O'Neill, Michael. 1989. *The Third Sector*. San Francisco: Jossey-Bass.

———. 2002. *Nonprofit Nation: A New Look at the Third America*. 2nd ed. San Francisco: Jossey-Bass.

O'Neill, Michael, and Kathleen Fletcher, eds. 1998. *Nonprofit Management Education*. Westport, Conn.: Praeger.

O'Neill, Michael, and Dennis R. Young, eds. 1988. *Educating Managers of Nonprofit Organizations*. New York: Praeger.

Oppenheimer, Martin. 2004. "The Minorities 'Question': Does the Left Have Answers?" *New Politics* 9(4):121—135.

Orloff, Ann S. 1993. "Gender and the Social Rights of Citizenship: The Comparative Analysis of Gender Relations and Welfare States." *American Sociological Review* 58 (June): 303—328.

Ornstein, Martha. 1913/1963. *The Role of Scientific Societies in the Seventeenth Century*. Hamden, Conn.: Archon Books.

Orosz, Joel J. 2000. *The Insider's Guide to Grantmaking*. San Francisco: Jossey-Bass.

Ortmeyer, D. L., and D. Fortune. 1985. "A Portfolio Model of Korean Household Sector Saving Behavior." *Economic Development and Cultural Change* 33:575—599.

Osigweh, Chimezie A. B. 1983. *Improving Problem-Solving Participation: The Case of Local Transnational Voluntary Organizations*. Lanham, Md.: University Press of America.

Oster, Sharon M. 1995. *Strategic Management for Nonprofit Organizations*. New York: Oxford University Press.

Ostrander, Susan A. 1995. *Money for Change: Social Movement Philanthropy at*

Haymarket People's Fund. Philadelphia: Temple University Press.

Ostrom, Elinor, Joanna Burger, Christopher B. Field, Richard B. Norgard, and David Policansky. 1999. "Revisiting the Commons: Local Lessons, Global Challenges." *Science* 284 (9 April):278—282.

Ostrower, Francie. 1995. *Why the Wealthy Give*. Princeton, N. J.: Princeton University Press.

Ott, J. Steven. 2001. *Understanding Nonprofit Organizations: Governance, Leadership, and Management*. Boulder, Colo.: Westview Press.

Owusu, Thomas Y. 2000. "The Role of Ghanaian Immigrant Associations in Toronto." *International Migration Review* 34:1155—1181.

Oxhorn, Philip, Joseph S. Tulchin, and Andrew D. Seles, eds. 2004. *Decentralization, Democratic Governance, and Civil Society in Comparative Perspective: Asia, Africa, and Latin America*. Baltimore: Johns Hopkins University Press.

Ozinga, James R. 1999. *Altruism*. Westport, Conn.: Praeger.

Palisi, Bartolomeo J., and Bonni Korn. 1989. "National Trends in Voluntary Association Membership: 1974—1984." *Nonprofit and Voluntary Sector Quarterly* 18: 179—190.

Pammer, Michael. 2000. "Death and the Transfer of Wealth: Bequest Patterns and Culture Change in the Eighteenth Century." *Journal of Social History* 33:913—934.

Pappano, Laura. 2001. *The Connection Gap: Why Americans Feel So Alone*. New Brunswick, N. J.: Rutgers University Press.

Parker, Stanley R. 1976. *The Sociology of Leisure*. London: Allen & Unwin.

Parsons, Talcott. 1949. *The Structure of Social Action*. Glencoe, Ill.: Free Press.

Parrinder, Edward G. 1983. *World Religions*. New York: Facts on File.

Partridge, Christopher. 2004. *New Religions: A Guide*. New York: Oxford University Press.

Pateman, Carole. 1970. *Participation and Democratic Theory*. New York: Cambridge University Press.

Patton, M. Q. 1986. *Utilization-Focused Evaluation*. 2nd ed. Newbury Park, Calif.: Sage.

Payne, Barbara, and C. Neil Bull. 1985. "The Older Volunteer: The Case for Interdependence." Pp. 251—272 in *Social Bonds in Later Life: Aging and Interdependence*, ed. Warren E. Petersen and Jill Quadagno. Beverly Hills, Calif.: Sage.

Payne, Robert. 1974. *The Great Man: A Portrait of Winston Churchill*. New York: Coward, McCann and Geoghegan.

Pazy, Asya, and Israela Oron. 2001. "Sex Proportion and Performance Evaluation among High-Ranking Military Officers." *Journal of Organizational Behavior* 22:689—702.

Peace Corps. 1997. *Peace Corps: The Great Adventure*. Washington, D. C. : Peace Corps.

Pearce, Jone L. 1993. *Volunteers: The Organizational Behavior of Unpaid Workers*, London: Routledge.

Pearce, Kenneth. 1984. *The View from the Top of the Temple: Ancient Maya Civilization and Modern Maya Culture*. Albuquerque: University of New Mexico Press.

Pelling, Henry. 1963. *A History of British Trade Unionism*. London: Macmillan.

Pennington, M. Basil. 1983. *Monastery*. San Francisco: Harper & Row.

Pennock, J. Roland, and John W. Chapman. 1969. *Voluntary Associations*. New York: Atherton.

Pereira, Anthony W. 1997. *The End of the Peasantry*. Pittsburgh: University of Pittsburgh Press.

Perlmutter, Felice D. 1988a. "Alternative Federated Funds: Resourcing for Change." Pp. 95—108 in *Alternative Social Agencies*, ed. Felice D. Perlmutter. New York: Haworth.

Perlmutter, Felice D., ed. 1988b. *Alternative Social Agencies*. New York: Haworth.

Perlmutter, Felice D., and Ram A. Cnaan. 1993. "Challenging Human Service Organizations to Redefine Volunteer Roles." *Administration in Social Work* 17(4):77—95.

Perlmutter, Felice D., and Burton Gummer. 1994. "Managing Organizational Transformations." Pp. 227—246 in *The Jossey-Bass Handbook of Nonprofit Leadership and Management*, ed. Robert D. Herman and Associates. San Francisco: Jossey-Bass.

Perlmutter, Philip. 1992. *Divided We Fall: A History of Ethnic, Religious, and Racial Prejudice in America*. Ames: Iowa State University Press.

Perlstadt, Harry. 1975. "Voluntary Associations and the Community: The Case of Volunteer Ambulance Corps." *Journal of Voluntary Action Research* 4:85—89.

Perrow, Charles P. 1961. "The Analysis of Goals in Complex Organizations." *American Sociological Review* 26(6):854—866.

Perry, Susan K. 2000. *Catch the Spirit: Teen Volunteers Tell How They Made a Difference*. New York: Franklin Watts.

Pestoff, V. A. 1991. *Between Markets and Politics: Cooperatives in Sweden*. Boulder, Colo. : Westview Press.

Peters, F. E. 2004. *The Children of Abraham: Judaism, Christianity, Islam*. Princeton, N. J. : Princeton University Press.

Peters, Karl. 1988. "What Is *Zygon: Journal of Religion and Science*? Purpose, History, and Financial Goals." *Zygon* 23(4):489—496.

Peterson, Lorna. 1988. *Nonprofit Corporations and Competition Between the For-Profit Sector: An Annotated Bibliography*. Monticello, Ill.: Vance Bibliographies.

Phelan, Marilyn E. 2000. *Nonprofit Enterprises: Corporations, Trusts, and Associations*. St. Paul, Minn.: West Group.

Philipose, Liz. 1996. "The Laws of War and Women's Human Rights." *Hypatia* 11(4): 46—62.

Picardie, Justine. 1988. "Secrets of the Oddfellows." *New Society* 83 (Feb.):13—15.

Picker, Lester A. 2001. "The Corporate Support Marketplace." Pp. 615—637 in *The Nonprofit Handbook: Fund Raising*, 3rd ed., ed. James M. Greenfield. New York: Wiley.

Pidgeon, Walter P. 1998. *The Universal Benefits of Volunteering*. New York: Wiley.

Pipes, Daniel. 1999. *Conspiracy: How the Paranoid Style Flourishes and Where It Comes From*. New York: Free Press.

Pitcavage, Mark. 2001. "Camouflage and Conspiracy: The Militia Movement from Ruby Ridge to Y2K." *American Behavioral Scientist* 44(6):957—981.

Pitzer, Donald E., ed. 1997. *America's Communal Utopias*. Chapel Hill: University of North Carolina Press.

Piven, Frances F., and Richard A. Cloward. 1979. *Poor People's Movements: Why They Succeed, How They Fail*. New York: Vintage Books.

Pointer, Dennis D., and James E. Orlikoff. 2002. *The High-Performance Board*. San Francisco: Jossey-Bass.

Points of Light Foundation. 2002. *Preventing a Disaster Within the Disaster: The Effective Use and Management of Unaffiliated Volunteers*. Washington, D. C.: Points of Light Foundation.

Poister, Theodore H. 2003. *Measuring Performance in Public and Nonprofit Organizations*. San Francisco: Jossey-Bass.

Pongsapich, Amara, and Nitaya Kataleeradaphan. 1997. *Thailand Nonprofit Sector and Social Development*. Bangkok, Thailand: Unknown.

Popenoe, David. 1996. "Family Caps." *Society* 33 (July—August):25—27.

Poplau, Ronald W. 2004. *The Doer of Good Becomes Good: A Primer on Volunteerism*. Lanham, Md.: Scarecrow Education.

Portes, Alejandro. 1998. "Social Capital: Its Origins and Applications in Modern Sociology." *Annual Review of Sociology* 24:1—24.

Post, Stephen G. 2003. *Research on Altruism and Love*. Philadelphia: Templeton

Foundation Press.

Post, Stephen G., Lynn G. Underwood, Jeffrey Schloss, and William B. Hurlbut. 2002. *Altruism and Altruistic Love*. New York: Oxford University Press.

Poujol, Genevie've. 1989. *Profession, Animateur*. Toulouse, France: Privat.

Powell, Joan. 2000. *Alternatives to the Peace Corps: A Directory of Third World and U. S. Volunteer Opportunities*. 9th ed. Chicago: Food First Books.

Powell, Lawrence A., Kenneth J. Branco, and John B. Williamson. 1996. *The Senior Rights Movement*. New York: Twayne.

Powell, Thomas J. 1994. *Understanding the Self-Help Organization*. Thousand Oaks, Calif.: Sage.

Powell, Walter W., ed. 1987. *The Nonprofit Sector*. New Haven, Conn.: Yale University Press.

Powell, Walter W., and Elisabeth S. Clemens. 1998. *Private Action and the Public Good*. New Haven, Conn.: Yale University Press.

Power, R. J. 1993. *Cooperation among Organizations: The Potential of Computer Supported Cooperative Work*. (Research Reports ESPRIT). New York: SpringerVerlag.

Powers, Roger S., William B. Vogele, Christopher Kruegler, and Ronald M. McCarthy. 1997. *Protest, Power, and Change: An Encyclopedia of Nonviolent Action from ACT-UP to Women's Suffrage*. New York: Garland.

Pratt, Lloyd P. 2001. "The Undigested History of the Nantucket Atheneum: A Renovation Yields Treasure." *Common-Place* 2(1): http://www.common-place.org/vol-02/no-01.

Prelinger, Catherine M. 1992. *Episcopal Women: Gender Spirituality, and Commitment in an American Mainline Denomination*. New York: Oxford University Press.

Prestby, John E., Abraham Wandersman, Paul Florin, Richard Rich, and David Chavis. 1990. "Benefits, Costs, Incentive Management and Participation in Voluntary Organizations: A Means to Understanding and Promoting Empowerment." *American Journal of Community Psychology* 18(1):117—149.

Presthus, Robert V. 1978. *The Organizational Society*. New York: St. Martin's Press.
Prestoff, V. A. 1979. "Member Participation in Swedish Consumer Cooperatives." Stockholm, Sweden: Department of Political Science, University of Stockholm for the Cooperative Institute.

Price, Christine A. 2002. "Retirement for Women: The Impact of Employment." *Journal of Women and Aging* 14(3—4):41—57.

Price, Jerome. 1990. *The Antinuclear Movement*. Updated ed. Boston: Twayne.

Price, Richard H. 1990. "Whither Participation and Empowerment?" *American Journal of*

Community Psychology 18(1):163—167.

Princenthal, Nancy, and Jennifer Dowley. 2001. *A Creative Legacy: A History of the National Endowment for the Arts Visual Artists' Fellowship Program 1966—1995*. New York: H. N. Abrams.

Pronovost, Gilles. 1998. "The Sociology of Leisure." *Current Sociology* 46:1—156.

Prusak, Bernard P. 2004. *The Church Unfinished: Ecclesiology Through the Centuries*. New York: Paulist Press.

Pugliese, Donato J. 1986. *Voluntary Associations: An Annotated Bibliography*. New York: Garland.

Puka, Bill, ed. 1994. *Reaching Out: Caring, Altruism, and Prosocial Behavior*. New York: Garland.

Putnam, Robert D. 1993. *Making Democracy Work: Civic Traditions in Modern Italy*. Princeton, N.J.: Princeton University Press.

——. 1995. "Bowling Alone: Revisited." *Responsive Community* 5 (Spring):18—33.

——. 2000. *Bowling Alone: The Collapse and Revival of American Community*. New York: Simon & Schuster.

Pynes, Joan E. 1997. *Human Resources Management for Public and Nonprofit Organizations*. San Francisco: Jossey-Bass.

Quarrick, Gene. 1989. *Our Sweetest Hours: Recreation and the Mental State of Absorption*. Jefferson, N.C.: McFarland.

Queen, Edward L. 2000. *Serving Those in Need: A Handbook for Managing Faith-Based Human Services Organizations*. San Francisco: Jossey-Bass.

Rabinowitz, Alan. 1990. *Social Change Philanthropy in America*. New York: Quorum Press.

Raboteau, Albert J. 1995. *A Fire in the Bones: Reflections on African-American Religious History*. Boston: Beacon Press.

Raczynski, Stanislaw. 2004. "Simulation of the Dynamic Interactions Between Terror and Antiterror Organizational Structures." *Journal of Artificial Societies and Social Simulation* 7 (March):paragraphs 1.1—5.2.

Radtke, Janel M. 1998. *Strategic Communications for Nonprofit Organizations*. New York: Wiley.

Randall, Adrian, and Paul Palmer. 2002. *Financial Management in the Voluntary Sector*. London: Routledge.

Ranson, Stewart, Alan Bryman, and Bob Hinings. 1977. *Clergy, Ministers and Priests*.

London: Routledge & Kegan Paul.

Rappaport, Roy A. 1999. *Ritual and Religion in the Making of Humanity*. New York: Cambridge.

Rauch, Jonathan. 1995. *Demosclerosis: The Silent Killer of American Government*. New York: Times Books.

Raush, Harold L., and Charlotte L. Raush. 1968. *The Halfway House Movement*. New York: Appleton-Century-Crofts.

Ray, Angela G. 2002. "Frederick Douglass on the Lyceum Circuit: Social Assimilation, Social Transformation?" *Rhetoric and Public Affairs* 5(4):625—647.

Rayback, Joseph G. 1959. *History of American Labor*. New York: Macmillan.

Raynolds, John, and Eleanor Raynolds. 1988. *Beyond Success: How Volunteer Service Can Help You Begin Making a Life Instead of Just a Living*. New York: Master Media.

Raynolds, John, and Gene Stone. 1998. *Volunteering*. New York: St. Martin's Press.

Reat, Noble R. 1994. *Buddhism: A History*. Berkeley, Calif.: Asian Humanities Press.

Reavis, Dick J. 1995. *The Ashes of Waco*. New York: Simon & Schuster.

Reger, Jo. 2004. "Organizational 'Emotional Work' Through Consciousness-Raising: An Analysis of a Feminist Organization." *Qualitative Sociology* 27:205—222.

Reilly, Thom, and Nancy Peterson. 1997. "Nevada's University-State Partnership: A Comprehensive Alliance for Improved Services to Children and Families." *Public Welfare* 55:21—28.

Reimer, Frederic G. 1982. *Ethical Dilemmas in Social Service*. New York: Columbia University Press.

Reisig, Michael D., and Roger B. Parks. 2004. "Can Community Policing Help with the Truly Disadvantaged?" *Crime and Delinquency* 50:139—167.

Reitzes, Donald C., and Dietrich C. Reitzes. 1984. "Alinsky's Legacy: Current Applications and Extensions of His Principles and Strategies." *Research in Social Movements, Conflicts and Change* 6:31—55.

Rekart, Josephine. 1993. *Public Funds, Private Provision: The Role of the Volunteer Sector*. Vancouver, Canada: University of British Columbia Press.

Rheingold, Howard. 1994. *The Virtual Community*. New York: HarperCollins.

Rhoads, Robert A., and Lilliana Mina. 2001. "The Student Strike at the National Bibliography Autonomous University of Mexico: A Political Analysis." *Comparative Education Review* 45:334—353.

Richardson, James T., ed. 1978. *Conversion Careers: In and Out of the New Religions*.

Beverly Hills, Calif.: Sage.

Richardson, Jeremy J., ed. 1993. *Pressure Groups*. New York: Oxford University Press.

Richey, Russell E. 1977. *Denominationalism*. Nashville, Tenn.: Abingdon. Richter, Peyton E., ed. 1971. *Utopias*. Boston: Holbrook Press.

Riessman, Frank, and David Carroll. 1995. *Redefining Self-Help*. San Francisco: Jossey-Bass.

Rifkin, Jeremy. 1995. *The End of Work*. New York: Putnam.

Rigsby, Bruce. 1987. "Indigenous Language Shift and Maintenance in Fourth World Settings." *Multilingua* 6:359—378.

Riley-Smith, Jonathan S. C. 1995. *The Oxford Illustrated History of the Crusades*. New York: Oxford University Press.

Rimmerman, Craig A. 2001. *The New Citizenship: Unconventional Politics, Activism, and Service*. Boulder, Colo.: Westview Press.

Ripley, Randall B., and Grace A. Franklin. 1980. *Congress, the Bureaucracy, and Public Policy*. Homewood, Ill.: Dorsey Press.

Ritzer, George, and David Walczak. 1986. *Working: Conflict and Change*. 3rd ed. Englewood Cliffs, N. J.: Prentice Hall.

Robbins, Alexandra. 2004. *Pledged: The Secret Life of Sororities*. New York: Hyperion.

Robbins, Thomas, and Dick Anthony. 1981. *In Gods We Trust: New Patterns of Religious Pluralism in America*. New Brunswick, N. J.: Transaction Books.

Roberts, Edwin A. 1999. "Marxism and Secular Humanism: An Excavation and Reappraisal." *Nature, Society, and Thought* 12:177—201.

Roberts, Ken. 1999. *Leisure in Contemporary Society*. Wallingford, Oxon, UK: CABI Publishing.

Roberts, Pamela, and Alice Yang. 2002. *Kids Taking Action: Community Service Learning Projects, K—8*. Greenfield, Mass.: Northeast Foundation for Children.

Roberts, Ron E. 1971. *The New Communes*. Englewood Cliffs, N. J.: Prentice Hall.

Robertson, D. B., ed. 1966. *Voluntary Associations: A Study of Groups in Free Societies*. Richmond, Va.: John Knox Press.

Robinson, Andy. 2002. *Selling Social Change (Without Selling Out): Earned Income Strategies for Nonprofits*. San Francisco: Jossey-Bass.

Robinson, B., and M. G. Hanna. 1994. "Lessons for Academics from Grassroots Community Organizing: A Case Study—The Industrial Areas Foundation." *Journal of Community Practice* 1:63—94.

Rock, Paul. 1988. "On the Birth of Organizations." *L. S. E. Quarterly* 2:123—153.

Rogers, Everett M. 1983. *Diffusion of Innovations*. 3rd ed. New York: Free Press.

Rohracher, Harald. 2003. "The Role of Users in the Social Shaping of Environmental Technologies." *Innovation: The European Journal of Social Science Research* 16(2):177—192.

Rojek, Chris. 2000. *Leisure and Culture*. New York: Palgrave.

——. 2002. "Civil Labour, Leisure, and Post Work Society." *Loisir et Société/Society and Leisure* 25(1):21—36.

Romanofsky, Peter, and Clarke A. Chambers. 1978. *Social Service Organizations*. Westport, Conn.: Greenwood Press.

Roose, Rudi, and De Bie, Maria. 2003. "From Participative Research to Participative Practice—A Study in Youth Care." *Journal of Community and Applied Social Psychology* 13:475—485.

Rose, Arnold M. 1965. *Minority Problems: A Textbook of Readings in Intergroup Relations*. New York: Harper & Row.

——. 1967. *The Power Structure: Political Process in American Society*. New York: Oxford University Press.

Rose-Ackerman, S. 1982. "Charitable Giving and Excessive Fundraising." *Quarterly Journal of Economics* 97:193—212.

——. 1990. "Competition Between Non-Profits and For-Profits: Entry and Growth." *Voluntas* 1(1):13—25.

Rosenblum, Nancy L. 1998. *Membership and Morals*. Princeton, N. J.: Princeton University Press.

Rosenstone, Steven J., and John M. Hansen. 1993. *Mobilization, Participation, and Democracy in America*. New York: Macmillan.

Ross, Jack C. 1976. *An Assembly of Good Fellows: Voluntary Associations in History*. Westport, Conn.: Greenwood.

Ross, Jack C., and Raymond H. Wheeler. 1971. *Black Belonging*. Westport, Conn.: Greenwood.

Ross, Robert J. 1977. "Primary Groups in Social Movements: A Memoir and Interpretation." *Journal of Voluntary Action Research* 6:139—152.

Rosso, Henry A., ed. 1991. *Achieving Excellence in Fund Raising*. San Francisco: Jossey-Bass.

Roszak, Theodore. 1969. *The Making of a Counterculture*. Garden City, N. Y.: Doubleday.

Rothbart, Myron, and Oliver P. John. 1985. "Social Categorization and Behavior Episodes:

A Cognitive Analysis of the Effects of Intergroup Contact." *Journal of Social Issues* 41: 81—104.

Rothenberg, Lawrence S. 1992. *Linking Citizens to Government: Interest Group Politics at Common Cause*. New York: Cambridge University Press.

Rothschild, Joyce, and Marjukka Ollilainen. 1999. "Obscuring but Not Reducing Managerial Control: Does TQM Measure up to Democracy Standards?" *Economic and Industrial Democracy* 20:583—623.

Rothschild-Whitt, Joyce. 1979. "The Collectivist Organization." *American Sociological Review* 44:509—527.

Roue, Marie. 2003. "US Environmental NGOs and the Cree: An Unnatural Alliance for the Preservation of Nature?" *International Social Science Journal* 55(4): 619—627.

Rubinstein, Richard E. 1987. *Alchemists of Revolution: Terrorism in the Modern World*. New York: Basic Books.

Ruckle, James E. 1993. *Distinctive Qualities of Third Sector Organizations*. New York: Garland.

Rudy, David R. 1986. *Becoming an Alcoholic: Alcoholics Anonymous and the Reality of Alcoholism*. Carbondale: Southern Illinois University Press.

Rummel, R. J. 1994. *Death by Government*. New Brunswick, N. J.: Transaction Publishers.

Ruppel, Warren. 2002. *Not-for-Profit Accounting Made Easy*. New York: Wiley.

Rusch, William G. 1985. *Ecumenism—A Movement Toward Church Unity*. Philadelphia: Fortress Press.

Rusin, Jo B. 1999. *Volunteers Wanted*. Mobile, Ala.: Magnolia Mansions Press.

Sagarin, Edward. 1969. *Odd Man In: Societies of Deviants in America*. Chicago: Quadrangle Books.

Sajoo, Amyn B. 2002. *Civil Society in the Muslim World*. New York: I. B. Tauris Publishers.

Salamon, Lester M. 1987. "Of Market Failure, Voluntary Failure, and Third-Party Government: Toward a Theory of Government-Nonprofit Relations in the Modern Welfare State." *Journal of Voluntary Action Research* 16: 29—49.

——. 1992. *America's Nonprofit Sector: A Primer*. New York: Foundation Center.

——. 1994. "The Nonprofit Sector and the Evolution of the American Welfare State." Pp. 83—99 in *The Jossey-Bass Handbook of Nonprofit Leadership and Management*, ed. Robert D. Herman and Associates. San Francisco: Jossey-Bass.

——. 1995. *Partners in Public Service: Government-Nonprofit Relations in the Modern Welfare State*. Baltimore: Johns Hopkins University Press.

——. 1999. *America's Nonprofit Sector: A Primer*. 2nd ed. New York: Foundation Center.

——. 2002. "The Resilient Sector: The State of Nonprofit America." Pp. 3—64 in *The State of Nonprofit America*, ed. Lester M. Salamon. Washington, D. C.: Brookings Institution Press.

——. 2003. *The Resilient Sector: The State of Nonprofit America*. Washington, D. C.: Brookings Institution Press.

Salamon, Lester M., and Helmut Anheier. 1992a. "In Search of the Non-Profit Sector I: The Question of Definitions." *Voluntas* 3(2):125—151.

——. 1992b. "In Search of the Non-Profit Sector II: The Problem of Classification." *Voluntas* 3(3):267—309.

——. 1994. *The Emerging Sector*. Baltimore: Johns Hopkins University Institute for Policy Studies.

Salamon, Lester M., Helmut K. Anheier, Regina List, Stefan Toepler, S. Wojciech Sokolowsi, and Associates. 1999. *Global Civil Society: Dimensions of the Nonprofit Sector*. Baltimore: Johns Hopkins Center for Civil Society Studies.

Salzman, Jason. 1998. *Making the News: A Guide for Nonprofits and Activists*. Boulder, Colo.: Westview Press.

Samuelson, Paul A., and William D. Nordhaus. 1995. *Economics*. 15th ed. New York: McGraw-Hill.

Sanders, Clinton R. 1995. "Killing with Kindness: Veterinary Euthanasia and the Social Construction of Personhood." *Sociological Forum* 10:195—214.

Sanoff, Henry. 2000. *Community Participation Methods in Design and Planning*. New York: Wiley.

Sanyal, Rajat. 1980. *Voluntary Associations and the Urban Public Life in Bengal (1815—1876)*. Calcutta, India: Riddhi-India.

Sarri, Rosemary C., and Yeheskel Hasenfeld. 1978. *The Management of Human Services*. New York: Columbia University Press.

Sarna, Jonathan D. 2004. *American Judaism: A History*. New Haven, Conn.: Yale University Press.

Savas, Emanuel S. 2000. *Privatization and Public-Private Partnerships*. New York: Chatham House.

参考文献

Savedoff, William D. 1998. *Organization Matters*. Washington, D. C.: Inter-American Development Bank.

Scarboro, Allen, Nancy Campbell, and Shirley Stone. 1994. *Living Witchcraft: A Contemporary American Coven*. Westport, Conn.: Praeger.

Schaff, Terry, and Doug Schaff. 1999. *The Fundraising Planner*. San Francisco: Jossey-Bass.

Schattschneider, E. E. 1960. *The Semisovereign People*. New York: Holt, Rinehart and Winston.

Schaw, Walter A. 2002. *International Handbook on Association Management*. Washington, D. C.: American Society of Association Executives.

Schehr, Robert C. 1997. *Dynamic Utopia: Establishing Intentional Communities as a New Social Movement*. Westport, Conn.: Bergin & Garvey.

Scherr, Avron. 1989. *Freedom of Protest, Public Order, and the Law*. New York: Blackwell.

Scheier, Ivan H. 1992. *When Everyone's a Volunteer: The Effective Functioning of All Volunteer Groups*. Philadelphia: Energize.

———. 1993. *Building Staff/Volunteer Relations*. Philadelphia: Energize.

Schevitz, Jeffrey M. 1967. "The Do-Gooder as Status Striver." *Phylon* 28 (Winter): 386—398.

Schlesinger, Arthur M., Jr. 1993. *The Disuniting of America: Reflections on a Multicultural Society*. New York: Norton.

Schmaedick, Gerald L., ed. 1993. *Cost-Effectiveness in the Nonprofit Sector*. Westport, Conn.: Quorum Books.

Schmid, Hillel. 2001. *Neighborhood Self-Management: Experiments in Civil Society*. New York: Kluwer Academic.

Schmidt, Alvin J., and Nicholas Babchuk. 1972. "Formal Voluntary Groups and Change Over Time: A Study of Fraternal Associations." *Journal of Voluntary Action Research* 1(1): 46—55.

Schmitter, Philippe, and G. Lehmbruch, eds. 1979. *Trends Toward Corporatist Intermediation*. London: Sage.

Scholsberg, David. 1999. *Environmental Justice and the New Pluralism*. New York: Oxford University Press.

Schor, Juliet B. 1993. *The Overworked American*. New York: Basic Books.

Schuler, Douglas, and Peter Day, eds. 2004. *Shaping the Network Society: The New Role* of Civil Society in Cyberspace. Cambridge: MIT Press.

Schumacher, Edward C. 2003. Building Your Endowment. San Francisco: Jossey-Bass.

Schwartz, Florence. 1984. Voluntarism and Social Work Practice: A Growing Collaboration. Lanham, Md.: University Press of America.

Schwartz, Frank J., and Susan Pharr, eds. 2003. The State of Civil Society in Japan. Cambridge, UK: Cambridge University Press.

Schweder, Richard A., Martha Minow, and Hazel Markus. 2002. Engaging Cultural Differences: The Multicultural Challenge in Liberal Democracies. New York: Russell Sage Foundation.

Schweitzer, Glenn E., and Carole D. Schweitzer. 2002. A Faceless Enemy: The Origins of Modern Terrorism. Cambridge, Mass.: Perseus Publishing.

Scott, Anne F. 1992. Natural Allies: Women's Associations in American History. Urbana: University of Illinois Press.

Scott, Katherine T. 2000. Creating Caring & Capable Boards. San Francisco: Jossey-Bass.

Scott, William A. 1965. Values and Organizations: A Study of Fraternities and Sororities. Chicago: Rand McNally.

Seabrook, Jeremy. 1988. The Leisure Society. Oxford, UK: Blackwell.

Sealander, Judith. 1997. Private Wealth and Public Life: Foundation Philanthropy and the Reshaping of American Social Policy from the Progressive Era to the New Deal. Baltimore: Johns Hopkins University Press.

Seaton, Craig E. 1996. Altruism and Activism. Lanham, Md.: University Press of America.

Seiler, Timothy L. 2001. Developing Your Case for Support. San Francisco: Jossey-Bass.

Self, Donald R., and Walter W. Wymer. 1999. Volunteerism Marketing: New Vistas for Nonprofit and Public Sector Marketing. New York: Haworth Press.

Seligman, Adam. 1992. The Idea of Civil Society. New York: Free Press.

Sell, Alan P. F. 1986. Reformed Theology and the Jewish People. Geneva, Switzerland: World Alliance of Reformed Churches.

Sen, Rinku, and Kim Klein. 2003. Stir It Up: Lessons in Community Organizing and Advocacy. San Francisco: Jossey-Bass.

Sen, Siddhartha. 1993. Defining the Nonprofit Sector: India. Baltimore: Johns Hopkins Institute for Policy Studies.

Shaiko, Ronald G. 1997. "Female Participation in Association Governance and Political

Representation: Women as Executive Directors, Board Members, Lobbyists, and Political Action Committee Directors." *Nonprofit Management and Leadership* 8(2):121—139.

Shapiro, Joseph P. 1993. *No Pity: People with Disabilities Forging a New Civil Rights Movement*. New York: Times Books.

Shapiro, Samuel B. 1987. *A Coming of Age: A History of the Profession of Association Management*. Washington, D. C. : American Society of Association Executives.

Sharma, Mahesh. 1999. "Artisans and Monastic Credit in Early Twentieth Century Himachal." *Indian Economic and Social History Review* 36(2):239—257.

Sharon, Liath. 2004. "Averting a Disaster Within a Disaster: The Management of Spontaneous Volunteers following the 11 September 2001 Attacks on the World Trade Center in New York." *Voluntary Action* 6(2):11—20.

Sharp, Gene. 1973. *Methods of Nonviolent Action*. Boston: Porter Sargent.

Shaw, Randy. 2001. *The Activist's Handbook*. Updated ed. Berkeley: University of California Press.

Shaw, Sondra C. , and Martha A. Taylor. 1995. *Reinventing Fundraising: Realizing the Potential of Women's Philanthropy*. San Francisco: Jossey-Bass.

Sheffer, Martin S. 1999. *God versus Caesar: Belief, Worship, and Proselytizing under the First Amendment*. Albany: State University of New York Press.

Sherr, Avrom. 1998. *Freedom of Protest, Public Order, and the Law*. New York: Blackwell.

Shifley, Rick L. 2003. "The Organization of Work as a Factor in Social Well-Being." *Contemporary Justice Review* 6:105—125.

Shim, Jae K. , and Joel Siegel. 1997. *Financial Management for Nonprofits*. Chicago: Irwin Professional Publications.

Shokeid, Moshe. 2001. "'The Women are Coming': The Transformation of Gender Relationships in a Gay Synagogue." *Ethnos* 66:5—26.

Shostak, Arthur. 1998. "Cocreating a Futures Studies Course with Unionists." *American Behavioral Scientist* 42:539—542.

Shriner, Larry. 1967. "The Concept of Secularization in Empirical Research." *Journal for the Scientific Study of Religion* 6(2):207—220.

Shy, John W. 1976. *A People Numerous and Armed: Reflections on the Military Struggle for American Independence*. New York: Oxford University Press.

Siciliano, Julie I. 1997. "The Relationship Between Formal Planning and Performance in Nonprofit Organizations." *Nonprofit Management and Leadership* 7(4):387—403.

Sidjanski, Dusan. 1974. "Interest Groups in Switzerland." *Annals of the American Academy of Political and Social Science* 413:101—123.

Siebold, Cathy. 1992. *The Hospice Movement*. New York: Twayne.

Sifrey, Micah L. 2003. *Spoiling for a Fight: Third Party Politics in America*. New York: Routledge.

Silber, Norman I. 2001. *A Corporate Form of Freedom: The Emergence of the Nonprofit Sector*. Boulder, Colo.: Westview Press.

Silk, Thomas. 2004. "The Legal Framework of the Nonprofit Sector in the United States." Pp. 63—80 in *The Jossey-Bass Handbook of Nonprofit Leadership and Management*, 2nd ed., ed. Robert D. Herman and Associates. San Francisco: Jossey-Bass.

Sills, David L. 1957. *The Volunteers: Means and Ends in a National Organization*. Glencoe, Ill.: Free Press.

Simmel, Georg. 1955. *Conflict and the Web of Group-Affiliations*, trans. Kurt H. Wolff and Reinhard Bendix. New York: Free Press.

Simon, David R., ed. 2002. *Elite Deviance*. 7th ed. Boston: Allyn and Bacon.

Simon, Judith S., and J. Terence Donovan. 2001. *The Five Life Stages of Nonprofit Organizations*. St. Paul, Minn.: Amherst H. Wilder Foundation.

Simonsen, William, and Mark D. Robbins. 2000. *Citizen Participation in Resource Allocation*. Boulder, Colo.: Westview Press.

Simpson, Richard L., and William H. Gulley. 1962. "Goals, Environmental Pressures, and Organizational Characteristics." *American Sociological Review* 27: 344—351.

Sims, Patsy. 1996. *The Klan*. 2nd ed. Lexington: University Press of Kentucky.

Singer, Margaret T., with Janja Lalich. 1995. *Cults in Our Midst*. San Francisco: Jossey-Bass.

Sink, David W. 1992. "Response to Federal Cutbacks by Nonprofit Agencies and Local Funding Sources." *New England Journal of Human Services* 11(3):29—35.

Siriani, Carmen, and Lewis Friedland. 2001. *Civic Innovation in America: Community Empowerment, Public Policy, and the Movement for Civic Renewal*. Berkeley: University of California Press.

Skeldon, Ronald. 1977. "Regional Associations: A Note on Opposed Interpretations." *Comparative Studies in Society and History* 19:506—510.

Skrtic, Thomas M. 1991. "The Special Education Paradox: Equity and the Way of Excellence." *Harvard Educational Review* 61:148—206.

Slaton, Christa D. 1992. *Televote: Expanding Participation in the Quantum Age*. New

York: Praeger.

Slesinger, Larry. 2004. *Search: Winning Strategies to Get Your Next Job in the Nonprofit World*. Glen Echo, Md.: Piemonte Press.

Slyke, David M., and Christine H. Roch. 2004. "What Do They Know, and Whom Do They Hold Accountable? Citizens in the Government-Nonprofit Contracting Relationship." *Journal of Public Administration Research and Theory* 14:191—210.

Smelser, Neil. 1962. *Theory of Collective Behavior*. New York: Free Press.

Smith, Bradford. 1992. *The Use of Standard Industrial Classification (SIC) Codes to Classify the Activities of Nonprofit, Tax-Exempt Organizations*. Working Paper No. 19. San Francisco: Institute for Nonprofit Organization Management, University of San Francisco.

Smith, Bradford, Sylvia Shue, Jennifer L. Vest, and Joseph Villarreal, eds. 1999. *Philanthropy in Communities of Color: Sharing and Helping in Eight Communities of Color*. Bloomington: Indiana University Press.

Smith, Bradford, Sylvia Shue, and Joseph Villarreal. 1992. *Asian and Hispanic Philanthropy*. San Francisco: University of San Francisco Press.

Smith, Bruce L. R. 1966. *The Rand Corporation: Case Study of a Nonprofit Advisory Corporation*. Cambridge, Mass.: Harvard University Press.

Smith, Christian. 1996. *Disruptive Religion: The Force of Faith in Social-Movement Activism*. New York: Routledge.

Smith, Constance, and Anne Freedman. 1972. *Voluntary Associations: Perspectives on the Literature*. Cambridge, Mass.: Harvard University Press.

Smith, David Horton. 1967. "A Parsimonious Definition of 'Group': Toward Conceptual Clarity and Scientific Utility." *Sociological Inquiry* 37(2): 141—167.

——. 1969. "Evidence for a General Activity Syndrome: A Survey of Townspeople in Eight Massachusetts Town and Cities." Pp. 453—454 in *Proceedings of the 77th Annual Convention of the American Psychological Association, 1969*, vol. 4. Washington, D.C.: American Psychological Association.

——. 1972a. Organizational Boundaries and Organizational Affiliates. *Sociology and Social Research* 56:494—512.

——. 1972b. "The Journal of Voluntary Action Research: An Introduction." *Journal of Voluntary Action Research* 1(1):2—5.

——. 1972c. "Ritual in Voluntary Associations." *Journal of Voluntary Action Research* 1(4):39—53.

——. 1973. "The Impact of the Voluntary Sector on Society." Pp. 387—399 in *Voluntary*

Action Research: 1973, ed. David Horton Smith. Lexington, Mass.: Lexington Books.

——. 1973/2001. "The Impact of the Voluntary Sector on Society." Pp. 79—87 in *The Nature of the Nonprofit Sector*, ed. J. Steven Ott. Boulder, Colo.: Westview Press.

——, ed. 1974. *Voluntary Action Research: 1974*. Lexington, Mass.: Lexington Books.

——. 1975. "Voluntary Action and Voluntary Groups." Pp. 247—270 in *Annual Review of Sociology*, vol. 1, ed. Alex Inkeles, James Coleman, and Neil Smelser. Palo Alto, Calif.: Annual Reviews Inc.

——. 1977. "Values, Voluntary Action, and Philanthropy: The Appropriate Relationship of Private Philanthropy to Public Needs." Pp. 1093—1108 in *Research Papers, Volume II. Philanthropic Fields of Interest. Part II—Additional Perspectives*, ed. Commission on Private Philanthropy and Public Needs. Washington, D. C.: Department of the Treasury.

——. 1978. "The Philanthropy Business." *Society* 15:8—15.

——. 1980a. "Methods of Inquiry and Theoretical Perspectives." Pp. 8—33 in *Participation in Social and Political* Activities, ed. David Horton Smith, Jacqueline Macaulay, and Associates. San Francisco: Jossey-Bass.

——. 1980b. "Theoretical Models of Informal Social Activity." Pp. 400—530 in *Participation in Social and Political Activities*, ed. David Horton Smith, Jacqueline Macaulay, and Associates. San Francisco: Jossey-Bass.

——. 1981. "Altruism, Volunteers, and Volunteerism." *Journal of Voluntary Action Research* 10(1):21—36.

——. 1983. "Synanthrometrics: On Progress in the Development of a General Theory of Voluntary Action and Citizen Participation." Pp. 80—94 in *International Perspectives on Voluntary Action Research*, ed. David Horton Smith and Jon Van Til. Lanham, Md.: University Press of America.

——. 1984. "Churches Are Generally Ignored in Contemporary Voluntary Action Research: Causes and Consequences." *Journal of Voluntary Action Research* 13(4):11—18.

——. 1985. "Volunteerism: Attracting Volunteers and Staffing Shrinking Programs." Pp. 225—251 in *Social Planning and Human Service Delivery in the Voluntary Sector*, ed. Gary A. Tobin. Westport, Conn.: Greenwood Press.

——. 1991. "Four Sectors or Five? Retaining the Member-Benefit Sector." *Nonprofit and Voluntary Sector Quarterly* 20:137—150.

——. 1992a. "National Nonprofit, Voluntary Associations: Some Parameters." *Nonprofit and Voluntary Sector Quarterly* 21(1):81—94.

——. 1992b. "A Neglected Type of Voluntary Nonprofit Organization: Exploration of the

Semiformal, Fluid-Membership Organization." *Nonprofit and Voluntary Sector Quarterly* 21(3):251—269.

——. 1993. "Public Benefit and Member Benefit Nonprofit, Voluntary Groups." *Nonprofit and Voluntary Sector Quarterly* 22(1):53—68.

——. 1994a. "Determinants of Voluntary Association Participation and Volunteering: A Literature Review." *Nonprofit and Voluntary Sector Quarterly* 23(3): 243—263.

——. 1994b. "Some Understudied Research Topics: The 1994 ISTR Conference and Beyond." *Voluntas* 5(3):349—358.

——. 1995a. "Democratic Personality." Pp. 941—943 in *The Encyclopedia of Democracy. Volume 3*, ed. Seymour Martin Lipset. Washington, D. C.: Congressional Quarterly Books.

——. 1995b. "Some Challenges in Nonprofit and Voluntary Action Research." *Nonprofit and Voluntary Sector Quarterly* 24(2):99—101.

——. 1996a. "Defining Nonprofit/Voluntary Sector Terms: A Search for Practical and Theoretical Consensus." Unpublished paper. Department of Sociology, Boston College, Chestnut Hill, Mass.

——. 1996b. "Teaching a Course in Deviant Groups: A Neglected Side of Deviance." *Teaching Sociology* 24:177—188.

——. 1997a. "Grassroots Associations Are Important: Some Theory and a Review of the Impact Literature." *Nonprofit and Voluntary Sector Quarterly* 26 (3, September):269—306.

——. 1997b. "The International History of Grassroots Associations." *International Journal of Comparative Sociology* 38(3—4):189—216.

——. 1997c. "The Rest of the Nonprofit Sector: Grassroots Associations as the Dark Matter Ignored in Prevailing 'Flat-Earth' Maps of the Sector." *Nonprofit and Voluntary Sector Quarterly* 26:114—131.

——. 1999. "Researching Volunteer Associations and Other Nonprofits: An Emergent Interdisciplinary Field and Possible New Discipline." *American Sociologist* 30 (4, Winter): 5—35.

——. 2000. *Grassroots Associations*. Thousand Oaks, Calif.: Sage.

——. 2003. "A History of ARNOVA." *Nonprofit and Voluntary Sector Quarterly* 32(3):458—72.

Smith, David Horton, Dan Bernfeld, Ernst Abma, and David Zeldin. 1992. "International Terminology on Nonprofit Organizations and Voluntary Action in Some European Languages and American English." Paper presented at the Third International Conference of Research on Voluntary and Nonprofit Organizations, Center on Philanthropy, Indiana University at

Indianapolis, March.

Smith, David Horton, with John Dixon. 1973. "The Voluntary Society." Pp. 202—227 in *Challenge to Leadership*, ed. Edward C. Bursk. New York: Free Press.

Smith, David Horton, and Frederick Elkin, eds. 1981. *Volunteers, Voluntary Organizations, and Development*. Leiden, Netherlands: E. J. Brill.

Smith, David Horton, Jacqueline Macaulay, and Associates. 1980. *Participation in Social and Political Activities*. San Francisco: Jossey-Bass.

Smith, David Horton, and Karl Pillemer. 1983. "Self-Help Groups as Social Movement Organizations: Social Structure and Social Change." Pp. 203—233 in *Research in Social Movements, Conflicts and Change, Volume 5*, ed. Louis Kriesberg. Greenwich, Conn.: JAI Press.

Smith, David Horton, R. D. Reddy, and B. R. Baldwin. 1972. "Types of Voluntary Action: A Definitional Essay." In *Voluntary Action Research: 1972*, ed. D. H. Smith, R. D. Reddy, and B. R. Baldwin. Lexington, Mass.: Lexington Books.

Smith, David Horton, and Ce Shen. 2002. "The Roots of Civil Society: A Model of Voluntary Association Prevalence Applied to Data on Larger Contemporary Nations." *International Journal of Comparative Sociology* 42(2):93—133.

Smith, David Horton, and Nancy Theberge. 1987. *Why People Recreate: An Overview of Research*. Champaign, Ill.: Life Enhancement Publications.

Smith, David Horton, and Jon Van Til, eds. 1983. *International Perspectives on Voluntary Action Research*. Lanham, Md.: University Press of America.

Smith, Garry. 1994. "The Status of Gambling in Canadian Society." Pp. 19—26 in *Gambling in Canada: The Bottom Line*, ed. Colin S. Campbell. Burnaby, BC: Criminology Research Centre, School of Criminology, Simon Fraser University.

Smith, Justin D., Angela Ellis, and Georgina Brewis. 2005. "Cross-National Volunteering: A Developing Movement?" Pp. 63—76 in *Emerging Areas of Volunteering* (ARNOVA Occasional Paper Series, volume 1, no. 2), ed. Jeffrey L. Brudney. Indianapolis: Association for Research on Nonprofit Organizations and Voluntary Action.

Smith, Justin D., Colin Rochester, and Rodney Hedley. 1995. *An Introduction to the Voluntary Sector*. London: Routledge.

Smith, M. J. 1990. "Pluralism, Reformed Pluralism, and Neopluralism: The Role of Pressure Groups in Policy-Making." *Political Studies* 37:302—322.

Smith, Maria P. 1989. "Taking Volunteerism into the Twenty-first Century: Some Conclusions from the American Red Cross Volunteer 2000 Study." *Journal of Volunteer*

Administration 8 (Fall):3—10.

Smith, Peter B., and Shalom Schwartz. 1997. "Values." Pp. 77—118 in *Handbook of Cross-Cultural Psychology, Volume 3: Behavior and Applications*, 2nd ed., ed. John W. Berry, Marshall H. Segall, and Cigdem Kagitcibasi. Boston: Pearson Allyn and Bacon.

Smith, Steven R. 2005. "Managing the Challenges of Government Contracts." Pp. 371—390 in *The Jossey-Bass Handbook of Nonprofit Leadership and Management*, 2nd ed. Robert D. Herman and Associates. San Francisco: Jossey-Bass.

Smith, Steven R., and Michael Lipsky. 1993. *Nonprofits for Hire*. Cambridge, Mass.: Harvard University Press.

Smock, Kristina. 2004. *Democracy in Action: Community Organizing and Urban Change*. New York: Columbia University Press.

Smucker, Bob. 1991. *The Nonprofit Lobbying Guide: Advocating Your Cause and Getting Results*. San Francisco: Jossey-Bass.

———. 2004. "Nonprofit Lobbying." Pp. 230—253 in *The Jossey-Bass Handbook of Nonprofit Leadership and Management*, 2nd ed., ed. Robert D. Herman and Associates. San Francisco: Jossey-Bass.

Snow, David A. 2003. "Social Movements." Pp. 811—834 in *Handbook of Symbolic Interactionism*, ed. Larry T. Reynolds and Nancy J. Herman-Kinney. Walnut Creek, Calif.: AltaMira Press.

Snow, Robert L. 1999. *Terrorists among Us: The Militia Threat*. Cambridge, Mass.: Perseus Publishing.

Solomon, Barbara. 1976. *Black Empowerment: Social Work in Oppressed Communities*. New York: Columbia University Press.

Solomon, Lewis D. 2003. *In God We Trust? Faith-Based Organizations and the Quest to Solve America's Social Ills*. Lanham, Md.: Lexington Books.

Somers, Margaret R. 1993. "Citizenship and the Place of the Public Sphere: Law, Community and Political Culture in the Transition to Democracy." *American Sociological Review* 58(5):587—621.

Sommer, John G. 1977. *Beyond Charity: U.S. Voluntary Aid for a Changing Third World*. Washington, D.C.: Overseas Development Council.

Sommer, Robert, Katharine Hess, and Sandra Nelson. 1985. "Funeral Co-Op Members' Characteristics and Motives." *Sociological Perspectives* 28:487—500.

Sosis, Richard, and Bressler, Eric R. 2003. "Cooperation and Commune Longevity: A Test of the Costly Signaling Theory of Religion." *Cross-Cultural Research* 37(2):211—239.

Soysal, Yasemin N. 1994. *Limits of Citizenship: Migrants and Postnational Membership in Europe*. Chicago: University of Chicago Press.

Spergel, Irving A. 1995. *The Youth Gang Problem*. New York: Oxford University Press.

Spiegel, Hans B. C., ed. 1968. *Citizen Participation in Urban Development. Volume 1: Concepts and Issues*. Washington, D.C.: NTL Institute for Applied Behavioral Science.

——, ed. 1974. *Decentralization: Citizen Participation in Urban Development— Volume 3*. Fairfax, Va.: Learning Resources Corporation/NTL.

Stackhouse, Max L. 1990. "Religion and the Social Space for Voluntary Institutions." Pp. 22—37 in *Faith and Philanthropy in America*, ed. Robert Wuthnow and Virginia Hodgkinson. Washington, D.C.: INDEPENDENT SECTOR.

Stammen, Theo. 1981. *Political Parties in Europe*. Westport, Conn.: Meckler Publishing.

Stanton, Esther. 1970. *Clients Come Last: Volunteers and Welfare Organizations*. Beverly Hills, Calif.: Sage.

Stanton, Timothy K., Dwight E. Giles, and Nadinne I. Cruz. 1999. *Service-Learning*. San Francisco: Jossey-Bass.

Staples, Lee. 1984. *Roots to Power: A Manual for Grassroots Organizing*. New York: Praeger.

Stark, Rodney. 1994. *Sociology*. 5th ed. Belmont, Calif.: Wadsworth.

Stark, Rodney, and Charles Y. Glock. 1968. *American Piety: The Nature of Religious Commitment*. Berkeley: University of California Press.

Stark, Rodney, and William S. Bainbridge. 1985. *The Future of Religion: Secularization, Revival and Cult Formation*. Berkeley: University of California Press.

Starkweather, D. B. 1993. "Profit Making by Nonprofit Hospitals." Pp. 105—137 in *Nonprofit Organizations in a Market Economy*, ed. David C. Hammack and Dennis R. Young. San Francisco: Jossey-Bass.

Starr, Jerold M. 2001. "The Challenges and Rewards of Coalition Building: Pittsburgh's Alliance for Progressive Action." Pp. 107—119 in *Forging Radical Alliances across Difference: Coalition Politics for the New Millennium*, ed. Jill M. Bystydzienski and Steven P. Schacht. Lanham, Md.: Rowman & Littlefield.

Staub, Ervin. 1978. *Positive Social Behavior and Morality. Volume 1, Social and Personal Influences*. New York: Academic.

——. 1979. *Positive Social Behavior and Morality. Volume 2, Socialization and Development*. New York: Academic.

Stebbins, Robert A. 1979. *Amateurs: On the Margin Between Work and Leisure*. Beverly

Hills, Calif.: Sage.

——. 1982. "Serious Leisure: A Conceptual Statement." *Pacific Sociological Review* 25 (April):251—272.

——. 1990. *Sociology: The Study of Society*. 2nd ed. New York: Harper & Row.

——. 1992. *Amateurs, Professionals, and Serious Leisure*. Montreal: McGill-Queen's University Press.

——. 1993a. *Canadian Football: The View from the Helmet*. Toronto: Canadian Scholars Press.

——. 1993b. *Career, Culture, and Social Psychology in a Variety Art: The Magician*. Malabar, Fla.: Krieger.

——. 1993c. *Predicaments: Moral Difficulty in Everyday Life*. Lanham, Md.: University Press of America.

——. 1994. *The Franco-Calgarians: French Language, Leisure and Linguistic LifeStyle in an Anglophone City*. Toronto: University of Toronto Press.

——. 1996a. *The Barbershop Singer: Inside the Social World of a Musical Hobby*. Toronto: University of Toronto Press.

——. 1996b. *Tolerable Differences: Living with Deviance*. 2nd ed. Toronto: McGraw-Hill Ryerson.

——. 1996c. "Volunteering: A Serious Leisure Perspective." *Nonprofit and Voluntary Sector Quarterly* 25:211—224.

——. 1998. *The Urban Francophone Volunteer: Searching for Personal Meaning and Community Growth in a Linguistic Minority*, Volume 3, No. 2 (New Scholars-New Visions in Canadian Studies quarterly monographs series). Seattle: University of Washington, Canadian Studies Centre.

——. 2000. "Obligation as an Aspect of Leisure Experience." *Journal of Leisure Research* 32:152—155.

——. 2001. "Volunteering—Marginal or Mainstream: Preserving the Leisure Experience." Pp. 1—10 in *Leisure Volunteering: Marginal or Inclusive?* ed. Margaret Graham and Malcolm Foley. Eastbourne, UK: Leisure Studies Association, University of Brighton.

——. 2002. *The Organizational Basis of Leisure Participation: A Motivation Exploration*. State College, Pa.: Venture.

——. 2003a. "Boredom in Free Time." *Leisure Studies Association Newsletter* 64 (March 2003):29—31.

——. 2003b. "Casual Leisure." Pp. 44—46 in *Encyclopedia of Leisure and Outdoor*

Recreation, ed. John Jenkins and John Pigram. London: Routledge.

——. 2003c. "Hobby." Pp. 238—239 in *Encyclopedia of Leisure and Outdoor Recreation*, ed. John Jenkins and John Pigram. London: Routledge.

——. 2003d. "Volunteering." Pp. 541—542 in *Encyclopedia of Leisure and Outdoor Recreation*, ed. John Jenkins and John Pigram. London: Routledge.

——. 2004a. *Between Work and Leisure: The Common Ground of Two Separate Worlds*. New Brunswick, N. J. : Transaction Publishers.

——. 2004b. "Introduction." Pp. 1—12 in *Volunteering as Leisure/Leisure as Volunteering: An International Assessment*, ed. Robert A. Stebbins and Margaret Graham. Wallingford, Oxon, UK: CABI Publishing.

——. 2005a. "Choice and Experiential Definitions of Leisure." *Leisure Sciences* 27: 349—352.

——. 2005b. "Project-Based Leisure: Theoretical Neglect of a Common Use of Free Time." *Leisure Studies* 24:1—11.

Stebbins, Robert A., and Margaret Graham. 2004. *Volunteering as Leisure/Leisure as Volunteering: An International Assessment*. Wallingford, Oxon, UK: CABI Publishing.

Steele, Betty. 2000. *My Heart, My Hands: A Celebration of Volunteerism in Canada*. Toronto: Stoddart.

Steinberg, Richard. 1990. "Labor Economics and the Nonprofit Sector: A Literature Review." *Nonprofit and Voluntary Sector Quarterly* 19:151—169.

Stepan-Norris, Judith, and Maurice Zeitlin. 1996. *Talking Union*. Urbana: University of Illinois Press.

Sterk, Claire E. 1999. "Building Bridges: Community Involvement in Drug and HIV Research among Minority Populations." *Drugs and Society* 14:107—121.

Sterne, Evelyn S. 2000. "Bringing Religion into Working-Class History." *Social Science History* 24:149—182.

Stevens, Ellen S. 1991. "Toward Satisfaction and Retention of Senior Volunteers." *Journal of Gerontological Social Work* 16(3—4):33—41.

Stewart, David W., and Henry A. Spille. 1988. *Diploma Mills: Degrees of Fraud*. New York: Macmillan.

Stewart, Frank H. 1977. *Fundamentals of Age-Group Systems*. New York: Academic Press.

Stewman, Shelby. 1988. "Organizational Demography." *Annual Review of Sociology* 14: 173—202.

Stiglitz, Joseph. 1986. *Economics of the Public Sector*. New York: W. W. Norton and Company.

Stogdill, R. M. 1948. "Personal Factors Associated with Leadership: A Survey of the Literature." *Journal of Psychology* 25:35—71.

Stone, I. F. 1971. *The Killings at Kent State*. New York: Vintage.

Stonebraker, Robert J. 2003. "Allocating Local Church Funds to Benevolence: The Impact of Congregational Size." *Review of Religious Research* 45:48—58.

Strain, Laurel A., and Audrey A. Blandford. 2003. "Caregiving Networks in Later Life: Does Cognitive Status Make a Difference?" *Canadian Journal on Aging* 22:261—273.

Streeck, Wolfgang, and Phillipe Schmitter. 1985. *Private Interest Government: Beyond Market and State*. London: Sage.

Street, Debra. 1997. "Special Interest or Citizens' Rights? 'Senior Power,' Social Security, and Medicare." *International Journal of Health Services* 27(4):727—751.

Streitmatter, Rodger. 2001. *Voices of Revolution: The Dissident Press in America*. New York: Columbia University Press.

Stroecker, Randy. 1999. "Are Academics Irrelevant? Roles for Scholars in Participatory Research." *American Behavioral Scientist* 42(5):840—854.

Stromberg, Ann H. 1968. *Philanthropic Foundations in Latin America*. New York: Russell Sage Foundation.

Sturgeon, M. Sue. 1994. "Finding and Keeping the Right Employees." Pp. 535—556 in *The Jossey-Bass Handbook of Nonprofit Leadership and Management*, ed. Robert D. Herman and Associates. San Francisco: Jossey-Bass.

Sturtevant, William T. 1997. *The Artful Journey: Cultivating and Soliciting the Major Gift*. Chicago: Bonus Books.

Sullivan, Mercer L. 2004. "Youth Perspectives on the Experience of Reentry." *Youth Violence and Juvenile Justice* 2(1):56—71.

Summers, Martin. 2003. "Diasporic Brotherhood: Freemasonry and the Transnational Production of Black-Middle Class Masculinity." *Gender and History* 15:550—574.

Sylves, Richard T. 1998. "How the Exxon Valdez Disaster Changed America's Oil Spill Emergency Management." *International Journal of Mass Emergencies and Disasters* 16(1):13—43.

Szalai, Alexander. 1972. *The Use of Time*. The Hague: Mouton.

Tannenbaum, Arnold S., and Robert L. Kahn. 1982. *Participation in Union Locals*. Evanston, Ill.: Row Peterson.

Tarrow, Sidney G. 1991. *Struggle, Politics, and Reform: Collective Action, Social Movements, and Cycles of Protest*. Ithaca, N. Y.: Center for International Studies, Cornell University.

Tarrow, Sidney G., et al. 1998. *Power in Movement: Social Movements and Contentious Politics*. Cambridge, UK: Cambridge University Press.

Taylor, Mark C. 1998. *Critical Terms for Religious Studies*. Chicago: University of Chicago Press.

Taylor, Mary. 1999. "Unwrapping Stock Transfers: Applying Discourse Analysis to Landlord Communication Strategies." *Urban Studies* 36:121—135.

Taylor, Samuel H., and Robert W. Roberts. 1985. *Theory and Practice of Community Social Work*. New York: Columbia University Press.

Tecker, Glenn, and Marybeth Fidler. 1993. *Successful Association Leadership*. Washington, D. C.: American Society of Association Executives Foundation.

Tester, Keith. 1992. *Civil Society*. London: Routledge.

Thomas, Clive S., ed. 2004. *Research Guide to U. S. and International Interest Groups*. Westport, Conn.: Praeger.

Thomas, Clive S., and Ronald Hrebenar. 1996. "Interest Groups in the States." Pp. 122—158 in *Politics in the American States*, 6th ed., ed. Virginia Gray and Herbert Jacob. Washington, D. C.: CQ Press.

Thomas, John C. 1994. "Program Evaluation and Program Development." Pp. 342—366 in *The Jossey-Bass Handbook of Nonprofit Leadership and Management*, ed. Robert D. Herman and Associates. San Francisco: Jossey-Bass.

Thomas, Ret, and Dorine M. Thomas. 1998. *The Service Volunteer's Handbook*. San Jose, Calif.: Resource Publications.

Thomas-Slayter, Barbara P. 1985. *Politics, Participation, and Poverty: Development Through Self-Help in Kenya*. Boulder, Colo.: Westview Press.

Thompson, Mark S. 1980. *Benefit-Cost Analysis for Program Evaluation*. Beverly Hills, Calif.: Sage.

Thompson, Mary C. 1997. "Employment-Based Volunteering: Leisure or Not?" *World Leisure & Recreation* 39(3):30—33.

Thoreau, Henry David. 1849/1960. *Walden and Civil Disobedience*, ed. Paul Sherman. Boston: Houghton Mifflin.

Tilgher, Adriano. 1977. *Work, What It Has Meant to Men Through the Ages*. New York: Arno Press.

Tilly, Charles. 1978. *From Mobilization to Revolution*. Reading, Mass.: AddisonWesley.

———. 2004. *Social Movements, 1768—2004*. Boulder, Colo.: Paradigm Publishers.

Timbs, John. 1865. *Club Life of London*. 2 vols. London: Chatto and Windus.

Titmuss, Richard M. 1971. *The Gift Relationship*. New York: Pantheon Books.

Toepler, Stefan. 2003. "Grassroots Associations versus Larger Nonprofits: New Evidence from a Community Case Study in Arts and Culture." *Nonprofit and Voluntary Sector Quarterly* 32(2):236—251.

Tomeh, Aida K. 1981. "The Value of Voluntarism Among Minority Groups." *Phylon* 42(1):86—96.

Todd, Malcolm J., and Gary Taylor. 2004. *Democracy and Participation: Popular Protest and New Social Movements*. London: Merlin.

Tonry, Michael, and Albert J. Reiss, Jr., eds. 1993. *Beyond the Law: Crime in Complex Organizations*. Chicago: University of Chicago Press.

Torigian, Michael. 1999. "The Occupation of Factories: Paris 1936, Flint 1937." *Comparative Studies in Society and History* 41:324—347.

Toth, James. 2003. "Islamism in Southern Egypt: A Case Study of a Radical Religious Movement." *International Journal of Middle East Studies* 35(4):547—572.

Tremper, Charles. 1994. "Risk Management." Pp. 485—508 in *The Jossey-Bass Handbook of Nonprofit Leadership and Management*, ed. Robert D. Herman and Associates. San Francisco: Jossey-Bass.

Tremper, Charles, and Gwynne Kortin. 1993. *No Surprises: Controlling Risks in Volunteer Programs*. Washington, D.C.: Nonprofit Risk Management Center.

Trexler, Richard C. 1991. *Public Life in Renaissance Florence*. Ithaca, N.Y.: Cornell University Press.

Trivers, R. 1971. "The Evolution of Reciprocal Altruism." *Quarterly Review of Biology* 46:35—57.

Tropman, John E. 1997. *Successful Community Leadership: A Skills Guide for Volunteers and Professionals*. Washington, D.C.: National Association of Social Workers.

———. 2003. *Making Meetings Work*. Thousand Oaks, Calif.: Sage.

Trueblood, Elton. 1967. *The Incendiary Fellowship*. New York: Harper.

Truman, David B. 1955. *The Governmental Process*. New York: Knopf.

Tsouderos, John E. 1955. "Organizational Change in Terms of a Series of Selected Variables." *American Sociological Review* 20(2):206—210.

Tucker, Marna S. 1972. *The Lawyer as Volunteer: Pro Bono Publico Programs for Bar*

Associations and Professional Organizations. Chicago: American Bar Association.

Tucker, Richard K. 1991. *The Dragon and the Cross: The Rise and Fall of the Ku Klux Klan in Middle America*. Hamden, Conn.: Archon Books.

Tucker, William. 1985. *Vigilante: The Backlash Against Crime in America*. New York: Stein and Day.

Tuckman, Howard P. 1996. *Competition Among Nonprofits and Between Nonprofits and For-Profits*. Indianapolis: Indiana University Center on Philanthropy.

Turcott, Paul-André. 2001. "The Religious Order as a Cognitive Minority in the Church and in Society." *Social Compass* 48:169—191.

Ture, Kwame, and Charles V. Hamilton. 1967. *Black Power*. New York: Random House.

Turner, Howard B. 1992. "Older Volunteers: An Assessment of Two Theories." *Educational Gerontology* 18(1):41—55.

Turner, James. 1985. *Without God, Without Creed: The Origins of Unbelief in America*. Baltimore: Johns Hopkins University Press.

Unger, Donald G., and Abraham Wandersman. 1983. "Neighboring and Its Role in Block Organizations: An Exploratory Report." *American Journal of Community Psychology* 11(3): 291—300.

Unger, Irwin. 1974. *The Movement: A History of the American New Left, 1959—1972*. New York: Dodd, Mead.

Union of International Associations. 1994a. *International Congress Calendar*. Brussels: Union of International Associations.

Union of International Associations. 1994b. *Yearbook of International Organizations*. Brussels: Union of International Associations.

United Way of Wake County, Voluntary Action Center. 1988. *Cornucopia 88: A Guide to Getting Involved*. Raleigh, N.C.: United Way of Wake County, Voluntary Action Center.

Uphoff, Norman. 2000. "Understanding Social Capital: Learning from the Analysis and Experience of Participation." Pp. 215—249 in *Social Capital: A Multifaceted Perspective*, ed. Partha Dasgupta and Ismail Serageldin. Washington, D.C.: World Bank.

U.S. Bureau of the Census. 2002. *Statistical Abstract of the United States: 2002*, 112th ed. Washington, D.C.: U.S. Dept. of Commerce, U.S. Census Bureau.

Utter, Glenn H., and John W. Storey. 1995. *The Religious Right: A Reference Handbook*. Santa Barbara, Calif.: ABC-CLIO.

Van Aelst, Peter, and Stefaan Walgrave. 2002. "New Media, New Movements? The Role of the Internet in Shaping the 'Anti-Globalization' Movement." *Information, Communication, and Society* 5:465—493.

Van de Fliert, Lydia, ed. 1994. *Indigenous Peoples and International Organisations*. Nottingham, UK: Spokesman.

Van den Brink, Rogier, and Jean-Paul Chavas. 1997. "The Microeconomics of an Indigenous African Institution: The Rotating Savings and Credit Association." *Economic Development and Cultural Change* 45:745—772.

Van Deth, Jan W., ed. 1997. *Private Groups and Public Life: Social Participation, Voluntary Associations, and Political Involvement in Representative Democracies*. London: Routledge.

Van Loo, M. F. 1990. "Gift Exchange: A Brief Survey with Applications for Nonprofit Practitioners." 1990 Spring Research Forum Working Papers. Washington, D. C.: INDEPENDENT SECTOR.

Van Maanen, John, ed. 1998. *Qualitative Studies of Organizations*. Thousand Oaks, Calif.: Sage.

Van Til, Jon. 1988. *Mapping the Third Sector: Voluntarism in a Changing Social Economy*. New York: Foundation Center.

——. 1990. *Critical Issues in American Philanthropy*. San Francisco: Jossey-Bass.

——. 1994. "Nonprofit Organizations and Social Institutions." Pp. 44—64 in *The Jossey-Bass Handbook of Nonprofit Leadership and Management*, ed. Robert D. Herman and Associates. San Francisco: Jossey-Bass.

——. 2000. *Growing Civil Society*. Bloomington: Indiana University Press. Veblen, Thorstein. 1899. *The Theory of the Leisure Class*. New York: Macmillan.

Verba, Sidney, and Norman H. Nie. 1972. *Participation in America*. New York: Harper & Row.

Verba, Sidney, Norman H. Nie, and Jae-on Kim. 1978. *Participation and Equality: A Seven Nation Comparison*. Cambridge, UK: Cambridge University Press.

Verba, Sidney, Kay L. Schlozman, and H. E. Brady. 1995. *Voice and Equality: Civic Voluntarism in American Politics*. Cambridge, Mass.: Harvard University Press.

Vidich, Arthur J., and Joseph Bensman. 1968. *Small Town in Mass Society: Class, Power, and Religion in a Rural Community*. Rev. ed. Princeton, N. J.: Princeton University Press.

Vineyard, Sue. 1988. *Evaluating Volunteers, Programs, and Events*. Downers Grove, Ill.: Heritage Arts.

——. 1993. *Megatrends and Volunteerism: Mapping the Future of Volunteer Programs*. Downers Grove, Ill.: Heritage Arts.

——. 1996. *Best Practices in Workplace Employee Volunteer Programs*. Downers Grove, Ill.: Heritage Arts.

——. 2001. *Recognizing Volunteers and Paid Staff*. Darien, Ill.: Heritage Arts.

Vineyard, Sue, and Steve McCurley. 1989. *Resource Directory for Volunteer Programs*. Downers Grove, Ill.: VM Systems.

——. 1998. *Handling Problem Volunteers*. Downers Grove, Ill.: Heritage Arts.

——. 2001. *Best Practices for Volunteer Programs*. Darien, Ill.: Heritage Arts.

Vinitzky-Seroussi, Vered. 1998. *After Pomp and Circumstance: High School Reunion as an Autobiographical Occasion*. Chicago: University of Chicago Press.

Vinton, Linda. 1992. "Battered Women's Shelters and Older Women: The Florida Experience." *Journal of Family Violence* 7:63—72.

Von Hoffman, Alexander. 1994. *Local Attachments: The Making of an American Urban Neighborhood 1850—1920*. Baltimore: Johns Hopkins University Press.

——. 2003. *House by House, Block by Block: The Rebirth of America's Urban Neighborhoods*. New York: Oxford University Press.

Wade, Rahima C. 1997. *Community Service-Learning: A Guide to Including Service in the Public School Curriculum*. Albany: State University of New York Press.

Wainwright, Geoffrey. 1997. *Worship with One Accord*. New York: Oxford University Press.

Walkenhorst, Peter. 2001. *Building Philanthropic and Social Capital: The World of Community Foundations*. Gütersloh, Germany: Bertelsmann Foundation.

Walker, J. M. 1983. "Limits of Strategic Management in Voluntary Organizations." *Journal of Voluntary Action Research* 12(3):39—56.

Walker, Julia. 2005. *Nonprofit Essentials: The Capital Campaign*. Hoboken, N. J.: Wiley.

Wallenstein, Peter, and James R. Clyburn. 2003. "The Civil Rights Movement in the Urban Upper South." *Virginia Social Science Journal* 38:17—32.

Walter, Scott. 1996. "The 'Flawed Parent': A Reconsideration of Rousseau's *Emily* and Its Significance for Radical Education in the United States." *British Journal of Educational Studies* 44:260—274.

Ware, Alan. 2001. *Political Parties and Party Systems*. New York: Oxford University Press.

Ware, Kallistos. 1993. *The Orthodox Church*. New York: Penguin Books.

Warner, Carolyn M. 1997. "Political Parties and the Opportunity Costs of Patronage." *Party Politics* 3:533—548.

Warner, W. Lloyd, and Paul S. Lunt. 1941. *The Social Life of a Modern Community*. New Haven, Conn.: Yale University Press.

Warren, Chris R. 1997. *How to Compete and Cooperate at the Same Time*. Santa Fe, N.M.: Adolfo Street Publishers.

Warren, Mark E. 2001. *Democracy and Association*. Princeton, N.J.: Princeton University Press.

Warren, Mark R. 2001. *Dry Bones Rattling: Community Building to Revitalize Democracy*. Princeton, N.J.: Princeton University Press.

Warren, Nancy B. 2001. *Spiritual Economies: Female Monasticism in Later Medieval England*. Philadelphia: University of Pennsylvania Press.

Warren, Roland. 1967. "The Interorganizational Field as a Focus for Investigation." *Administrative Science Quarterly* 12:396—419.

Warwick, Mal, Ted Hart, and Nick Allen, eds. 2002. *The ePhilanthropy Foundation. org's Guide to Success Online*. 2nd ed. San Francisco: Jossey-Bass.

Warwick, Mal, and Stephen Hitchcock. 2002. *Ten Steps to Fundraising Success*. San Francisco: Jossey-Bass.

Washington, James M. 1986. *Frustrated Fellowship: The Black Baptist Quest for Social Power*. Macon, Ga.: Mercer.

Waterman, Robert H., Jr. 1990. *Adhocracy: The Power to Change*. New York: Norton.

Wearing, Stephen. 2001. *Volunteer Tourism: Experiences That Make a Difference*. Wallingford, Oxon, UK: CABI Publishing.

Weaver, Warren. 1967. *U.S. Philanthropic Foundations*. New York: Harper & Row.

Weber, Max. 1947. *The Theory of Social and Economic Organization*. Glencoe, Ill.: Free Press.

——. 1952. *The Protestant Ethic and the Spirit of Capitalism*. New York: Scribner.

——. 1958. *From Max Weber: Essays in Sociology*, trans. Hans H. Gerth and C. Wright Mills. New York: Oxford University Press.

Weeden, Curt. 1998. *Corporate Social Investing: The Breakthrough Strategy for Giving and Getting Corporate Contributions*. San Francisco: Berrett-Koehler Publishers.

Weinberg, Leonard, and Ami Pedahzur. 2003. *Political Parties and Terrorist Groups*. London: Routledge.

Weinstein, Jay A. 2005. *Social and Cultural Change: Social Science for a Dynamic World*. Lanham, N.J.: Rowman & Littlefield.

Weinstein, Lewis. 1993. *My Life at the Bar: Lawyer, Soldier, Teacher, and Pro Bono Activist*. Hanover, Mass.: Christopher Books.

Weisbrod, Burton A. 1977. *The Voluntary Nonprofit Sector: An Economic Analysis*. Lexington, Mass.: D.C. Heath.

——. 1988. *The Nonprofit Economy*. Cambridge, Mass.: Harvard University Press.

——. 1992. "Tax Policy toward Nonprofit Organizations: A Ten Country Survey." Pp. 29—50 in *The Nonprofit Sector in the Global Community: Voices from Many Nations*, ed. K. D. McCarthy, V. A. Hodgkinson, and R. A. Sumariwalla. San Francisco: Jossey-Bass.

——. 1997. "The Future of the Nonprofit Sector: Its Entwining with Private Enterprise and Government." *Journal of Policy Analysis and Management* 16(4): 541—555.

——, ed. 1998. *To Profit or Not to Profit: The Commercial Transformation of the Nonprofit Sector*. New York: Cambridge University Press.

Weiss, Carol H. 1972. *Evaluation Research: Methods of Assessing Program Effectiveness*. Englewood Cliffs, N.J.: Prentice Hall.

Weiss, Robert S. 1973. *Loneliness: The Experience of Emotional and Social Isolation*. Cambridge, Mass.: MIT Press.

Weitzman, Murray S., Nadine T. Jalandoni, Linda M. Lampkin, and Thomas H. Pollak. 2002. *The New Nonprofit Almanac and Desk Reference*. San Francisco: Jossey-Bass.

Wellock, Thomas R. 1997. "Stick It in L.A.! Community Control and Nuclear Power in California's Central Valley." *Journal of American History* 84:942—978.

Wellman, David T. 1995. *The Union Makes Us Strong*. New York: Cambridge University Press.

Wendroff, Alan L. 2004. *Special Events: Proven Strategies for Nonprofit Fundraising*. Hoboken, N.J.: Wiley.

Wendroff, Alan L., and Kay S. Grace. 2001. *High Impact Philanthropy*. New York: Wiley.

Wertheimer, Jack. 1987. *The American Synagogue*. New York: Cambridge University Press.

Werther, William B., and Evan M. Berman. 2001. *Third Sector Management: The Art of Managing Nonprofit Organizations*. Washington, D.C.: Georgetown University Press.

White, Barbara J., and Edward J. Madara, eds. 2002. *The Self-Help Group Sourcebook: Your Guide to Community and Online Support Groups*. Cedar Knoll, N.J.: Saint Clares Health

Services.

White, Douglas E. 1998. *The Art of Planned Giving*. New York: Wiley.

——. 2001. "Why Do People Donate to Charity?" Pp. 347—360 in *The Nonprofit Handbook: Fund Raising*, 3rd ed., ed. James M. Greenfield. New York: Wiley.

White, Theodore H. 1973. *The Making of a President 1972*. New York: Bantam.

Whittaker, James K., and James Garbarino. 1983. *Social Support Networks: Informal Helping in the Human Services*. Hawthorne, N. Y.: Aldine.

Wholey, Joseph S., and Harry P. Hatry, eds. 2004. *Handbook of Practical Program Evaluation*. San Francisco: Jossey-Bass.

Whyte, William F., ed. 1990. *Participatory Action Research*. Thousand Oaks, Calif.: Sage.

Wiarda, Howard. 1993. *Civil Society: The American Model and Third World Development*. Boulder, Colo.: Westview Press.

——. 1997. *Corporatism and Comparative Politics: The Other Great Ism*. Armonk, N. Y.: M. E. Sharpe.

——. 2004. *Authoritarianism and Corporatism in Latin America—Revisited*. Gainesville: University Press of Florida.

Widmer, Candace H., Susan Houchin, National Center for Nonprofit Boards, and Nonprofit Sector Research Fund. 1999. *Governance of National Federated Organizations*. Washington, D. C.: National Center for Nonprofit Boards.

Wielhouwer, Peter W. 2000. "Releasing the Fetters: Parties and the Mobilization of the African-American Electorate." *Journal of Politics* 62:206—222.

Wilbur, Robert H. 2000. *The Complete Guide to Nonprofit Management*. 2nd ed. New York: Wiley.

Wilkinson, J. Harvie. 1997. *One Nation Indivisible: How Ethnic Separatism Threatens America*. Reading, MA: Addison-Wesley.

Wilkinson, Philip. 1999. *Illustrated Dictionary of Religions: Rituals, Beliefs, and Practices from Around the World*. New York: DK Publications.

Wilkinson, Richard H. 2000. *The Complete Temples of Ancient Egypt*. New York: Thames & Hudson.

Williams, Peter W. 2002. *America's Religions: From Their Origins to the Twenty-first Century*. Urbana: University of Illinois Press.

Willsen, Jennifer S. 2003. *Alternatives to the Peace Corps: A Directory of Third World and U. S. Volunteer Opportunities*. Oakland, Calif.: Food First Books.

Wilson, Bryan R. 1970. *Religious Sects*. London: Weidenfield & Nicholson.

Wilson, Bryan R., and Jamie Cresswell, eds. 1999. *New Religious Movements*. New York: Routledge.

Wilson, Graham K. 1990. *Interest Groups*. Oxford, UK: Blackwell.

Wilson, J., H. Adams, and D. Carlson. 1993. "Cal-Pal: A County-Wide Volunteer Service Program." *Iowa Journal of School Social Work* 6(1/2):75—85. Wilson, James Q. 1974. *Political Organizations*. New York: Basic Books.

Wilson, Marlene. 1976. *The Effective Management of Volunteer Programs*. Boulder, Colo.: Volunteer Management Associates.

——. 1983. *How to Mobilize Church Volunteers*. Minneapolis: Augsburg Publishing.

Wilson, Philip K. 2002. "Harry Laughlin's Eugenic Crusade to Control the 'Socially Inadequate' in Progressive Era America." *Patterns of Prejudice* 36:49—67.

Witcover, Jules. 2003. *Party of the People: A History of the Democrats*. New York: Random House.

Witmer, Judith T., and Carolyn S. Anderson. 1994. *How to Establish a High School Service Learning Program*. Alexandria, Va.: Association for Supervision and Curriculum Development.

Wittich, Bill. 2002. *Keep Those Volunteers Around*. Fullerton, Calif.: Knowledge Transfer Publishing.

——. 2003a. *Model Volunteer Handbook*. Fullerton, Calif.: Knowledge Transfer Publishing.

——. 2003b. *77 Ways to Recognize Volunteers*. Fullerton, Calif.: Knowledge Transfer Publishing.

——. 2003c. *77 Ways to Recruit Volunteers*. Fullerton, Calif.: Knowledge Transfer Publishing.

Wittrock, Bjorn. 2004. "The Making of Sweden." *Thesis Eleven* 77 (May):45—63.

Wittstock, Laura W., and Theartrice Williams. 1998. *Changing Communities, Changing Foundations: The Story of the Diversity Efforts of Twenty Community Foundations*. Minneapolis: Rainbow Research.

Wolf, Daniel R. 1991. *The Rebels: A Brotherhood of Outlaw Bikers*. Toronto: University of Toronto Press.

Wolf, Thomas. 1999. *Managing a Nonprofit Organization in the Twenty-first Century*. New York: Simon & Schuster.

Wolfe, Alan. 2001. "What Is Altruism?" Pp. 320—330 in *The Nature of the Nonprofit Sector*, ed. J. Steven Ott. Boulder, Colo.: Westview Press.

Wolfe, Joan L. 1991. *Making Things Happen: The Guide for Members of Voluntary Organizations.* Washington, D.C.: Island Press.

Wolfenden Committee. 1978. *The Future of Voluntary Organisations: Report of the Wolfenden Committee.* London: Croom Helm.

Wolff, Kurt H., ed. 1950. *The Sociology of Georg Simmel.* Glencoe, Ill.: Free Press.

Woliver, Laura R. 1993. *From Outrage to Action: The Politics of Grass-Roots Dissent.* Urbana: University of Illinois Press.

Wolozin, H. 1975. "The Economic Role and Value of Volunteer Work in the United States: An Explanatory Study." *Journal of Voluntary Action Research* 4:23—42.

Wood, Creston. 1988. "Securing Tax Exemption for Exempt Organizations." Pp. 4.1—4.25 in *The Nonprofit Organization Handbook*, 2nd ed., ed. Tracy D. Connors. New York: McGraw-Hill.

Wood, James L., and Maurice Jackson. 1982. *Social Movements.* Belmont, Calif.: Wadsworth.

Wood, John. 2003. "Hell's Angels and the Illusion of the Counterculture." *Journal of Popular Culture* 37:336—351.

Wood, Miriam M. 1996. *Nonprofit Boards and Leadership.* San Francisco: Jossey-Bass.

Wood, Peter. 2003. *Diversity: The Invention of a Concept.* San Francisco: Encounter Books.

Woycke, James. 2003. *Au Naturel: The History of Nudism in Canada.* Etobicoke, Ont.: Federation of Canadian Nudists.

Wouters, Mieke. 2001. "Ethnic Rights Under Threat: The Black Peasant Movement Against Armed Groups' Pressure in the Choco, Columbia." *Bulletin of Latin American Research* 20(4):498—519.

Wright, John R., and Bruce I. Oppenheimer. 2003. *Interest Groups and Congress.* New York: Longman.

Wuthnow, Robert. 1991a. *Acts of Compassion: Caring for Others and Helping Ourselves.* Princeton, N.J.: Princeton University Press.

——. 1991b. *Between States and Markets: The Voluntary Sector in Comparative Perspective.* Princeton, N.J.: Princeton University Press.

——. 1994. *Sharing the Journey: Support Groups and America's New Quest for Community.* New York: Free Press.

——. 1998. *Loose Connections.* Cambridge, Mass.: Harvard University Press.

——. 2004. *Saving America? Faith-Based Services and the Future of Civil Society.*

Princeton, N. J. : Princeton University Press.

Wymer, Walter W., and Sridhar Samu, eds. 2003. *Nonprofit and Business Sector Collaboration*. New York: Best Business Books.

Yale, Robyn. 1995. *Developing Support Groups for Individuals with Early-Stage Alzheimer's Disease*. Baltimore: Health Professions Press.

Yamamoto, Tadashi, and Takayoshi Amenomori, eds. 1998. *The Nonprofit Sector in Japan*. New York: Manchester University Press.

Yankey, John A., and Carol K. Willen. 2004. "Strategic Alliances." Pp. 254—273 in *The Jossey-Bass Handbook of Nonprofit Leadership and Management*, 2nd ed., ed. Robert D. Herman and Associates. San Francisco: Jossey-Bass.

Yinger, J. Milton. 1970. *The Scientific Study of Religion*. New York: Macmillan.

Young, David W. 1994. "Management Accounting." Pp. 444—484 in *The Jossey-Bass Handbook of Nonprofit Leadership and Management*, ed. Robert D. Herman and Associates. San Francisco: Jossey-Bass.

Young, Denis R. 1989. "Local Autonomy in a Franchise Age: Structural Change in National Voluntary Associations." *Nonprofit and Voluntary Sector Quarterly* 18:101—117.

Young, Dennis R., Stephen J. Finch, and Daniel Gonsiewski. 1977. *Foster Care and Nonprofit Agencies*. Lexington, Mass.: Lexington Books.

Young, Dennis R., Virginia A. Hodgkinson, and Robert M. Hollister. 1993. *Governing, Leading, and Managing Nonprofit Organizations*. San Francisco: Jossey-Bass.

Young, Joyce, John Swaigen, and Ken Wyman. 2002. *Fundraising for Nonprofit Groups*. 5th ed. Bellingham, Wash.: Self-Counsel Press.

Young, Ruth C., and Olaf F. Larson. 1965. "The Contribution of Voluntary Organizations to Community Service." *American Journal of Sociology* 71:178—186.

Yount, Christine. 1998. *Awesome Volunteers*. Loveland, Colo.: Group Publications.

Zablocki, B. 1981. *Alienation and Charisma: A Study of Contemporary Communes*. New York: Free Press.

Zack, Gerard M. 2003. *Fraud and Abuse in Nonprofit Organizations*. Hoboken, N. J.: Wiley.

Zagorin, Perez. 2003. *How the Idea of Religious Toleration Came to the West*. Princeton, N. J.: Princeton University Press.

Zakin, Susan. 1995. *Coyotes and Town Dogs: Earth First! and the Environmental Movement*. New York: Penguin Books.

Zald, Mayer N., and Roberta Ash. 1966. "Social Movement Organizations: Growth, Decay and Change." *Social Forces* 44(3):327—341.

Zald, Mayer N., and Patricia Denton. 1987. "Religious Groups as Crucibles of Social Movements." Pp. 161—184 in *Social Movements in an Organizational Society: Collected Essays*, ed. Mayer N. Zald and John D. McCarthy. New Brunswick, N. J.: Transaction Publishers.

Zald, Mayer N., and John D. McCarthy, eds. 1979. *The Dynamics of Social Movements*. Cambridge, Mass.: Winthrop.

——. 1987. "Resource Mobilization and Social Movements: A Partial Theory." Pp. 15—48 in *Social Movements in an Organizational Society: Collected Essays*, ed. Mayer N. Zald and John D. McCarthy. New Brunswick, N. J.: Transaction Publishers.

Zander, Alvin. 1993. *Making Boards Effective: The Dynamics of Nonprofit Governing Boards*. San Francisco: Jossey-Bass.

Zellner, William W. 1995. *Countercultures: A Sociological Analysis*. New York: St. Martin's Press.

Zellner, William W., and MarcPetrowsky, eds. 1998. *Sects, Cults, and Spiritual Communities*. Westport, Conn.: Praeger.

Zerubavel, Eviatar T. 1992. *Terra Cognita: The Mental Discovery of America*. New Brunswick, N. J.: Rutgers University Press.

Zieger, Robert H. 1995. *American Workers, American Unions*. 2nd ed. Baltimore: Johns Hopkins University Press.

Zimmerman, Marc A. 1995. "Psychological Empowerment: Issues and Illustrations." *American Journal of Community Psychology* 23:581—600.

Zipf, George K. 1949. *Human Behavior and the Principle of Least Effort: An Introduction to Human Ecology*. Cambridge, Mass: Addison-Wesley Press.

Zukowski, Linda M. 1998. *Fistfuls of Dollars: Fact and Fiction about Corporate Giving*. Redondo Beach, Calif.: EarthWrites.

Zurcher, Louis, and David A. Snow. 1990. "Collective Behavior: Social Movements." Pp. 447—482 in *Social Psychology: Sociological Perspectives*, ed. Morris Rosenberg and Ralph H. Turner. New Brunswick, N. J.: Transaction Publishers.

索　引

（按拼音顺序排列）

爱好（爱好活动）(hobby(hobbyist activity))/128

爱好团体（hobby group）/128

爱好者（hobbyist）/128

安诺瓦（ARNOVA）/026

按比例递减的会费（sliding scale dues）/248

暗物质类非营利部门（dark matter of the nonprofit sector）/074

巴斯分组法（buzz grouping）/036

罢工（strike）/261

半官方机构（QUANGO）/224

半正式非营利团体（semiformal nonprofit group）/244

半职业（semiprofession）/244

帮助/帮助行为（helping/helping behavior）/126

帮助邻居建谷仓的聚会（barn raising）/031

帮助网络（helping network）/126

包容/排斥（inclusion/exclusion）/133

保护区（protected zone）/217

暴动（insurrection）/143

暴动（uprising）/276

暴力抗议（violent protest）/279

暴徒（mob）/170

背景社区（background community）/030

本地交换商贸制度（local exchange trading system（LETS））/160

本地联盟（local union）/160

本土非营利团体（indigenous nonprofit group）/134

本土团体（indigenous group）/134

比喻，非营利部门扁平地球（metaphor, flat-earth nonprofit sector）/168

比喻，椭圆地球非营利部门（metaphor, round-earth nonprofit sector）/169

比喻，宇宙暗物质（metaphor, astrophysical dark matter）/168

边缘性志愿行动（marginal volunteering）/163

扁平地球范式的目的类型（purposive type of flat-earth paradigm）/223

扁平地球范式的正式化团体（formalized

397

groups flat-earth paradigm)/105

扁平地球范式下的恶性非营利团体(damned nonprofit groups flat-earth paradigm)/074

扁平地球范式下的发达世界(developed world flat-earth paradigm)/078

扁平地球范式下的三部门模型(three-sector model of society flat-earth paradigm)/268

扁平地球范式下的社会人口参与预测因子(sociodemographic participation predictors flat-earth paradigm)/255

扁平地球范式下的世俗主义视角(secularist focus flat-earth paradigm)/242

扁平地球范式下的天使型非营利团体(angelic nonprofit groups flat-earth paradigm)/025

扁平地球范式下的现状/建制(status quo/establishment flat-earth paradigm)/259

扁平地球范式下独特的国家主义立场(distinctive nationalist focus flat-earth paradigm)/082

国际地平说考证学会(国际地平说学会)(Flat-Earth Research Society International (International Flat-Earth Society))/103

变革实施者(change agent)/041

标准产业分类(SIC)(Standard Industrial Classification (SIC))/258

标准产业分类(SIC)/247

表达性 vs. 工具性非营利团体(expressive vs. instrumental nonprofit group)/096

表达性管理(expressive management)/096

表达性结构(expressive structure)/096

表达性目标/团体(expressive goal/group)/096

990表格/990-PF表格(Form 990/Form 990-PF)/103

并发互惠(concurrent reciprocity)/065

剥削志愿者(volunteer exploitation)/287

补偿(compensation)/064

不付酬的志愿工作(volunteering as unpaid work)/291

不良记录的非营利团体(stigmatized nonprofit group)/260

部分越轨非营利团体(partly deviant nonprofit group)/200

彩虹联盟(rainbow coalition)/226

参与(participation)/199

参与的强度(intensity of participation)/143

参与式管理(participatory (participative) management)/199

参与式民主(participatory democracy)/199

参与式政府(participatory government)/199

参与行动研究(PAR)(participatory action research (PAR))/199

参与者(participant)/199

操作性非营利目标(operative nonprofit goal)/194

草根(grass roots)/121

草根参与(grassroots participation)/123

草根动员(grassroots mobilization)/123

草根基金筹措(grassroots fund-raising)/123

草根社团,参与(grassroots association, participation in)/122

草根社团的反权威主义(antiauthoritarianism of grassroots associations)/025

草根社团的维度,基础/解析(dimensions of grassroots associations, basic/analytic)/081

草根社团，社会运动（grassroots association, social movement）/123

草根社团/团体（grassroots association/group）/121

草根行动（grassroots action）/121

草根游说（grassroots lobbying）/123

侧面互惠（lateral reciprocity）/153

产品，公共（good, public）/118

产品，集体（good, collective）/118

产品·商品（good）/118

产品，私人（good, private）/118

产业工会（industrial union）/135

倡导（advocacy）/019

倡导（advocate）/019

倡导团体（advocacy group）/019

超地方非营利团体（supralocal nonprofit group）/263

超地方志愿社团（supralocal volunteer association）/263

超额收入（excess revenue）/094

彻底越轨非营利团体（fundamentally deviant nonprofit group）/111

彻底越轨团体（fundamentally deviant group）/111

成本—收益分析（cost-benefit analysis）/071

成功愿景（vision of success）/280

成员分析（member analysis）/166

成员，解析（member, analytic）/167

成员与非成员利益目标的平衡（balancing member and nonmember benefit goals）/030

承诺（commitment）/055

城市更新运动（civic renewal movement）/049

持续服务志愿者（continuous-service volunteer）/067

冲突（conflict）/065

冲突诱因（conflict induction）/065

重返社会训练所（halfway house）/125

初始满意度（primary satisfaction）/212

初始团体（primary group）/212

传教（proselytizing）/217

传统非会员制服务的扁平地球范式（traditional nonmember service flat-earth paradigm）/270

传统非营利团体（conventional nonprofit group）/068

传统服务型志愿行动（traditional service volunteering）/270

传统服务型志愿者（traditional service volunteer）/270

传统政治志愿行动（conventional political voluntary action）/068

创建者态度（founder attitude）/107

创建者选择（founder choice）/107

创议（proposal）/217

纯粹志愿者团体（all-volunteer group）/021

纯志愿者（pure volunteer）/222

慈善博彩（charitable gambling）/042

慈善部门（charitable sector）/043

慈善用途法（Statute of Charitable Uses）/259

慈善豁免与慈善责任（charitable immunity and liability）/043

慈善基金会（charitable foundation）/042

慈善交换（charitable exchange）/042

慈善捐献扣税（charitable contribution tax deduction）/042

慈善捐赠（charitable donation）/042

慈善捐赠百分比的限制（percentage limitation

on charitable donation)/201

慈善类非营利组织(charitable nonprofit)/043

慈善类免税非营利组织(charitable tax-exempt nonprofit)/043

慈善礼品(charitable gift)/042

慈善募捐法规(charitable solicitation regulation)/043

慈善·仁爱·慈善组织(charity)/044

慈善使命(charitable mission)/043

慈善信托(charitable trust)/044

慈善性剩余信托(charitable remainder trust)/043

慈善选择(charitable choice)/042

慈善游说与政治竞选的限制(limitations on charity lobbying and political campaign activities)/159

慈善赠与(charitable giving)/042

慈善转移(charitable transfer)/044

次级部门,非营利(subsector, nonprofit)/261

次级政府(subgovernment)/261

刺激·动力·激励状态(motivation)/173

从非营利到营利实体的转变(conversion from a nonprofit to for-profit entity)/068

搭便车(free rider)/108

大会(conference)/065

大厦社团/租户组织/租户社团(building association/tenant organization/tenant association)/034

大众动员(mass mobilization)/165

大众鼓动(mass canvass)/164

大众社会(理论)(mass society(theory of))/165

单业态的非营利团体(monomorphic nonprofit group)/171

当代、会员利益、自助以及倡导型扁平地球范式(modern, member benefit, self-help, and advocacy flat-earth paradigm)/170

当然成员(ex-officio member)/095

当选领导(elected leadership)/088

档案会员(paper member)/198

导师(mentor)/168

道德标准(moral standard)/172

抵抗运动(resistance movement)/233

地方工会(union local)/275

地方武装(posse)/211

地区规划理事会(area planning council)/026

地下经济(underground economy)/273

地下团体(underground group)/273

地下运动(underground movement)/274

地下运输(underground railroad)/274

弟兄关系·团队伙伴·奖学金(fellowship)/101

弟兄会(brethren)/033

第509(a)条(509(a))/102

第501(c)(3)条(501(c)(3))/102

第二世界非营利团体(Second World nonprofit group)/240

第三部门(third sector)/267

第三方政府(third-party government)/267

第三极时间(tertiary time)/267

第三世界(Third World)/267

第三世界发展/援助非营利(Third World development/aid nonprofit)/268

第四部门(fourth sector)/107

第四世界(Fourth World)/107

电子公益(e-philanthropy)/091

定期志愿者(regular volunteer)/229

董事(board member)/032

董事会的信托义务(fiduciary obligations of board of directors)/102

董事会非正式活动(informal action by board)/135

董事会职责(responsibilities of the board of directors)/234

董事会志愿者(board volunteer)/033

董事会志愿者活动(board volunteer activity)/033

董事会主席(board chair)/032

动力访谈(motive talk)/173

动因(cause)/040

动因导向的组织(cause-oriented organization)/040

独裁(dictatorship)/080

独立部门(independent sector)/134

独立部门组织(INDEPENDENT SECTOR)/134

独立基金会(independent foundation)/134

短期志愿者(episodic volunteer)/092

对非营利的资助(funding in nonprofits)/111

对他人施以人文关怀(humane caring for others)/130

多业态的非营利团体(polymorphic nonprofit group)/210

多元文化主义(multiculturalism)/173

多元主义(pluralism)/206

多元主义,民族(pluralism, ethnic)/206

多元主义,政治(pluralism, political)/206

多元主义,宗教(pluralism, religious)/207

二次满意度(secondary satisfaction)/240

二级/三级社团(secondary/tertiary association)/240

二级团体(secondary group)/240

发起人(*animateur*)/025

发展激励(developmental incentive)/078

法团主义(corporatism)/070

法西斯法团主义(fascist corporatism)/100

法院指定的特别辩护(CASA)(court-appointed special advocate(CASA))/071

反抗(rebellion)/227

反恐(counter-terrorism)/071

反历史相对论的扁平地球范式(antihistoricism flat-earth paradigm)/026

反叛(revolt)/236

反志愿性非营利部门的扁平地球范式(antivoluntary nonprofit sector flat-earth paradigm)/026

反志愿主义(antivolunteerism)/026

反主流文化·反主流文化的群体(counterculture)/071

范式(paradigm)/198

范式,扁平地球非营利部门(paradigm, flat-earth nonprofit sector)/198

范式,椭圆地球非营利部门(paradigm, round-earth nonprofit sector)/198

方案申请(RFP)(request for proposal(RFP))/232

自由放任(laissez-faire)/153

飞车党(motorcycle gang)/173

飞车俱乐部(motorcycle club)/173

非暴力(nonviolence)/189

非暴力活动(nonviolent action)/189

非传统参与(unconventional participation)/273

非传统志愿政治行动(unconventional voluntary political action)/273

非法人化非营利(unincorporated nonprofit)/275

非分配性限制条款(nondistribution constraint)/181

非会员(nonmember)/181

非会员服务激励(nonmember service incentive)/182

非会员利益部门(nonmember benefit sector)/182

非会员利益型非营利团体(nonmember benefit nonprofit group)/182

非货币形式分配(nonmonetized form of contribution)/182

非集成误判(fallacy of disaggregation)/098

非隶属关系志愿者(unaffiliated volunteer)/273

非强制性(noncoercion)/180

非市场活动(nonmarket activity)/181

非相关商业收入税(unrelated business income tax)/276

非依赖型志愿者(nondependent volunteer)/181

非营利(nonprofit)/182

非营利不公平竞争(unfair competition by nonprofits)/274

非营利部门(nonprofit sector)/187

非营利部门扁平地球路线图(flat-earth map of nonprofit sector)/102

非营利部门的扁平地球之喻(flat-earth nonprofit sector metaphor)/103

非营利部门的基础设施组织(infrastructure organization of nonprofit sector)/141

非营利部门的金钱与财产(money and property in the nonprofit sector)/171

非营利部门的精神发现(mental discovery of the nonprofit sector)/168

非营利组织/部门的开拓性作用(pioneering role of nonprofits/nonprofit sector)/204

非营利部门的亮物质(bright matter of the nonprofit sector)/034

非营利部门的实质(essence of nonprofit sector)/092

非营利部门的双重暗域(doubly dark continent of the nonprofit sector)/084

非营利部门国别研究(national studies of nonprofit sector)/176

非营利部门,国别研究(nonprofit sector, national studies of)/188

非营利部门黑幕揭发视角(muckraking perspective in the nonprofit sector)/173

非营利部门,基础设施组织(nonprofit sector, infrastructure organization of)/188

非营利部门盲区(dark territories of the nonprofit sector)/075

非营利部门/社团/志愿行动的未来(future of nonprofit sector/associations/volunteering)/112

非营利部门图示(mapping the nonprofit sector)/163

非营利部门文献(literature of the nonprofit sector)/159

"非营利部门无足轻重"的扁平地球范式("nonprofit sector is unimportant" flat-earth paradigm)/188

非营利部门研究文献(research literature on nonprofit sector)/232

非营利财务管理(financial management in nonprofits)/102

非营利参与预测(predictor of volunteer participation)/211

非营利策略(tactics in nonprofits)/264

非营利长期规划(long-range planning in nonprofits)/161

非营利倡导(advocacy in nonprofits)/019

非营利创新(innovation in nonprofits)/142

非营利垂直合作(vertical collaboration of nonprofits)/279

非营利导引系统(guidance system in nonprofits)/124

非营利的合法倡导(legislative advocacy by nonprofits)/156

非营利的市场机制·非营利市场营销(marketing in nonprofits)/164

非营利法人(nonprofit corporation)/183

非营利法人的合法目标(lawful purpose of nonprofit corporation)/154

非营利法人示范法案,修订版(Model Nonprofit Corporation Act,revised)/170

非营利法人治理结构(corporate structure of nonprofits)/070

非营利/非营利部门影响力(impact of nonprofits/nonprofit sector)/131

非营利风险管理(risk management in nonprofits)/237

非营利付酬员工的雇佣(hiring paid-staff for nonprofits)/127

非营利公共关系(public relations in nonprofits)/221

非营利公共利益(public benefit in nonprofits)/219

非营利公司的法人化(incorporation of a nonprofit corporation)/133

非营利/慈善组织与法制(law and nonprofits/charity)/154

非营利功能(function of nonprofits)/110

非营利沟通(communication in nonprofits)/057

非营利顾问(consultant use by nonprofits)/066

非营利官员(nonprofit officer)/186

非营利官员(officer in nonprofits)/192

非营利管理(nonprofit management)/186

非营利管理教育(nonprofit management education)/186

非营利管理伦理(ethics in nonprofit management)/092

非营利管理人员(nonprofit manager)/186

非营利管理职业(nonprofit management profession)/186

非营利合并(merger of nonprofits)/168

非营利合法地位(legal status of nonprofit)/156

非营利合同服务(contracted service in nonprofits)/067

非营利合作(cooperation among nonprofits)/069

非营利黑钱(tainted money in nonprofits)/264

非营利横向协同(horizontal collaboration in nonprofits)/129

非营利活动的时间长度(activity timing in nonprofits)/018

非营利活动水平(activity level in nonprofits)/017

非营利机构(nonprofit agency)/182

非营利基金筹措(fund-raising in nonprofits)/112

非营利激励(incentive in nonprofits)/132

非营利激励类型(incentive type in nonprofits)/133

非营利激励制度(incentive system in nonprofits)/133

非营利精神(nonprofit spirit)/189

非营利局内人定位 vs. 局外人定位(insider vs. outsider orientation of nonprofit)/142

非营利捐赠款(endowment in nonprofits)/090

非营利可行性研究(feasibility study of nonprofits)/100

非营利空间扩张(spatial diffusion of nonprofits)/256

非营利跨国活动(transnational activity in nonprofits)/270

非营利董事会(nonprofit board)/183

非营利联合会(federation in nonprofit sector)/101

非营利零基预算(zero-based budgeting in nonprofits)/296

非营利领导(nonprofit leadership)/186

非营利领导者(nonprofit leader)/185

非营利免税地位(tax-exempt status of nonprofits)/265

非营利目标(nonprofit goal)/184

非营利目标变化(nonprofit goal succession)/184

非营利目标局限性(goal limitations in nonprofits)/117

非营利目标置换(goal displacement in nonprofits)/117

非营利培训(training in nonprofits)/270

非营利普及率(prevalence of nonprofits)/212

非营利权力结构(power structure of nonprofits)/211

非营利人力资源管理(human resource management in nonprofits)/130

非营利人事管理(personnel management in nonprofits)/201

非营利商业化(commercialization of nonprofits)/055

非营利商业化(nonprofit commercialization)/183

非营利社团(nonprofit association)/183

非营利社团评估(evaluation of nonprofit associations)/093

非营利失灵(failure of nonprofits)/098

非营利事业管理(nonprofit enterprise management)/183

非营利团体(nonprofit group)/184

非营利团体参与(nonprofit group participation)/185

非营利团体参与的 Alinsky 模式(Alinsky-style nonprofit group participation)/020

非营利团体创建者(founder of nonprofit group)/107

非营利团体的过程(process of nonprofit groups)/214

非营利团体的经济规模(economic scale of nonprofit group)/086

非营利团体的经济手段(economic measure of nonprofit groups)/086

非营利团体的联系途径(linkage of nonprofit groups)/159

非营利团体/部门的社会变革角色（social change role of nonprofit groups/nonprofit sector）/250

非营利团体的社区嵌入（embeddedness of nonprofit groups in communities）/088

非营利团体的生命跨度（life span of nonprofit groups）/158

非营利团体的生命周期（life cycle of nonprofit groups）/158

非营利团体的市场分析方法（market approach to nonprofit groups）/164

非营利团体的优胜者（survivalist nonprofit group）/263

非营利团体的越轨（deviance in nonprofit groups）/078

非营利团体董事会（board of directors in nonprofits）/032

非营利团体分部（affiliate of a nonprofit group）/019

非营利团体分类（classification of nonprofit groups）/052

非营利团体分类的解析类型（analytic type classification of nonprofit group）/025

非营利团体分支机构（nonprofit group affiliate）/185

非营利团体复杂性（nonprofit group complexity）/185

非营利团体雇员（employee in nonprofit group）/089

非营利团体规范激励（normative incentive in nonprofit groups）/189

非营利团体合作（collaboration in nonprofits）/053

非营利团体合作/协同（nonprofit group cooperation/collaboration）/185

非营利团体结构（structure of nonprofit group）/261

非营利团体结构形式（structural form of nonprofit groups）/261

非营利团体紧缩（retrenchment in nonprofit groups）/235

非营利团体利润（profits of nonprofit groups）/216

非营利团体联盟（alliance of nonprofits）/021

非营利团体民主（democracy in nonprofit groups）/076

非营利团体目的（purpose of nonprofit group）/222

非营利团体目的类型分类（purposive type classification of nonprofit groups）/223

非营利团体评估/志愿项目评估（evaluation of nonprofit groups/volunteer programs）/093

非营利团体普及率（nonprofit group prevalence）/185

非营利团体权力（power of nonprofit groups）/211

非营利团体社会化（socialization by nonprofit groups）/255

非营利团体声望（prestige of nonprofit groups）/212

非营利团体组建率（nonprofit group incidence）/185

非营利网络（network of nonprofits）/178

非营利现状体认（status recognition in nonprofits）/259

非营利影响力（influence in nonprofits）/135

非营利影子工资（shadow wage in nonprofits）/247

405

非营利员工(nonprofit staff)/189

非营利越轨(nonprofit deviance)/183

非营利在职培训(in-service training in nonprofits)/142

非营利战略(strategy in nonprofits)/261

非营利战略创新框架样本(sampling frame creation strategy for nonprofits)/239

非营利战略管理(strategic management in nonprofits)/260

非营利战略规划(strategic planning in nonprofits)/260

非营利正式化(formalization in nonprofits)/104

非营利职业(career in nonprofits)/038

非营利职员(staff of nonprofits)/258

非营利治理(governance of nonprofits)/118

非营利治理(nonprofit governance)/184

非营利治理工具(governing instrument in nonprofits)/118

非营利资产(asset in nonprofits)/027

非营利自我学习(self-study in nonprofits)/244

非营利组建率(incidence of nonprofits)/133

非营利组织(NPO)(nonprofit organization(NPO))/187

非营利组织/部门的开拓性作用(pioneering role of nonprofits/nonprofit sector)/204

非营利组织的财产清算与分配(dissolution and distribution of assets of a nonprofit organization)/082

非营利组织的慈善目的(charitable purpose of nonprofit organization)/043

非营利组织的合法层面(legal aspects of nonprofits)/156

非营利组织的季节性(seasonality in nonprofits)/240

非营利组织的教育项目(educational program in nonprofits)/088

非营利组织的强制解散(involuntary dissolution of a nonprofit organization)/149

非营利组织的商业目的(commercial purpose of nonprofit organization)/055

非营利组织的士气(morale in nonprofits)/172

非营利组织的组建(formation of a nonprofit organization)/105

非营利组织发展(organizational development (OD) in nonprofits)/195

非营利组织国际分类法(ICNPO)/131

非营利组织国际分类法(ICNPO)(international classification of nonprofit organizations(ICNPO))/147

非营利组织会计(accounting in nonprofits)/016

非营利组织会议(meeting in nonprofits)/166

非营利组织内部动力(internal dynamics of nonprofits)/146

非营利组织投资(investment by nonprofits)/149

非营利组织寻求资助(grant seeking by nonprofits)/121

非营利组织与志愿行动研究会(安诺瓦)(Association for Research on Nonprofit Organizations and Voluntary Action(ARNOVA))/028

非营利组织执行董事(executive director in nonprofits)/095

非运作基金会(nonoperating foundation)/182

非运作性基金(nonoperating fund)/182

非正式爱好活动(informal hobby activity)/137

非正式部门(informal sector)/139

非正式草根社团(informal grassroots association)/137

非正式大众传媒活动(informal mass media activity)/138

非正式的非营利组织(informal nonprofit group)/138

非正式非营利目标(unofficial nonprofit goal)/276

非正式服务志愿行动(informal service volunteering)/140

非正式服务志愿者(informal service volunteer)/139

非正式工作团队(informal work group)/141

非正式会员(informal member)/138

非正式经济(informal economy)/137

非正式经济活动(informal economic activity)/136

非正式经济制度支撑活动(informal economic system support activity)/136

非正式领导者(informal leader)/137

非正式免税地位的非营利组织(informal tax-exempt status of nonprofits)/141

非正式/偶尔志愿行动(drop-by/occasional volunteering)/085

非正式陪护(informal care)/136

非正式人际关系(informal interpersonal relations)/137

非正式人际交往活动(informal interpersonal activity)/137

非正式社会创新活动(informal social innovation activity)/140

非正式社会化(informal socialization)/140

非正式社会美学活动(informal social esthetics activity)/140

非正式体育与户外娱乐活动(informal sports and outdoor recreational activity)/140

非正式团体(informal group)/137

非正式团体运作方式(informal group style of operation)/137

非正式文化活动(informal cultural activity)/136

非正式休闲活动(informal leisure activity)/138

非正式休闲无为活动(informal resting inactivity)/139

非正式学习活动(informal study activity)/141

非正式与正式化的平衡(balance of informality and formalization)/030

非正式招募(informal recruitment)/139

非正式政治参与(informal political participation)/138

非正式志愿时间(informal volunteer time)/141

非正式志愿团体(informal voluntary group)/141

非正式志愿行动(informal voluntary action)/141

非正式志愿行动(informal volunteering)/141

非正式志愿者(informal volunteer)/141

非正式资格标准(informal eligibility criteria)/137

非正式宗教活动(informal religious activity)/139

非正式组织(informal organization)/138

非政府部门(NGO sector)/180

非政府组织(NGO)/180

非政府组织(NGO)(nongovernmental organization(NGO))/181

非逐利(not-for-profit)/189

非逐利部门(not-for-profit sector)/190

非逐利团体(not-for-profit group)/190

非专业(unprofessional)/276

非专业・无给职人士・有给职人士(nonprofessional)/182

分会(chapter)/041

分裂的团体(splinter group)/257

分支机构志愿者(affiliated volunteer)/020

风险管理与志愿者会员的责任(risk management and liability for volunteers/members)/236

封闭型非营利团体(introverted nonprofit group)/148

封闭型工会(closed shop union)/052

奉献(contribution)/068

服从结构(compliance structure)/064

服务(service)/245

服务对象(service recipient)/246

服务购买(purchase of services)/222

服务国家(national service)/176

服务激励(service incentive)/246

服务受助者(recipient of helping services)/227

服务条款(service provision)/246

服务项目型志愿者(service program volunteer)/246

服务型俱乐部(service club)/245

服务型志愿行动(service volunteering)/247

服务型志愿者(service volunteer)/246

服务型志愿者项目(service volunteer program)/247

服务学习(service learning)/246

福利(welfare)/293

福利国家(welfare state)/293

付酬员工(paid staff)/197

付酬员工的全职工作当量(FTE)(full-time equivalent of paid-staff work(FTE))/110

付酬员工非营利(paid-staff nonprofit)/197

付酬员工非营利团体(paid-staff nonprofit group)/197

付酬员工非营利团体扁平地球范式(paid-staff nonprofit group flat-earth paradigm)/197

付酬员工非营利组织(PSNPO)(paid-staff nonprofit organization(PSNPO))/198

付酬员工志愿者/会员关系建设(building paid staff-volunteer/member relationships)/034

付酬员工—志愿者间关系(paid staff-volunteer relations)/198

付款要求(payout requirement)/200

复杂性(complexity)/064

赋权之喻(empowerment metaphor)/090

改革运动・十字军东征(crusade)/072

革命(revolution)/236

个人成长激励(personal growth incentive)/201

个人社会服务(personal social service)/201

个人社会服务非营利团体(personal social service nonprofit group)/201

个人社会服务价值(personal social service value)/201

个人物品(personal good)/201

个体志愿活动(individual voluntary action)/135

工会(union)/275

工具性目标/团体(instrumental goal/group)/143

工作(work)/293

工作场所之喻(workplace metaphor)/294

工作活动(work activity)/294

工作团队(work group)/294

工作组织(work organization)/294

公地·公共空间·共有权(特定)(commons (the))/056

公共部门(public sector)/221

公共参与(public participation)/221

公共产品(public good)/220

公共产品理论(public goods theory)/220

公共产品(特定)(common good (the))/056

公共倡导(public advocacy)/219

公共慈善机构(public charity)/219

公共服务(human services)/130

公共服务(public service)/222

公共福利(public welfare)/222

公共公益(public philanthropy)/221

公共利益(public benefit)/219

公共利益定位的非营利团体(public benefit nonprofit group)/219

公共利益集团(public interest group)/220

公共利益社团(common interest association)/056

公共目的(public purpose)/221

公共祈祷(public worship)/222

公共需求(public need)/221

公共政策(public policy)/221

公共支持测试(public support test)/222

公共资源(common pool resources)/056

公民不服从(civil disobedience)/050

公民参与(citizen engagement)/047

公民参与(citizen involvement)/047

公民参与(citizen participation)/047

公民参与(civic engagement)/048

公民参与(civic involvement)/049

公民参与(civic participation)/049

公民参与(civil engagement)/050

公民参与(civil involvement)/050

公民参与(civil participation)/050

公民参与价值(civic engagement value)/049

公民倡导团体(citizen advocacy group)/046

公民服务(civic service)/049

公民服务非营利团体(civic service nonprofit group)/049

公民·公共(public)/219

公民民兵(citizen militia)/047

公民权利(civil right)/051

公民权利组织(civil rights organization)/051

公民社会·非营利部门(civil society)/051

公民社会部门(civil society sector)/052

公民社团(civic association)/048

公民身份(citizenship)/048

公民团体(citizen group)/047

公民行动(citizen action)/046

公民义务/责任(civic obligation/responsibility)/049

公民责任(civic responsibility)/049

公民志愿者(citizen volunteer)/048

公民咨询委员会·公民顾问志愿团体(citizen advisory board)/046

公民自由权(civil liberty)/050

公民宗教(civil religion)/051
公募基金会(public foundation)/220
公社(commune)/057
公社定居点(communal settlement)/056
公社房屋(communal house)/056
公社社会(communal society)/056
公司(firm)/102
公司礼品当值(gift matching by a corporation)/116
公益(philanthropy)/203
公益部门(philanthropic sector)/203
公益创投(venture philanthropy)/279
公益,公司(philanthropy,corporate)/203
公益互动,传统(philanthropic interaction, traditional)/202
公益基金会(philanthropic foundation)/202
公益交换(philanthropic exchange)/202
公益经济(philanthropic economy)/202
公益,科学(philanthropy,scientific)/204
公益礼品(philanthropic gift)/202
公益历史(history of philanthropy)/127
公益免税的资格条件(rationale for charitable tax exemption)/227
公益响应(responsive philanthropy)/234
公益赠与(philanthropic giving)/202
公益转换(philanthropic transfer)/203
公益资助(philanthropic grant)/202
公益资助转移(philanthropic grant transfer)/202
公用事业(utility)/277
功利性激励(utilitarian incentive)/276
功能分析(functional analysis)/110
共识(consensus)/065
共识组织方式(consensus organizing)/065

共同会员服务激励(co-member service incentive)/054
共有房产(co-housing)/053
孤独(loneliness)/161
孤立的非营利团体(isolated nonprofit group)/150
孤立非营利团体的扁平地球范式(isolated nonprofit group flat-earth paradigm)/150
鼓动家(agitator)/020
固定资产(fixed asset)/102
顾问(advisor)/019
顾问委员会(advisory board)/019
雇员匹配资助(employee matching grant)/089
雇员志愿项目(employee volunteer program)/089
寡头(oligarchy)/193
寡头铁律(iron law of oligarchy)/149
关爱·陪护(caring)/039
关爱型社会(caring society)/039
关系,外部(relations,external)/229
官僚化(bureaucratization)/035
官僚机构(bureaucracy)/035
官僚机构的"铁笼"(iron cage of bureaucracy)/149
管理(management)/162
管理工作(stewardship)/259
管理控制系统(management control system)/162
管理与基金筹措(stewardship and fund-raising)/259
管理者(manager)/162
惯性与组织转型(inertia and organizational transformation)/135

广义的非营利部门(broad definition of nonprofit sector)/034

规范性结构(normative compliance structure)/189

规划(planning)/205

规章制度(by-law)/036

皈依者,宗教(convert,religious)/068

国际地平说考证学会(国际地平说学会)(Flat-Earth Research Society International(International Flat-Earth Society))/103

国际第三部门研究协会(ISTR)(International Society for Third Sector Research(ISTR))/147

国际非营利组织(international nonprofit)/147

国际非政府组织(INGO)(international non-governmental organization(INGO))/147

国际社团(international association)/147

国际政府组织(international governmental organization)/147

国际志愿行动(international volunteering)/147

国税局(IRS)登记的免税组织(tax-exempt organizations registered with the Internal Revenue Service(IRS))/265

行会(gild)/116

好处・津贴・利益(benefit)/031

合法性,非营利变革(legitimacy,change in nonprofits)/156

合格受助者(慈善捐献扣税)(qualified donee(for charitable contribution tax deduction))/224

合同(contract)/067

合同失灵理论(contract failure theory)/067

合作(cooperation)/069

合作社(cooperative)/069

合作社区(cooperative community)/069

核心/边缘志愿者(core/periphery volunteer)/069

核心社团 vs. 边缘社团(core vs. peripheral association)/069

核心志愿者(key volunteer)/152

黑人联合基金(Black United Fund)/032

"黑人权力"运动(black power)/032

后资助评估(post-grant evaluation)/211

互惠(reciprocity)/227

互惠社区(mutualistic community)/174

互惠预期(anticipatory reciprocity)/026

互联网团体(Internet group)/147

互联网行动主义(Internet activism)/147

互益型团体(mutual benefit group)/174

互益型组织(MBO)(mutual benefit organization(MBO))/174

互助(mutual aid)/173

互助团体(mutual aid group)/173

护工(职业)(caregiver(carer))/039

环境清理运动(environmental clean-up campaign)/091

环境团体(environmental group)/091

环境,组织(environment,organizational)/091

回报制度(reward system)/236

回馈式互惠(retrospective reciprocity)/235

会/成员(member)/166

会费(dues)/085

会议(convention)/068

会员利益(member benefit)/167

会员利益型部门(member benefit sector)/167

411

会员利益型社团(member benefit association)/167

会员利益型组织(member benefit organization)/167

会员排斥(exclusion of association member)/095

会员身份·会员(membership)/167

会员利益型非营利团体(member benefit nonprofit group)/167

会员制社团(membership association)/167

会员资格(member eligibility)/167

会众(congregation)/065

混合非营利团体(mixed nonprofit group)/170

混合形式的市场(mixed-form market)/170

混合型非营利组织(hybrid nonprofit)/130

混合型组织(hybrid organization)/130

豁免权,慈善(immunity,charitable)/131

活动理论(activity theory)/018

活跃成员(active member)/016

ISSTAL模型(ISSTAL model)/150

机构(agency)/020

机构,社会服务(agency,social service)/020

机构,替代性服务(agency,alternative service)/020

机构,政府(agency,governmental)/020

机会成本(opportunity cost)/194

积极的社会资本(positive social capital)/210

积极—有效的特色模式(active-effective character pattern)/016

基布兹(kibbutz)/152

基督教基层团体(Christian base community)/044

基金(fund)/111

基金筹措活动(fund-raising event)/111

基金筹措活动独享权(fund-raising event monopoly)/111

基金筹措特别活动(special events fund-raising)/256

基金筹措中介组织(fund-raising intermediary)/112

基金会(foundation)/106

基金会捐赠(foundation giving)/107

基金会支出(foundation payout)/107

基于雇佣关系的志愿行动(employment-based volunteering)/089

基于绩效的预算(performance based budgeting)/201

基于计划的休闲活动(project-based leisure)/217

基于价值的关怀(value-based concern)/278

基于社区的首创活动(community-based initiative)/058

基于信仰的服务(faith-based service)/098

绩效(performance)/201

极不发达国家(underdeveloped country)/273

极权国家(totalitarian state)/269

集会自由(freedom of assembly)/109

集权(centralization)/040

集体(collectivity)/054

集体产品(colective good)/054

集体定居点(collective settlement)/054

集体·集体活动(collective)/053

集体行动(collective action)/053

集体行动要目(repertoire of collection action)/232

集体行为(collective behavior)/054

集体越轨行动(deviant collective action)/079

集体指数(collectiveness index)/054

集体组织(collectivist organization)/054

挤出效应假说(crowding-out hypotheses)/072

计划(project)/217

计划内赠与项目(planned giving program)/205

纪念礼品(memorial gift)/167

技术援助(technical assistance)/265

继任的领导者(succession of leaders)/262

家庭部门(family sector)/099

家庭基金会(family foundation)/099

家庭教会(house church)/129

家族/家庭部门(household/family sector)/129

家族/家庭目标(household/family goal)/129

价值(value)/278

价值定位(value orientation)/278

价值观,人文核心(value, humane core)/278

价值判断(value judgment)/278

间接/次要满意度(indirect/secondary satisfaction)/135

监督者(watchdog)/293

减税与公益(tax deduction and philanthropy)/264

建制化联合基金(established federated fund)/092

建制化宗教分支(established sect)/092

匠人(*homo faber*)/129

交换(exchange)/094

交换,慈善(exchange, charitable)/094

交换,公益(exchange, philanthropic)/094

交换,强制(exchange, coercive)/094

交换,市场(exchange, market)/094

交友团体(encounter group)/090

教会,本地(church, local)/046

教会成员(church membership)/046

教会会众(church congregation)/045

教会·教派·教会团体(church)/045

教会,全国性(church, national)/046

教会学校(church school)/046

教会志愿者(church volunteer)/046

教派·宗教组织(denomination)/077

教区(parish)/199

教育激励(educational incentive)/088

接纳付酬员工(recognition of paid staff)/227

街区社团(block association)/032

结盟(confederation)/065

结社活动(associational activity)/028

结社原则(principle of human association)/212

结社主义(associationalism)/029

结社自由(freedom of association)/109

姐妹会·妇女群体(sisterhood)/248

"金钱万能"的扁平地球范式("money is the key" flat-earth paradigm)/171

津贴·福利基金·福利权益(entitlement)/090

近似原则(*cy pres* doctrine)/073

禁止性条款的适用(inurement prohibition)/148

经济,公益(economy, philanthropic)/087

经济活动,非正式(economic activity, informal)/086

经济激励(economic incentive)/086

经济目标(economic goal)/086

经济,强制(economy, coercive)/087

经济,社会(economy, social)/087
经济,市场(economy, market)/087
经济效用模型(economic utility model)/087
经济性非营利团体(economic nonprofit group)/086
经济支持体系(economic support system)/087
经济支持体系的价值观(economic support system value)/087
经济转移(economic transfer)/087
经济资源(economic resource)/086
经验知识(experiential knowledge)/096
精英(elite)/088
静坐(sit-in)/248
静坐罢工(sit-down strike)/248
救护队,志愿者(ambulance corps, volunteer)/024
救灾志愿者(disaster volunteer)/081
居住时间(residential longevity)/232
局内人,社会(insider, societal)/142
局外人,社会(outsider, societal)/196
俱乐部产品(club good)/053
俱乐部·协会组织(club)/052
聚会·会议·会议行动(meeting)/166
聚落房屋(settlement house)/247
捐赠初衷(donative intent)/083
捐赠·捐赠物(donation)/083
捐赠商品(donated goods)/083
捐赠商品估价(imputed value of donated goods)/132
捐助更新(donor renewal)/084
捐助疲劳(donor fatigue)/084
捐助人意愿(donor intent)/084
捐助拥护者(donor constituency)/084

捐助者(donor)/084
倦怠(burnout)/035
决策(decision making)/075
决策委员会(caucus)/040
绝对专制(absolute monarchy)/015
军队(troop)/271
君权神授(divine right monarchy)/083
君主立宪制(constitutional monarchy)/066
君主专制(monarchy)/170

开除社团会员(expulsion of association member)/096
开放型工会(open shop union)/193
开展网络工作(networking)/179
看守屋俱乐部(lodge)/160
康乐/康乐活动(recreation/recreational activity)/228
康乐俱乐部(recreational club)/228
康乐团体(recreational group)/228
抗拒繁杂(resistance to complexity)/233
抗议(protest)/218
抗议的自由(freedom of protest)/109
活动,抗议(activity, protest)/017
抗议活动(protest movement)/218
科学公益(scientific philanthropy)/240
可靠性(liability)/158
可自由支配的活动(discretionary activity)/082
可自由支配的时间(discretionary time)/082
可自由支配时间的活动(discretionary time activity)/082
客户(client)/052
空闲时间(spare time)/256
恐怖分子(terrorist)/267

索引

恐怖集团(terrorist group)/267

恐怖主义(terrorism)/266

跨国社团/跨国非营利(transnational association/transnational nonprofit)/271

跨国志愿行动(cross-national volunteering)/072

跨学科下的特殊连续时间配置终身(IS-STAL)模型(Interdisciplinary Sequential Specificity Time Allocation Lifespan (IS-STAL) model)/144

宽泛的非营利团体(broader nonprofit group)/034

宽容(tolerance)/269

狂热(craze)/072

拉比(rabbi)/226

劳工联盟(labor union)/153

老龄(市民)中心(senior (citizens) center)/245

老男孩网络(old-boys' network)/192

累积评估(summative evaluation)/262

礼品(gift)/115

董事会权力的限制(limitations on board powers)/158

理想社区(idealistic community)/131

理想社区(intentional community)/143

立场声明/书面(position statement/paper)/210

利他主义(altruism)/021

利他主义悖论(altruistic paradox)/023

利他主义,纯粹(altruism, pure)/022

利他主义,次等(altruism, secondary)/023

利他主义,非志愿(altruism, nonvoluntary)/022

利他主义,绝对(altruism, absolute)/022

利他主义,相对(altruism, relative)/023

利他主义,志愿(altruism, voluntary)/023

利他主义,志愿者(altruism, volunteer)/023

利他主义,准志愿者(altruism, quasi-volunteer)/022

利他主义,自我服务(altruism, self-serving)/023

利他组织(altruistic organization)/023

利益关系·利益(interest)/144

利益集团(interest group)/144

利益目标群体(target of benefits)/264

利益相关者(stakeholder)/258

联邦税免除的慈善标准(charitable federal tax-exemption requirements)/042

联合(Koinonia)/152

联合抵制(boycott)/033

联合基金(federated fund)/100

联合基金(joint funding)/151

联合基金筹措(federated fund-raising)/101

联合基金会(United Fund)/275

联合基金,建制型(federated fund, established)/100

联合基金,替代型(federated fund, alternative)/100

联合劝募(United Way)/276

联谊(fraternity)/108

联谊会(fraternal association)/106

联谊会(sodality)/256

联谊性团体(fraternal group)/108

寮屋的邻里非营利团体(squatter's neighborhood nonprofit group)/257

邻里会议(neighborhood meeting)/177

邻里社团(neighborhood association)/177

415

邻里型非营利团体(neighborhood nonprofit group)/177

邻里自我管理组织(neighborhood self-management organizations)/178

临终关怀(hospice)/129

零星志愿者(sporadic volunteer)/257

领导(leadership)/155

领导方式的特质(trait approach to leadership)/270

领导,情景方法(leadership, situational approach to)/155

领导,权变方法(leadership, contingency approach to)/155

领导人的心理特质(psychological trait of leaders)/219

领导,特质方法(leadership, trait approach to)/155

领导者(leader)/154

领导者,非正式非营利组织(leader, informal nonprofit)/154

领导者,继任(leader, succession of)/154

领导者,社会运动(leader, social movement)/154

领导者,正式非营利组织(leader, formal nonprofit)/154

领导,转型方法(leadership, transformational approach to)/155

领地范围(territorial scope)/266

流动基金(flow-through funds)/103

流失的捐助者更新(lapsed donor renewal)/153

率性的志愿行动(casual volunteering)/040

率性休闲(casual leisure)/039

伦理(ethics)/092

伦理·道德观·道德品质(morality)/172

伦理投资(ethical investing)/092

买家群体(buying pool)/036

满意度(satisfaction)/239

美国的黑人教会(black church in America)/032

美国国税局(IRS)关于非营利组织登记规定(Internal Revenue Service(IRS) registration of nonprofits)/146

美国罗马天主教(American Roman Catholicism)/025

美国新教(American Protestantism)/024

美国犹太教(American Judaism)/024

美国宗教(American religion)/025

美洲土著人宗教(Native American religion)/176

魅力型激励(charismatic incentive)/041

魅力型领导者(charismatic leader)/042

秘密会社(secret society)/241

免费大学(free university)/109

免费学校(free school)/108

免费诊所(free clinic)/108

免税部门(tax-exempt sector)/265

免税型非慈善类非营利组织(noncharitable tax-exempt nonprofits)/180

免税组织(exempt organization)/095

民兵组织(militia)/169

民营化(privatization)/213

民主(democracy)/076

民主人格(democratic personality)/077

民族多元主义(ethnic pluralism)/093

名义会员(nominal member)/180

明确的行为规范(distinctive action norms)/082

模拟过程(mimetic process)/169

目标(goal)/116

目标(objective)/191

目标的分散化 vs. 专一性(diffuseness vs. specificity of goal)/081

目标,非官方(goal,unofficial)/117

目标分散 vs. 专一性(goal diffuseness vs. specificity)/116

目标更迭(goal succession)/117

目标,官方(goal,official)/117

目标恰当(goal-appropriateness)/117

目标特殊性(specificity of goals)/257

目标,运行(goal,operative)/117

目的性激励(purposive incentive)/222

牧师(minister)/169

牧师(pastor)/200

牧师·教职(priest)/212

内部导引体系(internal guidance system)/146

内部活动水平(internal activity level)/146

内部结构(internal structure)/147

内部进程(internal process)/146

内部民主(internal democracy)/146

内部影响(internal impact)/146

内部资金(internal funding)/146

内部组织健康状况(internal organizational health)/146

内生品·内生现象(endogenous phenomena)/090

内在满意度(intrinsic satisfaction)/148

内战(civil war)/052

匿名团体(anonymous group)/025

年度收入(annual revenue)/025

年龄—设定(age-set)/020

农场劳工联合会(farm laborers' association)/099

农场劳工联盟(farm labor union)/099

农场主联合会(farmers' association)/099

农村青年团体(rural youth group)/238

农民运动(peasant movement)/200

女慈善家(Lady Bountiful)/153

女权主义式非营利团体参与(feminist-style nonprofit group participation)/101

女性联谊会(sorority)/256

偶尔为之的志愿者(occasional volunteer)/192

排斥/包容(exclusion/inclusion)/094

叛教(apostasy)/026

陪护(care)/038

陪护伦理(ethic of care)/092

匹配资助(matching grant)/165

评估议程控制(agenda control in evaluation)/020

普世教会合一运动(ecumenism)/088

普通会员(rank and file)/226

企业,慈善(corporation,charitable)/070

企业,非营利(corporation,nonprofit)/070

企业公益事业(corporate philanthropy)/070

企业基金会(company-sponsored foundation)/064

企业基金会(corporate foundation)/070

企业,教会(corporation,ecclesiastical)/070

企业(员工)志愿项目(corporate (employee) volunteer program)/070

企业赠与项目（corporate giving program）/070

强势民主（strong democracy）/261

强制社区服务·受托社区服务（mandatory community service）/163

强制性交易（coercive exchange）/053

强制性经济（coercive economy）/053

强制性同构（coercive isomorphism）/053

强制性转移（coercive transfer）/053

亲社会行为（prosocial behavior）/217

青年帮（youth gang）/295

青年团体（youth group）/295

青少年帮派（juvenile gang）/151

青少年犯罪团伙（delinquent gang）/076

青少年犯罪团伙·帮派·团伙（gang）/114

清真寺（mosque）/172

区域性社团（regional association）/229

去中心化（decentralization）/075

权力精英（power elite）/211

权威（authority）/029

全国大会（national conference）/175

全国会议（national meeting）/175

全国免税组织分类体系（NTEE）（National Taxonomy of Exempt Entities(NTEE)）/176

全国性会议（national congress）/175

全国性社团（national association）/175

全国性志愿社团（national voluntary association）/176

全国舆情研究中心的非营利团体分类法（National Opinion Research Center's（NORC） classification of nonprofit groups）/175

全面质量管理（TQM）（total quality management(TQM)）/269

全民大会（mass meeting）/165

全体大会（congress）/065

全职工作当量（FTE）/110

热线（hotline）/129

人力资本（human capital）/129

人权（human right）/130

人事资源（personnel resource）/202

人手不足的志愿者环境（understaffed volunteer setting）/274

人文核心价值观（humane core value）/130

人员配备（staffing）/258

骚乱（riot）/236

煽动者（demagogue）/076

善工（good work）/118

善举（benevolence）/031

商标基金筹措活动（trademark fund-raising event）/269

商业（business）/035

商业部门（business sector）/036

商业部门与非营利（business sector and nonprofits）/036

商业协会（business association）/035

商业性原则（commerciality doctrine）/055

少数派报告（minority report）/170

设立证书（articles of incorporation）/027

社会变迁（social change）/250

社会变迁基金（social changefund）/250

社会变迁型非营利团体（social change nonprofit group）/250

社会部门（sector of society）/242

社会参与（social participation）/253

社会创新活动（social innovation activity）/251

社会两部门模型(two-sector model of society)/272

社会法团主义(societal corporatism)/255

社会范畴(social category)/249

社会服务(social service)/254

社会服务内容(social services)/254

社会隔离(social isolation)/251

社会化(socialization)/254

社会化,宗教(socialization, religious)/255

社会活动(social action)/249

社会机构(social agency)/249

社会经济(*économie sociale*)/087

社会经济(social economy)/250

社会局内人(societal insider)/255

社会局外人(societal outsider)/255

社会抗议(social protest)/253

社会美学价值观(social aesthetics value)/250

社会模式(model of society)/170

社会群体·社区(community)/058

社会人口统计学的同质性(sociodemographic homogenity)/255

社会三部门模型(three-sector model of society)/268

社会四部门模型(four-sector model of society)/107

社会团体(social group)/250

社会网络(social network)/253

社会五部门模型(five-sector model of society)/102

社会信任的侵蚀(erosion of social trust)/092

社会影响型非营利团体(social influence non-profit group)/250

社会运动(social movement)/251

社会运动部门(social movement sector)/253

社会运动非营利团体(social movement non-profit group)/252

社会运动官僚化(social movement bureaucratization)/252

社会运动/抗议扁平地球范式(social movement/protest flat-earth paradigm)/253

社会运动领导者(social movement leader)/252

社会运动团体(social movement group)/252

社会运动组织(social movement organization)/252

社会责任投入(socially responsible investing)/255

社会政策(social policy)/253

社会政治变迁定位(sociopolitical change orientation)/255

社会政治创新(sociopolitical innovation)/255

社会政治创新价值观(sociopolitical innovation values)/256

社会支持(social support)/254

社会资本(social capital)/249

社会宗教价值观(social religiosity value)/254

社交(sociability)/249

社交激励(sociability incentive)/249

社交价值观(sociability value)/249

社区参与(community involvement)/061

社区参与(community participation)/062

社区发展(community development)/059

社区服务(community service)/063

社区服务处罚(community service sentence)/063

社区福利基金会(Community Chest)/059

社区感(sense of community)/245

社区工作(community work)/063

社区会议(community meeting)/061
社区机构(community agency)/058
社区基金(community fund)/060
社区基金会(community foundation)/060
社区俱乐部(community club)/059
社区控制(community control)/059
社区联合会(community association)/058
社区领导(community leadership)/061
社区能力(community competence)/059
社区嵌入(community embeddedness)/060
社区社会工作(community social work)/063
社区社团的结构(community associational structure)/058
社区团体(community group)/061
社区行动(community action)/058
社区行动团体(community action group)/058
社区巡逻队(community patrol)/063
社区治安队/警力(community policing/police force)/063
社区中心(community center)/059
社区组织(community organization)/061
社区组织方式(community organizing)/062
社区组织结构(community organizational structure)/062
社区组织者(community organizer)/062
社群运动·公社运动(communitarian movement)/057
社群主义(communitarianism)/057
社团成员(associational member)/028
社团成员的接纳/拒绝(admission/exclusion of association member)/018
社团的次级部门(associational subsector)/029
社团官员(associational officer)/029

社团管理(associational management)/028
社团网络(associational network)/029
社团·协会(association)/027
社团志愿活动(associational volunteering)/029
社团志愿者(associational volunteer)/029
涉黑非营利部门(dark side of the nonprofit sector)/074
涉黑志愿主义(dark side of voluntarism)/075
涉教非营利团体(church-related nonprofit group)/046
申请函(inquiry letter)/142
申请函件(letter of inquiry)/158
深度休闲(serious leisure)/245
神职人员·宗教职员(clergy)/052
生产合作社(producer cooperative)/214
生态观的非营利团体(niche position of nonprofit groups)/180
生态团体(ecology group)/086
声望激励(prestige incentive)/211
施惠(benefactory)/031
施惠者(benefactor)/031
施舍(eleemosynary)/088
十二步(匿名)团体(twelve-step (anonymous) group)/271
时间—金钱方案(time-money scheme)/268
时间—预算/时间日志方法(time-budget/time diary method)/268
实物捐助(in-kind contribution)/141
实物礼品,商业(gift in-kind,business)/115
实物匹配(in-kind matching)/142
实习生志愿者(volunteer as intern)/286
实习志愿者(intern as volunteer)/146

实现/自我实现(fulfillment/self-fulfillment)/110

实验社区(experimental community)/096

使命(mission)/170

示范资助(demonstration grant)/077

示威(demonstration)/077

世纪,志愿(century,voluntary)/041

世界宗教(world religion)/294

世俗化(secularization)/243

世俗人文主义(secular humanism)/242

市场经济(market economy)/164

市场失灵(market failure)/164

市场转移(market transfer)/164

事务(issue)/150

适应(accommodation)/015

收费(fee)/101

守门人(gatekeeper)/114

受庇护的工作场所(sheltered workshop)/247

受托人(trustee)/271

受薪志愿者(stipended volunteer)/260

受益人(beneficiary)/031

受助者(donee)/084

受助者(helpee)/126

授权(devolution)/080

授权非营利团体参与(mandated nonprofit group participation)/163

授权性公民参与(mandated citizen participation)/162

私人部门(private sector)/213

私人福利(private welfare)/213

私人基金会(private foundation)/212

私人利益集团(private interest group)/213

私人商品(private good)/212

私人—市场失灵(private-market failure)/213

私人运作型基金会(private operating foundation)/213

私人政府(private government)/213

寺庙·修道院(monastery)/171

寺庙(temple)/266

他治(heteronomy)/126

特殊利益集团(special interest group)/256

特别团体(extraordinary group)/097

公共利益(特定)(public interest(the))/220

特许非营利团体(franchise nonprofit group)/107

特许执照·特许权(charter)/044

提出异议的自由(freedom of dissent)/109

提供替代性服务的机构(alternative service agency)/021

体力活动审核(physical activity audit)/204

替代型联合基金(alternative federated fund)/021

替代性社区(alternative community)/021

替代性制度(alternative institution)/021

天生助人者(natural helper)/177

天体学的暗物质之喻(astrophysical dark matter metaphor)/029

挑战基金(challenge grant)/041

铁三角,特指(iron triangle,the)/149

同伴配对(peer pairing)/200

同构,强制(isomorphism,coercive)/150

同盟(coalition)/053

同情心(compassion)/064

同质性,社会人口学(homogeneity,sociodemographic)/129

途径,经济(measure,economic)/166

团结性激励(solidary incentive)/256

团体(group)/123

团体的解析成员(analytic member of a group)/025

团体,非正式(group, informal)/124

团体间关系·多元文化关系(intergroup relations)/145

团体联姻(group marriage)/124

团体网络(network of groups)/178

团体行动(group action)/124

团体亚文化(group subculture)/124

团体,正式(group, formal)/124

团体志愿行动(group voluntary action)/124

团体,志愿者(group, volunteer)/124

妥协(compromise)/065

椭圆地球的物理争议(round physical earth controversy)/237

椭圆地球非营利部门范式(round-earth nonprofit sector paradigm)/238

外部环境(external environment)/096

外部基金(external funding)/096

外部联系(external linkage)/096

外部权力(external power)/097

外部影响(external impact)/096

外部游说(outside lobbying)/196

外在满意度(extrinsic satisfaction)/097

外围志愿者(periphery volunteer)/201

外源性现象(exogenous phenomena)/096

网络(network)/178

网络志愿行动(e-volunteering)/094

为草根社团领导人所自豪的业余性(proud amateurishness of grassroots association leaders)/218

未成年团体(age-grading group)/020

"伟人"领导理论("great man"theory of leadership)/123

伪非营利团体(pseudo-nonprofit group)/218

伪装营利(for-profit in disguise)/106

位高责重(noblesse oblige)/180

委员会(adhocracy)/018

委员会(committee)/055

文化多元主义(cultural pluralism)/073

问题(problem)/214

乌托邦(utopia)/277

乌托邦公社(communal utopia)/057

乌托邦社会(utopian community)/277

无偿专业工作(pro bono professional work)/214

无私(unselfishness)/276

无信仰者(unbeliever)/273

无政府状态(anarchy)/025

物质激励(material incentive)/165

物质利益(material benefit)/165

牺牲(sacrifice)/239

习惯性的志愿者(habitual volunteer)/125

狭义的非营利部门(narrow definition of nonprofit sector)/175

现场参观(site visit)/248

限制性基金(restricted fund)/234

宪章(constitution)/066

相互义务(mutual obligation)/174

项目(program)/216

项目官员(program officer)/216

项目评估(program evaluation)/216

项目评估的活动目标(activity goal in program evaluation)/017

项目评估的结果目标(outcome goal in program evaluation)/196

项目评估的结果评估(outcome evaluation for program evaluation)/196

项目评估的桥接目标(bridging goal in program evaluation)/033

项目评估的随机化(randomization for program evaluation)/226

项目评估的因果关系(causality in program evaluation)/040

项目评估检查(program evaluation review)/216

项目评估中的过程评估(process evaluation in program evaluation)/214

项目志愿行动(program volunteering)/217

项目志愿行动,参与(program volunteering, participation in)/217

项目志愿者(program volunteer)/216

象征性抗议(symbolic protest)/263

象征主义(tokenism)/269

橡皮艇工会(craft union)/072

削减(cutback)/073

消费合作社(consumer cooperative)/066

消费税(excise tax)/094

消费者团体(consumer group)/066

消极的社会资本(negative social capital)/177

消极抗争(passive resistance)/200

小规模团体误判(fallacy of small group size)/099

小团体(small group)/248

小团体困局(small group paradox)/249

效率(efficiency)/088

效能(effectiveness)/088

效能评估(effectiveness evaluation)/088

邪教(religious cult)/230

心理收入(psychic income)/218

心理收益(psychic benefit)/218

心理授权(psychological empowerment)/218

心理授权的影响(psychological empowerment impact)/218

新法团主义(neocorporatism)/178

新社会运动(NSM)(new social movement (NSM))/179

新兴宗教(new religion)/179

信任(trust)/271

信托管理委员会(board of trustees)/033

信息化/服务类协会的世纪(century of information/service society)/040

信息激励(informational incentive)/141

信仰活动(devotional activity)/080

行动规范,特色(action norm, distinctive)/016

行动规划(action planning)/016

行动,社会(action, social)/016

行动项目表(action repertoire)/016

行动,志愿(action, voluntary)/016

行动主义·激进主义(activism)/017

行动主义者·激进分子(activist)/017

行善者(do-gooder)/083

行业协会(trade association)/269

形成性评估(formative evaluation)/105

兄弟会(brotherhood)/034

休闲非营利团体(leisure nonprofit group)/157

休闲活动(leisure activity)/157

休闲阶层(leisure class)/157

休闲社会(leisure society)/157

休闲团体(leisure group)/157

休闲/休闲时间(leisure/leisure time)/156
休闲性志愿行动(volunteering as leisure)/291
修道院(convent)/068
虚拟基金会(virtual foundation)/279
虚拟志愿行动(virtual volunteering)/279
需求(need)/177
需求评估(need assessment)/177
宣讲会(teach-in)/265
旋转信用(rotating credit)/237
学术讲堂(lyceum)/161
学习型志愿行动理论(adult learning theory of volunteering)/018
寻求资助(grant seeking)/121
巡视员(ombudsman)/193
巡视员(ombudsperson)/193

压力集团(pressure group)/211
雅典协会(atheneum)/029
延期捐款(deferred giving)/076
言论自由(freedom of speech)/110
业余活动(informal amateur activity)/136
业余联盟(amateur league)/024
业余人士(amateur)/024
业余人士活动(amateur activity)/024
业余团队(amateur team)/024
业余团体(amateur group)/024
业主委员会(homeowners association)/128
一般长期福利(general long-term welfare)/115
一般福利(general welfare)/115
一般活动模式(general activity model)/115
一般活动模型(general activity pattern)/115
一般运营性支撑(基金)(general operating support(fund))/115

仪式(ritual)/237
移民型草根社团(immigrant grassroots association)/131
遗赠(bequest)/032
以社区为基础的组织(CBO)(community-based organization(CBO))/058
义务(obligation)/191
义务活动(obligatory activity)/191
义务劳动(civil labor)/050
异端·新兴宗教(heresy)/126
异教(cult)/073
异议(dissent)/082
意识形态(ideology)/131
意向函件(letter of intent)/158
阴谋集团(conspiracy)/066
引领非营利组织(orientation of nonprofit groups)/196
引领志愿者/会员(orientation of volunteers/members)/196
隐修方式(monasticism)/171
营利企业(for-profit enterprise)/105
营利团体(for-profit group)/105
营利组织(for-profit organization)/106
营利组织·追逐利润(for-profit)/105
影响非营利组织的环境(environment affecting nonprofits)/091
优胜劣汰的团体(survival of the fittest group)/263
优势地位模型(dominant status model)/083
优先级设定(priority setting)/212
犹太教堂(synagogue)/263
游说(lobby)/160
游说动机(lobbying incentive)/160
游说分子(lobbyist)/160

游说活动(lobbying)/160

游戏者(*homo ludens*)/129

游行(march)/163

友爱帮会(confraternity)/065

友好协会(friendly society)/110

有限目标类基金会(limited-purpose foundation)/159

有限专制(limited monarchy)/159

预算(budget)/034

原教旨主义,基督教(fundamentalism,Christian)/111

怨恨团体(hate group)/125

越轨非营利团体(deviant nonprofit group)/079

越轨社团组织(deviant association)/079

越轨团体(deviant group)/079

越轨志愿团体(deviant voluntary group)/080

运营成本(operating cost)/193

运营费用·运营支出(operating expense)/193

运营基金(operating fund)/194

运营支持(operating support)/194

运作型基金会(operating foundation)/193

再聚会(reunion)/235

在线支持团体(online support group)/193

在线志愿行动(online volunteering)/193

赞助者·引导者(sponsor)/257

责任会计(responsibility accounting)/234

赠款(grant-making)/120

赠与(giving)/116

战略规划的利益相关者分析法(stakeholder analysis in strategic planning)/258

招募非营利团体付酬员工(recruitment of nonprofit group paid staff)/228

正式的非营利团体(formal nonprofit group)/104

正式的非营利组织(formal nonprofit organization)/104

正式的社会创新活动(formal social innovation activity)/104

正式的志愿活动(formal voluntary action)/104

正式的志愿时间(formal volunteer time)/104

正式的志愿团体(formal voluntary group)/104

正式的志愿行动(formal volunteering)/104

正式的志愿者团体(formal volunteer group)/104

正式非营利目标(official nonprofit goal)/192

正式会员(formal member)/104

正式会员(official member)/192

正式集会(convocation)/068

正式团体(formal group)/103

正式休闲活动(formal leisure activity)/103

正式志愿者(formal volunteer)/104

政变(coup(coup d'état))/071

政策(policy)/207

政策困局(policy dilemma)/207

政策志愿者(policy volunteer)/208

政党(political party)/209

政府(government)/118

政府部门(governmental sector)/119

政府机构(governmental agency)/119

政府间社团(intergovernmental association)/145

政府间组织(IGO)/131

政府间组织(IGO)(intergovernmental organization(IGO))/145

政府失灵(governmental failure)/119
政府授权的公民参与(government mandated citizen participation)/119
政府与非营利的事务往来(government and nonprofit relations)/119
政府志愿者项目(governmental volunteer program)/119
政府组织(governmental organization)/119
政治参与(political involvement)/208
政治参与(political participation)/209
政治多元主义(political pluralism)/210
政治非营利(political nonprofit)/209
政治目标(political goal)/208
政治行动(political action)/208
政治行动委员会(PAC)/197
政治行动委员会(PAC)(political action committee(PAC))/208
政治非营利团体(political nonprofit group)/209
政治影响(political influence)/208
政治志愿活动(political voluntary action)/210
政治志愿团体(political voluntary group)/210
支持团体(support group)/262
支票簿活动主义(checkbook activism)/044
知识(knowledge)/152
执行委员会(executive committee)/095
直接参与决策中的志愿者回避(volunteer avoidance of direct participation in decision making)/286
直接/基本满意度(direct/primary satisfaction)/081
直接抗议行动(direct action protest)/081
直接赠与(direct giving)/081
直邮募款(direct mail fund-raising)/081

职业(occupation)/192
职业(profession)/214
职业活动(occupational activity)/192
职业社团(occupational association)/192
职业志愿行动(career volunteering)/039
职业志愿者(career volunteer)/039
职员发展(staff development)/258
职员—志愿者关系(staff-volunteer relations)/258
指定基金(designated fund)/078
志愿补偿理论(compensatory theory of volunteering)/064
志愿部门(voluntary sector)/283
志愿参与(volunteer participation)/288
志愿参与的等级制(hierarchy of volunteer role engagement)/127
志愿的非可靠度(volunteer unreliability)/290
志愿/非营利历史(history of volunteering/nonprofits)/127
志愿服务(voluntary service)/283
志愿服务(volunteerism)/291
志愿服务(volunteer service)/290
志愿服务的惩戒规则(rule of reprimand in volunteer service)/238
志愿服务通道(channeling of volunteering)/041
志愿服务委员会(世界休闲组织)(Volunteerism Commission(World Leisure))/292
志愿工人(volunteer worker)/291
志愿工作(volunteer work)/290
志愿工作估价(imputed value of volunteer work)/132
志愿功能清单(volunteer functions inventory)/287

志愿管理(volunteer administration)/284

志愿管理(volunteer management)/288

志愿管理局(volunteer bureau)/286

志愿管理人员(volunteer administrator)/286

志愿活动(voluntary action)/281

志愿活动(voluntary activity)/281

志愿活动(volunteer action)/284

志愿活动(volunteer activity)/284

志愿活动的强度(intensity of volunteer activity)/143

志愿活动中心(voluntary action center)/281

志愿机构(VOLAG)/280

志愿机构(voluntary agency)/282

志愿假期(volunteer vacation)/290

志愿精神(voluntary spirit)/283

志愿精神(volunteer spirit)/290

志愿可靠度(volunteer reliability)/289

志愿利他行动(voluntary altruistic action)/282

志愿利他主义(voluntary altruism)/282

志愿领导(volunteer leadership)/288

志愿旅行(volunteer tourism)/290

志愿满意度(volunteer satisfaction)/289

志愿评估(volunteer evaluation)/287

志愿社会(voluntary community)/282

志愿社会(voluntary society)/283

志愿社会世纪(century of voluntary society)/041

志愿社团(voluntary association)/282

志愿失灵理论(voluntary failure theory)/282

志愿时间(volunteer time)/290

志愿时间估价(imputed value of volunteer time)/132

志愿世纪(voluntary century)/282

志愿体认(volunteer recognition)/289

志愿团体(voluntary group)/282

志愿团体(volunteer group)/287

志愿团体发生率(voluntary group incidence)/282

志愿团体普及率(voluntary group prevalence)/282

志愿相通理论(familiarity theory of volunteering)/099

志愿项目(volunteer program)/288

志愿项目活动(volunteer program activity)/289

志愿项目/社团的组建(formation of a volunteer program/association)/105

志愿协调员(volunteer coordinator)/286

志愿行动(volunteering)/291

志愿行动的社会共同体理论(social community theory of volunteering)/250

志愿行动的心理因素(psychological factor in volunteering)/218

志愿行动的障碍与局限(barrier and limitation to voluntary action)/031

志愿行动历史(volunteering history)/291

志愿行动与志愿工作的意义(meaning of volunteering and volunteer work)/165

志愿性非营利团体(volunteer nonprofit group)/288

志愿性非营利团体部门(volunteer nonprofit group sector)/288

志愿性非营利团体管理(volunteer nonprofit group management)/288

志愿者(*homo voluntas*)/129

志愿者部(volunteer department)/286

志愿者/会员激励(motivating volunteers/members)/172

志愿者,纯粹(volunteer, pure)/289

志愿者的参与成本(cost of volunteer participation)/071

志愿者/会员的留任(retaining volunteers/members)/234

志愿者,定期(volunteer, regular)/289

志愿者—雇员关系(volunteer-staff relations)/290

志愿者和志愿服务的专业化(professionalization of volunteers and volunteerism)/215

志愿者,核心(volunteer, key)/287

志愿者/会员安置(placement of volunteers/members)/205

志愿者/会员的费用报销(expense reimbursement of volunteers/members)/096

志愿者/会员的留任(retaining volunteers/members)/234

志愿者/会员的问责(accountability of volunteers/members)/015

志愿者/会员发展(development of volunteers/members)/078

志愿者/会员监管(supervision of volunteers/members)/262

志愿者/会员就业机会的创造(job creation for volunteers/members)/151

志愿者/会员培训(training of volunteers/members)/270

志愿者/会员人事实践(personnel practice for volunteers/members)/202

志愿者角色(volunteer role)/289

志愿者/会员留守(retention of volunteers/members)/234

志愿者/会员筛选(screening of volunteers/members)/240

志愿者/会员体认(recognition of volunteers/members)/228

志愿者,习惯(volunteer, habitual)/287

志愿者协会(volunteer association)/286

志愿者与付酬员工处于平衡状态的团体(balanced volunteer/paid-staff group)/030

专业人士/志愿者张力(professional/volunteer tension)/215

志愿者/会员招募(recruitment of volunteers/members)/228

志愿者正式地位矛盾(contradictory formal position of volunteers)/067

志愿者职业(volunteer career)/286

志愿者·志愿军(volunteer)/283

志愿者/专业人士的张力(volunteer/professional tension)/288

志愿支持组织(volunteer support organization)/290

志愿中心(志愿活动中心、志愿管理局)(volunteer center(voluntary action center, volunteer bureau))/286

志愿主义(voluntarism)/280

志愿,自由选择(voluntariness, freely chosen quality of)/280

志愿组织(voluntary organization)/282

制度,替代性(institution, alternative)/143

治安员(vigilante)/279

治安员团体(vigilante group)/279

治理理事会(governing board)/118

治理团队(governance group)/118

治理委员会(governing committee)/118

中介(intermediary)/145

中介结构(mediating structure)/166

中介性非营利组织(intermediary nonprofit organization)/146

中介组织(intermediary organization)/146

种群生态学的组织方法(population ecology of organizations approach)/210

种子资金(seed money)/243

州级社团(state association)/259

州与地方的免税资格条件规定,慈善(state and local tax-exemption,charitable)/259

周日学校(Sunday school)/262

主流非营利团体(mainstream nonprofit group)/162

主任(director)/081

助人者—疗法原理(helper-therapy principle)/126

专业人士(professional)/215

专业社团(professional association)/215

专业—业余伙伴关系(professional-lay partnership)/215

专业主义(professionalism)/215

专业组织(professional organization)/215

专制(autocracy)/029

转信,宗教(conversion,religious)/068

转信,宗教(deconversion,religious)/075

转型(transfer)/270

准非政府组织(QUANGO)(quasi-nongovernmental organization(QUANGO))/224

准军事团体(paramilitary group)/198

准志愿活动(quasi-volunteer action)/225

准志愿利他主义(quasi-volunteer altruism)/225

准志愿团体(quasi-volunteer group)/225

准志愿行动(quasi-volunteering)/225

准志愿者(quasi-volunteer)/225

资本,财政(capital,financial)/037

资本,积极的社会(capital,positive social)/038

资本,凝聚(capital,bonding)/037

资本,桥接(capital,bridging)/037

资本,人力(capital,human)/038

资本,社会(capital,social)/038

资本,社会心理领导(capital,psychosocial leadership)/038

资本收益财产捐赠(capital gain property donation)/037

资本,文化(capital,cultural)/037

资本,消极的社会(capital,negative social)/038

资本运动(capital campaign)/037

资格保险(资格控制)(quality assurance(quality control))/224

资金·收入·资金收入(revenue)/235

资金资源(financial resource)/102

资源(resource)/233

资源动员方法(resource mobilization approach)/234

资源获取(resource acquisition)/233

资助(grant)/120

资助对象(grantee)/120

资助对象资金报告(grantee financial report)/120

资助方案(grant proposal)/121

资助经济(grant economy)/120

资助申请(grant application)/120

资助型基金会(grant-making foundation)/120

资助者(grantor)/120

资助转移(grant transfer)/121

自发志愿者(spontaneous volunteer)/257

自利(self-interest)/244

自私(selfishness)/244

自我实现(self-fulfillment)/243

自由法团主义(liberal corporatism)/158
自由时间(free time)/108
自由意志(free will)/109
自治(autonomy)/029
自主·赋权(empowerment)/089
自助团体(SHG)(self-help group (SHG))/243
宗教(religion)/229
宗教的/宗教(religious)/229
宗教笃信(religiosity)/229
宗教多元主义(religious pluralism)/231
宗教分支(religious denomination)/230
宗教分支·越轨宗教分支(sect)/241
宗教服务(sectarian service)/242
宗教抚慰组织(sectarian relief organization)/241
宗教公益(religious philanthropy)/231
宗教活动/义务(religious activity/commitment)/229
宗教经验/感受(religious experience/feeling)/230
宗教聚落(religious settlement)/232
宗教宽容(religious tolerance)/232
宗教右翼(美国)(religious right(in America))/232
宗教实践(religious practice)/231
宗教使命(religious mission)/230
宗教团体(religious group)/230
宗教信仰/知识(religious belief/knowledge)/230
宗教性非营利团体(religious nonprofit group)/231
宗教影响(religious consequences)/230
宗教运动(religious movement)/230
宗教职位(religious functionary)/230

宗教秩序(religious order)/231
宗教转信(religious conversion)/230
宗教转信(religious convert)/230
宗教自由(freedom of religion)/110
宗教组织(faith-based organization)/098
宗教组织(religious organization)/231
租客管理(tenant management)/266
租客协会(tenant association)/266
租客组织(tenant organization)/266
组织(organization)/194
组织变迁(organizational change)/194
组织草根工作(grassroots organizing)/123
组织的结社形式(associational form of organization)/028
组织分析(研究)(organizational analysis (studies))/194
组织革新(organizational revolution)/195
组织过程(organizational processes)/195
组织化社会(organizational society)/195
组织化宗教分支(institutionalized sect)/143
组织环境(organizational environment)/195
组织间关系(IOR)(interorganizational relations(IOR))/148
组织间领域(interorganizational field)/148
组织健康(organizational health)/195
组织结构(organizational structure)/195
组织结构图(organizational chart)/194
组织理性化(rationalization of organizations)/227
组织目标(organizational objective)/195
组织目的(organizational purpose)/195
组织人口学(organizational demography)/195
组织同构(institutional isomorphism)/143

组织效能目标达成模式(means of achievement model of organizational effectiveness)/165

组织效能评估(organizational effectiveness evaluation)/195

组织效能评估的目标达成模型(goal achievement model of organizational effectiveness evaluation)/116

组织效能评估的人力资源效率模型(human resource effectiveness model of organizational effectiveness evaluation)/130

组织章程(articles of organization)/027

组织者(organizer)/196

组织转型(organizational transformation)/196

最不发达国家(欠发达国家)(least-developing countries(less-developing countries))/156

最小努力,原则(least effort, principle of)/156

作为环境的动荡场域(turbulent field as environment)/271

做礼拜(church attendance)/045

译 后 记

大卫·霍顿·史密斯博士委托我翻译本辞典时,我在是否有能力承担翻译任务的判断上一度颇为踯躅。尽管很多人从小就开始接触各类辞典,我也无数次地查阅多种辞典,但翻译辞典显然是另一回事,很多"辞典学"(lexicography)的专业性障碍是我难以逾越的。必须承认,最终还是辞典本身的魅力占了上风。虽然有关自身知识储备与能力的欠缺不时冒出来,但我还是请史密斯惠寄了样书。通读之后,我觉得有三大亮点值得翻译:

一是本辞典涵盖面甚广,涉及非营利的历史、运转、伦理与非营利研究等不同领域。编纂者列出超 1200 个术语与概念本身就是一个传奇,按照他们的逻辑,这些术语与概念分属基本概念、非营利政治活动、社团组织、非营利管理、法律等十个类型。读者会发现,本辞典作为参考书不能不令人心动。

二是本辞典的学术倾向尤为明显,所收录的条目在学术上体现出多学科、交叉性、前沿性等特征。在学科渊源上,本辞典收录的非营利条目涉及历史学、社会学、政治学、经济学、管理学、法学等不同学科,并体现出颇具前沿性的学科交叉特征。史密斯更是自信地将其命名为"志愿学"(Voluntaristics),他于 2016 年创刊的杂志《志愿学评论》(*Voluntaristics Review*)已正式发行。

三是本辞典具有开拓性。非营利研究由来已久,各种学术作品用汗牛充栋来形容并不过分,但统筹全部成果且编撰出一部辞典无疑是极具挑战性的工作。在本辞典的原版前言中,史密斯述说了编纂过程的复杂与曲折,所以译介本辞典也是表达对拓荒者的敬意。事实上,本辞典在美国也是独一无二的,因此如果能够将它介绍到中国,对于我们的非营利研究无疑具有助力作用。

尽管我此前有过出版多部翻译著作的经验,但本辞典翻译的难度还是超乎我的想象。随着翻译进程不断推进,问题越来越多,困惑也越来越难解。其一,近义词及其使用。几乎每一类概念都有若干不同的近义词,要在中文表达上实现信、达、雅,确实不是易事。比如,除了"非营利组织""志愿组织""非政府组织"等较为常见的词汇之外,"社团""公益组织""慈善组织"分别对应于哪一个英文词汇,在汉语世界中并不一致。在汉译作品中,"society""association""league""federation""confederation"都曾经被学者们译成"社团"。但是,本辞典无法忽视这些词汇在非营利研究中的具体差异,因此比较、权衡、甄别与决定颇费时日。可以说,本辞典中文版是在向国内专家求教以及反复与史密斯咨询的基础上最终形成的。其二,英文原意与中文习惯之间的妥协。不得不说,本辞典很多英文术语与中文惯常使用的概念还是稍有差异的。比如,中文习惯使用的"公益创投"与英文条目"venture philanthropy"并不一致,考虑到中文使用的普遍性以及与官方话语对接,中文版最终还是放弃使用中规中矩的"公益投资"译法。类似的这种取舍困难举不胜举。

需要指出的是,这是以美国非营利部门研究为基础而编纂的辞典,大量条目体现出美国志愿生活的样态和偏好。比如,关于宗教、捐助等条目,无一不是美国式非营利及其运转的制度设计和制度内容。另外,宗教影响也具有潜移默化的"意会"效应,但在中文背景下理解这种嵌入性条目则显示出某种困难性,直译往往难以达到理想的效果。比如,"stewardship"条目被作者归类到"宗教"类中,如果直译成"管家身份"非常符合作者的意思,但中国读者则无法理解其所表达出的"事无巨细的管理工作"之意。同时,该条目定义是从管理学角度界定的,经过权衡,最终采用了意译的"管理工作"。同一词义也体现在"stewardship and fund-raising"条目中,如果不具备《圣经》"马太效应"的知识基础,是无法理解"管家"(stewardship)一词的。因此,译文最终确定为"管理与基金筹措"。类似的条目在本辞典中还有很多,不再一一列举。

作为志愿学研究的重镇,美国学术界的研究成果对于本辞典的贡献毋庸置疑,译者亦不否认其价值的主观偏见,只是要提醒中国读者在以这些条目解释中国问题时,须知没有直接套用的普适性。对于实践部门工作者而言,建议在参照本辞典时,持"拿来主义"的实用主义立场,批判性地加以利用,同时在实践中尝试使用本土化的非营利概念。

译后记

从接受本辞典翻译任务到正式出版,前后历时约三年,非译原因的耗时超过一半,编辑也换了两位。这与我自己的工作习惯完全不同,期间多次与北京大学出版社的朱梅全老师沟通洽商。好事总多磨。今年10月底,我向来访的史密斯透露了本辞典中文版即将问世的消息,他也非常高兴,让我转达对编辑们的谢意。事实上,不仅要感谢朱梅全、朱彦和尹璐三位老师,还要感谢王业龙老师,没有他亲自登门沟通,本辞典中文版的出版也许早就"夭折"了。感谢北京大学出版社的各位领导和编辑,你们是架接中西学术的桥梁和文化传承的天使,各位的认真负责和耐心为本辞典增色甚多。

还要感谢我的学生赵挺博士。他是史密斯的忘年交,两人合作甚久,且有成果不断问世。正是赵挺的牵线沟通,使我有幸认识了史密斯本人。赵挺在我完成译稿后及时审读,并提出了很多建设性的修改意见。赵挺自硕士阶段就开始从事志愿行动研究,在随后的博士学习和博士后研究工作中,一直没有偏离这一主题。他较为厚实的学术积累、比较研究的方法偏好与勤勉的学术态度,使我坚信这些建议具有可资利用的价值。在赵挺成为我的同事之后,我们之间的沟通更为方便和频繁,我很为他成功获得以非营利为主题的全国博士后项目和国家社科基金项目而骄傲和自豪。教学相长,愿我们的情谊天长地久。

同时,要感谢史密斯的耐心、专业与沟通。我们之间为了辞典沟通的Email不计其数,其中主要为答疑解惑,如条目的渊源与含义、进一步解释、学术新发展介绍、争鸣与评价等。我们就版权问题在两家大学出版社之间沟通耗时约半年,在我准备放弃的时候,史密斯总是以他的耐心迎来事情的转机。对于一位极具批评精神的学者而言,史密斯的努力给我树立了一个榜样,我也因此学会了妥协。在本辞典中文版的出版前后经历的三年中,有两件事值得一志:一是我接受史密斯的委托,翻译了他的《志愿学调查》等文章(发表在清华大学王名教授主编的《中国非营利评论》中);二是史密斯先后两次来到上海,我们的每一次相聚都很愉快,他总是以一个"长者"的身份对我进行"说教",而我也乐见他这种"好为人师"的展示。我以为,学者的这种率真只有在彼此信任的状态中才会流露出来。谢谢史密斯!

另外,还要向我的单位华东政法大学政治学与公共管理学院及我的领导们表示感谢,向在翻译期间给我帮助的各位学术大咖和同学表达谢意。曹沛霖教授是我的博导,在他的指导下,我完成了《中国大百科全书(第二版)》中"非政府组织"等词条的编纂任务。在本辞典的翻译中,我也得到他不时的鼓励和建议,仿佛自己又回到了读书时光。他在年逾八十之后依然思维清晰、健谈而睿智,同他在一起总是那么愉快而轻松,愿他和师母都健康。要感谢的师长和同仁还有王名教授、倪星教授、朱德米教授、唐亚林教授、佟德志教授、孙荣教授、彭勃教授、徐家良教授,感谢你们给予的各种帮助和建议。感谢我的同学和朋友,杨山鸽、胡涤非、郭忠华、陈家喜、邹珊珊、黄晓春、翁士洪、金家厚、李太斌、金相文、路占胜等等,一路有你们甚幸。

最后,要向我的家人表达感谢。这本辞典也献给夫人尹静和女儿吴航天。

吴新叶

2017年11月于上海市松江寓所